제2판

영유아발달

강순희 · 손수민 · 윤매자 · 한서연 · 황현숙

창지사

머리말

지난 2017년 영유아발달 교재를 출간한 이후 불과 3년여의 길지 않은 시간 동안 우리 사회 및 교육 전반에는 과거 어느 때보다 급속한 변화들이 나타나고 있다. 누구도 예측하지 못한 코로나19라는 강력한 전염성 질환으로 원격강의와 같은 비대면 교육으로 수업 형태가 바뀌었으며, 무엇보다 2019년 개정 누리과정의 대대적인 개정 작업으로 인해 유아교육 현장은 이중적인 변화의 소용돌이를 경험하고 있다. 교육과정의 개정에 따라 유아교육 현장과 학교 현장의 변화를 바라보며 '영유아발달'이란 교과목이 현장에 미치는 영향력과 성격에 대해 다시금 생각해 보는 시간이 되었다. 교육과정의 개정에 따라 교육철학이 새롭게 정립되고 실제적인 교수방법이 대거 수정되어도, 영유아의 발달 양상은 과거와 같이 여전하게 진행되고 있으며, 오히려 어느 때보다 영유아의 발달에 대한 이해와 학문적 지식이 더욱 절실하게 와닿기 때문이다. 유아중심, 놀이중심 교육과정의 특성으로 인해 유아교육 현장에서 놀이적인 교수방법 모색을 위해 갈등하고 고민하는 모습들을 마주치게 되지만, 유아중심, 놀이중심의 교육과정 실천을 위해서 무엇보다 중요한 것은 영유아의 발달특성을 알고 눈높이를 이해하는 것이 우선되어야 함을 알기에 가장 기본에 충실해야 하는 학문 역시, 영유아발달이라는 생각을 금할 수 없다. 이러한 이유로 영유아발달의 개정판을 출간하게 되었다.

발달을 공부한다는 것은 여러 가지 의미를 내포하고 있다. 현장에서 영유아를 지도하게 될 예비교사들에게 발달은 학습자의 눈높이를 이해하고, 교수를 계획, 이행하기 위한 필수적인 과정이다. 이는 마치 군인이 전쟁에 나가기 전에 총알을 준비하는 일에 비유해도 과언이 아니다. 사람의 일생에서 영유아기는 물리적으로는 꽤 짧은 시간이지만, 그 기간에 겪게 되는 변화는 실로 엄청날 뿐만 아니라, 이후의 성장에서 일어나는 발달의 기초가 되는 중요한 기간이라 하여 '결정적 시기'라고도 칭한다.

발달을 공부하며, 자신의 영유아기를 더듬어 보며, 지금의 내가 있기까지 지나온 시간에 대해 생각해 볼 수 있을 것이다. 더불어 발달을 공부하면서, 자연스럽게 사람에 대한 이해가 깊어지고, 수용하는 마음이 넓어지는 것을 경험하게 된다. 발달은 눈에 보이는 현상으로만 사람을 판단하는 것이 아니라 원인을 유추하게 하고 이해하게 하며 사람을 성숙시키는 학문이라 하겠다. 이렇듯, 아동복지와 유아교육 분야에서 발달을 강의하며, 발달이란 학문에 애정을 쏟아온 다섯 사람이 모여 본 교재를 집필하게 되었다.

'영아발달'과 '유아발달'로 나누어졌던 교과목이 다시금 '영유아발달'로 합쳐지면서 자격증 취득에 따른 필수 교과목으로 개정되었다. 현장에서 발달을 가르치는 교수자로서 이는 당연하고도 바람직한 일이라 여겨진다. 인간발달에서 영아기와 유아기를 무 자르듯 구분하기도 애매모호하거니와 중복되는 이론과 발달 현상을 굳이 분리해서 가르친다는 것이 불합리하다고 느낄 때가 많았기 때문이다.

이 책은 교육 현장에서 전문적으로 영유아들을 돌보게 될 예비유아교사와 보육교사, 학부모 및 관련 전문가들을 위해 집필하였다.

또한, 한 학기 강의교재로 사용하기에 부담되지 않도록 꼭 필요한 이론과 내용을 총 9장으로 구성하였다. 각 장마다 도입 부분에 '학습 목표'를 제시하여, 배우게 될 내용을 미리 파악하게 하였다. 제5장부터 시작되는 발달과정과 발달환경, 발달 이상으로 구성된 제9장까지는 각 장의 단락 마지막 부분에 발달을 돕기 위한 지원 활동을 실어 개선책을 제시하였다. 또한, 각 장의 끝 부분에는 핵심 내용으로 구성된 '연구 문제'를 실어, 배운 내용을 복습하고 토론하여 배움의 깊이를 더하도록 하였다. 앞에서 말씀드린 것처럼 개정이라고는 하나 크게 달라진 부분은 많지 않고 좀 더 이해를 쉽게 할 수 있도록 문맥 수정과 임신, 출산, 분만에 관한 최신 정보와 내용을 더하였으며, 기존의 이론들을 좀 더 상세하게 수정하였다.

제1장 '영유아발달의 기초'에서는 전 생애적인 발달에 기초하여, 발달의 개념을 정리하고, 발달의 중요성과 원리, 발달에 영향을 미치는 유전적·환경적 요인, 발달연구의 목적과 연구방법을 설명하였다. 제2장 '영유아발달이론'에서는 프로이트를 중심으로 한 정신분석이론에서부터 학습이론, 인지이론과 사회문화적 이론, 생태학적 이론의 특성을 살펴보고 차이점을 설명하였다. 또, 성숙이론과 각인이론, 애착이론을 통하여, 영유아기의 중요성을 강조하였다. 제3장 '태내기'에서는 수정을 거쳐, 임

신에 이르기까지 태내발달 단계에 따른 특징과 환경을 이해하고, 태아발달에 영향을 주는 요인에 대해 설명하였다. 제4장 '출산과 신생아기'에서는 생명의 탄생과 그에 따르는 출산의 과정, 출산 시의 문제점, 신생아의 신체 및 생리적 특징, 신생아의 감각 기능과 반사 행동을 사진과 그림을 통하여 이해하기 쉽게 설명하였다. 제5장 '영유아의 생물학적 발달과정'에서는 영유아기 신체 및 운동발달의 개념과 중요성, 주요 원리, 신체 및 운동발달의 특징을 수록하였고 영유아기의 감각과 지각발달에 대하여 설명하였다. 제6장 '영유아의 인지적 발달과정'에서는 인지이론을 대표하는 피아제의 인지발달의 원리와 주요 개념, 인지발달 단계를 기초로 기억의 과정과 기억 책략, 언어발달과정과 지능에 관한 이론 및 창의성의 개념에 대하여 상세히 설명하였다. 제7장 '영유아의 사회정서적 발달과정'에서는 정서발달의 의미와 정서 조절의 중요성, 애착의 중요성에 대하여 설명하였으며, 성역할 발달이론과 도덕성 발달이론 및 영유아의 사회정서적 발달에 영향을 미치는 요인에 대하여 구체적으로 제시하였다. 제8장 '영유아발달과 환경'에서는 영유아발달에 영향을 미치는 가족, 또래환경, 보육 및 교육기관의 중요성, 전자매체의 장·단점 및 영유아의 개인적 소인 등 다양한 변인에 대하여 설명하였다. 제9장 '영유아기 발달 이상'에서는 발달 이상에 대한 학자들의 다양한 견해를 중심으로 발달 이상에 대해 진단하고 평가하는 방법을 제시하였다. 또한 영유아기 발달장애의 종류와 증상 및 발달 이상에 따른 지원활동을 설명하였다.

열정만으로 시작했던 초판과는 달리 개정은 좀 더 충실하게 보완되어야 한다는 적지 않은 부담이 따르는 후속 작업이란 것을 새삼 느끼게 된다. 그럼에도 불구하고 여전히 아쉬움을 남긴 채 개정작업을 마무리하며, 다시 한번 교재 개정을 위해 힘써주신 창지사의 사장님과 임·직원 여러분, 그리고 한여름 무더위에도 원고를 검토하고 수정, 증보를 위해 애써 주신 동료 저자분들께 감사의 마음을 전한다.

2020년 8월
저자 일동.

차례

CHAPTER 1

영유아발달의 기초

학습목표

1. 영유아기 발달의 중요성을 이해하고 발달의 개념을 설명할 수 있다.
2. 영유아발달의 원리를 알고 구체적으로 설명할 수 있다.
3. 발달에 영향을 미치는 유전적 요인과 환경적 요인에 대해 이해하고 설명할 수 있다.
4. 연령과 발달 특성에 따른 영유아의 발달 단계를 이해하고 구분할 수 있다.
5. 영유아발달 연구의 목적을 알고 연구방법을 설명할 수 있다.

발달이란 무엇인가? 왜 발달을 이해하는 것이 중요한가? 발달은 수정에서부터 죽음에 이르기까지 오랜 시간에 이르는 변화의 과정을 의미한다. 영유아를 대상으로 하는 학문을 공부하는 예비 교사들에게 인간을 이해하기 위해서는 발달에 대한 깊은 이해가 반드시 필요하며, 이는 우리 자신을 한층 더 깊이 이해하고 성숙하게 만든다. 더 나아가 영유아교육의 목표인 영유아의 전인적 발달을 지원하기 위한 최적의 교육환경을 제공하고, 모든 영유아를 편견 없이 수용하고 사랑할 수 있는 자양분을 만드는 필수적인 일이다. 따라서 본 장에서는 발달의 기본 개념과 발달의 원리, 발달에 영향을 미치는 요인, 영유아발달의 연구방법에 대해 살펴보고자 한다.

1 발달의 개념

인간의 몸은 시간의 흐름에 따라 끊임없이 변화한다. 피부, 외모와 같이 눈에 보이는 외형적인 부분과 몸속 장기 기관, 정신적 변화와 같이 눈으로 확인하기가 쉽지 않은 크고 작은 내면적 다양한 변화에 이르기까지, 비록 눈으로 확인되지 않는 순간에도 우리는 계속 변화를 경험하게 된다.

발달이란 무엇인가? 발달이란 앞서 말한 인간의 내면 혹은 외면에서 일어나는 변화를 일컫는다. 발달의 기간을 정의할 때 과거엔 주로 청년기까지로 제한하였다. 그 이유는 인간의 성장과 성숙이 청년기까지는 긍정적인 양상을 보이다가 그 이후엔 퇴보한다는 생각이 지배적이었기 때문이다. 젊다는 것은 건강하고, 민첩하며, 열정뿐만 아니라 더 많은 긍정적 요소도 포함하고 있다. 그러나 나이가 들어가며, 인간은 누구나 노화를 경험한다. 성장이 멈추게 되고 피부에 탄력이 없어지며 신체적인 질병을 겪기도 하는데, 이러한 노화 현상을 경험하는 것은 그리 기분 좋은 변화는 아닐 것이다. 그러나 깊이 생각해 보면, 인간은 성장하며 단계마다 질적으로 다른 변화 양상이 나타남을 알 수 있다. 청년기까지는 키와 몸이 급격히 자라고 언어가 발달하며, 기억력이 왕성하고 호기심과 모험심 등이 발달하지만, 청년기 이후 중년과 노년으로 접어들면서 젊을 때보다 지혜롭고, 분석과 통합, 판단력, 예지, 인내심, 노련함, 추론, 문제해결력과 같은 부분은 더 긍정적인 발달 양상을 보인다(이봉선·이숙재, 2008).

과거의 발달 연구들은 주로 상승하고 증가하는 시기인 아동기나 청년기 동안의 연구에 초점을 맞추어 왔으나, 최근에는 아동기나 청년기 발달에만 국한하지 않고 성인기와 노년기를 포함하여 전 생애를 연구대상으로 간주하고 있다. 이러한 발달 연구의 특징을 전 생애이론(life-span theory) 혹은 생애발달심리학(life-span developmental psychology)이라고 한다(김영옥 외, 2009).

일상에서 발달이란 용어를 쉽게 사용하면서도 발달에 대해 한마디로 정의를 내리기는 쉽지 않다.

발달은 '성장(growth)', '성숙(maturation)' 혹은 '학습(learning)'이라는 용어와 혼용하여 사용하기도 한다. 성장은 크기의 증대로 인한 양적 변화로, 생득적 요인에 의해 신장이나 체중의 증가와 같은 신체적 변화를 의미하는 것으로 받아들여졌다. 그러나 근래에는 성장과 발달을 동일한 개념으로 간주하여 '지적 발달' 혹은 '지적 성장'을 동일한 개념으로 사용하고 있다. 반면, 성숙은 내면적 성장과정을 통해서 일어나는 점진적인 신체적·심리적 변화를 말한다. 그러므로 성숙은 경험이나 학습과 같은 외부요인에 의해서가 아닌, 각 개인이 지닌 고유한 유전인자에 의해 개체의 신체 내부에 저장된 유전적 생체 프로그램상의 순서에 따라서 자연적으로 발현되는 현상이다. 이는 유전적이며 생리적인 요인에 의존하는 것으로, 주로 태아의 발달, 뇌 기능의 분화, 사춘기의 발모, 변성, 이차적 성 특징과 같이 후천적인 환경의 영향과는 무관한 변화라고 할 수 있다. 이에 반해 경험 및 학습은 부모, 친구, 교육, 대중매체 등 어린이가 접하는 모든 환경조건을 의미한다. 즉, 유전적인 성숙과 환경적인 경험에 의해 발달의 개인차가 발생하는 것이다(Gallahue & Ozmun, 2006; 이숙재 외, 1999, 재인용).

이러한 점에서 볼 때 인간의 발달은 모든 속성의 변화과정과 성숙, 경험의 요인을 포괄하는 좀 더 광의의 개념으로 정리되어야 한다. 따라서 발달은 수정되는 순간부터 죽음에 이르기까지 전 생애에 걸쳐서 성숙과 경험에 의해 일어나는 양적 변화와 질적 변화과정이라 정의할 수 있다(이봉선·이숙재, 2008).

〈표 1-1〉 발달의 개념

발달 기간	수정에서부터 죽음에 이르기까지			
발달 양상	양적 변화	신장, 체중, 골격, 신체적, 생리적 변화	원인	환경적 경험
	질적 변화	뇌 기능의 분화, 이차 성 특징, 사고력	원인	유전적 요인
발달 정의	수정 순간부터 죽음에 이르기까지 전 생애에 걸쳐 성숙과 경험에 의해 일어나는 양적 변화와 질적 변화과정			

2 발달의 영역

인간의 발달은 다음의 세 가지 영역에서 이루어진다(이사라 외, 2013).

1) 신체·운동발달

생물학적 발달과 관련된 것으로 신체발달과 신체를 움직이고 사용하는 운동능력의 발달을 의미한다. 신체적 변화와 성장, 신장과 체중 증가, 운동기능의 발달, 호르몬 변화, 뇌와 감각기관의 발달 등으로 이루어진다.

2) 사회·정서발달

정서적 변화, 기질, 애착, 자아개념 및 자기이해, 대인관계 및 대인기술, 부모-자녀관계, 가족관계, 정서의 분화, 우정, 자아존중감, 사회성, 친밀성, 수줍음, 도덕성, 성격의 안정성과 변화 등의 개념적 변인으로 구성된다.

3) 인지·언어발달

인지·언어발달 영역은 지능, 사고, 주의, 기억, 창의성을 포함하며 인지발달은 타인이나 주변 환경으로부터의 풍부한 자극이 중요하며, 언어를 사용한 생각이나 감정의 표현, 정보교환, 의사소통과 같은 언어영역과 함께 발달한다(이희정 외, 2014).

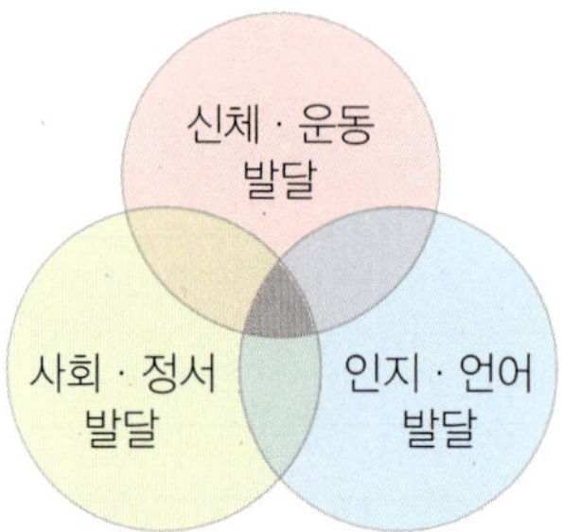

그림 1-1 | 발달 영역 간의 상호 관련성

출처: 이희정 외(2014).

3 발달의 원리

영유아의 발달은 개인적인 특징이나 환경과 같은 다양한 요소에 의해 개인차가 나타날 수 있으나, 보편적으로 다음과 같은 원리에 따라 발달이 진행된다(이숙재 외, 2008, 재인용).

1) 발달은 유전과 환경의 상호작용이다

발달은 개체가 선천적으로 갖고 있는 유전적 요인과 환경과의 상호작용을 통해 이루어진다. 예를 들어, 유전적으로 키가 작은 소양을 지니고 태어났다 하더라도 충분히 영양분을 공급하고 운동할 기회를 제공하면 본래의 유전인자보다 키가 더 클 가능성이 있다. 그러나 타고난 능력이 있다 하더라도 적절한 환경적 지원을 받지 못하면 그 잠재력은 발현되지 못한다. 즉, 환경은 발달의 잠재적 가능성을 뒷받침하나, 유전은 발달의 한계점을 제시한다고 할 수 있다.

2) 발달은 일정한 순서와 방향으로 진행된다

신체, 언어, 인지를 포함한 영유아기 모든 발달은 일정한 순서와 방향에 의해 진행되며, 특히 신체·운동발달 영역에서 찾아볼 수 있는 발달원리는 다음과 같다.

첫째, 두미발달로 신체발달은 머리에서부터 발 방향으로 발달한다. 신생아기 신체발달의 주된 과업은 목을 가누고 머리를 들 수 있게 되는 것이며, 이후 뒤집고, 하체 근육이 발달하여 앉고, 잡고 일어서며, 두 발로 혼자서 걸을 수 있게 된다.

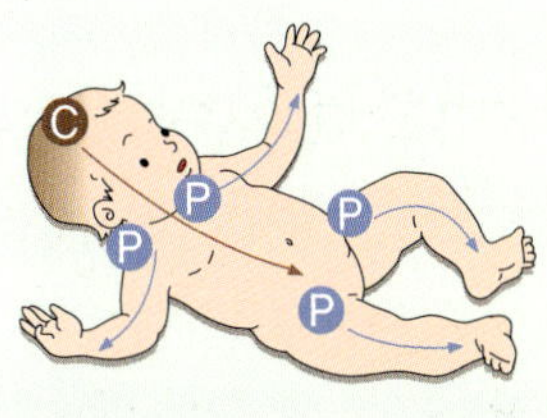

그림 1–2 | 인간발달의 방향

둘째, 근원발달로 중심에서부터 말초 방향으로 발달한다. 중심인 심장에서부터 가까운 폐, 위 등으로 발달이 이루어지고 팔과 다리, 손과 발, 손가락과 발가락 순서대로 발달한다.

셋째, 단순한 것에서부터 복잡한 것으로 전체적인 활동에서 세분화된 활동으로 발달한다. 유아가 원하는 사물을 엄지와 집게손가락으로 정확하게 잡기 위해서는 대근육이 먼저 발달하고 나서 소근육의 발달이 이루어져야 비로소 가능한 일이다(김영옥 외, 2009).

3) 발달은 누적적으로 이루어진다

생애 초기 영유아기의 발달은 후기 성장발달에 영향을 준다. 발달은 과거, 현재, 미래가 서로 연결되어 있어서 발달상 현재에 나타난 문제는 미래에도 영향을 초래할 수 있으며, 과거에서 그 요인을 유추해 볼 수 있다. 예를 들면, 유아기의 보행능력은 하루아침에 갑자기 형성된 것이 아니라 앉기, 기기, 잡고 서기와 같은 일련의 과정을 통해서 완성된다. 또 유아기의 언어 사용 역시 영아기의 울음과 옹알이 뒤에 획득된 능력이며, 그림을 그리거나 글자를 쓰는 능력 역시 한동안의 끼적거리기 훈련 뒤에 가능하다고 할 수 있다. 따라서 과거의 경험은 현재와 미래의 발달 양상에 막대한 영향을 준다.

4) 발달은 연속적으로 이루어지나 그 속도는 일정하지 않다

인간은 수정되는 순간부터 죽음에 이르기까지 지속적인 발달과정을 거치지만 발달시기와 발달영역에 따라 그 속도와 양상은 일정하지 않다. 예를 들면, 영아기와 청소년기는 신체발달이 급격한 증가를 나타내며, 뇌의 분화와 발달은 태내기를 포함하여 출생 후 2년간 급속한 성장을 이루고, 유아기에는 어휘력이 급격히 발달하고, 아동기에는 모험심과 추리력이 서서히 발달하기 시작하여 청년기를 기점으로 최고조에 이르게 된다. 또한, 청소년기에는 발모, 변성, 이차 성징을 비롯한 신체적 변화가 매우 빠르게 진행된다.

5) 발달에는 개인차가 있다

발달은 보편적인 순서와 방향이 있지만, 발달속도와 결과는 인종, 연령, 성별,

양육환경, 유전인자 등에 따라 상당한 개인차를 보인다. 예를 들면, 언어발달은 평균적으로 여아가 남아보다 빠르고 신체발달은 남아가 여아보다 더 빠른 경향을 보인다. 같은 연령이라도 아동 간에 신장과 체중의 차이가 크며, 첫돌이 되기도 전에 서고 걸음마를 시작하는 유아도 있으나, 보편적으로 12개월을 전후로 보행을 위한 준비를 시작한다. 또한, 생후 10개월 전후로 첫 단어를 말하는 유아가 있는가 하면 그보다 훨씬 더 늦게 언어가 발달되는 유아도 있다. 이처럼 발달의 개인차는 타고난 유전적 요인과 환경적 요인의 상호작용에 기인하며, 이런 복잡한 역동관계 속에서 성취되는 개인의 발달적 결과도 달라지므로 신체성장표와 같은 평균 수치로 발달을 단순 비교하는 것을 금하여야 한다.

6) 발달에는 결정적 시기가 있다

발달은 일평생 언제나 성장 가능한 것이 아니다. 신체기관이 특정한 방식으로 환경과의 상호작용을 통하여 최상의 성장 효과를 나타내는 한정된 시기가 있는데, 이 시기를 일컬어 '결정적 시기(critical period)' 혹은 '민감기(sensitive period)'라고 한다(Bornstein, 1989; 박영아 외, 2015, 재인용). 동물생태학자 로렌츠(Lorenz)는 오리 새끼의 부화과정 중 나타나는 각인(imprinting)현상을 통하여 세계 최초로 결정적 시기를 증명하였다. 로렌츠의 관찰에 따르면 갓 부화한 새끼오리는 태어난 지 13시간 이내에 가장 처음 본 물체에 대하여 어미라고 인식하며 따라다니는 각인반응을 보였으며, 이 시간이 지난 후에는 다른 어떤 대상에 대해서도 각인현상이 나타나지 않았다고 한다(박영아 외, 2015). 이러한 각인이론은 인간에게도 적용된다. 생의 초기 단계인 출생 후 1년간 영아와 양육자 사이에 형성된 친밀하고 안정된 애착관계는 이후 성장하면서 대인관계 및 친구관계에 긍정적인 영향을 미치지만, 불안정한 애착관계는 대인관계뿐만 아니라 사회 전반에 대한 불신감을 형성하며 심각한 결손을 초래하게 된다.

7) 발달은 전 생애를 통해 총체적으로 진행된다

발달은 전 생애를 통하여 유전과 환경, 생물학적, 역사적, 문화적, 사회적인 영향을 받으며 심리적인 변화, 생물학적인 변화, 인지적인 변화를 거치며 지속적으로 진행된다. 유아는 성장하면서 신체, 언어, 사회, 정서, 인지 등 제반 영역이 각각 분리되어 발달하는 것이 아니라 서로 영향을 주고받으며 총체적으로 성장하게 된다. 예를 들어, 유아기의 언어발달은 사회성 발달과 정서발달에 부정적 영향을 미치게 되며 이는 인지발달을 저해하는 결과를 가져온다. 또래보다 언어발달이 유난히 더딘 유아는 놀이를 할 때 또래보다는 어린 친구들과 어울리기를 좋아하며 간혹 놀림을 받기도 하여 사회성 발달을 방해하는 요인이 된다. 사회성이 부족한 유아는 친구관계가 원만하지 못하여 정서적인 위축감을 형성하게 되며 이로 인한 자신감 결여는 정서적인 불안을 일으켜 결국 인지발달 또한 저해하는 결과를 야기한다. 정서적으로 불안한 유아는 놀이에 집중하거나 탐색에 몰두하는 일이 어렵고 산만한 경향을 보이며 인지적 성장이 제한적일 수밖에 없다. 신체적으로 발달이 양호한 유아는 하루에 필요한 에너지를 공급받아가며, 잘 먹고, 잘 논다. 건강한 유아는 운동량이 많았으므로 잠도 잘 자고 성격 또한 밝고 심리적으로 안정되어 있다.

4 발달에 영향을 미치는 요인

과거부터 현재까지 인간의 발달이 어떻게 일어나는 것이며, 어떤 요소에 의해 영향을 받는 것인가에 대한 의견과 이론은 여전히 논쟁이 분분하다. 상호 복합적인 다양한 요인의 영향으로 한 유기체의 발달이 이루어지는데, 영유아의 발달에 영향을 미치는 유전적 요인, 환경적 요인, 상호작용적 요인을 살펴보고자 한다.

1) 유전

루소
(Rousseau, J. J., 1712~1778)

영유아기 발달에 영향을 미치는 첫 번째 요인으로 유전의 영향을 들 수 있다. 유전적 요인은 환경적 요인과 대립되어 인간발달 연구에 관한 지속적인 논쟁으로 이어지고 있다. 유전에 따른 생득적인 특성을 강조하는 성숙론은 17세기 후반 루소(Rousseau)가 『에밀(*Emile*)』에서 언급한 것이 시초이다. 그는 발달의 변화는 유전적으로 이미 결정된 단계 순으로 일어난다고 처음 제시하였으며, 자연주의적 철학의 이론적 근거를 마련하였다(손홍숙, 2014, 재인용). 인간발달에서 유전을 강조하는 학자는 영유아의 발달이 타고난 본능 문제라고 단정하며, 인간행동 대부분이 유전적 요소, 생물학적 성숙 및 신경학적 기능에 의해 결정된다고 주장한다. 이들은 영유아는 출생 전 이미 예정된 유전적 시간표에 따라 발달이 이루어진다는 생래적인 요인을 강조한다. 영유아발달의 패턴이 출생 전부터 유전적으로 프로그램되어 있어서 공통된 발달 패턴과 개인차는 유전자에 의해 부분적 또는 전체적으로 결정된다고 본다. 따라서 본성이나 성숙, 생득적 요인을 중시하며 발달은 정해진 순서에 따라 이루어진다고 본다. 한 예로, 유아가 유아기에 걸음마를 시작하거나, 모국어를 사용하는 능력을 들 수 있다. 인간은 태어나서 누구도 걷는 법을 정규적으로 배운 적이 없다. 그런데도 모든 유아는 첫돌을 전후로 걸음마를 시작하고, 걷고, 뛰며, 직립보행을 훌륭히 완성하게 된다. 모국어 사용 역시 시대와 문화적인 차이를 뒤로하고 전 세계 모든 나라의 유아는 대체로 비슷한 시기에 모국어를 구사하는 공통점을 보인다(김영옥 외, 2009). 또한, 가르치거나 배우지 않아도 때가 되면 파생되는 능력은 생득적인 요소이며 이는 영유아기 발달이 전적으로 유전적 소인으로 결정된 다는 것을 증명하는 것이다. 유전론자에 따르면 영유아는 연령의 증가에 따라 성장할 수 있는 자질과 능력을 가지고 태어났으므로 그에 도움이 될 만한 건전한 환경을 필요로 한다는 것이다. 특히 학습환경은 영유아가 학습활동을 자유롭게 선택하도록 안내해 주는 우호적인 교사와 잘 준비된 환경이 있어야 한다(김신옥·민혜영, 2005).

2) 환경

환경론자들은 유전적인 요인보다는 영유아가 경험하는 환경적 요인이 발달의 모든 변화를 주도한다고 생각하며 인간의 행동은 학습으로 결정된다고 본다. 이들은 발달에 미치는 물리적, 자연적, 사회적 환경의 영향을 강조한다.

물리적 환경이란 개인에게 작용하는 외적 조건과 자극이 일정한 규칙에 의해 조직화, 체계화되어 있는 것으로, 영양과 양육시설의 혜택 여부, 주거환경 등이 있다. 자연환경은 자연과학의 대상이 되는 외부환경으로 물질적 환경은 물론, 동식물 등 인간 이외에 모든 생물을 포함하는 환경이다. 사회적 환경이란 개인과 개인에 의해 구성되는 부모, 가족, 친구 및 그들과의 관계 경험, 그리고 영유아가 속한 사회의 문화 등이 그 한 예이다. 즉, 모든 외부의 자극은 바로 그 개인이 경험하는 환경이며 영유아의 발달은 대부분 환경에서 이루어지는 경험의 산물로 본다(김나영 외, 2005).

발달 변화의 대부분은 경험에 의하여 이루어진다고 주장하는 대표적인 행동주의 학자인 왓슨(Watson)과 스키너(Skinner) 역시 환경과 경험의 중요성을 강조하였다. 이들은 영아가 갖고 태어나는 본성보다는 양육의 경험을 강조하고 있는데, 대표적 입장으로 로크(J. Locke)의 백지설(tabular rasa)을 들 수 있다. 로크는 유아를 백지상태에 비유하며, 백지상태로 태어난 유아가 받는 양육경험과 학습에 따라 어떠한 인간으로 성장할지 인간의 발달이 결정될 수 있음을 주장하였다(Gardner, 1978; 손홍숙, 2014, 재인용). 즉, 발달의 가능성은 개체 내부에 있다고 하더라도 환경이 변화되면 개인의 모습이 다르게 변화하기 때문에 인간의 발달은 지금까지 받아온 외부환경의 영향이라고 주장하는 것이다. 따라서 환경론자들은 수준 높은 양육환경과 풍부한 학습경험을 제공하는 좋은 프로그램의 중요성을 강조한다(김영옥 외, 2009).

로크
(John Locke,
1632~1704)

3) 상호작용

최근 유전과 환경에 대한 논쟁은 대립관계라기보다는 상호작용하면서 영향을 미치는 것으로 받아들여지고 있으며, 유전과 환경의 상호작용으로 발달을 설명하는 학자가 늘어나고 있다. 상호작용론에서는 유전이나 환경 중 어느 하나만이 인간발달의 과정이나 특성에 작용하는 것이 아니라 유전과 환경이 모두 상호 관련되어 있다고 본다. 유전과 환경의 상대적인 영향은 발달내용에 따라 다르지만, 대부분의 행동 특성은 환경과 유전의 두 가지 요인에 의해 영향을 받는다는 사실이 널리 확산되고 있다. 영유아의 지적 능력은 거의 유전에 의해 결정되지만, 태내에서 모체의 조건이나 성장하면서 생활환경의 영향을 받아 지체아나 우수아로 발전할 수 있는 것이다(Freiberg, 1992; 손홍숙, 2014, 재인용). 이들은 유전과 환경을 배타적, 독립적 요인으로 분리하여 보지 않고 두 요인이 어떻게 어느 정도로 결합되어 발달이 일어나는가에 초점을 두고 있다. 일반적으로 발달은 유전과 환경의 상호작용 결과로 볼 수 있다(김나영 외, 2005).

한편, 유전과 환경의 상대적인 영향력은 발달내용에 따라 차이가 있지만 선천적으로 타고난 유전적 요인이 잠재적인 발달요인으로 작용하여 반드시 적절한 환경에 제공되어야 한다. 서로 다른 환경에서 성장한 일란성 쌍생아의 경우 동일한 유전인자를 가지고 태어났음에도 불구하고 성격과 행동 특성이 서로 다른 성인으로 성장하고, 태아도 태내환경의 좋고 나쁨에 따라 다양한 특성과 기질을 지닌 신생아로 태어날 수 있다. 또한, 같은 가정환경에서 다른 유전인자를 가지고 태어난 형제들은 동일한 환경에서 함께 성장했어도 각각 다른 성격이나 행동 특성을 나타내며, 똑같은 유해환경에서 근무한 사람이라도 다른 유전인자를 가진 경우 각자 질병에 걸리는 정도와 빈도에 차이가 있다.

최근에는 생애발달적 관점이나 발달적 맥락주의에 힘입어 발달은 유기체에 존재하고 있는 유전적인 가능성, 과거부터 현재에 이르기까지의 발달, 그리고 현재의 환경 조건 등에 따라 다르다는 관점도 제시되고 있다(Sroufe & Cooper, 1992; 김혜진·노명숙, 2014, 재인용). 선천적 특성이 잠재적 변화의 한계를 규정하지만,

〈표 1-2〉 발달에 영향을 미치는 상반된 요인

쟁점	발달에 영향을 미치는 상반된 내용
유전–환경	발달에 영향을 미치는 요인은 유전 vs 환경
성숙–학습	발달은 유전적 기제 vs 학습, 경험
연속성–비연속성	발달은 연속적이고 점진적인 과정 vs 독립적이고 질적 차이가 있는 불연속적인 단계로 구성
결정적 시기의 유무	발달은 결정적 시기가 존재함 vs 결정적 시기가 존재하지 않음
초기 경험–후기 경험	인간발달에서 초기 경험의 중요성 vs 후기 경험의 중요성

출처: 김혜진·노명숙(2014).

이러한 한계는 적절한 환경이 뒷받침된 상태라야만 충분히 실현될 수 있다. 따라서 사회는 개인의 유전적 잠재력이 최대한으로 발휘될 수 있는 최적의 환경적 조건과 상황을 조성하도록 노력해야 한다(Salkind, 1985; 정옥분, 2005, 재인용). 결국, 발달에 있어 유전적 요인은 발달의 한계를 설정해 주고, 환경은 유전적 가능성과 잠재력이 최대한 발현되도록 돕는 상호 보완적 관계라고 할 수 있다. 유전과 환경 중 어느 한편을 강조하기보다는 개인의 유전적 잠재능력이 최대한 펼쳐질 수 있도록 최적의 환경적 조건과 상황을 조성하려는 노력이 중요하다.

5 발달 단계

인간의 발달을 시간적 흐름과 변화 양상에 근거해서 구분하고 규정짓는 것은 학자마다 조금씩 다를 수 있으나, 보편적으로 연령과 발달특성에 따라 영유아의 발달 단계를 다음과 같이 구분할 수 있다(이숙재·이봉선, 2008).

1) 태내기(수정~출생)

수정이 된 순간부터 출산하기까지 태아가 모체의 자궁 속에 있는 약 9개월간의 기간에 해당한다. 신체의 성장이 일생 중 가장 빠르게 이루어지며 태내환경의 영향을 가장 많이 받는 시기이다.

2) 신생아기(출생~생후 2주)

출생 후 약 2주간의 시기로 모체로부터 분리되어 독립된 생명체로서 삶을 시작하고, 새로운 환경에 적응해 나가는 시기이다. 신생아는 태어나면서부터 생존에 필요한 감각과 반사능력을 지닌다. 신생아는 이 시기 동안 배꼽이 완전히 아물어 떨어지며, 간 기능이 발달하여 신생아 황달이 사라지게 된다.

3) 영아기(생후 2주~2세)

제1성장급등기로 태내기 이후 일생 중 가장 급격한 신체발달이 일어난다. 신체적으로 누워 있던 상태를 벗어나 두 발로 걸을 수 있게 되면서 행동반경이 넓어지고 인지발달과 정서발달에서도 많은 변화가 일어난다. 이 시기 영아는 걸음마를 시작하고 언어가 파생된다.

4) 보행기(18개월~2세)

일명 걸음마기로 불리는 보행기는 직립보행을 시작한 영아의 서툰 걸음을 돕기 위한 보행 기구에 태우면서 붙여진 이름이다. 영아를 보행기에 태우면, 영아는 넘어지지 않고 마음대로 이동하기 쉬우며, 부모는 아기를 돌보는 일이 한결 수월해진다. 그러나 이런 이유로 너무 이른 시기부터 보행기에 태운다면, 영아의 다리근력이 약화되어 성장하면서 자주 넘어지거나 더 큰 사고가 발생할 수도 있다.

5) 유아기(3~6세)

3세 이후부터 초등학교 입학 이전의 시기로 발달의 전 영역에서 성인과 같은 균형 잡힌 성숙한 모습을 보이며, 본격적인 사회화가 시작된다. 행동반경이 넓어지고

〈표 1-3〉 인간의 발달 단계

단계	시기	발달 양상 및 과업
태내기	수정~출생	신체조직 구성, 태내환경의 영향을 크게 받음
신생아기	출생~2주	출생으로 인해 새로운 환경에 적응
영아기	생후 2주~2세	제1성장급등기. 언어가 나타남. 보행 시작
보행기	18개월~2세	독립심이 강해지고 자기주장성이 나타남
유아기	3~6세	자기통제 및 자조능력이 향상됨
아동기	7~12세	자기중심성에서 벗어남

출처: 이숙재·이봉선(2008).

주변 환경에 대한 적극적 탐색으로 인지능력이 발달한다. 유창한 언어발달과 함께 또래관계가 확장되며, 대인관계의 폭이 넓어진다.

6) 아동기(7~12세)

초등학교 재학 시기로 일명, 학령기로 명명하기도 한다. 급격한 신체발달이 일어나던 유아기와 달리 비교적 완만한 성장발달이 이루어진다. 유아기의 자기중심성에서 벗어나면서 주변 사람들의 감정을 읽고 이해하게 되며, 이타적인 사회공동체의 일원으로 성장해 간다.

6 영유아발달의 연구방법

1) 영유아발달 연구의 목표

영유아발달 연구의 목표는 영유아의 성장에 따른 신체변화, 언어, 정서, 사회성, 인지, 도덕성과 같은 발달적 변화를 객관적이고 과학적인 정보에 근거하여 정확하게 측정하고 기술하는 것이다. 또한, 이를 통해 변화의 원인을 설명하고 미래

현상에 대한 영유아의 행동을 예측하고 통제하여 영유아의 발달을 최적화하는 데 있다. 영유아발달 연구의 궁극적 목표인 기술, 설명, 예측, 통제에 대하여 구체적으로 살펴보면 다음과 같다(김나영 외, 2005).

(1) 기술

영유아발달 연구의 가장 첫 번째 목표는 기술이다. 발달 연구에서 기술이란 나타나 있는 특정한 현상이나 사실을 정확하게 관찰하고 기록하는 것을 말하는데, 이는 발달에서 아주 중요한 부분이다. 예를 들어, 태아의 태내환경 변화와 발달과정을 기록하는 것, 영유아기 신체적 성장과정, 언어발달의 과정, 인지변화의 과정, 정서, 사회성의 발달이 어떤 경로로 어떻게 이루어지는가를 기술하는 것이다. 이러한 관찰과 정확한 기술을 통하여 영유아의 성장과정에 따른 특정한 발달 현상과 시기를 알 수 있으며, 변화의 정도를 비교하고 예측할 수 있게 된다. 또한, 연령에 따른 성장의 평균 범위를 가늠하고 그에 따른 개인차를 알 수 있게 해 준다.

(2) 설명

영유아발달 연구의 두 번째 목표는 설명으로 앞서 기술한 데이터를 토대로 특정 현상이 발생하게 된 결정적 요인과 선행조건을 밝히는 것이다. 영유아발달에서 특정한 현상에 대한 원인과 인과관계를 밝히는 것은 발달의 방향성을 제시하여 영유아발달을 이상적으로 끌어 주는 결정적 요인이 되기 때문에 중요하다. 오늘날 발달에 영향을 미치는 다양한 연구가 진행되고 있지만, 발달 현상을 특정한 한두 개의 변인으로 단정하기에는 무리가 따르므로 특별히 신중을 기해야 하며, 지속적인 기술을 토대로 다년간 누적된 더 많은 경험과 정보에 의한 설명이 뒷받침되어야 한다.

(3) 예언

영유아발달 연구의 세 번째 목표는 예언으로, 이는 어떤 특정한 현상이 나타나기 전에 예측하고 가늠할 수 있는 능력을 말한다. 예언이 적중하고 신뢰성을 가지기 위해서는 특정한 현상을 오랜 시간 진행된 과학적 연구와 세심한 관찰에 의한 기술이 축적되어야 한다. 또한, 이러한 똑같은 현상에 대해 누적된 자료들이 다양한 방법으로 검증되고 보편화되는 과정을 거쳐야 한다.

(4) 통제

영유아발달 연구의 네 번째 목표는 통제이다. 통제란 어떠한 목적에 따라 특정한 행동유발 조건을 제시하거나 결정요인을 제거하여 결과 자체를 조작하는 것이다. 영유아발달에 관한 지속적인 다양한 연구를 통하여 기술과 설명, 예언을 할 수 있게 되면, 긍정적인 영유아발달을 위한 통제가 가능해진다. 오늘날 발달심리학에서는 바람직한 영유아의 행동을 변화시키기 위해 영유아의 행동을 직접 제지하고 막는 것이 아니라, 영유아의 주변 환경으로부터 부정적 요소를 제거하거나 발달적 장애요소를 극복할 수 있는 교육 프로그램 개발에 관심을 집중하고 있다.

2) 영유아발달 연구접근법

영유아발달에 관한 과학적이고 체계적인 연구가 이루어지기 위해서는, 무엇보다 누구를 대상으로 무엇을 연구할 것인지 연구 목적이 분명해야 하고, 그 목적 달성을 위한 타당하고 효율적인 연구방법이 뒷받침되어야 한다. 영유아를 대상으로 하는 발달 연구접근법은 크게 세 가지로 '종단적 접근법', '횡단적 접근법', '단기종단적 접근법'이 있다(김나영 외, 2005).

(1) 종단적 접근방법(Longitudinal Approach)

종단적 접근방법은 유아발달 연구에서 가장 역사가 긴 연구방법으로 동일한 유아를 오랜 시간 반복적으로 측정하여 시간 경과에 따른 발달과정의 변화를 보고자 하는 연구설계이다. 이 접근방법으로 선행된 연구는 유아의 사회성, 협동성, 공격성 및 연령의 증가에 따른 지능의 변화와 행동 특성의 변화 양상 등이 있다. 종단적 접근방법은 생의 초기에 일어난 사건과 후기에 나타난 행동 간의 관계를 파악하는 데 효과적이다. 예를 들어, 유아기의 지능발달의 변화를 종단적 접근방법으로 연구하기 위해서는 3세 유아 10명을 표집하여 지능검사를 하고 그 10명의 유아를 6개월 혹은 1년 간격의 지능검사를 4세, 5세, 6세, 7세에 이르기까지 수년간 정기적으로 체크한 평균값을 비교하여 지능발달이 어느 시기에 가장 왕성하였는지를 파악하는 방법이다(이숙재·이봉선, 2008).

종단적 접근방법은 연령에 따른 발달의 일반적인 양상 외에도 발달의 개인차와 변인을 알 수 있으며, 발달 초기에 일어난 사건과 후기에 나타난 행동 간의 관계를 파악할 수 있다. 그러나 이 접근법은 시간과 비용이 많이 들고, 다수의 유아를 수년간 지속적으로 추적하기란 쉽지 않다는 단점이 있다. 또한, 표집대상 유아의 태어난 환경이나 경험 등이 다른 점을 감안할 때 연구 결과를 순수하게 연령에 따른 차이라고 단정 짓고 일반화하기에는 한계가 있다.

(2) 횡단적 접근방법(Cross-Sectional Approach)

횡단적 접근방법은 한 시점에서 여러 연령집단을 동시에 표집하여 자료를 수집함으로써 연령집단 간의 발달 특징을 살펴보고자 하는 접근방법이다. 종단적 접근방법이 오랜 시간을 필요로 한다면, 횡단적 접근방법은 시간을 줄이고 표집대상자를 폭넓게 선별하여 연구기간을 단축하는 방법이다. 앞서 예를 든 취학 전 유아의 지능발달 연구를 횡단적 접근방법으로 적용해 보면, 연구의 한 시점에서 3, 4, 5, 6, 7세 유아를 각 연령별로 10명씩 표집하여 각 연령의 평균 지능을 측정하여 연령에 따른 지능발달의 변화를 비교하는 접근방법이다.

횡단적 접근방법은 짧은 시간 안에 여러 연령층의 연구대상을 표집하여 연구를 진행하므로 시간과 비용이 적게 들고 연구 결과를 빠른 시간 내에 도출할 수 있는 장점이 있다. 그러나 이 방법은 표집집단의 유형과 환경, 경험이 다른 것뿐만 아니라 다양한 지역 특성과 측정시기의 불일치 등으로 인한 문제를 지니며, 유아의 개인차나 발달적인 변화에 관한 정보를 제공하지 못하는 제한점이 있다. 그럼에도 불구하고 횡단적 접근방법은 시간과 비용을 단축하는 경제적 효율성이 높아서 일반적으로 연구자들이 많이 활용하는 연구방법이다.

(3) 단기종단적 접근방법(Short-Term Longitudinal Approach)

단기종단적 접근방법은 횡단적 접근법과 종단적 접근법의 문제점을 극복하기 위해 두 방법을 절충·보완한 연구방법으로 현재까지 이 접근법이 가장 바람직한 영유아 연구의 접근법으로 간주되고 있다. 이 접근법은 종단적 접근법과 횡단적 접근법의 장점을 최대화하고 단점을 최소화하면서 출생 동시 집단 효과를 파악할 수 있도록 고안되었다. 비교적 짧은 기간 내에 연구를 완성할 수 있고, 시간 경과에 따른 개인의 발달 패턴을 알아낼 수 있다. 각기 다른 연령의 사람들을 간격을 두고 계속해서 반복적으로 관찰하는 방법으로 앞서 예를 든 취학 전 연령의 증가에 따른 지능의 변화를 알아보기 위해 단기종단적 접근방법으로 연구를 진행한다면, 3세, 5세, 7세 유아를 각 연령별로 10명씩 표집하여 지능검사를 하여 각 연령의 평균 지능을 측정한 다음, 1년 후 4세, 6세, 8세가 되었을 때 다시 지능검사를 하여 어느 연령대에서 가장 지능이 향상하였는지를 알아보는 방법이다. 이 방법은 종단적 연구에서 4년이 걸리던 시간을 1년으로 단축했으며, 횡단적 연구에서 필요로 하던 표본 유아의 수를 절반으로 줄일 수 있어서, 연구에 소요되는 시간과 경비를 절감할 수 있다. 또한, 연구자는 다른 시기에 태어난 동일 연령의 유아를 비교함으로써 동시 출생 집단 효과까지 확인할 수 있다.

3) 영유아 연구방법

연구자는 연구의 목표가 수립되면 연구 성과를 이루기 위해 자료를 수집하는데 영유아발달 분야에서 자료를 수집하기 위해 주로 사용하는 연구방법으로는 크게 '자기보고법'과 '직접관찰법'이 있다. 각 연구방법은 그 특성과 장·단점이 있으며, 연구에 따라 한 가지 혹은 여러 가지 방법을 종합하여 연구를 수행하기도 한다.

(1) 자기보고법

자기보고법은 대면법이라고도 하며 연구자가 얻고자 하는 정보에 대해 조사대상자가 직접 답변하는 방법이다. 유아로 하여금 자신에 관한 정보를 제공하게 하는 것이다. 이는 타인이 알아내기 어려운 자신의 생각, 태도, 느낌, 능력, 과거 경험 등에 대한 유아의 정보를 얻고자 할 때 사용하는 방법이다. 이때 질문들이 쓰여진 형태로 제시하는 '질문지법'과 구두로 제시되는 '임상적 면접법'이 포함된다. 질문지법이나 면접법 모두 연구 대상자의 행동을 측정할 수 있는 질문으로 만들어져야 한다. 질문지법은 문장이나 언어능력이 미숙한 유아에게는 사용할 수 없지만 이들을 돌보는 부모나 교사를 대상으로 질문지를 실시하여 유아의 연령, 기질, 행동 특성, 형제관계, 건강 상태, 부모의 사회 인구학적 특성, 부모의 양육행동, 양육신념, 양육효능감과 같은 환경적 정보를 얻을 수 있다.

임상적 면접법은 피아제(Piaget)가 사용한 방법으로 유아의 응답에 따라 융통성있게 질문의 내용을 바꾸기도 하고, 대화식으로 하여 유아의 생각을 확장하기도 한다. 그러나 이 방법은 연구자의 면접능력에 따라 서로 다른 자료를 얻을 수 있다는 문제점이 있다. 반면, 정해진 질문에 따라 면접하는 질문지법은 이러한 문제점을 해결하고 보다 효율적으로 자료를 얻을 수 있다는 장점이 있다. 질문지법이나 면접법 등 자기보고식 방법은 깊이 있는 정보를 얻지 못한다는 제한점이 있고, 특히 영아에게는 적절하게 사용할 수 있는 연구방법이 되지 못한다는 단점이 있다(이사라 외, 2013).

(2) 직접관찰법

유아에 관한 정보를 얻는 가장 기초적인 방법은 유아의 행동을 자세히 살펴보고 관찰된 행동을 객관적으로 기록하는 방법이다. 관찰법은 유아발달 연구에서 자료 수집을 위한 방법 중 가장 오래된 것으로 언어발달이 미숙하여 자신의 생각이나 감정을 언어적으로 표현하기 어려운 유아 연구를 진행하기에 가장 타당한 방법이라고 할 수 있다. 관찰법은 관찰 상황에 대한 통제 여부에 따라 '자연 관찰법'과 '실험실 관찰법'이 있다. 자연 관찰법은 관찰 상황을 인위적으로 조작하지 않고 유아가 있는 현장에 나가 자연 상황에서 유아를 관찰 기록하는 방법이다. 자연 관찰법의 장점은 연구자가 설명하고자 하는 점을 일상의 자연스러운 상황에서 직접 볼 수 있다는 것이다. 그러나 자연관찰법의 단점은 유아의 일상 매 순간이 관찰자가 원하는 행동을 관찰할 수 있는 기회가 발생하는 것은 아니라는 점이다.

실험실 관찰법은 연구 목적에 따라 연구자가 관찰하고자 하는 행동을 유발시키는 상황, 시간, 조건을 인위적으로 통제하여 유아가 알지 못하게 만들어 관찰하는 것이다. 실험실 관찰법은 연구 상황을 자연 관찰법보다 더 통제할 수 있다는 장점이 있다.

4) 영유아발달 연구의 유형

영유아발달 연구에 사용되는 기본적인 세 가지 연구 유형으로 상관연구, 실험연구, 사례연구를 들 수 있다.

(1) 상관연구

상관연구는 있는 그대로의 자연적인 상황에서 유아의 발달에 영향을 미치는 여러 변인 간의 상관관계를 알아보기 위한 연구방법이다(유효순 외, 2015). 예를 들면, 부모의 양육태도에 따른 유아의 과제수행능력, 유아의 책 읽기 습관과 언어 표현 간의 상관관계 연구 등이다. 상관연구는 변인 간의 관련성만을 살펴보기 때문에 정확한 원인과 결과를 파악할 수는 없다. 따라서 상관연구는 변인 간의 통계적 관련성을 분석하는 통계방법인 상관관계 분석에 기초하므로 한 변인과 다른 변인 간의 연관성 여부는 알려 주지만, 인과관계를 분석하는 데에는 한계가 있다.

(2) 실험연구

실험연구는 연구자가 독립변인을 의도적으로 조작하고 그 영향을 관찰하는 연구로 변인 간의 인과관계를 알 수 있다. 즉, 유아발달에 영향을 미치는 변인 간 인과관계를 규명하기 위해 독립변인을 인위적으로 조작하여 종속변인의 효과를 밝히는 연구이다. 실험연구의 대표적인 예로 폭력성이 강한 성격의 텔레비전 프로그램 시청이 아동의 공격성에 미치는 영향을 연구한 반두라(Bandura)의 실험을 들 수 있다. 실험연구는 변인 간의 인과관계를 밝혀 주는 효과적인 방법이기는 하나 실험조건에 미치는 연구자의 인위적인 조작으로 인해 연구의 진실성과 같은 문제점이 야기되기도 한다(유효순 외, 2014).

(3) 사례연구

사례연구는 과거로부터 오랜 시간 발달심리연구에 사용되어진 연구 유형이다. 특정 개인을 깊이 있게 연구할 때 많이 사용하는 방법으로서 임상심리학에서 주로 사용한다. 사례연구는 의사가 환자의 증상을 진찰하고 그 진단에 따라 치료방법을 연구하여 환자를 치료하는 임상적 방법이 교육 분야에 적용된 것이다. 영유아발달 연구에서 사례연구란 개인의 발달을 심층적으로 이해하기 위해 한두 명의 유아를 대상으로 면접, 관찰, 검사 등 여러 방법을 사용하여 이를 종합하고 분석하며 해석하는 방법을 통해 유아에 대한 다양한 정보를 얻는 방법이다. 사례연구는 광범위한 자료수집 및 분석을 통해 유아의 발달과정을 통찰하도록 도와줌으로써 유아발달에 영향을 미치는 심리적, 환경적 요인을 구체적으로 파악하여 유아의 정상적인 발달을 도와줄 수 있다. 그러나 자료를 수집하고 분석하는 데 시간과 노력이 많이 든다. 유아에 관한 정보가 비체계적이고 연구자의 주관적 판단과 해석에 의해 객관성이 결여된 채 잘못 해석되는 문제가 있다. 또한, 소수의 유아를 대상으로 한 연구 결과를 일반화하기 어렵다는 단점이 있다.

연구문제

1 영유아발달을 공부해야 하는 이유를 정리해 보자.

2 발달의 개념을 정리해 보자.

3 발달의 원리를 예를 들어 설명해 보자.

4 유전과 환경의 상관관계를 예를 들어 설명해 보자.

5 영유아발달 연구의 목표를 네 가지로 분류해서 작성해 보자.

CHAPTER 2

영유아발달이론

학습목표

1. 게젤의 성숙이론의 주요 개념과 발달의 원리를 구체적으로 설명할 수 있다.
2. 정신분석이론에서 프로이트의 심리성적 이론과 에릭슨의 심리사회적 이론을 이해하고, 비교·분석할 수 있다.
3. 학습이론에서 파블로프의 고전적 조건형성, 스키너의 조작적 조건형성, 반두라의 사회학습이론에 관한 특성을 설명할 수 있다.
4. 인지이론에서 피아제의 인지발달 단계와 비고츠키의 사회문화적 인지발달의 특성을 알고 그 차이점을 설명할 수 있다.
5. 브론펜브레너의 생태학적 이론에 관해 구체적으로 설명할 수 있다.
6. 동물행동학적 이론에서 로렌츠의 각인이론, 볼비의 애착이론에 관한 특성을 설명할 수 있다.

인간발달은 오랜 역사를 걸쳐 철학자, 교육학자, 심리학자의 많은 관심의 대상이었다. 어느 한 분야의 이론만이 인간발달의 모든 측면을 설명할 수 없지만, 다양한 발달이론은 영유아발달을 이해하는 데 매우 중요하다. 많은 발달이론가는 일반적인 발달의 양상에는 동의하는 편이나, 발달의 원인과 그 과정에 있어서는 각자의 관점에 따라 제각기 다르게 해석하고 있다. 그러나 각 이론은 상반된 의견을 제시하는 것이 아니라 오히려 상호 보완적이라 할 수 있으므로, 우리는 다양한 발달이론을 통해 복잡한 발달과정과 그 현상을 구체적으로 잘 이해할 수 있게 된다. 본 장에서는 성숙이론, 정신분석이론, 학습이론, 인지이론, 생태학적 이론, 동물행동학적 이론 등에 관해 살펴보고, 영유아발달에 관한 서로 다른 관점과 발달적 접근에 대해 알아보고자 한다.

1 성숙이론

성숙이론은 인간의 발달과정에서 방향을 결정짓는 가장 중요한 요인을 '성숙(maturation)'이라고 보는 관점에서 유래한다. 성숙이란 용어 자체가 유전자에 의한 변화를 의미한다. 성숙이론이 제시하는 가장 뚜렷한 핵심은 발달에 있어서 인간 내부에 있는 예정된 계획표가 있다는 것이다(윤매자 외, 2012). 발달의 예정표는 영유아의 연령이 증가함에 따라 성장할 수 있는 자질과 능력을 의미하며, 환경이 인간발달에 주도적인 영향을 미치지 못하기 때문에 영유아가 지닌 능력 이상을 강요하지 말아야 하며, 영유아 자신의 발달 속도에 맞게 발달할 수 있도록 성인과 교사는 영유아중심의 건전한 환경을 제공할 필요가 있다.

1) 성숙이론의 핵심

소아과 의사였던 게젤(Gesell)은 영유아부터 아동에 이르기까지 관찰을 통하여 행동자료를 수집하였다. 그는 발달규준표(developmental norms)를 제시하였는데, 게젤의 이 연구(Gesell, 1954)는 영유아기부터 아동기에 이르기까지 최적의 성장을 위한 상대적 위치를 알려 주는 것을 목적으로, 영유아 또는 아동을 지도하는 교사나 양육하는 부모가 정보를 얻을 수 있도록 도움을 준다는 것이다.

부모나 교사, 성인은 아동이 생물학적 힘인 성숙에 의해 발달할 수 있도록 관찰하는 것이 중요하며, 관찰을 통해서 아동의 발달 속도와 경향에 맞추어 가는 것이 필요하다고 하였다.

영유아발달에 관한 게젤의 주장은 다음과 같다(윤매자 외, 2012).

첫째, 신체발달과 같이 행동발달도 계획된 방식으로 발달하며 상당 부분은 예측이 가능하다.

둘째, 행동은 신체구조와 어느 정도의 함수관계를 가진다.

셋째, 환경은 행동발달에 중요한 요인이나 그 작용은 개별적이다. 이것은 아무리 좋은 환경이라 해도 모든 아동에게 바람직하게 작용하지 않을 수도 있음을 의미한다.

2) 영유아발달에 대한 시사점

성숙이론의 관점은 인간발달과 행동에서의 유전적인 영향력이나 생물학적인 힘의 중요성과 영유아 내부에 작용하는 내적인 힘에 주의를 기울이는 성인의 수용적인 태도를 강조하였다.

게젤의 이론은 학습에 대한 준비도 개념을 제시하였고, 영유아가 학습할 수 있는 신체적, 발달적 준비가 되었을 때, 최적의 학습이 일어날 수 있다는 개념으로 조기교육에 대한 반성의 기회를 제공하였다.

그러나 상대적으로 환경의 영향력을 소홀하게 다루었다는 점, 신체발달이나 신경세포의 발달에 관한 부분은 다루었으나 정서적인 부분과 양육환경의 중요성, 발달에 있어 아동이 볼 수 있는 능동적인 입장은 간과하였다는 점에서 한계를 갖는다.

POINT

성숙주의 이론의 중요점

1. 발달에 있어 환경보다 유전에 의한 성숙을 강조함
2. 발달규준표 제시: 발달에 대한 평균적 위치와 정보를 제공함
3. 학습에 대한 준비도 개념: 조기교육에 대한 반대 입장과 성인 관찰의 중요성을 제시함
4. 한계점: 환경 및 정서, 영유아 또는 아동의 능동성 간과함

2 정신분석이론

정신분석이론의 창시자인 프로이트(Freud)는 정신과 의사로 많은 히스테리 환자를 접하게 된다. 현재 고통 받고 있는 문제의 원인은 대부분 과거의 경험이나 기억으로부터 비롯된다는 것을 발견하고 '무의식'이라는 개념을 제시하였다(윤매자 외, 2012). 프로이트의 정신분석적 체계는 성격발달 모형인 동시에, 인간에 대한 철학이며 심리치료의 방법이다. 기본 가정은 인간에 대한 결정론과 무의식의 세계로, 인간의 행동은 우연히 일어나는 것이 아니고 내적인 충동에 의해서 일어나는 것이며, 마음의 대부분은 의식할 수 없는 무의식 속에 잠재되어 있다고 보았다. 또한, 인간의 모든 행동은 그 원인이 있고 나름대로 의미가 있다는 것이다. 따라서 개인의 행동을 이해하기 위해서는 무의식 속에 있는 갈등과 충동을 이해해야 한다고 주장하였다.

또한, 정신분석이론은 인간의 성격발달에 많은 영향을 미쳤으며, 인간의 정신과 여러 가지 힘 사이에 관계를 다루고 있다. 즉, 인간의 마음속 깊은 곳에서 일어나는 서로 다른 다양한 힘의 역동적인 상호작용을 강조하는 것으로, 프로이트는 인간의 잠재의식이 인간행동에 미치는 영향에 대해 심리성적 이론을 주장한 반면, 에릭슨(Erikson)은 인간이 사회적 상호관계에서 생겨나는 갈등을 극복하는 방식으로 심리사회적 이론을 주장하였다.

1) 프로이트의 심리성적 이론(Psychosexual Theory)

프로이트는 인간의 행동은 생후 5년 동안의 경험으로 결정되며, 외부의 환경조건이 아니라 내부에 있는 심리적 원인에 의해 결정된다고 하였다. 즉, 전혀 원인을 알 수 없고 우연처럼 보일지라도 의식하지 못하는 무의식 속에서 인과관계를 거쳐 형성되고, 표현되는 것을 정신적 결정론(psychic determinism)이라고 하였다. 그는 신경증 환자의 억압된 감정과 생각을 의식으로 떠올리는 '자유연상법'을 창안하고 꿈, 망각과 실언, 최면, 투사법 등의 방법을 통해 의식으로부터 차단하고 있는 중심 정서가 바로 성(性)이라며 '심리성적' 이론을 발표하였다. 프로이트의 심리성적 이론을 의식 구조, 성격 구조, 발달 단계로 나누어 설명하고자 한다.

(1) 의식 구조

프로이트는 인간의 의식을 무의식, 전의식, 의식으로 나누었다. 그는 의식 구조를 바다에 떠 있는 빙산에 비유하였다. 우리 눈에 보이는 부분, 즉 자각할 수 있는 부분을 의식, 물 위에 떠 있는 부분보다 훨씬 더 크고 의식을 떠받치고 있는 부분을 무의식으로 구분하였다. 또한, 바로 물 밑에서 파도가 칠 때마다 보였다 안 보였다 하는 부분을 전의식으로 어떤 힌트나 암시에 의해 의식세계로 떠올릴 수 있는 부분을 전의식으로 구분하였다(윤매자 외, 2012). 또한, 정신 구조는 절대적인 구분은 없으며 연속성을 지닌다고 하였다.

(2) 성격 구조

프로이트는 인간의 성격 구조를 원초아, 자아, 초자아로 구분하였다. 원초아는 있는 그대로 억제되지 않은 본능적 에너지와 욕구를 의미하며 쾌락의 원리에 지배를 받는다. 초자아는 선과 악을 구분하는 비판적인 역할을 담당하며, 부모의 규칙과 훈육, 사회적 가치가 내면화되도록 도덕과 양심, 자아 이상의 사회적 원리에 따른다. 한편, 자아는 계획하고 조직화하고 사고하는 인성으로 초자아와 원초아를 조절하는 역할을 하는 현실의 원리를 따른다. 영아기는 원초아의 지배를 받다가 점차 유아기로 접어들면서 자아가 발달해 가고 도덕성을 배우게 되면서 초자아가 발달하게 된다.

그림 2-1 | 프로이트의 의식 구조와 성격 구조

① 원초아(Id)

원초아는 무의식적이며, 본능과 충동의 원천으로써 정신 에너지의 원천이다. 프로이트에 따르면, 신생아는 정신 에너지의 근원인 원초적이고 학습되지 않은 힘으로 구성된 단순하고 미발달된 성격을 가지는데, 이것을 원초아라고 하였다. 즉, 성격의 가장 원초적인 부분으로 타고나는 것이다. 원초아 안에는 인간으로 하여금 긴장을 느껴 긴장 해소를 위해 무엇인가 행동하게 하는 역동이 저장되어 있다. 또한, 신체적 긴장을 경감시키는 데 필요한 대상의 기억표상을 만들어 대리 만족을 하는 일차적 사고과정을 일으키고, 고통을 최소화하고 쾌락을 최대화하려는 속성으로 참을성이 없고, 즉각적인 만족을 구하는 '쾌락의 원리'에 의해 지배되고, 프로이트는 원초아의 충동을 주로 성적 본능과 공격성으로 보았다(오정수·류진석, 2008).

② 자아(Ego)

원초아로 하여금 충동을 지연시키고 현실을 고려하도록 하며, 본능을 지배하고 통제하는 역할을 수행한다. 현실적인 계획을 세울 때까지 만족을 지연시키는 사고과정으로 2차적 사고과정이 일어나며, 적절한 시기까지 긴장을 지연시켜 궁극적으로 사회가 수용 가능한 형태로 만족을 얻는 현실에 의해 지배를 받는다. 자아는 생후 1년경에 발달하기 시작하며 생애 초기부터 본능을 통제하여 원초아와 갈등관계에 놓이게 된다. 즉, 자아는 초기 단계의 '쾌락의 원리'에서 탈피해 '현실의 원리'에 의해 이성적인 자아로 발달하며, 충동적인 욕구를 참을 수 있게 만들며, 의식의 대부분을 차지한다.

③ 초자아(Superego)

초자아는 생후 4~5세에 발달하며, 어떤 행위의 선악을 구분하는 개인의 양심을 말한다. 영유아는 부모의 사회적 가치와 이상을 동일시함으로써 발달한다. 즉, 초자아란 부모와 다른 사람들이 영유아에게 가르쳐 준 사회적 가치와 도덕의 내면화된 표상으로, 원초아의 충동을 억제하도록 하며, 자아가 현실적인 목표 대신에 도덕적인 목표를 추구하도록 한다.

위의 내용을 정리해 보면, 원초아는 쾌락을 추구하고 무의식에 위치하지만, 자아와 초자아는 의식, 무의식, 전의식 전반에 걸쳐 위치한다. 또한, 자아는 현실을 검증하며, 초자아는 완전을 추구한다. 따라서 원초적 자아가 충족되지 않으면 인간의 자아는 불안감을 느끼게 되고, 초자아가 자아를 충족시키지 못하면 죄의식을 느끼게 된다. 이러한 불안감과 죄의식에서 일시적으로 벗어나기 위해서 인간의 자아는 억압, 합리화, 퇴행, 무관심, 반동형성, 투사, 승화 등과 같은 방어기제를 사용하게 된다(정영숙 외, 2001).

(3) 발달 단계별 특성

프로이트는 인간발달에 관하여 두 가지 주장을 하였다. 첫째는 인생의 초기 발달과정이 성격형성에 가장 중요한 영향을 미친다는 것이고, 둘째는 인간발달이 일정한 심리성적 발달 단계를 따른다는 것이다. 즉, 프로이트는 5세 이전의 양육경험이 영유아의 성격형성에 중요함을 강조하였고, 이후 주변의 사회적 환경과 어떻게 상호작용을 하느냐에 따라서 영유아가 성장한 후, 학습이나 사회적 적응 및 불안에 대처하는 방법에 영향을 미친다고 하였다.

프로이트는 무의식이 주로 본능을 뜻하며 식욕과 성욕을 강조하는데, 성적 에너지인 리비도(libido)의 이동에 따라서 성격발달이 이루어지고, 이 리비도가 모이는 곳을 성감대라고 하였다. 단계별로 분포하는 성감대를 중심으로 성적 만족을 느끼는 행위를 하게 된다. 이 성적 만족을 느끼는 행위를 어떻게 조절하느냐에 따라서 너무 과하거나 부족했을 때 '고착유형'이 나타나고(양돈규, 2013), 영유아가 성장하면서 성적 에너지의 만족을 얻는 신체 부위가 단계마다 변화한다고 하였다. 성적 에너지인 리비도가 집중된 부위에 따라 영유아기부터 청소년기까지, 즉 구강기(출생~18개월), 항문기(18개월~3세), 남근기(3~6세), 잠복기(6~12세), 생식기(12세 이후) 등 5단계로 구분하였다. 발달 단계에 있어서 특정 단계에서 다음 단계로의 진행이 방해받으면 특정 단계에 고착될 수 있고, 이러한 고착이 성인기의 성격에 직접적인 영향을 미치게 된다고 하였다. 고착의 강도가 강할수록 그 시기로의 퇴행이 일어난다. 다음은 프로이트의 심리성적 발달 단계를 구체적으로 정리해 보면, 〈표 2-1〉과 같다.

〈표 2-1〉 프로이트의 심리성적 발달 단계

단계	리비도	특징	부모의 역할
구강기 (출생~18개월)	구강 (원초아)	• 빨고, 깨물고, 삼키는 만족을 느낌 • 욕구충족이 부족하거나 과도(고착): 손가락 빨기, 과식, 과음, 과흡연, 수다 떨기, 타인에 대한 의존성, 분노 등이 생김	• 구강의 욕구를 충분히 채워 줌
항문기 (18개월~3세)	항문 (원초아 + 자아) (원초아 〉 자아)	• 대소변의 배설 행위에 만족을 느낌 • 배변훈련 시 조급하거나 억압(고착): 정리·정돈을 못하거나 낭비와 고집이 세며, 반대로 완고하거나 인색한 성향을 보임	• 자율적이고 부드러운 배변훈련 • 일관성 있는 양육태도
남근기 (3~6세)	성기 (초자아)	• 자신의 성기를 만짐으로써 쾌감을 느낌 • 성 정체감을 갖는 시기 • 남아는 오이디푸스 콤플렉스, 여아는 엘렉트라 콤플렉스가 나타남 • 동성의 부모 동일시를 통해 성역할과 초자아를 학습함 • 이 시기의 (고착): 남아는 경솔하고 과시적·공격적이며, 여아는 방종하고 유혹적이며 경박한 행동의 특징을 나타냄	• 성기와 관련된 두려움, 성 정체감을 확립하도록 도움 • 성적인 호기심과 질문에 죄책감을 갖지 않도록 도움 • 바람직한 성역할을 배울 수 있게 함
잠복기 (6~12세)	(원초아 + 자아 + 초자아)	• 성 에너지가 약해지고, 성적으로 평온해지는 시기 • 지적 호기심이 왕성하고 침착성과 자기 통제력을 발달됨 • 또래 친구와 어울려 놀이와 게임을 즐김 • 이 시기의 (고착): 이성 친구에 대한 친밀감을 갖지 못하고 동성애에 빠질 수 있음	• 학교생활과 또래관계를 성공적으로 할 수 있도록 도움

단계	리비도	특징	부모의 역할
생식기 (12세 이후)	(원초아 + 자아 + 초자아)	• 사춘기에 해당되며 성숙한 성욕의 시기 • 성적 본능과 에너지를 다른 생산적인 사회활동으로 전환하는 방법을 배우는 시기 • 이 시기의 (고착): 이타적이고 성숙한 생식기적인 성격을 보이며, 그렇지 못하면 권위에 반항하고 비행 행동이 나타남	• 성적 호기심과 이성에 대한 관심 이해 • 성적 에너지를 사회적으로 용납되는 활동에 쏟을 수 있도록 지원함

출처: 윤매자 외(2012). 보육학개론. 양서원. p.71, 재구성.

2) 에릭슨의 심리사회적 이론(Psychosocial Theory)

에릭슨은 프로이트 심리성적 이론을 기초로 심리사회적 이론을 주장하였다. 프로이트가 청소년기까지 5단계에 걸쳐 발달 단계를 설명했다면, 에릭슨은 전 생애에 걸쳐 성격발달이 이루어지며, 단계마다 위기 상황에서 발달과업을 잘 획득하지 못하면 문제행동이나 부정적 성격형성을 갖게 된다고 하였다(윤매자 외, 2012). 특히 타인과의 관계를 중시하였고 단순한 도덕적 추리의 발달을 넘어서 전인적인 성장발달에 관심을 두었다. 인간이 태어나면서부터 노년기에 이르기까지의 단계마다 특정의 발달과업을 성취하느냐 못하느냐에 따라서 발달 위기를 극복하느냐 못하느냐가 결정되나, 건강한 위기 해결이 반드시 완벽하게 긍정적인 것만은 아니라고 하였다. 부정적인 것보다 긍정적인 부분의 비율이 더 높으면 그것으로 심리사회적 위기를 건강하게 해결한다고 보았다.

(1) 발달 단계별 특성

인간발달이 생물학적 성숙으로 자극되고, 이를 바탕으로 잠재력을 개발할 수 있는 사회적 여건이 충족되어 각 단계에서 직면하는 위기를 극복하면 건강한 자아발달이 이루어진다고 보았다. 에릭슨은 전 생애에 있어서 8단계에 걸쳐 발달하며, 각 단계에서 극복해야 할 심리사회적인 위기를 제시하고 있다. 그는 문화적 다양성의 영향을 인정하면서 위기를 해결하고 지지하는 방식이 다를 수 있다고 보았다. 이 발달 단계는 '점성원칙'[1]으로 설명되는데, 각 단계의 발달이 전 단계의 심리사회적 갈등 해결과 통합을 토대로 이루어진다는 것이다. 에릭슨의 심리사회적 발달 단계와 특징을 살펴보면, 〈표 2-2〉와 같다.

〈표 2-2〉 에릭슨의 심리사회적 발달 단계

단계	연령	특징	프로이트 단계
[1단계] 신뢰감 vs 불신감	0~1세	• 양육자와 애착을 통한 신뢰감 발달 • 양육자의 일관성 없고 불안한 양육경험은 영아에게 불신감을 갖게 함 • 양육자와의 관계가 이후 사회적 관계에 영향을 미침	구강기
[2단계] 자율성 vs 수치심 (회의감)	1~3세	• 괄약근 통제와 기본 신체조절을 통한 자율성 획득 • 근육과 신체조절을 통해 감정 조절의 기초를 배움 • 너무 빠른 배변훈련과 실패의 경험을 반복하면 수치심 • 사회적 기대에 실수나 실패를 하면 수치심과 회의감	항문기
[3단계] 주도성 vs 죄책감	3~6세	• 3세 이후 언어 폭발로 인한 자기주장이 강해지는 시기 • 언어와 신체조절을 통한 탐색으로 주도적 활동과 싫고 좋은 것을 뚜렷하게 표현 • 주도권을 유아 스스로 쥐고자 하는 시기 • 자발적인 탐색기회를 부여하지 않고 금지와 통제가 많아지면 자신의 행동에 대한 죄책감을 갖는 시기	남근기
[4단계] 근면성 vs 열등감	6~12세	• 학령기 아동은 시간과 집단에 대한 근면성이 발달함 • 이를 잘 따라가지 못하면 또래와 집단에서 열등감을 경험하게 되는 시기 • 또래와의 상호작용은 학습의 기초적인 인지 및 사회적 기능 습득	잠복기 (잠재기)

1) 점성원칙이란 성장하는 모든 것은 기초안을 가지며 이 기초안에서 부분이 발생하고, 각 부분이 특별히 우세해지는 시기가 있으며, 이 모든 부분이 발생하여 기능하는 전체를 이루게 된다는 것이다.

단계	연령	특징	프로이트 단계
[5단계] 자아정체감 vs 역할 혼미	청소년기	• 자아정체감이 발달하며 고민과 갈등이 생김 • 성역할과 직업 선택에서 안정성을 확립하지 못하면 역할 혼미를 경험함	생식기
[6단계] 친밀감 vs 고립감	성인 전기	• 부모로부터 독립하고자 하며, 직업을 선택하고 배우자를 찾는 시기 • 타인과의 친밀감을 형성하지 못하면 소외감과 낮은 자존감이 생김	
[7단계] 생산성 vs 침체성	성인기	• 자신이 속한 사회, 직장에서 무언가 생산성을 내는 시기 • 승진과 업적을 내는 시기 • 가정에서는 자녀를 낳고 양육하는 시기	
[8단계] 통합감 vs 절망감	노인기	• 자신의 인생을 돌아보며 자아통합을 하는 시기 • 삶의 의미와 행복한 경험을 통합하여, 자신의 삶을 돌아보는 시기 • 그렇지 못할 경우 인생의 허무감과 잘못 살았다는 절망감을 갖게 되는 시기	

출처: 윤매자 외(2012). 보육학개론. 양서원. p. 72, 재구성.

3) 영유아발달에 대한 시사점

프로이트의 심리성적 이론은 영유아의 성장과정에서 적절한 만족과 적절한 좌절을 경험하면서 자아와 초자아가 정상적 발달하여 조화가 이루어지면 정신적으로 건강한 사람이 된다. 이러한 정상적 발달이 손상을 입게 되면, 발달에 장애가 생기고 여러 가지 부적응 행동을 유발한다(도미향 외, 2011).

에릭슨의 심리사회적 이론은 전 생애를 거치면서 각 발달 단계에서 일어나는 대인관계와 사회관계와의 변화 속에서 자아의 변화와 발달에 대한 포괄적 통찰을 한 것으로서 교육적 의미가 크다고 하였다(도미향 외, 2011).

POINT

정신분석이론의 중요점

1. 프로이트: 원초아와 부모의 영향을 강조하고, 영유아기의 경험을 중요시 여김
2. 에릭슨: 자아와 역사적·사회적 맥락을 강조함
3. 한계점: 심리성적 이론은 인간의 성적 본능을 지나치게 강조하였고, 심리사회적 이론에서는 개념 정의가 명확하지 못하고 발달이 무엇인지 충분한 설명이 부족함

3 학습이론

학습이론은 영유아발달에서 생물학적 요인보다는 환경적 요인을 더 강조하고 환경을 재구성하여 새로운 학습경험을 하게 되면 발달에 변화를 가져올 수 있다고 주장한다. 즉, 인간의 행동은 학습에 의해 수정된다는 기본 가정을 하고 있어 행동주의라고도 한다. 대부분의 사람들은 학습을 공부라고 생각하며, 배워서 익히는 것 또는 기술이나 지식을 의식적으로 습득하는 행동이라 여긴다. 이러한 행동은 자극과 반응 간의 관계를 학습한 결과로 간주하고 우리의 인생은 이러한 학습과정의 연속이라고 주장하였다. 따라서 학습이론은 인간의 특정한 행동을 유발시키는 선행조건(antecedents)이 뒤이어 일어나는 결과에 의해 발생하는 것이다(최순옥 외, 2012). 또한, 행동의 결과는 강화나 처벌이 특정 행동을 유지하거나 소멸시키는 데 영향을 미친다고 보았다.

1) 파블로프의 고전적 조건형성이론

자극과 반응을 연구한 최초의 연구자인 러시아의 생리학자 파블로프(Pavlov)는 포유류의 소화과정을 연구해서 1904년에 노벨 의학상을 수상하였다(정옥분, 2012). 그는 개의 소화기관을 연구하던 중 개에게 먹이를 주면 타액이 분비되는 반응을 보았는데, 여러 번 반복하여 먹이를 주는 실험을 하는 동안 그 개는 음식을

맛보기도 전에 음식만 보아도 타액을 분비하였고, 나중에는 음식을 가져오는 사람의 발소리만 들어도 타액을 분비한다는 사실을 알게 되었다. 이러한 학습과정을 고전적 조건형성이라고 불렀다(윤매자 외, 2014).

고전적 조건형성은 조건화 전 단계, 조건화 단계, 조건화 후 단계로 분류한다. 즉, 음식은 무조건 자극(unconditioned stimulus)으로 사전학습이나 경험 없이 학습되지 않은 반응을 자연적으로 낳는 어떤 사건을 말한다. 무조건 반응(unconditioned response)이란 타액 분비가 나타난 후에 음식과 짝지어 제시하면서 종을

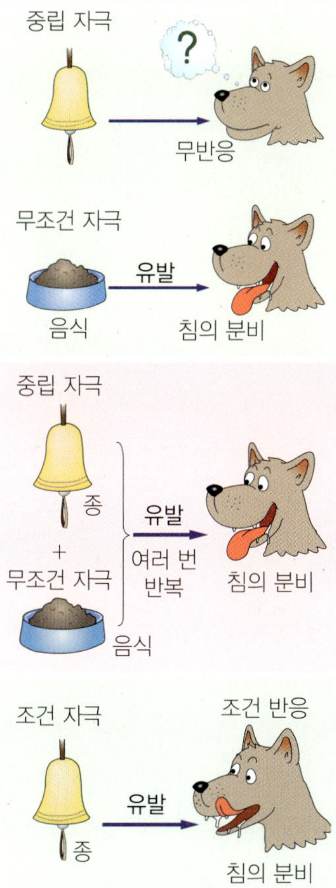

1. 조건화 전 단계

조건화가 되기 전 단계에서 종이라는 자극은 개에게 어떤 반응도 이끌어 내지 않는 중립 자극이다. 개의 밥, 즉 음식은 개에게 침의 분비를 유발해 내는 무조건 자극이다.

2. 조건화 단계

조건화 단계에서는 중립 자극인 종과 무조건 자극인 음식을 연합하여 제시하는 것이다.
종을 '땡땡' 치고 밥을 주고, 종을 '땡땡' 치고 밥을 주는 행동을 반복해서 제시하는 것이다.

3. 조건화 후 단계

조건화 후 단계는 조건화 단계를 통해 중립 자극이었던 종이 개의 침을 유발해 내는 무조건적 자극으로 학습화되는 것이다.

그림 2-2 | 파블로프의 고전적 조건형성의 모형

울린다. 계속해서 음식과 종소리를 짝지어 제시한 후에 종만 울려도 개는 타액을 분비하게 된다. 이때 종소리는 조건 자극(conditioned stimulus)이라고 부르고, 원래는 중립적 자극이었으나 학습자가 무조건 자극과 연계한 것이다. 이때 발생한 타액을 조건 반응(conditioned response)이라고 한다. 조건 반응은 조건 자극에 대한 학습된 반응으로, 이전에는 무조건 자극에 의해서만 야기되었으나 학습 이후에는 조건 자극에 대해서도 나타나는 반응을 말한다.

하지만 무조건 자극(음식) 없이 반복적으로 조건 자극(종소리)만 제시하면 조건 반응이 없어지는데, 이것을 '소거'라고 한다. 소거 후 다시 조건 자극을 제시하면 조건 반응이 일어나는 것을 '자발적 회복'이라고 하며, 재조건화는 소거 후에 조건 자극과 무조건 자극을 연합해서 제시하면 신속히 조건화가 형성되는 것을 말한다(윤매자 외, 2014).

2) 스키너의 조작적 조건형성이론

스키너(Skinner)에 따르면, 인간행동을 결정하는 것은 인간의 내적인 힘으로 결정 지어지는 것이 아니라 오랜 과거경험에서 비롯된 강화의 보상과 처벌에 의해서 정해진다고 보았기 때문에, 보상을 받은 행동은 지속될 것이고 보상받지 못한 행동 혹은 처벌받은 행동은 사라지게 된다고 보았다.

그는 어떤 동물이나 사람은 외적 자극을 받지 않고도 조작적 행동의 결과로 학습이 이루어진다고 하였다. 스키너의 이러한 입장을 뒷받침해 주는 실험이 바로 흰쥐를 이용한 '스키너 상자(Skinner box)'이다.

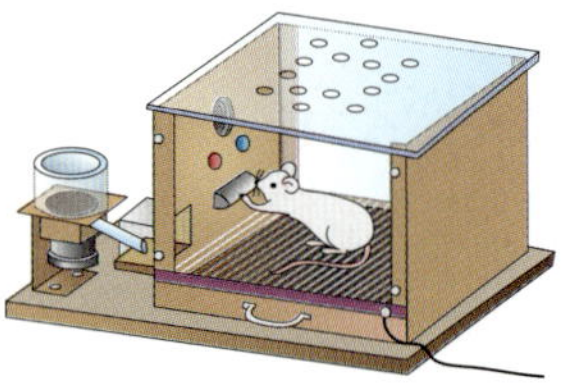

그림 2-3 ❙ 스키너의 조작적 조건형성의 모형

스키너는 스키너 상자라는 실험 장치를 통해 쥐가 돌아다니다가 지렛대를 누르면 쥐가 좋아하는 치즈가 떨어지게 하였다. 즉, 파블로프의 고전적 조건형성이론에서는 자극을 먼저 주고 나서 이에 대한 반응을 보았다면, 스키너는 쥐가 지렛대를 누르는 반응을 먼저 보일 때 자극(보상)을 준 것이다. 즉, 지렛대를 누를 수도 누르지 않을 수도 있는 선택에서 환경을 조작할 수 있는 선택권을 학습자가 갖는 것이다. 이와 같은 관점은 학습자를 보다 능동적인 입장에서 파악할 수 있는 이론이다(윤매자 외, 2012).

스키너는 처벌이 가해질 때 행동을 억압하지만 일단 처벌이 제거되면 원래 행동이 다시 나타난다고 보았다. 따라서 조작적 조건형성에서는 강화와 처벌의 역할이 매우 중요하다.

강화는 어떤 행동을 다시 발생하도록 만드는 과정을 말한다. 즉, 어떤 행동의 강도와 발생 빈도를 증가시키는 자극을 강화인(reinforcer)이라고 부르며, 긍정적 강화인과 부정적 강화인이 있다(정옥분, 2012). 긍정적인 강화인을 정적 강화라 하고, 어떤 행동의 결과가 그가 바라는 행동을 했을 경우 칭찬이나 보상을 받고, 그 행동은 증가될 것이며, 부정적인 강화인을 부적 강화라고 하는데 이 부적 강화는 싫어하는 것을 제거하기 위해 바람직한 방향으로 나아가는 행동이 증가되는 것을 의미한다(윤매자 외, 2014). 부적 강화는 정적 강화와 마찬가지로 어떤 행동이 발생할 확률을 증가시킨다. 하지만 강화물은 개인마다 다르고 상황에 따라서 다양해질 수 있다. 그리고 강화를 받은 행동은 반복되는 경향이 있으며, 그 빈도가 증가되고 그 사람의 행동목록에서 일상적인 반응으로 자리를 잡는데 이러한 반응을 '조건화된 행동'이라고 한다.

한편, 강화와 반대의 개념인 처벌은 행동을 감소시키는 것으로, 싫어하는 것을 가하는 처벌과 좋아하는 것을 못하게 하는 것들이 있다. 처벌은 그것이 적용되고 있는 때에는 반응을 억압하지만 그러한 습성은 약화시키지 않는다.

3) 반두라의 사회학습이론

반두라는 조건형성과 강화 원리를 받아들이면서, 전통적인 학습이론을 더욱 확장하였다. 즉, 그는 아동이 보상과 강화에 의해서만 학습이 일어나는 것이 아니라 다른 사람들이 행동을 단순히 관찰하기만 해도 그 행동을 학습하게 된다는 관찰학습과 모델링을 주장하였다(윤매자 외, 2012). 이 이론에서는 학습자의 직접 경험

그림 2-4 | 모방학습(18개월)

보다 타인의 행동을 관찰하고 모방하는 데에서 오는 행동변화를 강조한다. 즉, 직접적인 강화나 벌이 없어도 다른 사람의 행동을 관찰함으로써 학습할 수 있다는 것이다(윤매자 외, 2014).

반두라는 아동이 사회적 상황에서 타인들의 행동을 단순히 관찰만 하여도 그들의 행동을 학습할 수 있다고 보았다. 즉, 인간의 행동 또는 성격의 결정요인으로 사회적 요소를 다루면서 학습 대부분은 다른 사람을 관찰하고 모방한 결과에 의한 학습으로 이루어진다고 주장하였다. 사람은 인사를 잘한다고 칭찬받는 것을 보면 똑같이 인사를 잘하는 행동을 하게 된다는 것이다. 이러한 상호 결정론은 인간, 행동, 타인 등, 세 가지에 의해서 상호적으로 결정된다고 보았다. 학교에서 친구가 선생님께 혼이 나는 모습을 관찰하고 다른 아이들이 조용해지는 것처럼 다른 사람의 행동을 관찰함으로써 학습되는 것을 관찰학습 또는 대리학습이라고 한다. 따라서 아동은 타인의 행동을 관찰한 결과로써 도덕적 행동을 학습하고, 이때 부모는 도덕적 규칙과 조정의 모델이 되며 아동은 이를 내면화한다(윤매자 외, 2014).

반두라의 사회학습이론의 관찰학습은 4단계의 과정을 거친다. 우선 모방하고자 하는 행동에 주의를 기울이고 행동을 마음속에 그려 넣는다. 그것을 연습하는 과정을 거치게 되고, 이렇게 학습한 행동이 강화를 받으면 그 행동은 지속성을 갖게 된다. 이 과정 중에 하나라도 빠지면 사회학습이론의 모형이 불안전한 것이 되며 성공적인 모형이 이루어지지 않는다고 하였다(정옥분, 2012). 주요 개념을 살펴보면, 〈그림 2-5〉와 같다(윤매자 외, 2014).

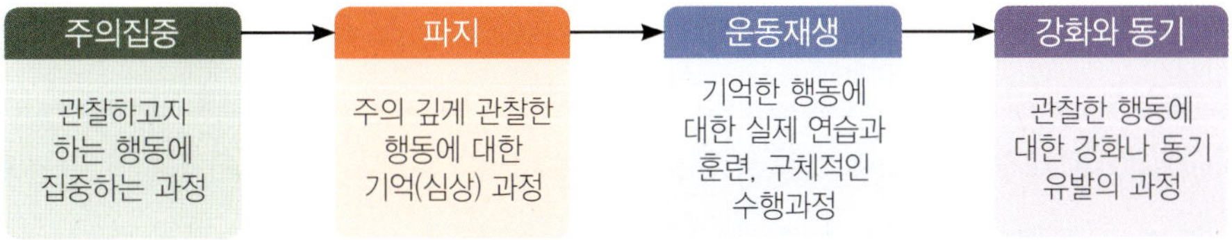

그림 2-5 | 관찰학습의 단계

첫째, 주의집중 단계는 노출된 모델의 행동에 집중, 정확하게 지각하고 관찰하는 단계이다. 이때 주의집중만 잘해도 잘할 수 있다는 말을 듣는다.

둘째, 파지 단계는 관찰된 모델의 행동을 기억하는 단계이다. 이것은 어떤 사건이나 문제를 기억해 내는 회상이 될 수 있고, 부호화를 통해 기억을 내면화시키고 재생하도록 도와준다.

셋째, 운동재생 단계는 기억한 모델의 행동을 새로운 반응 유형으로 수행하는 단계이다. 상징적인 표상을 적절한 행위로 변화시키는 과정이며, 이상적인 모델의 행동과 아동 자신의 행동에 차이가 있음을 알아차리고 수정하거나 연습하여 모델의 행동과 일치하려고 노력한다. 이때 성공적인 모방을 하기 위해서는 학습자가 이 모든 행동을 수행할 수 있어야 한다.

넷째, 강화와 동기 단계는 강화와 동기적 과정으로 직접강화와 대리강화의 형태를 취한다. 직접강화는 강화가 주어지게 되면 모델의 행동을 계속적으로 수행한다. 대리강화는 잠재적인 학습자가 다른 사람이 강화받은 행동을 관찰하고 자신도 그러한 행동을 하는 현상을 말한다.

4) 영유아발달에 대한 시사점

파블로프의 고전적 조건형성은 경험적인 실험을 통해 학습이 이루어진다는 연합의 원리를 과학적으로 이끌어 학습이론의 초석을 마련하였다. 그러나 그 대상이 선천적인 반응을 유발하는 자극에 국한된다는 점에 한계가 있다.

스키너의 조작적 조건형성은 고전적 조건형성의 한계를 극복하고 학습이론의 범위를 넓혔다는 평가와 아동의 문제행동을 수정하여 바람직한 행동을 학습시키는 데 유용하게 활용된다. 그러나 지나치게 환경만을 강조하였으며 생물학적 영향력은 무시하였다는 것과 동물실험을 인간에게 적용하는 데 한계가 있다.

반두라의 사회학습이론은 과학적인 방법을 통해 모델이 행동에 미치는 영향을 밝혔고, 아동의 행동은 환경적 자극에 의해서 조정된 것이기 때문에 환경의 변화를 통해 충분히 수정 가능하다고 보기 때문에 성숙주의 관점의 한계를 뛰어넘었다고 볼 수 있다. 그러나 오늘날 행동주의이론은 다양한 실천현장에서 가장 많이 적용되고 있는 실천기술이지만, 단지 눈에 보이는 행동에만 주의를 집중함으로써 인간행동과 발달을 충분히 이해하는 데 한계가 있다.

POINT

학습이론의 중요점

1. 고전적 조건형성: 인간행동에 관한 자극과 반응을 과학적 연구로 완성함
2. 조작적 조건형성: 영유아의 문제행동을 수정하는 데 효과적임
3. 사회학습이론: 관찰학습과 상징적 표상을 통해 인간의 사고가 어떻게 구체화되는지를 제시함
4. 한계점: 인간과 동물의 행동을 동일하게 취급하는 점과 생물학적 영향을 간과함

4 인지발달이론

인지발달이론은 인간의 의지와 사고과정에 연구의 초점을 두고 인지구조(cognitive structure)가 형성되는 과정을 설명하는 이론이다. 피아제는 인지란 기억하고 생각하고 이해하는 정신적 활동으로 유전과 환경의 끊임없는 상호작용으로 여러 단계를 거치는 가운데 구성되는 것으로 보았다(도미향 외, 2011). 인간은 능동적으로 환경에 적응하고, 스스로 사고하며 정보처리하며 새로운 표상과 지식을 저장하고 구성하며 창조해 나가는 적극적이고 주도적인 존재이다. 따라서 발달은 객관적인 환경적 요인에 의해 결정되는 것이 아니라 인간이 어떻게 환경적인 요인을 받아들이고 처리해 나가느냐의 주관적 경험 내용에 의해 결정되는 것이다(최순옥 외, 2012).

1) 피아제의 인지발달이론

인지발달이론은 학문적 배경에서 볼 수 있듯이 생물학적 배경을 바탕으로 하며, 인간의 사고와 학습능력을 적응의 일종이라고 생각하였다. 또한, 지능은 처음부터 추상적인 모습으로 나타나는 것이 아니라 출생 직후 최초의 생물학적인 단순한 움직임에서부터 이미 태동되었으며, 그러한 움직임에 심리적인 의도와 경험이 결합됨으로써 여러 형태로 구성됨을 보여 준다(윤매자 외, 2014).

(1) 인지발달이론의 주요 개념

인지발달이론에서 기본이 되는 주요 개념은 도식, 동화, 조절, 평형이다. 아동의 인지발달은 적응능력의 발달과정이며, 적응은 동화와 조절이라는 두 가지의 작용에 의해 평형을 이루어 나간다는 것이다. 만약, 동화만 계속 일어나거나 조절만 일어날 경우 도식은 많지만 분류하거나 통합하기 어렵기 때문에, 이와 같은 불균형을 초래하지 않기 위한 대응이 바로 평형을 의미한다(도미향 외, 2011, 재인용). 피아제의 인지발달이론의 주요 개념은 다음과 같다(윤매자 외, 2014).

① 도식(schema): 유기체가 가지고 있는 '이해의 틀'을 말한다. 즉, 도식은 사물이나 사건 또는 사실에 대한 전체적인 윤곽이나 개념을 말한다.

② 동화(assimilation): 들어오는 새로운 정보를 이미 가지고 있는 인지 도식에 의해 혼란을 경험하며, 새로운 대상이나 사건을 이해하고 해석하는 것으로, 기존의 도식에 새로운 자극이나 경험을 변형시켜 동일시하려는 과정을 말한다.

③ 조절(accommodation): 새로운 상황이 기존의 도식에 맞지 않거나 받아들일 수 없는 경우에 기존의 구조를 변경시키는 과정을 말한다.

④ 평형(equilibration): 동화와 조절, 두 기능의 통합과정으로 균형을 이루고 있는 상태이다. 새로운 것에 대한 도식이 충분히 이해되면, 아동은 적응을 통해 개인의 내적 인지구조와 환경 간의 조화로 평형 상태를 이루게 된다.

(2) 피아제의 인지발달 단계

피아제는 아동이 인지적으로 성장하면서 인지적인 내용은 변할 수 있으나 인지구조의 기능은 언제든지 똑같이 작용한다고 보았고, 아동 개인의 인지발달을 감각운동기, 전조작기, 구체적 조작기, 형식적 조작기로 구분하였다. 또한, 적응과정을 통해 새롭게 생기는 인지구조가 기존의 구조와 질적으로 다르다고 가정하고, 동화와 조절을 통해 적응할 수 있다고 보았으며, 내적 성숙이나 외적인 교육에 의해 좌우되는 것이 아니라 아동의 능동적인 행동을 통해 보다 분화되고 포괄적 인지구조를 세워 나간다고 하였다(도미향 외, 2011). 피아제의 인지발달 단계의 특징을 구체적으로 살펴보면 〈표 2-3〉과 같다.

〈표 2-3〉 피아제의 인지발달 단계와 특징

단계	연령	특징
감각운동기	0~2세	• 모든 사물을 감각과 신체적 운동경험에 기초함 • 정신적 표상능력이 생김 • 지연모방이 일어남 • 대상영속성의 발달함 • 단순한 반사기능이 점차 복잡화되어 눈과 손의 협응된 동작적인 행동으로 변화함 • 주로 사물을 만져 보고, 그것들을 조작해 보고, 환경과 상호작용하여 세상을 이해함
전조작기	2~7세	• 언어를 습득하며 자기중심적임 • 보존개념이 없음 • 물활론적 사고 • 논리적 사고가 어려움 • 비언어적 상징놀이가 증가하며 가상놀이를 즐김 • 직관적 사고로 눈에 보이는 것만을 보고 판단함
구체적 조작기	7~11세	• 탈중심화 능력을 획득함 • 가역적 사고가 가능함 • 자아중심성이 사라짐 • 타인을 이해할 수 있는 조망수용능력이 생김 • 논리적 사고능력이 가능하여 유목화, 서열화, 보존개념을 획득 • 추상적인 사고는 하지 못함

단계	연령	특징
형식적 조작기	12세 이후	• 추상적 사고가 가능함 • 추론을 통해 가설을 세워 검증함 • 논리적인 문제해결능력

출처: 윤매자 외(2014). 아동복지론. 양서원. p. 57, 재구성.

2) 비고츠키의 인지발달이론(사회문화적 이론)

비고츠키는 '학습'에 있어 사회적 상호작용이 중요한 역할을 한다고 보았으며, 아동의 인지발달에서 발달이 이루어지는 문화적 맥락(context)을 강조하였다. 즉, 영유아발달은 영유아가 속해 있는 사회문화적 맥락을 떠나서는 생각할 수 없다고 하였다(윤매자, 2012). 또한, 사회적 상호작용을 돕는 사회적 환경에는 가족, 학교, 지역사회, 문화 등이 포함되며, 이들의 차이는 생각하는 방식에 영향을 주기 때문에 영유아의 문화적·개인적 배경을 중요하게 생각한다. 교육이라는 것은 그 사회문화권에서 가치가 있다고 여기는 사상과 지식을 전수하는 것이다. 또한, 전달 수단은 언어가 주가 되고, 발달이 앞선 성인에 의해 문화와 사고, 행동양식을 전수받게 되는 것이다.

비고츠키의 이론에서 근접발달영역과 비계설정의 개념은 인지발달을 설명하는 핵심이 된다.

근접발달영역(ZPD: Zone of Proximal Development)이란 영유아가 다른 사람의 도움 없이 할 수 있는 수준(현재 발달 수준 또는 실제 발달 수준)과 유능한 성인이나 언니, 오빠 등 발달이 앞선 누군가의 도움을 받아 도달할 수 있는 수준(잠재적 발달 수준)과의 사이에 있는 영역을 의미한다(윤매자 외, 2012).

비계설정(scaffolding)은 건축학에서 유래된 단어로서, 영유아가 현재 발달 수준에서 잠재적 발달 수준으로 넘어갈 수 있도록 다리 역할을 해 주는 것을 의미한다. 즉, 발판이 되어 주는 것으로 비계설정은 시범을 보여 주거나 언어적인 질문을 통해서도 이루어질 수 있다.

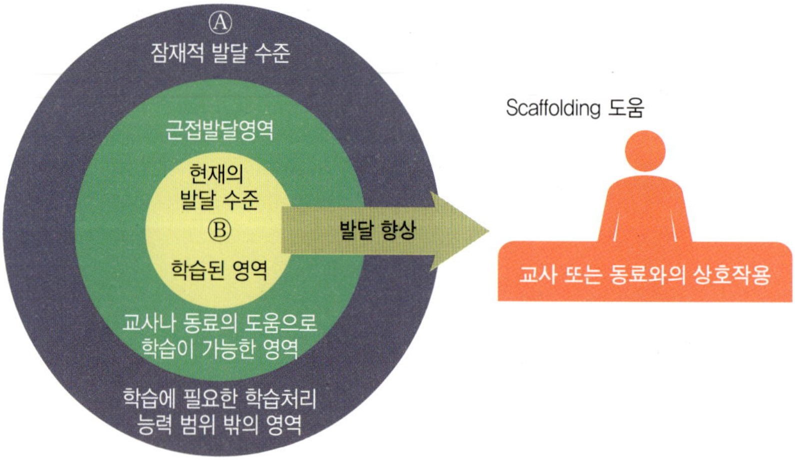

그림 2-6 | 비고츠키의 근접발달영역

비고츠키는 영유아의 이미 획득된 정신기능과 이미 성숙된 발달보다는 영유아의 계속 성장 중인 인지적 과정에 더 많은 관심을 두었다(곽노의 외, 2004). 특히 언어가 고등사고를 할 수 있는 도구라고 하였고, 인지발달에서 언어의 중요성을 강조한 학자라고 할 수 있다.

3) 영유아발달에 대한 시사점

영유아는 구체적 활동과 직접적 경험이 그들의 학습에 있어 본질적으로 중요함을 강조하였고, 영유아에게 이러한 활동과 경험을 통해 스스로 학습할 수 있도록 풍부한 기회와 자료를 제공해 주어야 한다.

영유아발달은 외부와의 상호작용을 통한 내적 성숙이나 외적 교육에 의해 좌우되는 것이 아니라 능동적 행동을 통한 능동적 인지구성의 과정임에 기초하여, 영유아 스스로 자진하여 자율적으로 활동할 수 있도록 격려해야 한다(윤매자 외, 2014).

비고츠키는 사람과의 상호작용이 영유아의 인지발달을 돕는다는 것과 영유아의 주변에 유능한 성인이나 교사, 또래 간의 사회적 상호작용은 영유아의 인지발달에 있어 실제 발달 수준보다 잠재적 발달 수준까지 끌어올릴 수 있다고 하였다.

되도록이면 또래 간 소집단 협동놀이를 통해 사회적 상호작용을 할 수 있는 기회를 제공하는 것이 필요하다(서영숙 외, 2013).

POINT

인지이론의 중요점

1. 피아제: 영유아를 능동적으로 탐색하고 단계별 정해진 순서로 발달함
2. 비고츠키: 영유아발달에 있어서 사회문화적 맥락을 강조함
3. 한계점: 인지발달이 한 단계에서 다음 단계로 변화하는 기제가 불분명하고, 영유아의 개인차를 충분히 고려하지 않았고, 문화적, 사회적 경험을 지나치게 강조함으로써, 생물학적인 측면을 간과함

5 생태학적 이론

브론펜브레너(Bronfenbrenner)는 인간발달을 사회문화적 관점에서 이해하고자 하였다. 가족, 지역사회, 문화 등 인간이 몸담고 있는 생태환경을 보다 구체적으로 구조화한 가장 가까운 미시체계, 중간체계, 외체계, 거시체계, 시간체계로 구분하였다.

미시체계는 가정환경이나 가족 등 영유아에게 직접적인 영향을 주는 환경을 의미한다.

중간체계는 미시체계와의 관계로서 부모와 교사 간의 관계, 형제관계가 영유아에게 영향을 미치는 것을 의미한다.

외체계는 영유아가 사는 지역사회, 대중매체, 부모의 직업 등 영유아에게 간접적으로 영향을 미치는 것을 의미한다.

거시체계는 문화적 환경, 법이나 관습 등으로 영유아가 속한 사회문화적 배경이 영유아에게 영향을 주는 것을 의미한다.

시간체계는 전 생애에 걸쳐 일어나는 변화와 사회적 환경을 포함한다.

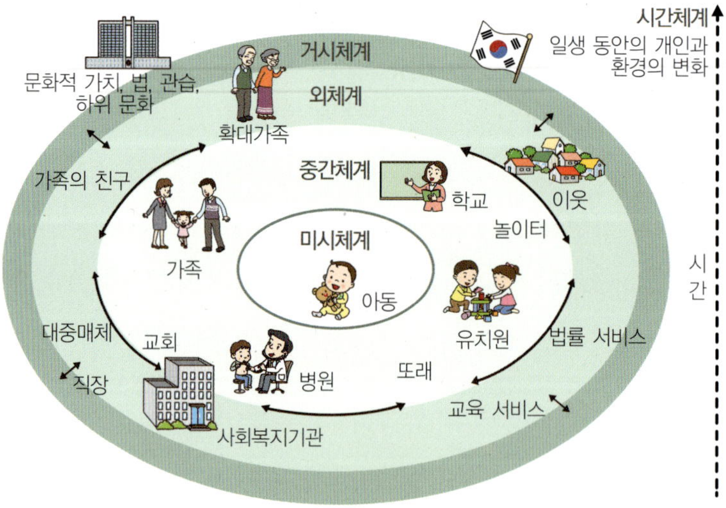

그림 2-7 브론펜브레너의 생태학적 이론 모형

POINT

생태학적 이론의 중요점

1. 영유아를 둘러싼 환경 구조를 체계화하고 발달과의 연계성을 제시함
2. 개인–과정–맥락 모형을 보다 세분화된 과정 중심적 연구방법으로 제시함
3. 맥락적·역사적 영향력을 중요시함
4. 한계점: 영유아의 능동적 발달과정과 생물학적 영향력을 간과함

6 동물행동학적 이론

동물행동학은 동물의 행동과 진화 및 생물학적 의의를 진화론적 관점에서 인간의 행동을 연구하는 학문으로서 생물학적 역할을 강조하였다. 동물행동학자는 다양한 종의 동물 특유의 행동은 종의 생존 가능성을 높이기 위해 진화되어 온 것이라고 믿었다. 모든 종은 진화의 산물이며, 생물학적으로 프로그램화된 생존 기제

를 몇 가지를 가지고 태어나는 것을 기본 가정으로 한다(정옥분, 2012). 따라서 모든 종의 개체발달은 그 종의 진화과정을 통해 내재된 생물학적 역사와 환경적인 조건의 영향을 받는다고 하였다. 동물행동학의 기원은 다윈(Darwin)의 진화론이며, 로렌츠와 틴베르헨(Tinbergen)은 진화과정과 적응행동 간의 밀접한 관계를 강조함으로써 동물행동학의 기초로 확립하였고, 1960년대 와서 볼비(Bowlby)는 인간발달에 있어 영유아와 어머니 간의 애착관계에 적용하였다(정옥분, 2012).

1) 로렌츠의 각인이론

로렌츠는 동물들은 본능적 행동을 갖고 있고, 이 본능은 종마다 그 특유한 패턴이 있다는 것을 발견하였다. 그는 인간을 사회를 구성하는 동물 중 하나로 생각하여 인간행동 연구에 적용하였다. 로렌츠(1952)는 처음 본 움직이는 대상에 대해 애착을 갖는 것을 포함하여 특정 기간 내에 빠르고 본능적으로 배우는 이 과정을 '각인'이라고 명명하였다. 생후 초기에 제한된 기간 내에서만 나타나고 어미가 없으면 어미 대신 어미를 닮은 대상에 각인이 일어날 수 있다(정옥분, 2012, 재인용). 또한, 각인이 이루어지는 시기를 '민감기' 또는 '결정적 시기'로 설명하였다.

(1) 각인

로렌츠는 자연계 서식지에서 여러 종의 동물의 행동을 관찰하면서 생존 가능성을 증진시키는 행동 패턴을 발견하였고, 그중 가장 잘 알려진 것이 바로 각인이다. 오리가 낳은 알을 이용해 실험한 로렌츠는 어미 오리가 알을 부화하게 한 집단과 인공부화기에서 알을 부화시킨 집단의 새끼 오리들을 관찰하였다. 인공부화기에서 부화하자마자 로렌츠를 보게 된 새끼 오리들은 로렌츠를 어미처럼 졸졸 따라다녔다. 실제로 인공부화기에서 부화된 새끼 오리가 처음 먹이를 준 움직이는 물체를 자신의 어미라고 각인하는 경우가 종종 목격된다. 그러나 로렌츠는 종에 따라 각인되는 대상의 범위가 각각 다르다는 것도 발견하였다. 예를 들어, 기러기 새끼는 움직이는 것이면 무엇이든지 각인되는 것으로 보인다. 한편, 물오리는 어떤 높이 이하로 몸을 낮추고 꽥꽥거리는 소리를 낼 때만 각인되었다고 한다(정옥분, 2012). 따라서 로렌츠의 각인은 새끼 오리가 부화한 직후부터 어미를 따라 다니는 행동을 말하며, 태어나 처음 접한 물체에 애착을 형성하는 선천적 학습이라고 하였다. 이 각인은 영유아발달에 폭넓게 적용되어 온 주요 개념인 결정적 시기로 개념을 이끌어 내었다.

(2) 결정적 시기

결정적 시기는 제한된 시간 내에 영유아가 특정한 적응행동을 습득하도록 생물학적으로 준비되어 있으며, 적절한 자극적인 환경 지원이 필요하다는 것을 의미한다(Berk, 2000).

생후 초기 어떤 동물이 어떤 대상에 노출되어 그 뒤를 따르며 애착을 가지는 특정한 시기를 의미하는데, 여기서 '특정한 시기'가 결정적인 시기가 된다. 만약 결정적 시기 이전이나 이후에 대상에 노출되면 애착은 형성되지 않는다. 즉, 결정적인 시기가 지나면 다른 동물 대상에게 애착이 불가능해진다. 결국, 각인 현상은 결정적 시기에만 발생하게 된다는 것이다.

2) 볼비의 애착이론

볼비는 제2차 세계대전 후 고아원이나 시설에서 자란 영유아가 타인과의 친밀하고 지속적인 관계형성이 어렵다는 것을 발견하였다. 볼비는 고아들이 생애 초기에 부모와 분리되어 어머니와의 애착을 형성할 기회가 없었기 때문에 친밀한 인간관계를 형성하지 못한다고 해석하였다. 이 분야에 관심은 동물행동학적 이론을 인간관계에 적용하도록 만들었다(정옥분, 2012). 그는 영유아가 초기 양육자와 가졌던 관계, 즉 어린 시절의 애착형성이 성인이 되어서도 영향을 끼칠 수 있다는 '애착이론'을 정립하여 모자관계의 중요성을 부각시켰다.

(1) 애착(Attachment)

애착이란 개인이 그 자신과 가장 가까운 사람에게 느끼는 매우 강력하고 지속적인 정서적, 감정적 유대관계를 뜻하며, 특정 개인에 대한 애정적 유대관계를 의미한다. 또한, 애착행동은 돌보는 사람과의 긴밀한 정서적 유대관계에서 비롯되며, 자아의식과 다른 사람과의 관계와 앞으로의 사회적인 관계 및 행동에 중요한 의미가 있다. 여기서 '애착'이라는 말은 다른 말로 신뢰감, 어머니를 믿는다는 '믿음'을 뜻하며, 세상을 탐색하는 안전기지(safety base) 역할을 한다.

(2) 민감한 시기

볼비는 인생 초기에 형성되는 사회적 관계의 질이 그 후의 발달에서 결정적인 역할을 한다고 믿었다. 동물행동학에서는 근본적으로 생존 유지 및 보호를 위한 본능적인 반응의 결과로써 이미 생리적으로 계획된 결정적 시기가 있다고 강조하였다. 애착형성은 특정한 시기가 있으며, 이 시기가 최적의 시기로 인간의 본능에 기인한 행동의 결과라고 할 수 있다. 애착은 궁극적으로 어린 새끼가 생존할 수 있도록 하여 종 전체가 번성할 수 있게 하고, 새끼가 어미와 신체적으로 접촉하려는 경향은 이후 사회·정서발달에 영향을 미친다고 할 수 있다.

(3) 애착이론

애착이론에 따르면, 주 양육자가 영유아의 행동에 민감하게 반응을 잘 해 주면 그 아이는 '세상은 살 만한 곳이구나, 우리 엄마랑 비슷한 사람이 많이 있구나'라는 믿음을 갖는다고 보았다. 어머니와의 안정된 애착형성은 가족, 또래와의 관계에까지 영향을 미치며 좋은 인간관계를 맺어 갈 수 있는 중요한 자원이 된다. 볼비(1969)의 애착형성 단계는 4단계로, 전 애착 단계(출생 후~6주)에서는 아직 애착이 형성되지 않았고, 애착형성 단계(6주~8개월)에서는 친숙한 사람과 낯선 사람에게 다르게 반응한다. 애착 단계(6-8개월~18개월)에서는 이미 애착이 형성된 사람에게 적극적으로 접근하거나 분리불안을 나타내고, 상호관계의 형성 단계(18개월~2세)

〈표 2-4〉 볼비의 4단계 애착형성 단계

애착형성 단계	특징
전 애착 단계 (출생 후~6주)	• 영아가 양육자를 제한적으로 구분함 • 주로 청각과 후각에 의존함 • 낯선 사람과 혼자 남겨져도 개의치 않음 • 애착형성이 되지 않음
애착형성 단계 (6주~8개월)	• 친숙한 사람과 낯선 사람을 다르게 반응함 • 사회적 미소를 보이고, 시각적 반응이 증가함 • 누구에게나 안길 수 있고, 낯선 사람의 주변에게도 애착을 보임 • 혼자 남겨 두어도 분리불안을 보이지 않음
애착 단계 (6-8개월~18개월)	• 양육자에 대한 선호도를 보이는 동시에 적극적인 접촉을 추구함 • 낯선 사람을 두려워하고 양육자와 헤어지면 분리불안을 보임 • 대상영속성 개념 획득함
상호관계의 형성 단계 (18개월~2세)	• 언어발달과 함께 양육자와 복잡한 협조관계임 • 목표지향적인 협조관계, 대상항상성 획득함 • 양육자와 협상하고, 행동을 수정함

에서는 정신적 표상과 언어발달로 인해 이미 애착을 형성한 사람의 행동을 예측 가능하게 된다(정옥분, 2014). 〈표 2-4〉는 볼비의 애착형성 단계의 특징을 제시한 것이다.

(4) 애착유형

에인즈워스(Ainsworth, 1983)는 8가지 에피소드로 구성된 '낯선 상황(Strange Situation) 실험'을 통해 안전기지로서의 어머니, 낯선 사람에 대한 반응, 분리불안, 재결합의 반응 등 관찰되는 애착행동을 분석하여 애착형성의 유형을 3가지로 구분하였다. 이후 메인과 솔로몬(Main & Solomon, 1986, 1990)에 의해서 이들 유형에 속하지 않는 또 다른 애착유형이 있음을 발견하고 혼란애착으로 분류하였다(정옥분, 2012, 재인용). 에인즈워스는 낯선 상황이라는 실험 상황을 만들어 엄마가 아기를 두고 나갔다가 들어올 때의 반응을 토대로, 영아의 애착을 안정애착과 불안정애착으로 나누었고, 불안정애착은 다시 불안-회피애착과 불안-저항애착, 불안 – 혼란애착으로 구분하였다. 구체적인 내용은 다음과 같다.

① 안정애착(Secure Attachment)

낯선 상황에서 주위를 탐색하기 위해 쉽게 어머니에게서 떨어지고, 엄마가 나갔다 돌아왔을 때 반갑게 맞이하며 쉽게 안정된다. 안정애착의 부모는 자녀에게 민감하고 수용적이며 접근 가능성이 크다.

② 불안 – 회피애착(Anxious–Avoidant Attachment)

엄마가 방을 떠나도 울거나 당황하지 않고, 엄마가 돌아왔을 때도 무시하거나 회피한다. 이러한 영아의 엄마는 자녀에게 접근 가능성이 적고, 자녀를 무시하거나 반응을 보이지 않는다.

③ 불안 – 저항애착(Anxious–Resistant Attachment)

엄마가 방을 떠나기 전부터 불안해하고 탐색하지 않고, 엄마가 다시 돌아와서 영아를 달래는 것이 어렵다. 이들의 엄마는 자녀에 대해 거부적이거나 간섭을 하는 것도 아니면서 민감하지도 않다.

④ 불안 – 혼란애착(Anxious–Disorganized Attachment)

회피애착과 저항애착이 결합된 형태이며, 엄마가 떠날 때 혼란스러워하고 엄마가 돌아왔을 때 무슨 일이 일어났는지 정말로 이해하지 못하는 것처럼 보인다.

(5) 애착반응

① 낯가림

영아가 특정인과 애착을 형성하게 되면, 낯선 사람이 다가오거나 부모가 낯선 사람에게 자신을 맡길 때 큰 소리로 우는 것으로 익숙한 얼굴과 낯선 얼굴의 불일치에 대한 반응을 보인다. 6~8개월경에 나타나기 시작해서 첫돌 전후에 최고조에 달했다가 점차 감소한다. 어머니의 양육태도가 수용적일수록 낯가림과 분리불안 현상이 일찍 일어난다.

② 분리불안

영아가 부모나 애착을 느끼는 대상과 분리될 때 느끼는 불안으로, 안정애착을 형성한 영아는 불안정애착을 형성한 영아보다 분리불안 반응을 덜 보이는 경향이 있다. 어머니가 안전기지의 역할을 다하지 못하기 때문에 분리불안을 느낀다.

그림 2-8 | 분리불안을 느끼는 영아

3) 영유아발달에 대한 시사점

동물행동학적 이론은 생물학적, 환경적 영향에 진화론적 견해를 더함으로써 영유아발달에 대한 관점을 넓히고 있음은 물론이고, 연구자들이 영유아 행동의 기능적인 측면까지 관심을 갖도록 하였다.

영유아를 대상으로 애착, 또래집단, 표정과 신체의 움직임 등에 대한 설명을 통해 이들 주제와 관련하여 많은 연구가 이루어졌다(정옥분, 2012).

그러나 모성박탈 실험은 인간을 대상으로 하는 경우 윤리적인 문제로 거의 불가능하다고 할 수 있다(정옥분, 2012).

POINT

동물행동학적 이론의 중요점

1. 동물의 본능적 행동과 이러한 본능은 종마다 그 특유한 패턴이 있고, 각인이 이루어지는 시기를 '민감기' 또는 '결정적 시기'의 중요성 제시함
2. 애착: 주 양육자와의 정서적 유대관계, 애착행동은 믿음과 신뢰감을 형성함
3. 볼비: 인간이 갖고 있는 내적 기제에 의하여, 주 양육자와의 애착형성이론 제시함
4. 에인즈워스: 낯선 상황 실험을 통해 애착유형을 제시함
5. 한계점: 동물학과 사회생물학은 영유아발달에 적용된 임상적인 연구 결과가 부족하고, 인간을 대상으로 한 경우 윤리적인 문제가 발생함

연구 문제

1 다양한 발달이론 중 영유아의 각 영역별 발달과 연계해서 정리해 보자.

2 영유아발달에 관한 각 이론적 관점을 비교하고, 각 발달이론이 영유아의 양육에 주는 시사점은 무엇인지 생각해 보자.

3 영유아발달 이론의 특성을 고려해 볼 때, 현재 영유아 중심, 놀이 중심 교육을 강조하고 있는 것이 영유아발달에 어떠한 영향을 미치는지 생각해 보자.

CHAPTER 3

태내기

학습목표

1. 난자와 정자가 결합되는 수정의 과정을 이해한다.
2. 태아의 성이 결정되는 성 염색체의 결합 과정을 이해한다.
3. 태내기의 발달 단계인 발아기, 배아기, 태아기의 특징을 학습한다.
4. 태아에게 영향을 줄 수 있는 태내환경 중 유전적 요인과 환경적 요인을 살펴본다.

생명은 정자와 난자의 결합으로부터 시작되며 이 과정에서 성염책체의 결합에 따라 태아의 성이 결정된다. 태내기는 발아기, 배아기, 태아기 단계를 거치면서 신체의 중요한 부분들이 발달하며, 각 단계마다 발달의 특징이 다르다. 한편 태아의 발달에 직·간접적인 영향을 줄 수 있는 태내환경 요인은 유전적 요인과 환경적 요인으로 구분된다. 본 장에서는 태내기 발달의 주요 특징과 태내기 발달에 영향을 줄 수 있는 다양한 요인에 대해서 살펴보고자 한다.

1 태내기 발달

인간의 발달은 정자와 난자의 결합인 수정란의 생성으로부터 시작된다. 이 과정을 임신 또는 수정이라 하며, 수정란은 이후 38주간(약 280일)의 기간 동안 태내에서 배수분열을 통해 빠르게 신체구조와 기관을 형성해 나간다. 이러한 태내기는 수정의 순간부터 자궁에 착상하게 되는 2주까지의 기간인 발아기, 수정란이 자궁에 착상한 후부터 8주까지의 배아기, 8주부터 출산까지의 태아기로 나누어진다. 이와 같이 태내기는 정자와 난자가 결합되어 수정되는 순간부터 출산까지의 기간을 의미한다.

1) 수정

여성의 생식기는 2개의 난소와 2개의 나팔관, 자궁으로 구성되어 있다. 여성의 경우 난소 속에 난자 약 200만여 개를 미리 생성하여 보관하다가 2차성징이 뚜렷해지고 성숙하게 되면서 난자의 활동은 활발해진다. 난소 속에는 작은 난포가 무수히 많이 형성되어 있는데 이 난포 안에서 1개의 난자가 자란다. 성숙한 여성의 경우 한 달에 하나씩 양쪽 난소에서 난자가 교대로 배출되며, 이를 배란이라고 한다. 난자는 0.1mm의 타원형 모양이며 정자 크기의 약 10배 정도이다. 난자는 핵과 영양물질로 이루어져 있고, 약 24시간 정도 생존이 가능하다. 배란주기는 28일이며, 배란기는 생리시작 14일경부터 시작된다. 배란기 때 수정이 이루어지지 않으면 월경이 되어 난자가 질 밖으로 나오게 된다.

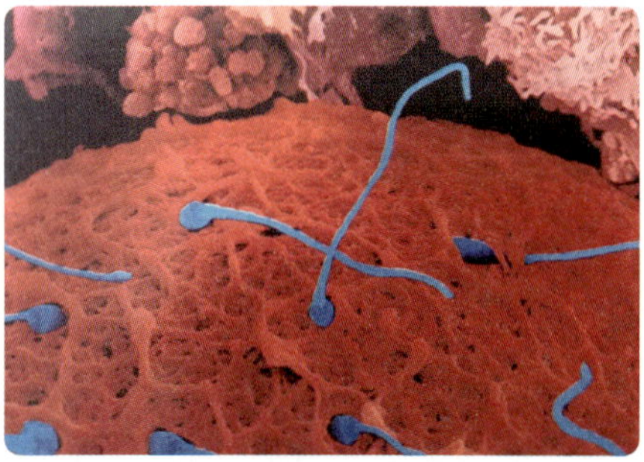

남성의 몸으로부터 수백만 개의 정자가 여성의 질 속으로 들어가지만 그중 단 한 개의 정자만이 난자와 결합하여 수정란을 생성한다.

그림 3-1 | 난자와 정자가 결합하는 모습

출처: Berk (2003). *Child Development*. p. 87.

남성은 2차성징이 나타나기 시작하는 10대부터 고환에서 정자를 생성하기 시작한다. 정자는 전체 길이가 0.06mm 정도로 크기가 매우 작으며 올챙이 모양으로 머리 부분, 둥근 중간 부분, 실 모양의 꼬리 부분으로 구성되어 있다. 이러한 정자의 생존기간은 약 72시간이다(조형숙 외, 2016).

여성의 배란기를 전후하여 자궁경에 가까운 질 속에 사정된 정액 속의 많은 정자가 꼬리의 편모운동을 통해 나팔관까지 스스로 헤엄쳐 이동해 간다. 한 번 사정할 때 방출되는 정자 수는 수천만에서 2억 개 사이로 개인차가 있으며, 이 중 난자와 결합하는 정자는 단 한 마리에 불과하다. 이와 같이 여성의 난자와 남성의 정자가 결합하여 하나의 세포인 수정란(fertilized ovum)이 만들어지는 과정을 수정(fertilization)이라고 한다.

2) 성의 결정

성염색체는 남녀의 성을 결정하는 것으로서 난자는 X염색체만을 가지고 있고 정자는 X염색체와 Y염색체 두 종류를 모두 보유하고 있다. 인간의 몸은 총 23쌍(46개)의 염색체로 구성되어 있다. 난자와 정자가 결합하여 수정란이 형성되면 난자와 정자에서 보유한 각각 23개의 염색체 총 46개가 결합하게 된다. 새로운 결합이 일어난 23쌍의 염색체 중 마지막 23번째가 성염색체로 남녀의 성을 결정한다. 즉, 난자와 정자가 결합할 때 X염색체를 가진 정자가 난자와 수정되면 여자아이(XX)가, Y염색체를 가진 정자가 난자와 수정되면 남자아이(XY)가 되는 것이다. 이처럼 성염색체의 결합으로 남아, 여아로 결정된 수정란은 태내기 동안 유사분열을 거쳐 하나의 세포가 수십억 개의 세포로 분열하여 신경, 근육, 순환계 등을 구성하며, 약 280일 정도 지난 뒤 출산과정을 거쳐 세상에 태어난다.

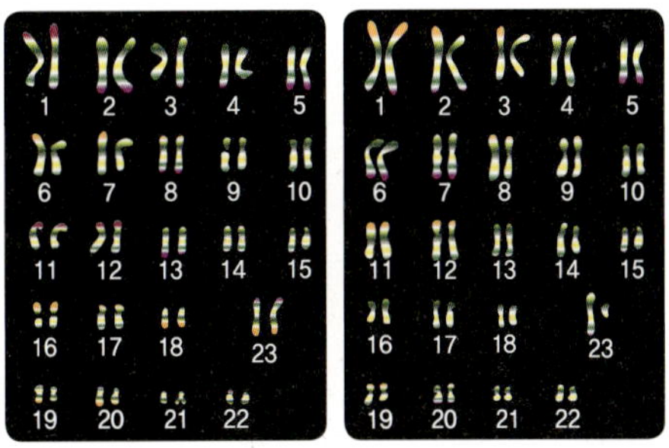

그림 3-2 | 여성(좌)과 남성(우)의 염색체

출처: Lodish, H. et al. (2000). *Molecular Cell Biology*.

3) 태내발달의 단계

정자와 난자의 결합으로 만들어진 수정란은 발아기, 배아기, 태아기의 세 단계를 거치며 발달한다.

(1) 발아기(Germinal Stage)

발아기는 난자와 정자가 결합하여 수정란을 형성한 후 수정란이 자궁벽에 착상하는 2주까지의 기간이다. 발아기는 배종기, 발생기, 정착기라고도 불리며 이 시기 동안 수정란은 급속하게 세포분열을 한다. 수정란은 수정 직후 일주일이 지나면 약 100~150개의 세로로 분열되고, 이 과정에서 세포 수가 증가하고 기능도 점점 세분화하기 시작한다. 수정란은 이와 같이 빠르게 세포분열을 일으키며 나팔관 내부의 섬모운동과 나팔관의 수축작용으로 4~5일 후 자궁에 이르게 된다. 자궁에 도착할 때쯤 수정란은 속이 빈 공 모양의 포배낭으로 변하며 1~2일 동안 자궁 속을 자유롭게 떠다닌다. 이러한 포배낭은 외세포 덩어리인 영양막세포 및 내세포 덩어리인 배아, 그 속에 채워진 액체로 구성되어 있다. 자궁 내에 도착한 수정란은 자궁 내막의 표면에 정착하게 되는데 이 과정을 '착상(implantation)'이라고 한다. 착상을 끝으로 발아기는 끝나고 배아기가 시작된다. 착상 후 포배낭의 바깥 부분은 태반으로, 안쪽 부분은 태아와 양막으로 분화된다. 태반은 태아의 복벽과 연결되어 있는 탯줄을 통해 태아에게 모체의 산소와 영양분을 전달하고, 태아의 분비물을 바깥으로 배설해 낸다. 양막은 투명 액체인 양수로 채워져 있어 항상 일정한 온도를 유지할 수 있게 해 주며, 외부로부터의 충격을 막아 태아를 보호하는 역할을 한다.

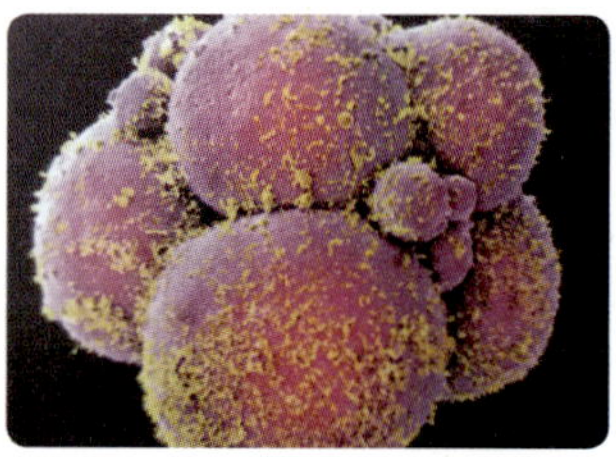

그림 3-3 ▌발아기(배종기)
출처: Feldman, R. S. (2007). *Child Development*. p. 76.

이러한 착상이 항상 정상적으로 이루어지는 것은 아니다. 수정란이 자궁벽에 착상하는 데 있어서 자궁까지 안전하게 도달하지 못하여 난소, 나팔관, 자궁각, 자궁경부 등에서 착상하는 것을 '자궁 외 임신(ectopic pregnancy)'이라 한다. 자궁 외 임신은 오래 지속되기 어렵기 때문에 결국 유산되거나 난관

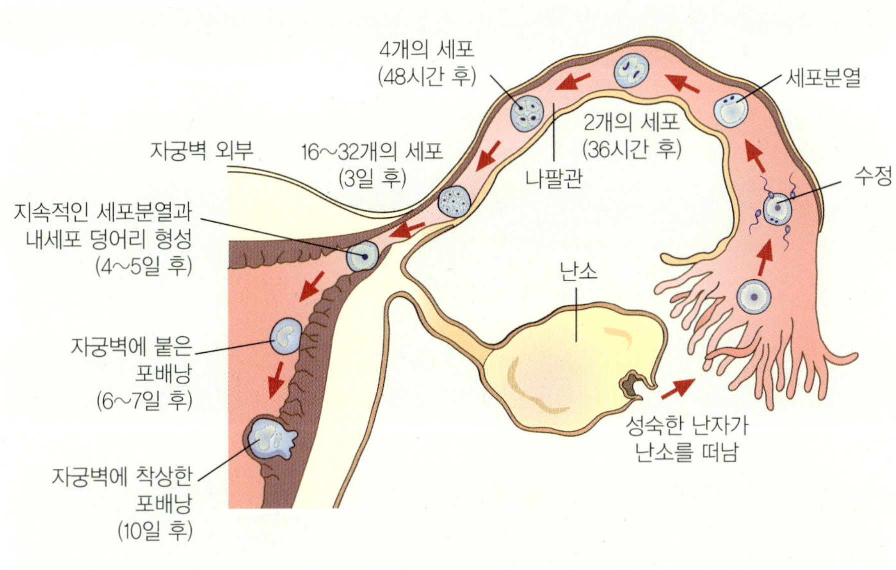

그림 3-4 ▌수정과 착상

파열, 과다출혈로 이어져 임신부의 생명을 위협하기도 한다. 또한, 정자와 난자가 정상적으로 결합하지 못했을 경우 수정란은 세포분열이 어렵고 결국 자연유산에 이르게 된다. 자궁 외 임신은 전체 임신의 1~2%에 이르고, 자연유산은 30% 정도를 차지한다.

이러한 발아기는 수정에서 2주까지의 기간으로 난소를 떠나온 난자는 나팔관에서 정자와 결합되어 수정이 이루어져 수정란이 생성된다. 수정란은 세포분열을 거듭하면서 포배낭 상태가 되어 자궁에 이르러 착상된다.

(2) 배아기(Embryonic Stage)

수정란이 자궁벽에 착상한 이후부터 약 8주까지를 배아기라고 한다. 배아기는 태내기 중 성장 속도가 가장 빠른 시기로 신체의 주요 기관 및 신경조직을 형성하는 중요한 시기이다. 착상 후 수정란을 배아라고 하며, 배아는 외배엽, 중배엽, 내배엽으로 분화되며 이들의 역할은 다음과 같다.

- 외배엽: 신경계, 뇌, 척수, 감각기관, 피부의 표피, 손톱, 발톱, 치아 등으로 발달
- 중배엽: 근육, 골격, 뼈, 순환계, 배설기관, 피부의 진피 등으로 발달
- 내배엽: 호흡기, 폐, 소화기관, 허파, 내장, 간, 갑상선 등으로 발달

배아기에 배아가 성장하는 과정은 〈표 3-1〉과 같다. 배아기는 빠른 속도로 신체의 주요 기관이 발달하는 시기이므로 임신부는 태아가 해로운 영향을 받지 않도록 태내환경에 주의할 필요가 있다. 배아기 말인 임신 8주경에는 태아에게 유전적 결함이 있는지 알 수 있으며, 이 시기에 유전적 결함을 가진 배아는 자연유산이 되는 경우가 많다. 한편, 배아기는 임신부의 충분한 안정이 필요한 시기로 임신부가 심리적으로 큰 충격을 받으면 유산을 초래할 수도 있다.

〈표 3-1〉 배아기의 발달 단계별 특성

기간	발달 특성
임신 4주경	• 약 2.54cm 정도이며, 척추와 팔과 다리의 형성이 뚜렷해진다. • 뇌와 신경조직이 분화되고 소화기관과 입이 만들어진다.
임신 5주경	• 손과 손가락이 형성되고, 눈에 색소가 만들어져 검게 보인다. • 원시 태반과 탯줄이 태아에게 산소와 영양분을 공급한다.
임신 6주경	• 태아의 심장 뛰는 소리를 들을 수 있다. • 머리가 커져 두뇌가 좀 더 발달하고 근육과 장기의 운동을 통제할 수 있다. • 손과 발이 형성된다. • 뼈의 중심 부분이 만들어진다.
임신 7주경	• 신체 주요 부위가 발달하고, 눈, 입, 턱, 머리 부분이 발달한다. • 생식기가 형성되기 시작한다.
임신 8주경	• 신장은 3~4cm, 체중은 약 14g 정도가 된다. • 얼굴의 이목구비가 뚜렷해진다. • 심장은 박동하고 있으며 순환계와 신경계도 제 기능을 하고 있다. • 양수 주머니, 태반과 탯줄이 발달한다.

그림 3-5 | 배아기의 모습 1
출처: Berk, L. E. (2001). p. 107.

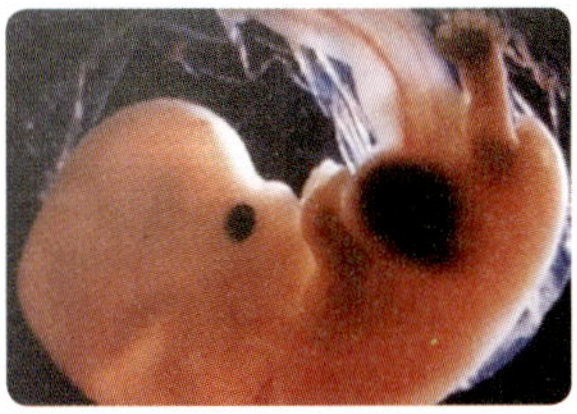

그림 3-6 | 배아기의 모습 2
출처: Feldman, R. S. (2007). p. 76.

(3) 태아기(Fetal Stage)

태아기는 수정 후 9주부터 출생까지의 시기를 말한다. 이 시기는 태내기 중 가장 기간이 길며, 기관의 형성보다는 신체의 성장이 주를 이룬다. 태아기에 이르게 되면 약 5개월 정도에 태반이 완성되는데, 태아(fetus)는 탯줄로 연결된 태반을 통해 모체로부터 산소와 영양분을 공급받게 된다. 태아기에 태아는 태반에 안정적으로 정착하게 되어 유산의 위험이 크게 줄어들지만, 신체적·정신적 충격은 여전히 태아발달을 저해하거나 유산을 일으킬 수 있으므로 주의해야 한다.

이 시기에 태아는 자극에 반응을 보이며 신체발달과 함께 운동기능이 점차 분화되고 복잡해진다. 즉, 태아는 빛이나 자극이 오면 피하는 도피반응을 보이거나 입을 벌리고 빠는 등 생존반응을 보이기도 한다. 임신 16주 정도가 되면 태아는 신체적으로 성장하면서 움직일 때마다 자궁벽을 자주 차게 되고, 이로 인해 임신부는 태아의 움직임인 태동을 느끼게 된다.

① 태아기 초기(9~12주)

- 배아기 때의 꼬리가 사라지고 태아의 등이 곧게 펴진다.
- 근육이 발달하고 신체의 움직임이 활발해진다.
- 임신 10~11주경이 되면 외부 생식기가 완성되어 초음파를 통해 태아의 성별을 감별할 수 있다.

- 팔과 다리의 움직임이 나타나고 여러 가지 자극에 반응하기 시작한다.
- 태아의 신체발달과 함께 모체의 자궁이 확대되고 모유를 만들기 위한 유선이 발달하기 시작한다.

② 태아기 중기(13~24주)

- 약 16주 정도가 되면 태아의 움직임이 활발해지고 자극에 대한 반사 행동이 나타나면서 태동이 느껴지게 된다.
- 태아는 스스로 빨기 등 생존반응을 보이기도 하고 딸꾹질, 삼키기 등의 반응을 보인다.
- 규칙적인 호흡을 계속해서 유지할 수 있다.
- 중기 끝 무렵에는 온몸에 솜털이 생기기 시작하고 손톱, 발톱의 성장도 눈에 띈다. 눈의 감각이 발달하기 시작하여 눈을 감고 뜨기도 하며, 모든 방향을 다 볼 수 있게 된다.

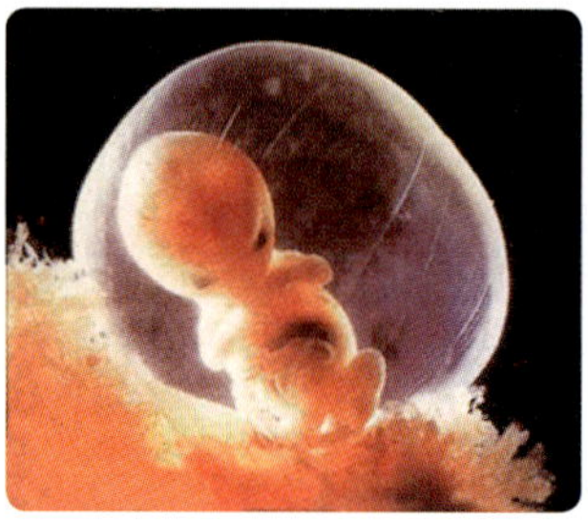

그림 3-7 | 태아기의 모습 1
출처: Berk, L. E. (2001). p. 107.

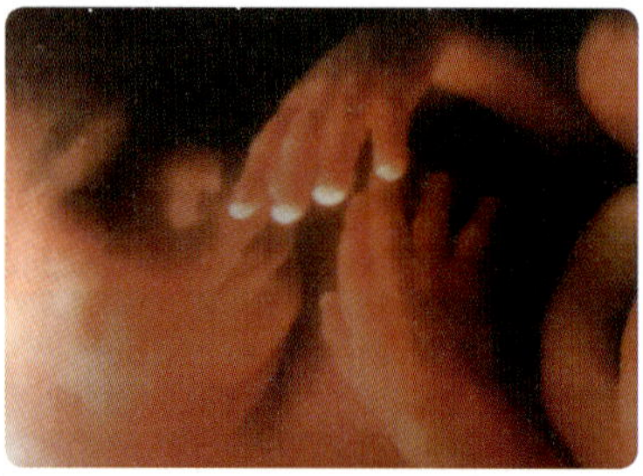

그림 3-8 | 태아기의 모습 2
출처: Feldman, R. S. (2007). p. 76.

③ 태아기 말기(24주~출산)

- 태아는 울음을 터뜨릴 수 있고 숨을 내쉴 수도 있게 된다.
- 태아기 말기에는 태아의 몸집이 많이 커져서 자궁 속에 꽉 차게 되므로 움직임이 극히 줄어든다.

- 28주경에 접어든 태아가 조산으로 세상에 나오더라도 이때부터는 인큐베이터 속에서 생존이 가능하다.
- 32주경이 되면 태아는 2.3~2.6kg 정도가 되며 출생 후에 체온을 유지할 수 있도록 지방이 축적된다.
- 36주경부터 출생까지는 심장박동이 증가하며 신체 내 기관이 활성화된다.
- 출산 전에 태아는 자궁 내에서 공간을 더 확보하고 출산의 과정을 돕기 위하여 머리를 아래로 향하도록 자리를 잡는다.
- 출생 직전 태아의 신장은 보통 50cm 정도이며 체중은 태아기 말에 급속도로 증가하여 3~4kg에 이른다.

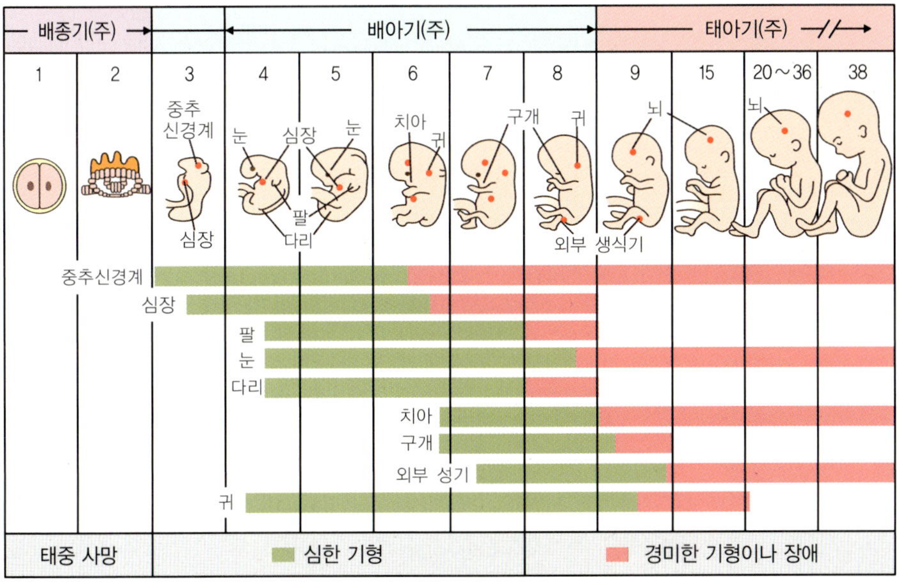

그림 3-9 | 태내발달의 결정적 시기

출처: Shaffer, D. R. & Kipp, K. (2007). p. 127.

탯줄의 역할

탯줄은 한 개의 제대정맥과 두 개의 제대동맥으로 이루어져 있으며, 제대정맥이 제대동맥의 주위를 감아 구불구불한 형태를 지니고 있다. 탯줄은 수정 후 4주 정도에 태반에서 생겨나 태아와 산모를 연결하는 역할을 한다. 즉, 수정 후 4주 후쯤이 되면 태아가 자궁벽에서 떨어져 나오게 되는데, 이때부터 어머니가 태아에게 보내는 영양분과 산소, 면역항체 등이 태반과 연결된 탯줄을 통해 태아에게 운반되기 시작한다. 탯줄은 보통 1~2.5cm 정도의 굵기를 지니며, 5~6kg의 무게를 지탱할 수 있을 정도로 튼튼하다. 또한, 임신 개월 수마다 길이가 5cm씩 늘어나서 임신 후기가 되면 50cm 정도에 이르게 된다. 출산 후 탯줄은 태아에게 필요 없게 되므로 출산과 동시에 탯줄을 잘라내게 되는데 탯줄에는 통증을 느끼는 세포가 없으므로 산모와 태아 모두에게 고통 없이 제거된다.

출처: 김미영(2013).

양수의 역할

양수는 무색, 무취의 약알칼리성 액체로 모체의 혈액 성분인 혈장의 일부로 구성되어 있다. 임신이 진행되면서 양수의 양도 점점 증가하는데 일반적으로 임신 중기부터 하루에 10mL 정도씩 증가해서 임신 24주가 되면 평균 800mL가 된다. 이러한 양수는 그 양이 너무 많아도 혹은 적어도 문제가 될 수 있다. 자궁 내 양수는 완충 역할을 하여 충격을 흡수해 주기 때문에 태아를 안전하게 보호해 준다. 또한, 태아는 임신기간 내내 양수에 떠 있기 때문에 몸을 자유롭게 움직이며 근육과 골격을 발달시키게 된다. 한편, 양수는 질병의 감염 방지와 체온 유지의 역할을 하며 분만 시에는 태아가 산로를 쉽게 빠져나올 수 있도록 윤활유 역할을 한다. 양수 속에는 태아에게서 떨어져 나온 세포가 섞여 있기 때문에 양수검사를 통해 태아의 발육 상태, 선천성 이상이나 기형 여부, 염색체 이상 등을 감지해 낼 수 있다.

출처: 김미영(2013).

4) 태내환경과 영향 요인

태내에 있는 태아에게 이상이 생기면 출산 전에 자연유산되거나 출산 시에 사산되는 경우가 일반적이다. 그러나 때로는 결함을 가진 채로 출생되는 경우도 있다. 태아에게 영향을 미치는 태내환경 요인은 유전적 요인과 환경적 요인으로 나누어서 살펴볼 수 있다.

(1) 유전적 요인

신생아 중에는 부모로부터 물려받은 선천성 유전인자의 이상으로 결함을 가지고 태어나는 경우가 있다. 인간의 염색체 안에는 그 형질의 독특성을 내포하는 유전인자가 존재한다. 이러한 유전인자에는 우성인자와 열성인자가 존재하는데 일반적으로 정상 유전인자는 비정상 유전인자에 비해 우성이다. 우성인자의 경우 염색체 쌍 중 하나만 결함이 있어도 반드시 유전인자에 의한 문제가 발생하며, 부모 중 한쪽에서만 결함 있는 유전자가 전달되어도 발현되는 특징이 있다. 이와 달리 열성인자는 염색체 쌍 모두에 결함이 있어야 발현되며 한쪽 부모로부터만 열성인자의 결함을 물려받은 경우 자녀에게 그 결함이 반드시 드러나지 않는 특성이 있다. 우성인자의 결함으로 나타나는 질병은 백색증, 혈우병, 헌팅턴병, 페닐케토뇨증, 타이삭스병 등이 있다. 이 밖에도 염색체 이상으로 나타나는 질병에는 다운증후군, 터너증후군, 클라인펠터증후군, 에드워드증후군 등이 있다.

① 우성인자의 결함으로 나타나는 질병

가. 백색증

신생아 10,000~20,000명당 1명꼴로 발생하는데 피부의 멜라닌 색소가 부족한 병으로 빛에 극도로 민감한 증상을 보이는 시각적 이상을 나타낸다.

나. 혈우병

혈액이 쉽게 응고되지 않는 병으로 남아에게 나타나며, 일반적으로 남아 4,000~7,000명당 1명꼴로 발생하며 임신 중 검사에 의해 발견할 수 있다.

다. 헌팅턴병

4번 염색체의 우성인자에 의한 유전병으로 성인기까지는 아무런 이상이 드러나지 않다가 중년기인 40대 이후에 발현되는 특징이 있다. 점진적인 신경계의 퇴화로 신경세포가 파괴되면서 근육경련, 우울증 등을 겪게 되는 것이 일반적이다.

라. 페닐케토뇨증

신생아 10,000명당 1명꼴로 나타나는 질병으로 신체 내의 페닐알라닌을 분해하지 못하게 되어 그 독성이 신경조직에 축적됨으로 인해 중추신경계에 심각한 손상을 가져다주는 질병이다. 이러한 질병에 걸린 아기는 지적 지체와 운동기능장애가 나타나는 것이 일반적이다.

마. 타이삭스병

가족성 치매라고도 불리는 열성유전인자에 의해 나타나는 유전병이다. 뇌세포의 지방을 분해하는 효소의 결핍으로 인해 중추신경계에 문제가 생겨 발작을 일으키는 병으로 생후 6개월경부터 증세가 나타난다.

② 염색체 이상으로 나타나는 질병

가. 다운증후군

1866년 영국인 의사인 다운(Down)에 의해 발견된 유전적 질병으로 일반인에 비해 21번째 염색체의 수가 하나 더 있어 총 염색체 수가 47개가 되는 특징이 있다. 지능지수가 40~70으로 지적 장애를 보이고 외형적으로 뚜렷한 특징이 있다. 머리는 둥글고 납작하며 혀는 두껍고 갈라져 있으며 코가 낮고 목이 굵고 짧은 특징이 있다.

다운증후군의 주요 원인 중 하나는 임신부의 연령을 들 수 있는데, 임신부의 나이가 많을수록 자녀의 다운증후군 발병률이 높아진다.

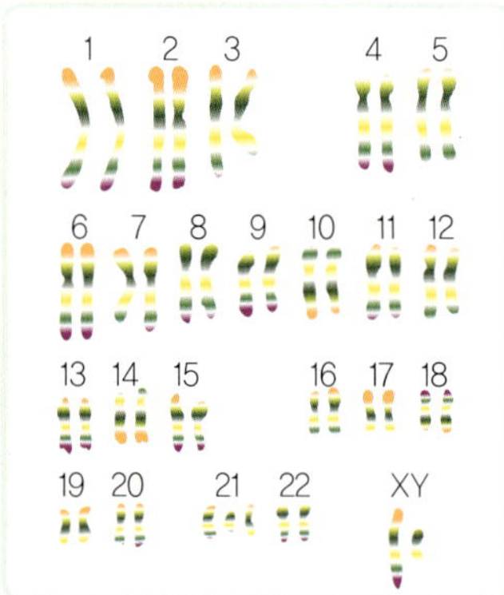

그림 3-10 | 다운증후군의 염색체 구성

나. 터너증후군

여자에게 나타나는 염색체 이상으로 XX 염색체 중 X 염색체 하나가 없는 XO형태로 전체 염색체 수가 45개이다. 지능은 정상이나 외형적인 특성이 뚜렷하다. 키가 작고 체중이 많이 나가며 목이 상당히 짧은 편이다. 일반적으로 심장과 신장에 이상이 있으며 사춘기에 이르러서도 2차성징이 잘 나타나지 않는 특성이 있다.

다. 클라인펠터증후군

남자에게 나타나는 염색체 이상으로 XY에 X 염색체가 하나 더 붙어서 염색체 수가 47개이다. 남아 500명 중 1명 정도 발병하며, 생식기가 미성숙해서 생식능력이 없으며 키가 크고 마른 체격에 유방이 발달하는 신체적인 특징을 보인다. 언어발달이 지연되며 이 증후군을 앓고 있는 남아 중 약 25% 정도가 지적장애이다.

라. 에드워드증후군

18번째 염색체가 3개일 때 나타나는 증후군이다. 신생아 3,000~7,000명 중 1명꼴로 나타나며 여아보다 남아에게 4배나 더 많이 발생한다. 소두증, 굽은 손가락, 발의 기형, 두개골 안면 기형, 심장질환, 지적장애의 특징을 보인다. 이 증후군에 걸리면 생존율이 상당히 낮아서, 출산 전후 사망률이 가장 높으며, 생후 6개월경에는 90% 정도의 아기가 사망한다.

(2) 환경적 요인

① 임신부의 연령

가임여성이라 하면 월경이 시작되는 13~14세에서 50대 전후 폐경이 될 때까지를 말하며, 일반적으로 자궁이 성숙하고 모체가 가장 건강한 상태를 유지할 수 있는 23~28세를 최적의 임신 연령으로 말한다. 최근 통계청의 집계에 따르면 여성의 출산연령은 계속 증가하여 2018년 기준 출산 산모 가운데 35세 이상 고령 산모 비중은 33.3%를 차지하여, 2009년 15.4%에 비해 2배를 뛰어 넘었다(통계청, 2019). 이 중 첫 아이를 출산하는 여성의 평균 연령은 32.2세로 전년과 비교하면 30대 이상의 출산율이 증가한 반면, 20대 이하의 출산율은 감소했다. 이러한 현상은 여성의 학력 수준과 경제활동 참여율이 높아지면서, 만혼이나 자녀의 출산을 늦추는 사회 풍조가 확산되었기 때문인 것으로 해석된다.

의학적으로 35세가 넘은 임신부가 출산하는 경우를 노산이라고 한다. 노산의 경우 여성은 자궁 및 신체기능이 쇠퇴하므로 불임이나 유산, 난산, 미숙아 출산, 유전적 결함을 가진 기형아를 출산할 가능성이 증가한다. 특히 이전보다 다운증후군에 걸린 아기를 출산할 확률이 3배 이상으로 나타났다. 예를 들어, 임신부의 연령이 30세에는 900명 중 1명의 확률로 다운증후군에 걸린 아기를 출산하나, 40세에는 109명 중 1명으로 급격하게 증가한다고 보고된다.

임신부의 연령이 많아도 문제가 되지만 반대로 너무 어려도 문제가 된다. 아직 생식기관이 충분히 성숙하지 못한 10대가 임신과 출산을 할 경우 미숙아와 사산아를 낳을 가능성이 크기 때문이다.

② 임신부의 정서 상태

임신부의 정서 상태는 모체뿐만 아니라 태아에게도 많은 영향을 미친다. 임신부가 분노, 충격, 불안, 공포 등 부정적인 정서 상태에 장기간 노출될 경우 임신부의 자율신경계에 영향을 미쳐 부신 호르몬의 분비를 촉진시킨다. 이러한 부정적인 정서상태는 태반을 통해 태아의 순환계에 영향을 주게 되는데, 이는 태반 내에 혈액량을 감소시켜 태아에게 충분한 산소나 영양이 공급되는 것을 방해한다. 또한, 임신부의 스트레스 수준이 높아질수록 면역체계가 약해져 좀 더 쉽게 질병에 노출되고, 이러한 임신부의 질병은 태아에게도 악영향을 미치게 된다. 임신부의 정서적 스트레스가 높을수록 태아의 심장박동률이 빠르게 증가하고 임신부의 신진대사를 증가시켜 태아의 저체중을 유발할 뿐만 아니라 스트레스를 극복하기 위해 호르몬이 과잉 분비되면서 조산의 위험도 커진다(정옥분, 2004). 정서적으로 안정되지 못한 임신부의 태아는 출생 후 과잉행동을 보이고, 수면과 수유가 불규칙적이며 소화기 장애를 보이는 것으로 나타났다(Omer & Everly, 1988).

POINT

임신우울증(Gravid Depression)

임신우울증은 일반적으로 임신 후 6개월경부터 느껴지는 우울감을 말한다. 많은 임신부는 임신 사실을 확인하는 순간 부모가 된다는 기쁨과 동시에 부담감과 불안감을 느끼게 되고 심한 경우에는 정서장애까지 경험하게 된다. 임신 초기에 경험하게 되는 우울감은 피곤함, 신체의 변화, 입덧 등에 기인한 것으로 쉽게 사라지는 편이지만, 임신 중기 이후부터 생긴 우울증은 지속기간이 긴 편이다. 임신 중기에 이른 임신부는 호르몬의 변화, 신체의 변화, 출산에 대한 두려움과 육아에 대한 부담, 가족관계의 변화 등으로 인해 우울감이 발생하며 임신 이전 우울증 전력이 있을 경우 이러한 우울증의 강도는 더 심해지는 편이다. 이러한 우울증으로 인해 임신부는 일상생활에서 사소한 일에 민감하게 반응하며 감정의 기복이 커지게 된다. 또한, 임신부가 임신우울증을 경험하게 될 경우 영양섭취, 생활리듬 등에도 영향을 미치게 되고 이는 임신부의 신체에 불균형을 초래하여 조산 가능성과 저체중아의 출산 가능성을 높인다. 한편, 임신 중기에 적절하게 우울증을 해소하지 못할 경우 이러한 우울감은 출산 후에도 계속 지속되어 산후우울증으로도 이어질 확률이 높다. 임신우울증은 임신에 따른 자연스러운 현상이지만 심한 경우에는 태아와 산모 모두에게 부정적인 영향을 미치게 되고, 출산 후 육아를 하는 데 있어서도 장애가 될 수 있으므로 이를 극복하기 위해 임신부 스스로 노력하고, 더불어 남편을 포함한 가족 모두의 관심과 애정이 요구된다.

출처: 이사라 외(2013).

③ 임신부의 영양상태

임신기간 중의 충분한 영양섭취는 태아의 발달뿐만 아니라 임신부의 건강을 위해서도 필수적이다. 태아는 성장발달에 필수적인 영양분인 칼슘, 단백질, 철분, 비타민을 모체를 통해서만 공급받을 수 있기 때문에 임신부의 영양섭취는 중요하다.

임신부의 영양 부족은 임신부가 무리한 다이어트를 하거나 영양섭취가 지나치게 부족할 때 발생하며, 이는 사산아나 저체중아, 미숙아의 출산 확률을 높이며, 태아의 뇌와 신경계의 발달과정에서 장애를 초래하는 등 태내기 동안의 영양실조는 전반적인 발달을 저해하는 것으로 드러났다.

- 단백질 결핍: 골격, 콩팥, 장기관의 발육을 저해, 태아의 지능 저하
- 비타민 결핍: 신체기형의 초래 가능
- 엽산 결핍: 빈혈, 사산, 조산, 저체중, 태아의 신경관 손상
- 철분 결핍: 자율신경계의 손상 가능

태아의 정상적인 성장, 발육에 필수인 단백질, 철분, 칼슘, 비타민 등을 골고루 섭취해야 한다. 임신 중기부터는 태아가 모체의 철분을 흡수해 자신의 혈액을 만들기 시작하므로 철분이 함유된 음식과 철분제를 충분히 섭취하는 것이 좋다.

〈표 3-2〉 임신기간에 따른 임신부의 1일 영양섭취 기준 자료

영양소	성인 여자		임신 1기	임신 2기	임신 3기
열량(kcal)	19~29세	2,100	0	+340	+450
	30~49세	1,900			
단백질(g)	19~29세	50	0	+15	+30
	30~49세	45			
비타민 A(ug RE)	650		+70	+70	+70
비타민 D(ug)	5		+5	+5	+5
비타민 E(mg α-TE)	10		0	0	0
비타민 K(ug)	65		0	0	0
비타민 C(mg)	100		+10	+10	+10
티아민(mg)	1.1		+0.4	+0.4	+0.4
리보플리빈(mg)	1.2		+0.4	+0.4	+0.4
니아이신(mg NE)	14		+4	+4	+4
비타민 Be(mg)	1.4		+0.8	+0.8	+0.8
엽산(ug)	400		+200	+200	+200
칼슘(mg)	650		+280	+280	+280
인(mg)	700		0	0	0
철(ug)	14		+10	+10	+10
아연(mg)	8		+2.5	+2.5	+2.5
셀레늄(ug)	55		+4	+4	+4

출처: 김미영(2013). 식품의약품안전처 홈페이지에서 인출.

임신부는 하루 섭취량을 평상시보다 300~500cal 정도 증가함이 바람직하다. 임신부의 체중 증가는 태아의 출산 시 체중과 정적 상관이 있으며, 일반적으로 임신기간 중 체중 증가는 임신부의 키, 골격 구조, 영양 상태에 따라서 다르지만 10~13kg 정도가 바람직하다.

④ 질병 및 감염

태아에게 영향을 줄 수 있는 임신부의 질병으로는 크게 세 가지로 분류된다.

첫째, 바이러스에 의한 풍진(rubella), 유행성이하선염, 인플루엔자 등이다. 임신부가 풍진에 걸리면 배아기(2~8주)까지가 가장 치명적인데 태아에게 발생하는 주요 결손은 백내장, 청각장애, 생식기 및 장기 이상, 심장결손, 지적장애 등이다. 이 시기에 풍진에 걸린 임신부의 태아 중 50% 이상이 이와 같은 치명적인 손상을 가진 채 태어나게 된다. 태아기(9주~출생까지) 동안에 임신부가 풍진에 걸리면, 9주부터 12주까지는 20%, 12주 이후부터는 10% 정도의 태아에게 저체중, 청각손상, 심장과 골격 이상, 선천성 풍진증후군을 일으킬 수 있으므로 각별한 주의가 필요하다. 임신 전에 풍진 예방접종을 하면 풍진으로부터 발생하는 태아의 이상을 피할 수 있으므로 임신 계획이 있다면 풍진 예방접종을 미리 할 필요가 있다.

둘째, 후천성 면역결핍증, 매독, 임균 감염증과 같은 질병은 모체로부터 태아에게 직접 전달되어 치명적인 결손을 가져온다. 후천성 면역결핍증(AIDS: Acquired Immune Deficiency Syndrome)은 인간면역결핍 바이러스가 성적 접촉이나 수혈을 통해 전파되어 인체의 면역력을 저하하고 감염성 질환과 종양이 발생하여 결국 사망에 이른다. 임신부가 후천성 면역결핍증에 걸리면 태아는 얼굴 기형이나 두뇌 이상 등이 나타나고, 태반 혹은 분만 시 어머니의 혈액에 태아가 접촉되어 감염되거나 모유수유에 의해 감염되기도 한다. 매독(syphilis)은 트레포네마 팔리듐균에 의해 발생하는 성병으로 외부 생식기 부위, 질, 항문 등에 염증을 일으키는 질환이다. 임신부가 매독에 걸린 경우 매독균이 태반을 통해 태아에게 전달될 가능성이 있는데, 임신 초기에 감염된 태아는 간, 폐, 췌장 등의 내장기관에 손상을 입고 중추신경계의 이상으로 지적장애, 청각장애, 피부장애 등이 발생되며, 심하면 사망에 이른다. 또한, 출산 시 태아가 매독에 걸린 임신부의 산도를 지나면서 매독균에 감염이 된 경우에는 소뇌증, 소안구증, 간과 비장의 발달 이상, 지적장애 등의 발달상 문제를 보인다. 또 다른 성병인 임균 감염증은 임균에 감염되는 성병으로 임신부가 임균 감염증에 걸리면 태아의 눈에 임균이 전달되어 시각장애를 일으킬 수 있다.

셋째, 임신부의 당뇨(diabetes)는 고혈당이 태반을 통해 태아에게 전달되어 태아가 사산되거나 태어나도 사망할 확률을 높인다. 또한, 당뇨병에 걸린 임신부의 아기는 당뇨병에 걸릴 확률이 상당히 높다. 모체의 당뇨는 유산 및 태아의 선천적 기형, 거구증을 유발하고, 이로 인해 출산 시 임신부의 산도가 손상될 수 있으며 때로는 난산의 위험도 크다. 출산 후에 아기는 신생아 호흡곤란증과 저혈당 등 신체 이상, 신경학적 이상을 보일 확률이 정상아에 비해 3배나 높다. 임신성 당뇨의 확률이 높은 사람의 특징과 예방법은 다음과 같다(김미영, 2013; 이영 외, 2015).

가. 임신성 당뇨 확률이 높은 사람의 특징

- 가족 중에 당뇨병 전력이 있는 경우
- 이전 출산 시 4kg 이상인 아기를 분만한 경험이 있는 경우
- 양수과다증이 있는 경우
- 노산인 경우
- 임신부의 체중이 80kg 이상 과체중인 경우
- 뚜렷한 이유 없이 사산, 조산, 유산한 경우(김미영, 2013; 이영 외, 2015)

나. 임신성 당뇨 예방법

- 임신부는 고단백, 저지방 음식을 위주로 섭취한다.
- 아침 공복, 아침 식후, 점심 식후, 저녁 식후 2시간, 취침 전에 자가혈당을 측정하여 정상으로 유지되도록 관리한다.
- 임신 중 체중은 10~13kg 정도 증가하는 것이 적당하다.

– 규칙적인 운동은 혈당조절을 위한 적절한 방법이며 심폐기능의 향상과 스트레스 해소 및 체중관리에 도움이 된다(김미영, 2013).

⑤ 음주

임신부의 알코올 섭취는 혈액을 통해 태아에게 전달되어 해로운 영향을 미치게 된다. 태아는 알코올 분해능력이 현저히 낮기 때문에 알코올에 민감하게 반응하고 신체 및 뇌발달의 비정상을 유발할 수 있다. 임신부가 알코올에 중독되었을 경우 태아알코올증후군(FAS: Fatal Alcohol Syndrome)를 보이는 아이를 출산할 가능성이 크다. 이러한 아이는 출생 당시 일반적으로 저체중이며 출생 이후에는 성장장애를 일으키는 것이 대부분이다. 태아알코올증후군의 아기는 출산 시 저체중과 청력, 골격, 기관, 대소근육 기능의 발달 이상 등 신체적 결함을 보이는 경우가 대부분이며, 섭식이나 수면장애 등 일상생활에서도 많은 문제가 나타난다. 또한, 중추신경계의 이상으로 낮은 지능, 주의집중력 결핍, 과잉행동, 학습능력 저하와 더 심한 경우 지적장애를 보이기도 한다. 태아알코올증후군의 아기는 외관상으로 차이를 보이는데 일반적으로 머리는 작고 양미간이 넓으며, 눈이 가늘고 눈꺼풀이 짧으며, 콧대가 낮고 턱이 납작하고 윗입술이 얇은 특징을 보인다.

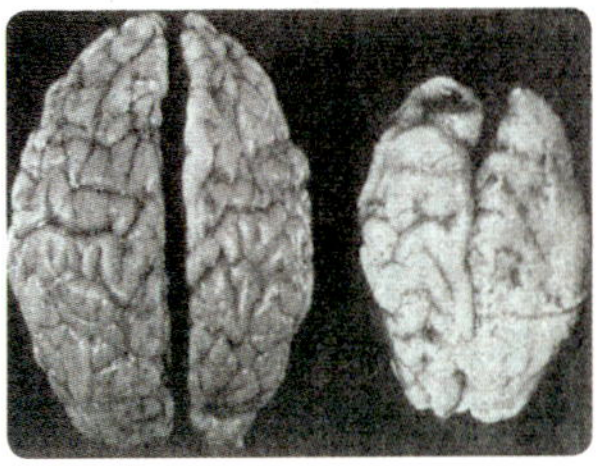

그림 3-11 ‖ 정상아의 두뇌(좌), 알콜중독 산모아의 두뇌(우)

출처: Berk, L. E. (2007). p. 9.

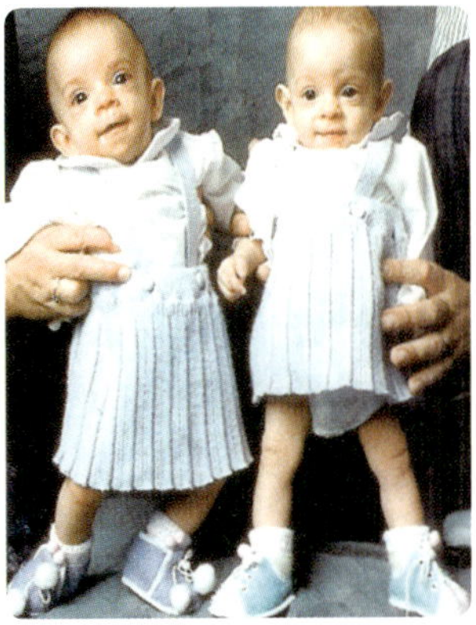

그림 3-12 ‖ 태아알코올증후군에 걸린 아기의 모습

출처: Berk, L. E. (2007). p. 9.

임신부가 섭취한 알코올의 양이 많지 않더라도 임신부의 알코올 섭취는 아이의 성장과정에서 계속해서 문제를 발생시킨다. 영아기에는 신체발달 지연, 불안증 및 과잉행동장애, 정보처리 속도에 문제를 보이고, 유아기에 이르러서는 낮은 지능지수, 학습 부진, 과잉행동, 사회성 장애 등을 보이는 경우가 대다수이므로 임신기간 중에는 전적으로 알코올 섭취를 제한하는 것이 바람직하다.

⑥ 흡연

임신부 흡연은 태아의 저체중을 유발하는 주원인이다. 담배의 주성분인 니코틴은 태반을 비정상적으로 발달시키고 모체로부터 태아에게 공급되는 영양소를 차단하며, 이로 인해 태아의 체중 증가를 어렵게 한다. 또한, 임신부 흡연은 혈액 내의 산소량을 줄이고 일산화탄소량을 증가시켜서 모체로부터 태아에게 산소를 공급하는 것을 저해하므로 태아의 중추신경계 이상을 유발하기도 한다. 태아의 비정상적인 발달로 인한 미숙아 출산이나 자연유산 등의 가능성은 흡연한 임신부가 비흡연 임신부보다 2배 정도 높게 나타난다.

임신부의 직접흡연뿐만 아니라 간접흡연도 임신부와 태아 모두에게 해로운 영향을 미치는 것으로 나타났다. 즉, 흡연하는 아버지의 정자 수가 비흡연 아버지의 정자 수보다 20% 정도 적고 저체중아를 출산할 확률을 높이며, 뇌수종, 안면마비, 뇌암, 백혈병 등의 이상이 나타날 확률을 높이므로 임신부의 간접흡연 또한 주의를 기울여 피하도록 도와야 한다.

⑦ 약물

임신부와 태아는 태반에서 혈액체계로 서로 연결되어 있으므로 임신부가 복용하는 모든 약물은 태아에게 그대로 전달되어 치명적인 영향을 줄 수 있다. 특히 중추신경계와 주요 장기가 형성되는 임신 2~10주에 복용한 약물은 태아의 기형을 유발할 수 있으므로 주의를 기울여야 한다. 태아는 약물의 독성 성분을 분해하거나 완화시킬 능력이 없으므로 임신부가 복용한 약물은 태아에게 치명적인 손상을 일으킬 수 있다. 가장 대표적인 예는 1950년대 후반에 독일에서 시판되었던 탈리도마이드(Thalidomide)다. 이 약은 임신 초기 입덧 증상을 완화 및 진정시키는 데 효과가 있어 많은 임신부들이 복용하였는데, 이 약을 복용한 임신부의 아기들에게는 중증선천기형이나 무지증 및 단지증, 귓바퀴가 없는 얼굴 기형, 식도와 장의 기형 등 다양한 종류의 기형이 발견되었다. 당시 임신부가 약을 먹은 시기와 기간에 따라 아기의 기형 정도가 다르다는 사실을 발견할 수 있었고, 이와 같은 사실은 약물이 태아발달에 영향을 미치는 결정적인 시기가 있음을 보여 주었다.

한편 임신 중 임신부가 여성 호르몬이나 남성 호르몬 성분이 들어 있는 약물을 복용하였을 때 출생 시 생식기의 기형을 초래한다는 보고가 있다. 예를 들어, 임신 중 남성 호르몬 성분이 들어 있는 안드로젠을 복용했을 경우 임신부의 여아는 남성적 생식기가 발달한 사례도 있었다. 이 밖에도 습관성 약물로 마약이나 환각제 성분인 코카인과 헤로인을 임신부가 복용하였을 경우 신생아의 저체중, 미숙아, 신체적인 이상, 호흡 불균형, 사산아, 청각 결함, 심장이나 관절의 결함, 태반조기박리 등 출산과정에서의 문제, 갑상선 이상 등을 유발할 가능성이 아주 크다 (Berk, 2007).

한편, 카페인이 함유된 커피나 콜라 등을 임신부가 습관적으로 마신 경우에는 저체중아, 미숙아 출산의 가능성을 높인다는 결과도 있으나, 상반된 연구 결과 또한 제시되고 있다. 임신부가 마신 음료의 카페인 함유량에 따라 태아에게 유발되는 문제가 다르게 나타나며, 카페인의 과다섭취는 각성효과와 수면방해를 유발할 수도 있으므로 임신기간에는 되도록 카페인이 함유된 음료 섭취를 줄이는 것이 바람직하다.

⑧ 환경오염 및 유해물질

현대 산업사회의 심각한 환경오염과 유해물질도 태아발달에 심각한 위험요인이 될 수 있다. 환경오염 물질은 자연이나 생물체 내에서 정상적으로 분비된 물질이 아니기 때문에 인간에게 흡수되거나 노출될 경우 내분비계의 정상적인 기능을 방해하거나 혼란케 한다.

중금속 물질인 수은에 노출되거나 수은이 축적된 생선류를 섭취한 임신부의 태아에게 대뇌손상과 소두증을 유발하는 미나마타병(Minamata disease)이 발병한 경우도 있으며, 납에 중독된 임신부의 태아는 저체중, 대뇌손상, 신체적 이상, 발달 지연 등의 문제가 공통으로 발견되었다.

방사선(X-ray)도 태아의 기형을 유발하는 치명적인 유해물질 중 하나이다. 임신기간에 방사선 촬영 등으로 라듐에 노출된 임신부의 태아는 시각장애, 중추신경계의 기형으로 조산이나 유산, 사산의 위험이 커지며, 두개골과 얼굴 기형, 성장

지연, 암 발병률의 증가 등을 초래할 수 있다. 실제로 제2차 세계대전 때 일본 히로시마에 투하된 원자폭탄의 피해와 1986년 체르노빌 원전 방사선 누출사고 이후 이 지역의 임신부들은 무지증 및 단지증과 같은 신체적 기형, 소두증, 지적장애 등을 보이는 아이를 다수 출산하였다.

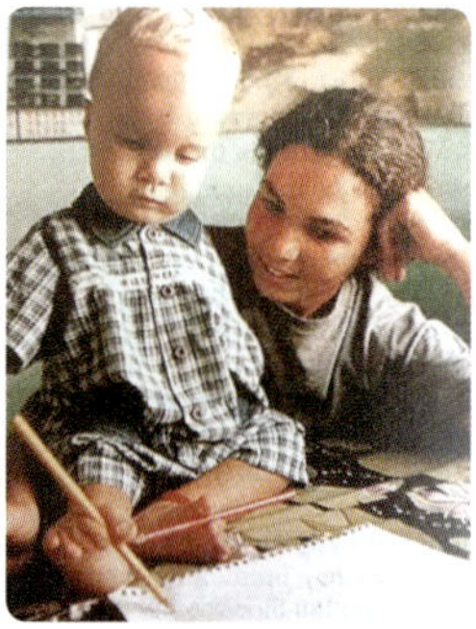

그림 3-13 ❙ 탈리도마이드 복용으로 인한 기형아

출처: Shaffer, D. R. & Kipp, K. (2007). p. 130.

그림 3-14 ❙ 체르노빌 핵발전소 사고 당시 방사능 노출된 산모의 아이

출처: Berk, L. E. (2003). p. 96.

연구 문제

1 태내발달 단계를 구분하고 각 단계의 특징을 설명해 보자.

2 태아에게 영향을 줄 수 있는 태내환경 중 유전적 요인을 설명하고, 이로 인해 발생할 수 있는 질병들을 열거해 보자.

3 태아에게 영향을 줄 수 있는 태내환경 중 환경적 요인에 대해서 설명하고, 태아에게 부정적인 영향을 미칠 수 있는 환경적 요인을 최소화할 수 있는 방안을 생각해 보자.

CHAPTER 4

출산과 신생아기

학습목표

1. 출산이 임박했을 때 나타나는 산모의 신체상 여러 가지 징후와 태아의 움직임을 알아본다.
2. 출산의 과정과 다양한 분만법을 이해한다.
3. 출산 시 발생할 수 있는 여러 가지 위험과 문제 상황을 이해한다.
4. 신생아의 신체적 특징과 생리적 특징에 대해서 이해한다.
5. 신생아의 다양한 감각기능과 반사 행동을 알아본다.

출산이 임박하게 되면 산모의 신체상의 변화와 함께 태아의 위치 변화가 나타나는 등 다양한 출산 징후가 나타난다. 이러한 출산 징후와 태아가 산모의 몸 밖으로 나오는 출산의 과정을 이해하고, 이 과정에서 발생할 수 있는 여러 가지 위험과 문제 상황을 이해한다. 또한, 신생아의 신체적 특징 및 생리적 특성을 알아보고, 이에 적절한 돌봄에 대해서 알아본다. 태아기서부터 발달하기 시작한 다양한 감각기능이 신생아기에는 어떻게 발달하는지 알아보고, 신생아의 여러 가지 반사 행동을 이해한다.

정자와 난자가 만나 수정란을 형성하고 임신부의 자궁 속에서 발아기, 배아기, 태아기를 거치며 성장한 태아가 자궁 밖의 세상으로 나오는 과정이 출산이다. 임신부가 출산의 과정을 거쳐 태아를 안전하게 세상 밖으로 나오도록 하는 출산은 산모와 태아 모두에게 어렵고 힘든 과정이다. 그러므로 임신부는 출산의 징후부터 그 과정을 정확히 이해하고 신생아를 맞을 준비를 해야 한다.

일반적으로 신생아기는 출생 후 약 1개월까지를 말한다. 자궁 속에서 모체에 의지해서 살아가던 태아는 출산의 과정을 통해 빛, 소리, 온도의 변화 등 다양한 자극에 노출되고 자가 호흡과 구강을 통한 영양분 섭취 등을 경험하게 된다. 이러한 자극에 적응하는 과정을 통해서 신생아는 스스로의 힘으로 살아가는 법을 배우고 독립적인 생명체로서 새로운 환경에 적응해 나가게 된다.

1 출산

태아는 38주(약 280일)의 태내기를 거쳐 출산과정을 통해 모체로부터 분리되어 세상 밖으로 나오게 된다. 출산예정일은 마지막 생리 시작일을 기준으로 280일이 되는 날로 계산한다. 실제로는 이와 같이 분만예정일에 맞추어 정확히 출산하는 임신부가 많지 않다. 자궁의 상태, 임신부의 생리적·심리적 상황, 이전 분만경험, 태아의 크기 등에 따라 개인적인 차이가 있으며, 일반적으로 분만예정일 전후로 2주간을 정상 분만으로 본다. 출산예정일이 다가오면 태아 하강, 빈뇨, 이슬, 가진통 등 다양한 징후가 나타난다.

1) 출산의 징후

(1) 태아 하강

출산 2~3주 전이 되면 태아의 위치가 배꼽 주변에서 아랫배 쪽으로 내려가는 것을 느낄 수 있다. 태아가 하강하여 머리 부분이 골반으로 내려와 고정되면서 태아의 움직임이 적어지고 모체의 아랫배가 불러 오면서 빈뇨현상이 나타난다. 한편, 임신으로 인해 커진 자궁이 하체의 혈액순환을 방해하여 몸이 붓고 손발이 저리는 등의 증상이 나타난다.

(2) 이슬

출산예정일이 다가오면 태아가 나오는 길을 만들기 위해 자궁구가 부드러워지며 약간 벌어지게 된다. 이때 아이를 감싸고 있는 난막이 벗겨지면서 출혈이 생기는데 이는 혈액이 섞인 점액성 분비물로 이러한 출혈이 보일 때 이슬이 비친다고 말한다. 이러한 출혈은 대체로 적은 양이지만 생리처럼 많은 양이 나오는 임신부도 있다.

이슬이 비치고 난 후 개인차가 있지만 일반적으로 24~72시간이 지난 후 진통이 시작된다. 그러나 이슬이 비친다고 반드시 출산이 임박한 것은 아니며 임신부에 따라 출산 2~3주 전에 이슬이 비치는 경우도 있고 때로는 이슬이 비치지 않고 출산의 과정이 시작되는 임신부도 있다.

(3) 진통

진통은 태아를 자궁 밖으로 내보내기 위해서 자궁이 수축과 이완을 반복하는 과정에서 느껴지는 통증을 말한다. 이러한 통증은 자궁문이 열리면서 골반 안쪽과 등쪽의 무수한 근육에 부담을 주고 산도를 압박하면서 발생한다. 출산예정일이 다가오면 태아를 자궁 밖으로 밀어내기 위해 자궁이 수축하기 시작하는데 하루에도 여러 차례 배가 돌덩이처럼 단단해지다가 풀어지는 현상을 경험하게 된다. 이를 가진통이라고 하는데, 가진통은 불규칙적이고 자궁 수축시간이 짧기 때문에 통증이 오래 느껴지지는 않는다. 이러한 가진통은 출산을 앞둔 자궁이 분만에 필요한 강력한 수축활동을 미리 연습해 보는 것이라 볼 수 있다.

분만을 앞두고 느껴지는 진진통은 처음에는 아주 미약하고 불규칙적인 아픔으로 시작되지만 시간의 경과에 따라 점점 규칙적으로 느껴지며 강도가 심해진다.

진통이 심해지면 진통과 진통 사이의 간격을 확인해야 하는데, 초산의 경우 강한 진통이 10~15분 정도, 경산은 20~30분 간격으로 나타난다. 처음에는 진통 지속 시간이 10~20초이던 것이 점차 간격이 짧아지고 지속시간이 길어지면서 5분 간격으로 진통이 일어나기 시작하는데, 이때 분만이 임박한 것으로 판단해야 한다.

(4) 양막 파수

양막 파수는 태아를 감싸고 있던 양수막이 파열되어 따뜻한 물과 같은 맑은 액체가 질을 통해 밖으로 흘러나오는 현상을 말한다. 양막은 임신기간에는 외부의 병균과 충격으로부터 태아를 보호하는 역할을 하며, 출산이 임박해서는 산도를 세척하는 역할과 태아가 산도를 무리 없이 빠져나올 수 있도록 도와주는 윤활유 역할을 한다. 진통이 느껴지지 않더라도 산모의 양수막이 파열되는 파수현상이 나타난다면 산모와 태아의 생명이 위험할 수 있기 때문에 곧바로 병원으로 가서 출산해야 한다.

2) 출산과정

출산과정은 개구기, 만출기, 후산기, 회복기의 4단계로 진행되며 출산에 걸리는 시간은 개인차가 있지만, 초산의 경우는 약 14시간 정도, 경산의 경우는 약 8시간 정도 소요된다.

(1) 개구기

개구기는 자궁문이 3cm 정도 열리는 준비기, 8cm까지 열리는 진행기, 10cm까지 완전히 열리게 되는 이행기로 나누어진다. 태아가 통과할 수 있을 만큼 자궁 입구가 열리기까지 자궁 수축이 규칙적이고 강도 높게 일어나야 하기 때문에 진통이 점점 강하고 빈번해지는 시기이다. 진통과 함께 자궁문이 열리면 태아는 머리를 조금씩 돌리면서 몸을 옆으로 틀어 골반으로 내려오기 시작한다.

(2) 만출기

만출기는 자궁 입구가 완전히 열리고 태아가 산도를 통해 모체 밖으로 나오기까지의 기간을 말한다. 이때 자궁이 열리면서 양막이 터져 양수가 쏟아져 나오게 된다. 만출기에는 자궁 수축의 강도가 점점 강해지고 횟수는 줄어든다. 이 기간에 태아가 오랜 시간 산도에 머무르게 되면 산소결핍으로 뇌손상을 입을 수도 있다. 또한, 좁은 산도를 통해 나오므로 극도의 압력을 받게 되면서 일시적으로 산소공급이 부족하게 된다. 그러므로 태아가 산도를 무사히 빠져나올 수 있도록 회음절개술을 시행하기도 한다. 만출기는 일반적으로 초산부는 평균 1~2시간 정도, 경산부는 30분 이내의 시간이 소요된다.

(3) 후산기

태아가 자궁에서 완전히 빠져나온 후 자궁수축과 함께 산도를 통해 태반과 탯줄이 모두 나오는 시기를 말한다. 자궁은 출산 후에도 수축이 계속되어 다소의 경미한 진통이 이어지기도 하며, 자궁이 정상적으로 회복되는 데까지는 약 6주 정도의

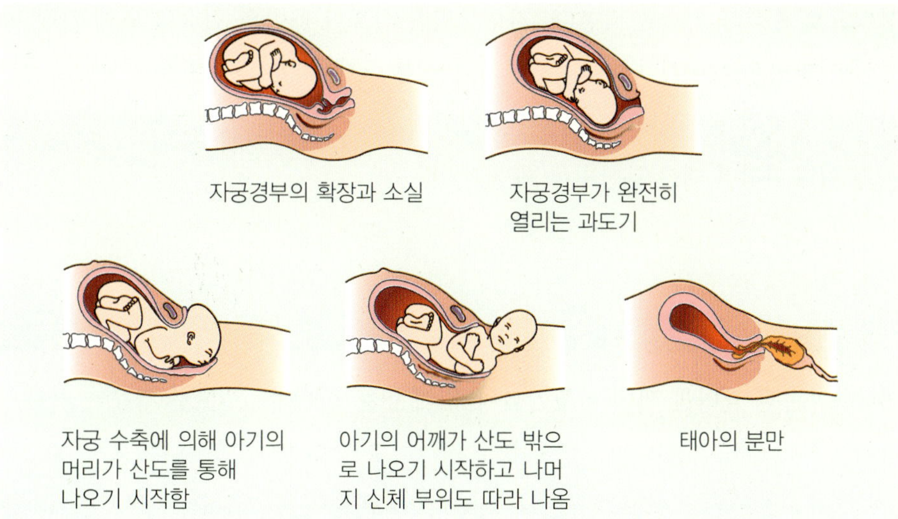

그림 4-1 ❙ 출산의 과정

기간이 걸린다. 후산기는 보통 5분 이내의 시간이 소요되고, 이 과정을 통해 출산은 종료된다. 모체의 자궁 밖으로 나온 태아는 코와 입속의 이물질을 제거하고 탯줄을 자르고 잘 소독한 다음 깨끗하게 씻긴다.

(4) 회복기

회복기는 후산기에 태반이 모체 밖으로 나온 후 약 2시간 정도 자궁 수축의 정도나 출혈 양상 등의 경과를 지켜보아야 하는 시기로 산모는 회복실에서 머무른다. 출산방법에 따라 산후 출혈이 과나하게 발생하거나 감염 등 다른 문제가 생길 가능성이 있기 때문에 대부분 출산 직후 2시간 정도는 회복실에서 안정을 취하며 산모의 몸 상태를 면밀히 파악할 필요가 있다.

3) 출산방법

이제까지 설명한 출산의 과정은 분만방법 중 자연분만을 설명한 것으로 이는 자연적인 상태에서 수술하지 않고 자궁 수축이 일어나 태아가 산도를 통해서 정상적으로 출산하는 것을 말한다. 자연분만은 산모나 태아의 건강을 위해 가장 바람직한 방법으로 여긴다. 그러나 산모의 건강 상태나 태아의 자궁 내 위치, 건강 상태 등에 따라 출산방법이 달라지기도 하며, 출산 시 임신부의 고통과 공포를 줄이기 위해 다양한 대안 분만법이 개발되었다.

(1) 제왕절개 분만

제왕절개 분만은 자연분만으로는 분만이 어려울 경우 산모의 복부를 절개하여 자궁으로부터 태아를 꺼내는 분만법이다. 제왕절개 분만이 필요한 경우는 다음과 같다.

- 출산예정일이 다가와도 태아가 머리를 아래로 향하도록 몸의 위치를 바꾸지 않은 역아이거나 옆으로 누워 있는 경우이다. 출산 시 머리보다 엉덩이나 발이 자궁 밖으로 먼저 나오게 되면 태아가 산도를 통해 나오는 도중에 머리나 목을 다칠 수 있고, 산도를 통과할 때 탯줄이 머리와 골반 사이에 끼어 일시적으로 산소공급이 중단되어 뇌손상이나 사망의 위험을 일으킬 수 있다.
- 산모의 고혈압으로 심각한 임신중독증을 앓고 있을 때 태아에게 혈류가 제대로 공급되지 못하여 분만 시 태아가 치명적인 위험에 처할 수 있기 때문에 제왕절개 분만이 필요하다. 이 밖에도 자연분만을 시도하다 자궁 입구가 충분히 열리지 않아 태아가 산도에 머무는 시간이 지나치게 길어져 산소공급이 제대로 이루어지지 않을 때도 위험하므로 응급 제왕절개 수술이 필요하다.
- 임신 후반기에 들어서서도 태반이 제대로 자리 잡지 못하고 밑에 위치하고 있어서 자궁 입구를 막고 있는 경우를 전치태반이라고 하는데 이러한 경우 자연분만이 어렵게 된다.
- 제왕절개 수술 경험이 있는 경산의 경우는 자연분만을 무리하게 시도하면 자궁 파열과 출혈 등으로 산모와 태아 모두 위험해질 수 있다.
- 산모의 골반 상태와 태아의 체중에 따라 자연분만이 힘들다고 판단될 때 제왕절개 분만을 시도한다. 예를 들어, 4kg 이상의 거대아일 경우 분만 시 자궁이 파열될 확률이 높고, 2.5kg 미만의 저체중아일 경우도 태아가 자연분만을 견뎌낼 만큼 건강하지 않다고 판단되면 제왕절개 분만을 한다.

위와 같이 산모와 태아에게 큰 문제가 있거나 자연분만이 절대적으로 힘든 경우를 제외하고는 제왕절개 분만을 피하는 것이 좋다. 제왕절개 분만은 자연분만보다 더 많은 약물이 투입되므로 태아가 해로운 약물에 노출되고 심한 경우 호흡곤란을 일으킬 수도 있다. 산모의 경우 제왕절개 분만 시 회복이 더디고 과다출혈 및 염증, 자궁유착, 수혈에 의한 감염 등 수술 후 부작용과 합병증이 발생할 수 있으므로 회복기간 동안 유의하여 지켜봐야 한다.

(2) 라마즈 분만

라마즈 분만법은 1951년 프랑스 산부인과 의사인 페르낭 라마즈(Fernand Lamaze) 박사가 개발한 방법으로 진통 시 연상법, 이완법, 호흡법 등을 사용하여 산모의 통증을 경감시키고 편안한 분위기에서 가족의 도움을 받으면서 분만하는 방법이다.

① 연상법

일생 경험한 것 중 가장 행복했던 장면을 떠올림으로써 엔도르핀의 분비를 증가시켜 통증을 감소시키는 방법이다. 이 방법은 자신의 생애에서 가장 유쾌하고 기뻤던 특정한 일을 떠올리거나 아름다운 추억을 연상하면서 출산에 따른 고통과 긴장을 감소시키고 유연하게 대처할 수 있도록 유도한다. 분만의 고통이 시작되면 이러한 연상이 일어나기 힘들기 때문에 출산 전에 미리 자신만의 연상 기재를 찾아 꾸준히 훈련할 필요가 있다.

② 호흡법

분만과정이 시작되어 진통이 느껴질 때마다 통증의 리듬에 맞추어 호흡함으로써 진통에 집중되던 관심을 분산시켜서 통증을 상대적으로 덜 느끼게 하는 방법이다. 이러한 호흡법을 통해서 산모는 산소를 체내에 충분히 공급하여 근육의 긴장을 막고 태아에게도 산소공급을 원활히 해 주게 된다.

③ 이완법

신체 모든 부위의 힘을 이완시킴으로써 진통을 감소시키는 방법이다. 진통이 느껴질 때 근육의 긴장을 풀기가 쉽지 않으므로 의식적으로 근육이완 훈련을 꾸준히 연습해야 한다. 근육의 긴장을 풀고 이완하면 엔도르핀의 분비도 촉진되어 통증을 덜어 주며, 자궁구도 빨리 열려 분만시간을 단축시킬 수 있다.

(3) 수중분만

수중분만은 1970년대 프랑스의 산부인과 의사인 미셸 오당(Michel Odent)에 의해 처음으로 시도된 분만법이다. 수중분만은 태내의 상태와 같은 조건, 즉 임신부의 양수와 같은 조건의 따뜻한 물(35~37℃)이 담긴 욕조에서 태아를 낳는 분만법이다. 수중분만은 좌식 분만법으로 산모가 앉은 자세를 유지할 때 골반이 잘 열리고 힘을 주어 아기를 산도 바깥으로 밀어내기 쉽다. 수중분만은 대부분 가족과 분만과정을 함께 하며 따뜻한 물 속에서 출산과정이 진행되므로 모체가 이완되기 쉬워서 진통이 감소되고, 회음부의 탄성을 증가시켜 출산 시 회음부 절개를 할 필요가 없게 된다. 수중분만을 통해 태어난 신생아는 양수와 비슷한 조건의 물로 나오기 때문에 출생 시 충격이 덜하며 대부분 태어나자마자 바로 눈을 뜬다. 그러나 물의 상태가 청결하지 못하거나 임신부가 출산과정에서 배출하는 분비물에 의해 물이 더러워지면 산모나 태아 모두 감염의 위험이 있다. 그러므로 물의 청결과 온도를 적절하게 유지하여야만 한다.

(4) 르보이어 분만

르보이어 분만은 프랑스 산부인과 의사인 프레드릭 르보이어(Frederik Leboyer)가 『폭력 없는 탄생』이라는 책을 통해 소개한 분만법이다. 그는 출산과정에서 산모의 고통뿐만 아니라 출산으로 인한 신생아의 외상을 줄이는 데에도 관심을 가져야 한다고 주장하였다. 르보이어는 분만 시 태아가 얼굴을 잔뜩 찡그리며 고통스럽게 우는 모습을 보고 태아에게도 성인과 같은 감각과 감정이 있다고 판단하고 이를 배려해야 한다고 주장하였다. 이제까지의 분만법은 분만 시 산모의 고통에만 초점을 두고 고통을 완화시키고자 다양한 방법을 시도하였으나, 정작 산도를 통해 나오는 태아의 고통에 대해서는 관심을 두지 않았다. 태아는 출산과 함께 자가호흡과 빛, 공기라는 갑작스러운 외부 환경에 노출된다. 즉, 태아는 출산과정에서 모체 내에서 탯줄을 통해 산소를 공급받다가 폐로 숨을 쉬어야 하고, 어두운 자궁 속에서 10개월을 보내다 강력한 빛에 노출되고, 아늑하고 따뜻한 양수로부터 공기 중으로 나오는 환경의 큰 변화를 경험한다. 르보이어에 따르면, 이러한 과정에서 태아는 충격과 스트레스에 그대로 노출되고 공포와 불안에 떨게 된다고 주장하였다.

르보이어 분만법은 출산 시 태아가 갑작스러운 환경 변화에 스트레스를 받지 않고 서서히 적응해 나갈 수 있도록 시도된 방법이다. 분만실은 어머니의 자궁 안처럼 가급적 불빛을 약하게 하여 연약한 태아의 시력을 보호하고, 출산 즉시 탯줄을 자르지 않고 태아를 어머니의 배 위에 잠시 올려두어 아기의 안정을 돕는다. 아기가 어머니의 배 위에서 폐호흡에 익숙해질 즈음인 5분 정도 경과 후 탯줄의 혈액순환이 자연스럽게 멈추는데, 그때 탯줄을 자르고 임신부의 양수와 비슷한 조건의 따뜻한 물 속에서 아기를 부드럽게 목욕시킨다.

르보이어 분만법의 단점은 분만 시 불빛을 어둡게 하여서 출산과정의 위험을 빠르게 인지하지 못할 수도 있고 물로 인한 감염이 발생할 수 있다는 점이다.

(5) 무통분만

무통분만은 출산 시 산모의 고통을 감소시키기 위하여 약물을 사용하는 방법이다. 사용되는 약물은 전신 또는 국부적 마취제, 진통제, 안정제 등이고, 약물은 투약, 주사, 흡입 등의 방법에 의해 산모에게 전달된다. 가장 흔하게 쓰이는 경막 외 마취법의 경우 척추를 감싸고 있는 경막외강에 소량의 마취제를 주사로 투입하여 하반신의 감각신경만 마취시키는 방법이다.

(6) 겸자분만

겸자분만은 출산과정에서 만출기가 너무 길어져서 태아의 뇌손상이 우려될 경우에 가위처럼 생긴 겸자를 이용해 태아의 머리를 잡아 끌어내는 분만방법이다. 겸자분만을 통해 태어난 아기들은 간혹 머리 혹은 얼굴에 겸자분만의 흔적이 남을 수 있으나 정상적인 경우 수주 이내에 사라진다.

4) 출산 시 문제점

출산은 산모와 태아 모두에게 고통을 주는 스트레스 상황이며 산소결핍, 감염, 조산, 난산과 같은 문제가 발생할 수 있으므로 각별한 주의가 요구되는 과정이다.

(1) 산소결핍

산소결핍은 출산 중에 태아가 모체로부터 탯줄을 통해 전달되는 산소공급이 중단되는 경우를 말한다. 산소결핍은 출산과정에서 탯줄이 꼬이거나 조여져서 모체로부터 충분한 산소공급을 받지 못하는 경우, 분만 시 태아가 산도 내에서 있는 시간이 길어질 경우, 산모에게 과도하게 마취약이 투여된 경우 등 다양한 원인으로 발생한다. 분만 시 약 20% 정도의 아기는 어느 정도의 산소결핍을 경험하지만 이를 쉽게 극복할 수 있다고 한다. 일반적으로 산소결핍을 가볍게 경험한 영아를 정상아와 비교하였을 때 생후 36개월 동안 운동발달과 지적 발달이 다소 낮은 평균 이하의 점수를 보인다(Sameroff & Chandler, 1975). 그러나 유아기에 이르면서 정상아와의 차이가 점점 줄어들어 7세가 되면 거의 차이가 없는 것으로 드러났다.

(2) 조산 및 만산

조산은 임신기간인 38주를 다 채우지 못하고 20~36주 6일 사이에 아기가 태어나는 것을 말한다. 조산인 경우에는 대체로 아기의 체중이 2.5kg 미만인 미숙아로 태어나는데 신생아의 몸무게가 1.5kg 미만이면 생존 가능성이 낮은 편이다. 우리나라에서는 매년 약 3~4만 명의 조산아가 발생하며, 신생아 사망의 80%가 조산에 기인한다. 이러한 미숙아들은 임신기간을 다 채우고 태어난 정상 체중아보다 발달지연, 건강 이상의 확률이 높으며, 신경계 발달장애와 호흡기 합병증을 가지고 태어나는 경우가 많다. 조산아 중 특별한 보호와 치료가 필요할 경우에는 출생 후 인큐베이터 속에서 지내게 된다.

출생 당시의 체중이 적게 나갈수록 신생아에게 나타나는 문제의 심각성은 높아지고 추후 장애를 유발할 가능성이 커진다. 이러한 조산은 현재까지 정확한 원인을 밝힐 수 없는 경우가 많고 하나의 특정한 원인만으로 발생하기보다는 다양한 원인과 기전이 복합적으로 영향을 미쳐 발생하는 경우가 많다. 한편 쌍생아 임신, 임신부의 영양 부족, 흡연, 음주, 약물복용, 10대 임신 등이 조산의 확률을 높인다는 보고도 있다.

이와 반대로 출산예정일보다 2주 이상 지나서 분만하는 경우를 만산이라 한다. 이 경우 신생아의 발달상 문제는 거의 없으나, 태아가 자궁 내에서 너무 크게 성장하므로 분만 시 문제가 생길 수 있다. 만산은 임신 말기에 태아가 머리를 아래로 향하게 몸의 위치를 바꾸지 않거나 자궁경관이 단단해서 산도의 준비가 더딜 때 주로 발생한다.

(3) 난산

난산은 산모나 태아에게 출산과정이 원활하게 진행되지 못하는 경우를 말한다. 난산의 원인은 자궁 내 태아의 위치 이상, 신체적인 기형 등 태아에게 문제가 있거나, 임신부의 산도 기형, 자궁기능 부전, 작은 골반 등 임신부에게 문제가 있는 경우에 발생한다. 또한, 태반조기박리, 전치태반, 자궁 파열, 조기 파수 등이 원인이 되어 출산이 어려워지는 경우가 발생하기도 한다. 난산의 경우는 산모와 태아 모

캥거루 케어(Kangaroo Care)

캥거루 케어란 새끼를 낳아 배 주머니에 넣고 키우는 캥거루처럼 산모의 배 위에 아기를 올려놓고 서로가 피부를 맞닿고 안아 주는 방법으로 아기의 체온 유지, 정서 안정, 면역력 향상에 탁월한 효과가 있다고 알려져 있다. 캥거루 케어는 아기를 엄마의 품에 올려놓음으로써 아기에게 자궁과 유사한 환경을 만들어 주고 익숙한 엄마의 심장소리와 따뜻한 피부 접촉을 통해 아기의 특수감각섬유를 자극시켜 옥시토신 분비를 촉진하고 통증을 완화시키며 뇌에 안정감과 편안함을 전달해 준다.

이 방법은 1983년 콜롬비아 보고타에서 인큐베이터 등 의료 설비와 인력 부족으로 미숙아들을 돌볼 수 있는 여건이 되지 않자 신생아에게 가장 편안한 공간인 엄마의 품 위에 올려놓고 돌봄을 시도한 방법이다. 당시 이 방법을 통해 미숙아들에게 흔히 볼 수 있는 증상인 패혈증, 무호흡, 저체온증 등이 완화되는 탁월한 효과를 볼 수 있었다고 한다. 이후 캥거루 케어 방법은 여러 나라로 확산되어 우리나라뿐만 아니라 많은 국가에서 실시하고 있으며 조산아, 저체중아에게 효과가 있고 산모에게는 우울증 완화, 불안감 해소 등을 가져다주는 등 매우 효과적인 방법임이 입증되었다.

두에게 치명적인 손상이나 생명의 위협을 줄 수 있으므로 제왕절개 분만이나 기타 적절한 방법으로 분만을 유도해야 한다.

2 신생아기

신생아기는 일반적으로 출생 후부터 2주까지에 해당된다. 신생아는 출생과 함께 태내환경과는 상이한 새로운 환경에 적응해야 한다. 즉, 출생 후 곧바로 스스로 호흡하고, 입을 통해 영양분을 직접 섭취하며, 태내기와는 상이한 주변의 다양한 자극을 경험하며 서서히 세상에 적응해 간다.

1) 신생아의 신체적 특징

갓 태어난 신생아는 몸과 비교해 머리가 크고, 피부는 쭈글쭈글하며, 일시적으로 체중이 감소하기도 하는 등 다양한 신체적인 특징을 보인다. 신장과 체중, 머리와 가슴둘레의 특징을 살펴보면 다음과 같다.

(1) 신장과 체중

출생 시 남아의 평균 신장은 50.1cm, 평균 체중은 3.4kg이고, 여아의 평균 신장은 49.4cm, 평균 체중은 3.3kg으로 남아가 여아보다 신장이 약간 크고 체중도 조금 더 나가는 편이다. 일반적으로 출생 1개월 후 신생아기가 끝나갈 즈음에는 체중은 1.6~1.7배로 늘어나며, 키는 약 7cm 정도 증가한다. 생후 3~4일 동안에는 생리적으로 출생 시 체중의 5~10% 정도가 일시적으로 감소하는데, 이는 출생 후부터 폐로 호흡을 시작하면서 신생아의 몸 표면의 수분이 증발하고 대변이나 소변으로 수분이 빠져나가는 한편 먹는 양이 적기 때문이다.

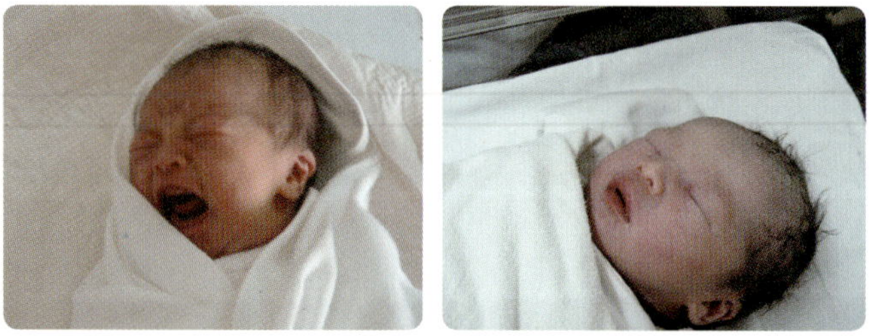

그림 4-2 ❙ 신생아기

신생아의 신장과 체중은 선천적인 요인인 부모의 체격, 인종, 성 등과 후천적인 요인인 임신기간 중 어머니의 영양 상태와 건강 상태, 신생아의 영양 섭취 등과 관련이 있다.

(2) 머리와 가슴둘레

출생 시 신생아의 머리는 몸 전체 길이의 1/4을 차지하며 뇌 무게는 평균 350g으로 성인 뇌 무게의 1/4에 달한다. 신생아의 평균 머리둘레는 약 34cm, 가슴둘레는 약 33cm 정도로 머리둘레가 가슴둘레보다 더 큰 편이다. 신생아의 머리 모양은 보통 둥그스름하지 않고 뾰족한 경우가 있는데 이는 출생 시 좁은 산도를 통과하면서 변형된 것으로 시간이 지나면 머리 모양은 다시 둥글게 돌아온다.

신생아의 두개골은 이어지지 않아 말랑말랑한 천문(fontanel)이 있는데 그중 이마 위쪽에는 대천문, 머리 뒤쪽에는 소천문이 있다. 대천문과 소천문은 신생아가 숨을 쉴 때마다 오르고 내리는 것을 일반적으로 볼 수 있으며, 일반적으로 대천문은 1~2년 사이에, 소천문은 1년 이내에 두개골의 결합과 함께 닫히게 된다.

2) 신생아의 생리적 특징

(1) 호흡과 맥박

태내에서 모체로부터 탯줄을 통해 산소를 공급받던 태아는 출생하자마자 대개 20~30초 사이에 첫울음과 함께 자기 스스로 호흡을 하기 시작한다. 출생 후 2분 정도 경과 후에도 첫울음과 호흡이 시작되지 않으면 산소결핍증으로 뇌손상을 일으킬 수 있고, 심각할 경우에는 호흡기 문제로 사망에 이르게 될 수 있으므로 각별한 주의가 필요하다. 신생아는 성인과 달리 복식호흡을 하며, 1분당 35~45회 정도의 불규칙한 호흡을 한다.

신생아의 맥박은 1분에 120~160회 정도로 빠르고 불규칙한 편인데, 이는 심장 조절기능이 미흡하기 때문으로 차차 정상적인 맥박으로 돌아온다.

(2) 체온

신생아의 체온은 37~37.5℃로 성인의 체온보다 조금 높은 편이다. 신생아는 땀샘이 잘 발달되지 않았기 때문에 체온 조절기능이 떨어지고 지방층이 완전히 형성되어 있지 않아 외부 온도 변화에 민감하고 일정 체온을 유지하기 힘들다. 그러므로 신생아는 외부 온도에 따라 일정한 체온을 유지할 수 있도록 겉싸개나 옷을 이용하여 신경을 써 주어야 한다.

(3) 수면

신생아는 하루 약 16~18시간 정도 잠을 자고 밤낮을 구분하지 못하며, 배가 고프거나 신체적으로 불편할 때를 제외하고는 거의 잠에서 깨지 않는다. 모유는 소화와 흡수가 빠르기 때문에 모유를 먹는 신생아는 대략 2~3시간 간격으로 배고픔을 느껴 잠에서 깨어나지만 모유를 먹은 후 다시 잠들기를 반복한다. 신생아의 소화기관이 발달함에 따라 수유의 양이 늘어나게 되고 수면시간도 점점 증가하게 된다.

이와 같이 신생아는 하루의 대부분을 잠을 자면서 보내는데 수면상태에 따라 REM 수면과 비REM 수면으로 구분된다. 신생아의 수면은 50% 정도가 REM 상태이지만 성장함에 따라 이러한 수면상태가 서서히 감소하여 성인이 되면 20% 정도로 줄어든다. REM 수면과 비REM 수면의 특징은 다음과 같다(Berk, 2001).

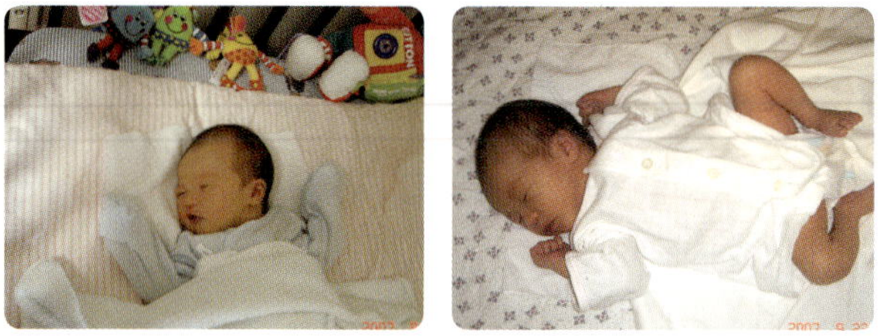

그림 4-3 | 신생아의 수면

① REM(Rapid Eye Movement) 수면

- 심박동과 호흡이 불규칙하게 나타나며 근육의 긴장도가 높다.
- 눈꺼풀은 닫혀 있으나 이따금 눈동자가 빠르게 움직이는 것이 보인다.
- 팔과 다리가 부드럽게 움직이고 때때로 꿈틀거리며 얼굴을 찡그린다.

② 비REM(Non-Rapid Eye Movement) 수면

- 완전한 수면 상태이며 몸은 거의 움직이지 않는다.
- 호흡이나 맥박이 규칙적이며 눈동자의 움직임이 거의 없다.
- 눈을 꼭 감고 있으며 얼굴 근육은 이완되어 있다.

(4) 소화 및 배설

태내기 동안 탯줄을 통해서 모체로부터 영양분을 공급받았던 태아는 출산과 동시에 입으로 스스로 음식물을 섭취하고 배설한다. 그러므로 신생아기에 보이는 빨기 반사 행동은 생존을 위한 필수적인 행동이며, 이와 동시에 젖을 소화시킬 수 있는 분비액이 위에서 자동적으로 분비된다. 성인의 위 모양은 J자형이나 신생아의 위 모양은 I자형이고 위와 식도 사이의 괄약근의 발달이 완전하지 않기 때문에 젖을 먹고 나서 잘 토해 낸다. 즉, 젖을 먹을 때 위 속으로 함께 빨려 들어간 공기가 밖으로 빠져나오면서 음식물이 역류하기 쉽다. 그러므로 신생아가 젖을 먹고 나서는 반드시 트림을 시켜서 위 안의 공기를 제거하는 것이 좋다.

신생아는 출생 후 며칠 동안 끈끈하고 검은 녹색을 띤 태변을 본다. 태변은 태중에서 형성된 장의 분비물, 담즙, 점액, 양수에서 삼켰던 물질이 태내에서 축적되

어 있다가 배출되는 것이다. 출생 후 24시간 내에 태변이 배설되지 않으면 장 폐쇄가 의심되므로 주의해서 살펴봐야 한다. 신생아기에는 보통 하루 4~7회 정도로 배설하고 그 이후에는 2회 정도로 감소된다. 분유보다 소화·흡수가 잘되는 모유를 먹는 경우에는 대변 보는 횟수가 더 빈번하며 변이 묽은 편이다. 또한, 신생아는 하루 10~20회 정도 소변을 보며 1회의 소변 양은 적은 편이나 월령이 증가할수록 소변의 양은 증가하고 횟수는 줄어든다.

3) 신생아의 감각기능

태내에서부터 태아는 여러 가지 자극에 대한 반응을 나타내기 시작한다. 출생 직후 새로운 환경 변화와 이에 따른 여러 가지 감각적인 자극에 신생아는 울음과 고통스런 표정을 통해 반응하며 자극에 대한 감각기능이 있음을 드러낸다. 감각능력의 발달은 두뇌의 신경발달 순서나 태내기서부터 신생아기에 이르기까지 아기의 경험 내용에 따라 다르다. 일반적으로 감각능력이 발달한 아기의 경우 출생 후 두뇌발달을 포함한 인지발달, 운동능력 발달에도 앞서 가는 것을 볼 수 있다. 신생아의 청각은 감각기관 중 가장 빨리 발달하며 시각은 가장 늦게 분화한다. 이러한 신생아의 감각기능을 시각, 청각, 후각, 미각, 촉각에 따라 살펴보자.

(1) 시각

시각은 인간의 감각 중 가장 늦게 발달하는 감각기관으로 신생아의 시력은 0.2도 채 되지 않으므로 생후 6주 이전까지는 사물을 제대로 볼 수 없다. 신생아는 시신경의 미분화로 인하여 생후 1주일경이 되어서야 빛이 눈에 들어오는 것이 가능하다. 그러나 출생 2일 정도에도 빛의 강약에 따른 동공반사가 가능하여 밝은 빛의 자극이 주어지면 눈을 깜박이고, 빛이 있는 쪽으로 시선을 돌리기도 한다. 또한, 신생아는 두 눈의 협응작용이 잘 이루어지지 않고 눈동자를 움직이는 근육의 균형이 맞지 않아서 사시 경향을 보이기도 하지만 이러한 현상은 서서히 감소하여 생후 7~8주 정도 되면 눈의 집중현상은 사라지는 것을 볼 수 있다. 또한, 신생아는 한 물체에 시선을 고정시키거나 초점을 잘 맞추지 못하지만 반경 20~25cm 이내의 물체는 흐릿하게 볼 수 있다. 신생아기가 끝날 즈음인 생후 4주경에는 시각 자극에 따라 눈을 돌리며 물체를 따라갈 수 있을 정도로 시각이 발달한다. 한편, 신생아는 직선보다는 곡선의 형태를 선호하고, 단순한 형태보다는 복잡한 형태에 시선을 돌리며 낯선 얼굴보다는 친숙한 얼굴인 어머니의 얼굴을 더 오래 응시하는 것으로 알려졌다.

(2) 청각

청각기능은 태내기부터 발달하는데, 임신 7~8개월쯤이 되면 청각기능이 거의 완성되어 모체 밖에서 나는 소리에도 집중할 수 있다. 즉, 태아에게 친숙한 어머니의 목소리를 들려주거나 유쾌한 자극이 있는 소리를 들려주었을 때 태아는 반응을 보이는 것으로 나타났다. 태아가 가장 선호하고 반응을 보이는 소리는 태아에게 친숙한 어머니의 부드러운 목소리, 새소리, 곤충소리 등 자연의 소리로 이러한 청각적인 자극이 주어지면 태아는 움직이던 것을 멈추고 그 소리를 감상하는 모습을 보이기도 한다(서유헌, 2001).

출생 직후에는 귀로 스며든 양수로 인해 소리를 잘 구별하지 못하나 양수가 제거되면 소리의 세기, 소리가 나는 방향 등을 구별할 수 있다. 신생아의 청각체계는 거의 성인과 유사한 크기의 고막과 잘 발달된 외우각을 가지고 있어서 소리를 분별할 수 있다. 그러나 낮은 소리를 들을 수 있는 내이 속의 몇 가지 구조가 아직 완전히 발달하지 못하여서 속삭이는 정도의 낮은 소리는 들을 수 없다. 그러므로 저음보다 고음을 들려주었을 때 신생아의 심장박동과 신체적인 움직임이 증가하는 것이 관찰된다.

한편, 신생아는 생후 20일 정도만 지나도 어머니의 목소리와 낯선 사람의 목소리를 구별할 수 있으며 친숙한 어머니의 목소리를 선호하는 모습이 뚜렷하게 나타난다.

(3) 후각

신생아의 후각은 출생 시부터 상당히 발달되어서 어머니의 젖 냄새와 다른 여성의 젖 냄새를 구분할 수 있다. 또한, 아직 다양한 후각적인 자극을 완전히 구별할 만큼 발달되어 있지는 못하나, 자극적인 냄새에는 거부감을 드러낸다. 즉, 암모니아나 초산, 썩은 계란 냄새 등에는 얼굴을 찡그리며 고개를 돌리는 반면, 바나나나 초콜릿, 딸기 향과 같은 단 냄새를 선호하여 이러한 냄새가 나는 쪽으로 고개를 돌린다.

(4) 미각

신생아의 미각은 태내에서부터 어느 정도 발달하여 출생 후에는 어머니의 모유와 다른 여성의 모유를 구별해 낼 수 있다. 신생아는 단 것을 주면 고개를 돌리고 먹기 시작하지만 시거나 쓴 맛이 나는 것을 주면 혀를 내밀어 뱉어 내거나 얼굴을 찡그리는 등 다양한 맛을 구분할 수 있다.

(5) 촉각

신생아의 촉각은 출생 시 잘 발달된 감각으로 특히 입 주위, 손바닥, 발바닥 주변의 촉각에 민감하게 반응한다. 특히 온도 변화에 민감하여 목욕물이 너무 뜨겁거나 차가우면 울기 시작하고 분유 온도가 먹기에 적절하지 않으면 호흡과 맥박이 불규칙해지면서 우는 등 신체반응을 나타낸다. 또한, 주변 온도가 낮을 경우에는 체온 유지를 위해서 스스로 몸을 움직이는 등 신생아는 온도 변화에 민감한 반응을 보이는 편이다.

4) 신생아의 반사 행동

반사(reflex)란 특별한 형태의 자극에 대한 선천적, 자동적 반응으로 신생아는 대략적으로 20~30개 정도의 반사 행동을 나타낸다. 이러한 신생아의 반사 행동은 생존에 필수적인 생존반사와, 생존과는 관계없이 진화과정에서 퇴화되어 흔적만 나타나는 비생존반사가 있다.

(1) 생존반사

생존반사(survival reflex)는 호흡반사, 젖찾기반사, 빨기반사, 위축반사, 기침, 하품, 재채기반사 등이 있다. 생존반사는 유해한 자극으로부터 자신을 보호하고 신생아의 기본 욕구를 드러내며 이를 충족시키는 기능을 한다. 이와 같은 반사 행동은 대부분 신생아기를 거쳐 영아기에 접어들면서 서서히 사라지게 된다.

① 호흡반사

신생아는 숨을 들이마시고 내쉬는 호흡반사 행동을 반복적으로 하는데, 이때 공기 중에서 산소를 들이마시고, 다시 공기 중으로 이산화탄소를 배출한다. 호흡반사는 신생아의 생존을 위해 가장 기본적인 반사 행동이다.

② 젖찾기반사

젖찾기반사(rooting reflex)는 근원반사라고도 불리며, 신생아의 입 주위를 손가락으로 자극하면 그 자극물을 향해 고개를 돌리고 입으로 그 자극물을 빨려고 하는 행동을 보인다. 이러한 자극물을 입에서 조금 떨어뜨려 놓아도 신생아는 필사적으로 그 자극물을 빨려고 고개를 드는 반응을 흔히 볼 수 있다. 신생아가 배가 고플 때 이러한 반사 행동은 더 민감하게 나타나기 때문에 신생아가 배가 고픈지를 알아보는 방법으로도 사용된다.

③ 빨기반사

신생아는 입에 닿는 무엇이든지 빨려고 하는 습성이 있는데 이를 빨기반사(sucking reflex)라고 한다. 빨기반사는 신생아에게 생존을 위한 필수적인 반사 행동으로 성장해 가면서 이러한 반사 행동은 서서히 의식적으로 빠는 행동으로 대치된다.

④ 위축반사

신생아는 손과 발에 고통스럽거나 견디기 힘든 자극이 오면 손과 발을 오므리고 발을 움츠리는 반응을 보이는데 이를 위축반사(withdrawal reflex)라 한다. 이는 외부 환경의 위험 요인으로부터 스스로를 보호하려는 신생아의 본능적인 행동에서 비롯된 것이라 할 수 있다.

⑤ 기침, 하품, 재채기반사

기침, 하품, 재채기반사 등은 모두 호흡과 관련된 반사 행동이다. 즉, 기침이나 재채기반사는 정상적인 호흡이나 영양 섭취를 위해 기도의 이물질을 제거하는 등 깨끗이 하는 기능을 한다. 한편, 하품반사는 산소가 부족한 상황에서 다량의 산소가 필요할 때 산소를 공급하는 기능을 한다.

(2) 비생존반사

비생존반사는 원시반사(primitive reflex)라고도 하며, 출생 시 이미 잘 발달되어 있는 뇌간이나 중뇌에 의해 통제되는 무의식적 반사 행동이다. 비생존반사는 뇌 손상이나 발달상의 문제가 있는 신생아에게는 잘 발견되지 않는 행동이다. 그러므로 비생존반사의 유무는 신생아의 신경계통 이상을 살펴보는 데 유용하다. 비생존반사는 두뇌의 피질 부분이 발달하여 보다 복잡한 두뇌활동을 함으로써 점차 의식적이고 자발적인 행동이 가능해지는 생후 6개월~1년 사이에 자연스럽게 사라진다. 비생존반사에는 모로반사, 파악반사, 걷기반사, 바빈스키반사, 긴장성 목반사 등이 있다.

① 모로반사

모로반사(Moro reflex)는 갑자기 큰 소리를 내거나 신생아를 안고 있다가 갑자기 내려놓을 때 발견되는 행동이다. 신생아는 이러한 자극이 주어지면 팔을 활 모양으로 벌리면서 무언가를 잡으려고 하는 자세를 취한다. 생후 며칠 만에 나타나는 이 반사 행동은 생후 6개월 정도 지나면 사라진다.

② 파악반사

파악반사(Grasping reflex, 잡기반사)는 신생아의 손바닥에 손가락이나 물체로 자극을 주면 손바닥에 닿는 것을 꽉 잡는 반응을 보이는 행동이다. 이때 신생아가 잡는 힘은 공중에서 막대기에 1~2분 정도 매달릴 수 있을 만큼 매우 강하다. 신생아의 파악반사는 시간이 지나면서 점차 약해져서 생후 3~4개월경이 되면 의도적인 잡기 행동으로 대치된다.

③ 걷기반사

걷기반사(Stepping reflex)는 신생아의 겨드랑이를 잡고 발바닥을 평평한 바닥에 닿게 하면 마치 걷는 것처럼 두 다리를 번갈아 움직이는 것을 말한다. 이 반사 행동은 생후 3개월경이 되면 자연스럽게 사라진다.

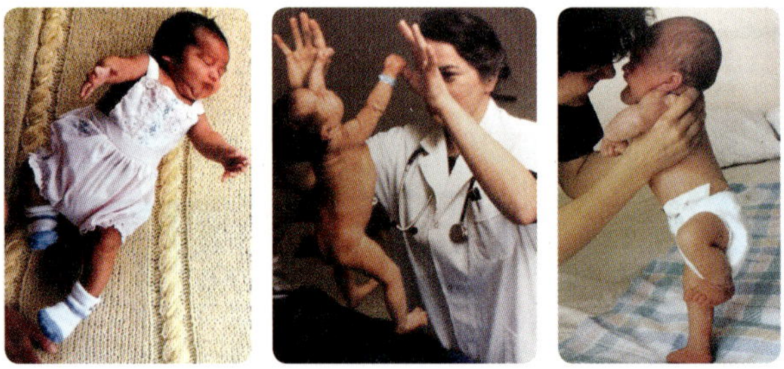

(A) 모로반사 (B) 파악반사 (C) 걷기반사

그림 4-4 | 모로반사, 파악반사, 걷기반사

출처: Berk, L. E. (2003). pp. 124-126.

④ 바빈스키반사

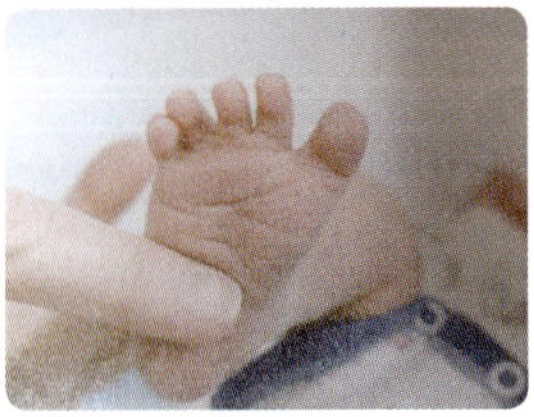

그림 4-5 ▌바빈스키 반사

출처: Feldman, R. S. (2007). p. 128

바빈스키반사(Babinski reflex)는 신생아 발바닥의 오목 들어간 부분을 손가락이나 펜으로 간질이면 다섯 발가락을 부챗살 모양으로 쫙 펼쳤다는 다시 오므리는 행동을 말한다. 이 반사 행동은 생후 6개월경부터 서서히 없어지기 시작해서 생후 1년 안에 사라진다.

⑤ 긴장성 목반사

긴장성 목반사(Tonic neck reflex)는 신생아를 바닥에 눕히고 머리를 안쪽으로 돌리면 머리가 향한 방향으로 팔과 다리를 앞으로 쭉 펴고, 반대편 팔과 다리는 구부리는 모습을 보이는 것이다. 이 반사 행동은 후에 뻗기 운동의 기초가 되는 것으로 생후 2개월경까지 나타나다가 생후 5~6개월경이 되면 사라진다.

연구문제

1 출산이 임박했을 때 나타나는 산모 신체상의 여러 가지 징후에 대해서 설명해 보자.

2 출산과정을 설명하고, 자연분만법뿐만 아니라 다양한 대안 분만법에는 어떠한 것들이 있는지 알아보고, 각각의 분만법의 특징을 서술해 보자.

3 출산 시 산모와 태아에게 발생할 수 있는 여러 가지 문제를 설명해 보자.

4 REM 수면과 비REM 수면의 차이를 설명해 보자.

5 신생아의 감각기능의 특징에 대해서 설명해 보자.

6 신생아의 반사 행동을 생존반사와 비생존반사로 나누어 설명해 보자.

CHAPTER 5

영유아의 생물학적 발달과정

학습목표

1. 영유아기 신체 및 운동발달의 개념과 중요성을 이해한다.
2. 영유아기 신체 및 운동발달의 주요 원리를 이해하고 설명할 수 있다.
3. 영유아기 신체 및 운동발달 특징을 이해하여 설명할 수 있다.
4. 영유아기 감각과 지각발달을 이해한다.

영유아기는 인간의 전 생애발달 중에서 가장 기초가 되는 시기이며 성장과 발달의 무한한 가능성이 잠재되어 있는 시기이다. 특히 신체발달은 모든 발달의 출발점으로 영유아에게 있어서 생활에 절대적인 요건으로 중요한 의미를 갖는다. 영유아는 신체, 운동능력 발달과정을 통해 자신의 신체를 통제할 수 있는 능력과 이동능력이 생기며, 그로 인해 새로운 세계를 경험하게 된다. 또한, 자신이 속해 있는 외부 환경을 탐색하고 환경 내의 여러 대상을 인식하고 변별하는 일은 생존과 적응에 중요한 의미를 지닌다. 본 장에서는 영유아기의 신체 및 운동발달의 발달 양상과 특징, 그리고 감각과 지각발달에 대해 구체적으로 살펴보고자 한다.

1 신체 및 운동발달

1) 신체 및 운동발달의 개념 및 중요성

(1) 신체 및 운동발달의 개념

신체발달이란 신체기관이 커지고 구조가 정밀해지며, 기능이 능률적으로 되어 가는 과정을 의미한다. 즉, 신체가 외형적으로 커지고 질적으로 성숙해지는 것이다.

신체발달에는 급속한 성장기, 완만한 성장기, 성장이 안정되는 성숙기가 있다. 출생 후 6개월까지, 그리고 사춘기부터 15~16세까지는 급속한 성장을 하며 그 사이에는 완만하게 성장한다. 20세 전후부터는 성장이나 체중의 성장이 중지되고 노년기에 접어들면 쇠퇴하게 된다.

영유아기의 운동기능 발달은 새로운 운동기능의 발생·획득으로 특징 지을 수 있다. 이것은 운동기능의 분화를 뜻한다. 이 시기 이후에는 분화된 운동기능의 하나하나를, 그리고 각종 운동기능을 통합해서 더 복잡한 운동기능을 성취해 나간다. 바꿔 말하면, 운동 성취의 질적 향상과 숙련을 향한 발달이 생긴다. 따라서 영유아기 이후에는 여러 가지로 획득한 기초적인 신체운동의 형식을 갖가지 장면에 응용할 수 있게 된다. 운동의 숙련은 신경과 근육의 협조가 반사적으로 적절하게 이루어지는 것이다. 신체 형태상 크기를 정확하게 운동시키기 위해서는 그것을 운동시키는 힘의 원천으로서의 근력과 근육을 적절하게 수축시키는 신경 지배의 효율 향상이 있어야 하며, 이것이 결과적으로 운동기능의 발달을 가져온다.

신체 여러 속성의 발달은 모든 속성이 동시에 평행해서 발달을 성취하는 것이 아니고 각 속성에 따라 독자적인 발달 경향이 보인다. 신장의 최대 발달 속도가 나타난 뒤에 근력의 최대 발달 속도가 나타난다. 또 신장의 증가 속도가 빠른 시기는 체중의 증가 속도가 늦어지는 것과 같이 각 신체 여러 속성에 독자적인 발달 경향이 미묘하게 교환된다. 즉, 발달 경향의 리듬이 서로 겹치면 전체로서의 신체 발달이 계속된다.

(2) 신체 및 운동발달의 중요성

영유아기는 신체적으로 급속하게 발달하는 시기이므로 이런 급속한 발달을 방해하는 요인에 주의를 기울여야 한다. 또한, 영유아기의 신체발달은 직접적으로 유아의 운동능력에 영향을 미치며, 유아가 더욱 적극적으로 다양한 경험을 할 수 있게 한다. 그 결과 육체적 측면뿐 아니라 정신적 측면의 자극과 경험을 촉진하여 지적인 발달에도 중요한 역할을 하게 된다. 따라서 신체적인 기능이 우수한 유아는 지적으로도 빠른 발달이 이루어질 수 있다.

신체적인 성장과 발달의 정도는 영유아에 대한 타인의 반응과도 밀접한 관계가 있다. 예를 들어, 글씨를 잘 쓰고 그림을 잘 그리는 소근육의 발달은 또래나 교사에게 호감을 주는 요인이 되며, 키가 크고 체격이 좋은 영유아는 작고 왜소한 영유아보다 또래 사이에서 인기가 좋다. 또한, 유아가 가지는 신체에 대한 자아상은 자아개념에도 중요한 영향을 미치게 된다.

그러므로 영유아기 신체활동은 매우 중요하며 그 중요성은 다음과 같다.

- 영유아기는 운동기능의 발달을 위한 이상적인 시기이다.
- 유아가 생활습관과 태도를 형성하는 시기이다.
- 두뇌발달이 현저하게 이루어지는 시기이다.
- 자아개념이 형성되는 시기이며 신체적 자아기이다.

2) 신체 및 운동발달의 원리

신체발달은 행동면에서는 미분화된 행동에서 분화된 행동으로, 형태면에서는 두부(頭部)에서 각부(脚部)로, 몸의 중추부에서 말초부로, 기능면에서는 일반적인 것에서 특수한 것으로 발달한다. 신체발달은 유전적 요인과 환경적 요인의 영향을 받으며 특수한 요인으로는 지리적 여건이나 기후, 풍토, 문화 등의 영향도 받는다. 신체발달에는 개인차가 있지만 아동기에는 비교적 일반적인 규칙성을 갖고 있다.

모든 영유아의 신체 및 운동발달은 보편적인 순서와 방향에 따라 성장·발달하지만, 발달의 속도와 발달의 유형은 개인의 유전적 영향, 환경적 요인, 성별에 따라 개인차가 존재한다. 이러한 차이는 개인 내적으로는 발달영역별로 나타나게 된다. 신체발달이 높은 영아는 지적 발달도 높고, 긍정적·적극적인 성격으로 발달하는 경향이 있다. 이러한 신체, 언어, 인지, 정서 등 발달의 여러 영역은 서로 밀접하게 연관되어 있으며, 유기적으로 상호작용을 하게 된다.

신체 및 운동발달의 원리는 다음과 같다.

(1) 두미법칙(Top-to-Bottom Development)

신체발달의 형태에 있어 머리에서 다리 방향으로 발달을 의미한다. 즉, 머리의 발달이 먼저 이루어지고 다리 방향으로 연결되어 일어난다. 영아는 자신의 상체 부분을 사용하는 것을 배운 다음, 하체 부분의 사용을 배운다. 영아는 몸체를 조정할 수 있기 전에 사물을 볼 수 있다. 또한, 손으로 무엇을 잡을 수 있게 된 후에 걸을 수 있다.

(2) 근원법칙(Inner-to-Outer Development)

발달의 방향이 신체의 중심부에서 시작되어 말초 부분으로 진행되는 법칙이다. 즉, 신체 중심 부분이 먼저 발달하고 이어서 팔과 다리 부분으로 연결되어 발달해 가는 것을 의미한다. 이는 척수의 발달이 선행된 후 신체 말초 부위의 발달이 진행된다는 의미이다. 영아의 머리와 몸은 손이나 발보다 먼저 발달하며, 팔과 다리가 발달한 뒤에 손가락과 발가락이 발달한다. 영아는 먼저 자신의 상박과 대퇴부를 사용하는 능력을 발달시킨다. 이후 하복과 정강이를, 그리고 손과 발을, 마지막으로 손가락과 발가락을 사용할 수 있게 된다.

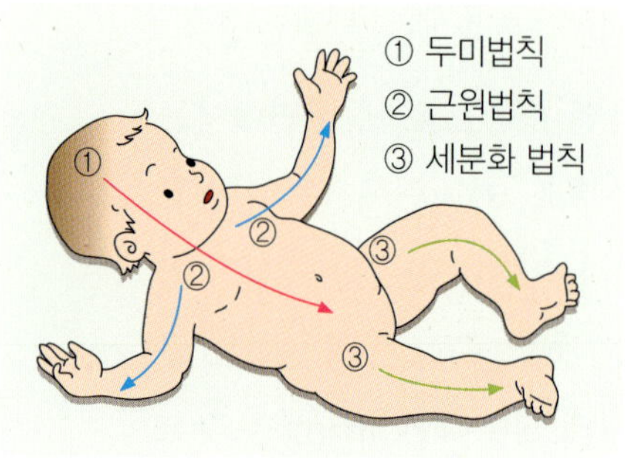

그림 5-1 | 운동발달의 원칙

(3) 세분화 법칙

발달이 단순한 것에서 복잡한 것으로 진행하는 것으로, 전체적·일반적인 활동에서 보다 세분화되고 정교한 활동으로 진행되는 것을 의미한다. 즉, 신체발달이 전체 활동에서 특수한 부분으로 발달해 가는 것이다. 이는 영아가 어떤 물건을 잡으려 할 때 처음에는 팔과 손바닥으로 잡다가 점차 눈, 손, 몸의 협응이 일어나고 분화되어 손목과 손가락을 이용하여 잡게 된다. 걸음걸이도 처음에는 몸 전체를 움직이는 부자연스럽게 행동하지만, 차츰 걸음걸이에 필요한 근육의 발달과 팔과 다리만을 사용하게 되는 것이다. 즉, 대근육 운동발달은 영아의 움직임과 행동 범위를 확대시키고, 소근육 운동발달은 눈과 손의 협응, 사물의 조작능력 및 손가락의 민첩성을 가능하게 하여 주변 환경의 사물을 적극적으로 탐색하도록 한다.

3) 신체영역별 발달

신체발달은 영아기에 가장 빠른 속도로 이루어져 모든 발달의 기초를 이루게 되며, 유아기에 접어들면서 영아기처럼 빠른 성장은 아니나 꾸준한 성장을 보이게 된다. 영유아의 연령에 따른 키와 몸무게의 증가 정도를 나타낸 [그림 5-2]에서 볼 수 있듯이 신체적 성장이 가장 급속도로 이루어지는 영아기를 제1성장급등기라고 하고, 두 번째로 성장이 급속도로 이루어지는 사춘기를 제2성장급등기라도 한다.

일반적으로 여아의 신체적 신장은 각 부위마다 다르게 이루어지는데, 임신부터 출생까지는 머리가, 12개월까지는 몸통이 가장 빠르게 성장하고, 24개월부터는 팔, 다리가 빠르게 성장한다.

(1) 체격발달

체격은 신체 크기의 척도가 되며, 키, 몸무게, 가슴둘레의 크기로 나타낸다.

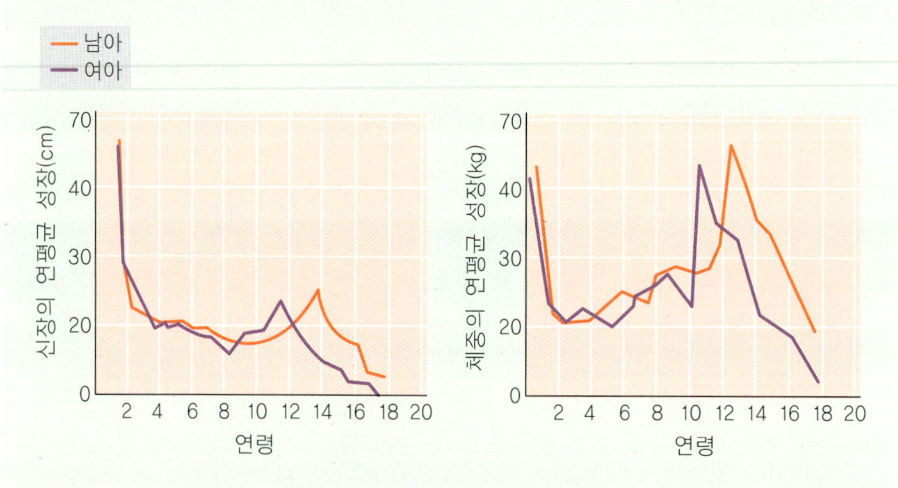

그림 5-2 ▌출생에서 20세까지의 신장과 체중의 증가 정도

출처: Berk, L. E. (1997). p. 169.

① 키

영아기는 키의 성장률은 체중의 성장률의 2배가 된다. 출생 시 키는 남아는 50.12cm, 여아는 49.35cm로 평균 50cm 정도인데, 생후 1년 동안 신장은 남아는 76.03cm, 여아는 74.76cm가 된다. 2세 때에는 약 86.15cm 정도로 성인 평균 키의 1/2 정도로 성장한다. 생후 1년 동안 신장은 1.5배, 체중은 3배가 된다. 키는 유전적 영향이 크며 개인차가 있어서 불규칙한 성장률을 나타내는 반면, 체중은 가정의 사회경제적 요인 같은 환경적 요인의 영향을 받는다.

② 몸무게

영아의 몸무게는 출생 시 남아는 3.41kg, 여아는 3.29kg으로 평균 3.20~3.4kg이었던 몸무게가 1개월 만에 5~5.7kg으로 증가하여 3개월경에는 출생 시 몸무게의 약 2배가 되고, 1세 때에는 약 3배가 되어 남아는 9.90kg, 여아는 9.35kg이 되며, 2세 때에는 약 4배, 3세 때에는 약 5배로 증가한다. 체중의 발육은 남아가 여아보다 좋으며 생후 6개월까지는 신장과 체중이 동일한 비율로 성장하지만, 6개월 이후부터는 사회계층에 영향을 받게 되어 차이가 나타나게 된다.

〈표 5-1〉 한국 유아의 신체발육 표준치

연령	키(cm)		몸무게(kg)	
	남아	여아	남아	여아
출생	50.12	49.35	3.41	3.29
2~3개월	60.90	59.76	6.45	6.08
5~6개월	67.56	66.31	7.97	7.51
11~12개월	76.03	74.76	9.90	9.35
15~18개월	81.15	79.91	11.10	10.51
21~24개월	86.15	84.97	12.33	11.70
3~3.5세	96.70	95.56	14.92	14.32
4~4.5세	103.80	102.73	16.97	16.30
5~5.5세	110.47	109.40	19.22	18.44

출처: 질병관리본부(2007). 소아발육표준치.

③ 신체비율

영유아기에는 신체비율에서 큰 변화를 보인다. 태아기와 신생아기에는 신체에서 머리가 차지하는 비율이 높아서 2개월 된 태아의 머리 크기는 신장의 1/2을 차지하고 신생아에 이르러서는 신장의 1/4을 차지한다. 2세경 신체의 1/5, 5세경에는 1/6이 된다. 근원발달 원칙에 의해 발달은 성인이 되면 출생 시의 1/8이 된다.

출생 후 1년에 몸통이 가장 빠르게 성장하고, 출생 후 1년부터 청년기 사이에 다리가 가장 빠른 속도로 성장한다. 출생 시 머리 크기는 신체에 비해 머리가 크며 6개월이 되면 머리둘레와 가슴둘레가 비슷해지고, 1년이 되면 가슴둘레가 머리둘레보다 커진다. 남아는 34.1cm, 여아는 33.5cm에서 2세가 되면 남아 48.4cm, 여아 47.4cm로서 출생 시보다 33% 정도 성장하며 1.4배가 된다(질병관리본부, 2007).

영유아기의 체격발달 표준치는 [그림 5-3]과 같다.

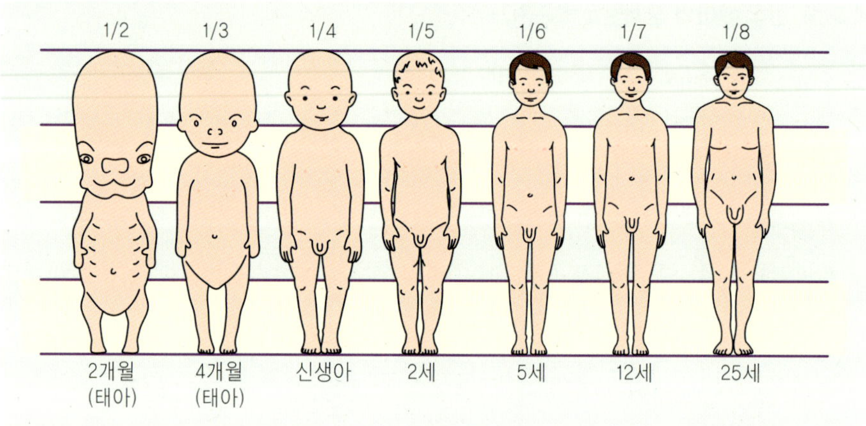

그림 5-3 신체비율의 변화

(2) 골격발달

뼈는 연골이라는 연한 물질로 구성되어 있는데, 이러한 연골세포는 임신 6주경부터 점점 단단해지면서 뼈의 모양을 갖추기 시작한다. 뼈가 점차 단단해지면서 뼈의 길이와 넓이, 조직 등이 계속 변하는 성장과정을 골화라고 한다.

출생 시 영아의 골격은 성인의 골격보다 크기가 작고 수도 적으며 매우 유연하고 부드럽다. 이런 골격은 사춘기까지 부드러운 뼈가 단단해지는 과정(경화 또는 골화)이 일어나고 손이나 손목의 뼈가 먼저 단단해진다(두미발달, 근원발달 원칙). 영아가 성장할수록 골격의 수도 점차 증가하게 되는데 1개월 된 영아의 손목뼈는 3개인데 성인의 손목뼈는 9개로 늘어난다.

영아의 두개골은 여섯 개의 숫구멍이 있고, 숫구멍(천문)은 피부막으로 덮여 있어 뇌를 상해로부터 보호해 준다. 두개골이 단단해지면서 24개월이 되기 전에 숫구멍은 무기질로 채워져 닫히게 된다. 두개골의 숫구멍을 이루는 조직은 유연하여 출산 시 산도를 통과하기 쉽게 한다. 출생 시 영아는 가슴이 둥글고 어깨가 높으며 목은 짧다. 출생 전 태아의 척추는 C자 모양이었으나 출생 후 숨을 쉬게 되면서 머리를 들게 되어 목과 척추가 펴진다. 영아가 앉고 서고 걷게 되면서 척추는 S자형을 유지한다. 골격의 발달은 몸의 자세를 결정하고 근력의 기초를 이루어서 유아기에는 몸의 자세가 불안정하다가 걷기가 가능해지면서 안쪽으로 굽은 다리가 펴지고 6~7세가 되면 무릎과 팔의 자세가 바르게 된다.

두개골과 손뼈가 가장 먼저 성장하고 다리뼈는 10대 후반까지 성장이 지속된다.

유아기에는 뼈의 길이나 넓이, 구성 등이 계속 변화하며, 뼈의 성장은 성장점이 연골로 바뀌게 됨에 따라 완성된다. 또한, 몸의 자세가 불안정하며, 걷기 시작하면서부터 안쪽으로 굽은 다리가 곧게 펴지기 시작하여 6~7세경에 이르면 무릎과 팔의 자세가 곧게 된다. 유아의 골격발달은 개인차가 있다. 일반적으로 여아가 남아보다 빠른 발달을 보인다. 또한, 뼈의 발달로 유아의 외모에도 많은 변화가 생긴다. 6세경이 되면 볼록 튀어나온 배도 들어가고 젖살이 빠지면서 성인과 비슷한 외형으로 변하게 된다. 어깨와 골반의 근육은 아직 발달하지 않아 성인과 같은 성차를 구분할 수 있는 특성은 나타나지 않는다.

(3) 근육의 발달

근육의 발달은 머리 부분의 근육에서 다리 부분의 근육으로 출생 시 성인과 같은 근육조직 수를 가지고 있으나 근육섬유의 크기와 길이, 너비, 두께, 기능이 성인기까지 계속 발달한다. 근육조직은 작고 연하다. 출생 후 4개월경이 되면 목 근육이 발달하여 목을 조절할 수 있으며 목을 들 수 있게 된다. 목 근육이 다리 근육보다, 대근육이 소근육보다 더 빨리 발달하고, 여아가 남아보다 더 빨리 발달한다. 출생 시부터 근육조직은 있으나 근육이 제 기능을 발휘할 만큼 발달하지 못한 상태이며 1세까지도 근육이 기능을 할 수 있을 만큼 발달하지 못한다. 첫돌이 되면 다리근육이 발달하여 걷게 된다. 그러나 24개월부터는 근육섬유가 발달하여 점차 두꺼워지고 신경조직도 분리되어 자발적인 운동이 증가한다.

출생 후 12개월까지는 근육이 완전히 발달되지 않았기 때문에 신체활동을 하면 쉽게 피곤해지나 회복력은 빠르다. 24개월경에는 근육이 더욱 발달하여 뇌발달과 연합하여 자발적 운동이 증가한다.

유아기 근육발달은 몸무게의 발달과 거의 같은 속도로 이루어지며, 근육조직보다 지방조직이 먼저 발달하게 된다. 지방조직은 생후 8개월까지 급격히 증가하다가 그 이후 증가율이 낮아진다. 근육발달은 체중발달과 같은 속도로 발달한다. 근육의 크기는 5~6세경에 급격히 증가하여 7세 이후에는 근육의 넓이와 두께 등 발달이 더욱 진행된다. 특히 어깨나 엉덩이 등의 근육에서 성차가 나타나기 시작한다. 그러나 전반적으로 아동기까지는 근육발달이 키의 발달을 따르지는 못하며, 13세 이후 사춘기에 들어서야 지방조직이나 근육조직이 급격히 증가하게 된다. 이러한 근육과 지방의 발달 비율은 체형을 나타내고 이는 자아개념, 심리적 행동에 영향을 미치게 된다.

(4) 치아의 발달

출생 시 잇몸 속에 20개의 유치(젖니)와 여러 개의 영구치가 자리 잡고 있다. 유치는 생후 6개월경에 아랫니부터 나기 시작하여 일정한 순서대로 진행된다. 앞니가 나면서 순서대로 양옆으로 이가 나서 첫 번째 어금니는 생후 12개월경, 두 번째 어금니는 생후 20~24개월경에 나타나며 24~39개월경에 20개의 젖니가 모두 나게 된다. 처음 유치가 나면 바로 올바른 구강위생을 시작해야 한다. 초기에는 잇몸이 약해서 젖은 헝겊으로 이와 잇몸을 깨끗하게 닦아 준다.

젖니는 6세부터 빠지기 시작하여 영구치로 대체된다. 유치가 비정상적으로 조기에 발치가 되거나 치아 뿌리에 문제가 생기는 경우 영구치가 정상적으로 나오지 못할 수 있으므로 건강한 유치를 위하여 유아에게 올바른 칫솔질을 가르치고 규칙적으로 치아를 관리해 주어야 한다.

유치는 조직이 연하며 뿌리가 얕기 때문에 충치가 되기 쉽다. 젖니는 영유아가 음식을 잘 씹어서 소화할 수 있도록 하여 성장 발육이 정상적으로 이루어질 수 있게 도와주고, 발음을 정확히 할 수 있게 해 준다.

유아기 충치는 영아기에 당분이 든 우유나 주스를 과다 섭취했거나 치아관리가 부족해지면 나타난다. 치약을 삼킬 위험이 적은 3세 이후에는 충치 예방을 위해 불소가 함유된 치약을 사용하는 것이 좋다. 6세경이 되면 유치가 빠지기 시작하여

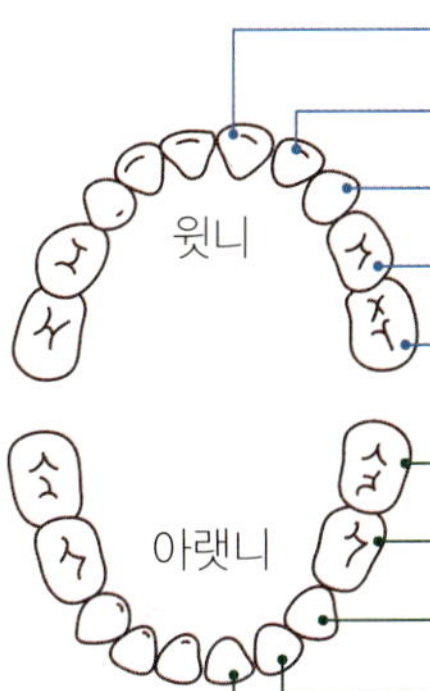

	나오는 시기	빠지는 시기
중절치	8~12개월	6~7세
측절치	9~13개월	7~8세
견치(송곳니)	16~22개월	10~12세
제1유구치	13~19개월	9~11세
제2유구치	25~33개월	10~12세
제2유구치	23~31개월	10~12세
제1유구치	14~18개월	9~11세
견치(송곳니)	17~23개월	9~12세
측절치	8~12개월	7~8세
중절치	6~10개월	6~7세

그림 5-4 ǀ 유치와 치아 나는 순서

영구치로 대체된다. 유아의 턱이 점차 커지면서 영구치가 매년 4개 정도 나오는데 영구치의 개수는 상하좌우 각각 8개씩 총 32개이고, 입안 가장 안쪽에 나는 사랑니는 나지 않는 경우도 있기 때문에 28~32개의 영구치를 갖게 된다.

(5) 생리적 기능

① 호흡, 맥박, 체온, 혈압

신체기능을 측정하는 중요한 기능으로 호흡, 맥박, 체온, 혈압이 포함된다.

가. 호흡

영아의 호흡은 성인의 약 2배 정도이며 약간의 자극이 있어도 불규칙해진다. 영유아의 호흡 수는 성인과 같은 방법으로 측정하며, 성인의 호흡은 분당 12~20회이며 영유아의 호흡 수는 20~30회이다.

나. 맥박

영아기에는 약간의 움직임에도 맥박이 변한다. 성인의 맥박은 분당 60~100회이며 영유아는 80~130회로 성인보다 빠르다. 2세 이상의 유아는 손목 부위의 요골(손목의 안쪽)에서 맥박을 측정할 수 있다.

다. 체온

체온은 구강이나 직장, 피부, 고막을 통해 측정한다. 신생아의 체온은 성인보다 1℃ 정도 높은 37~37.5℃이다. 체지방이 부족해 체온 조절능력이 미숙하다. 이는 체내 자동 온도 조절장치를 작동하는 갑상선이 덜 자랐기 때문이며, 땀샘 또한 생후 8주는 되어야 제대로 작동하기 시작하므로 더울 때 스스로 체온을 낮추는 것도 어렵다. 그러므로 생후 2개월까지는 너무 덥거나 춥지 않도록 실내 환경을 잘 조절해 주어야 한다.

라. 혈압

영아기 혈압은 탄력성이 크며, 저항이 적어 혈압이 낮다. 영유아의 혈압은 수축기 110mmHg이며, 이완기 혈압은 70mmHg이며, 성인은 120/80mmHg이다. 3세 이상의 유아는 혈압계를 이용하여 매년 혈압을 측정한다.

② 수면

신생아(0~2개월)의 수면은 하루의 80%인 18~20시간, 6~12개월에는 14~16시간, 1~2세에는 50%인 12~14시간으로 줄어든다. 수면시간의 감소는 출생 시 미성숙했던 뇌가 출생 후 1~2년간 빠른 속도로 성장하면서 낮시간에 활동하기 때문이다. 신생아기에 50%가 REM 수면이던 것이 3개월이 되면서 40%로, 2세 무렵에는 30%로 감소하여 성인이 되면 20% 정도가 된다. 많은 양의 REM 수면은 뇌 발달을 촉진시키므로 충분한 수면이 필요하다.

영아는 하루에 낮잠시간을 포함하여 0~1세에는 16시간 이상, 2~3세에는 12~15시간의 수면이 필요하다. 영아에게 적절한 낮잠시간은 생후 3개월은 5~6시간, 생후 6개월은 3~4시간, 생후 12개월은 2~3시간, 1세 이후는 1~2시간 정도의 낮잠을 자게 하는 것이 좋다. 신체적으로 불편하면 영아가 잠을 자지 않고 보채는 경우가 많으므로 원인을 찾아 대처하도록 한다. 낮과 밤의 수면 주기가 바뀐 영아는 낮잠을 과도하게 자지 않도록 하고, 밤에 잠자리 들기 전에 목욕시키고 수유하는 것이 효과적이다. 부모와 같이 자는 경우 영아의 즉각적인 신호에 반응할 수 있으나, 부모가 술, 담배를 하거나 피곤한 정도가 높을 시 영아에게 위험할 수 있다는 연구도 있다(Baddock et al., 2007).

18개월 이후에는 오후 1회 정도의 낮잠을 잔다. 영아의 수면시간은 개인차가 크고 같은 영아라도 그날의 활동량에 따라 다소의 차이가 있다. 생후 12개월 미만의 영아는 낮잠을 월령에 따라 오전과 오후 하루 2회, 또는 하루 1회로 하는 것이 좋다. 안심하고 푹 자게 하기 위해서는 배가 고플 때를 피하고, 수유를 하고 난 다음이 좋다. 수면 양과 수면 습관이 영아마다 다르므로 평소 영아의 수면 양상을 관찰해 두었다가 영아가 잠들기 쉬운 환경에서 편안해하는 자세로 재운다.

24개월 영아는 오후 1회 정도의 낮잠을 잔다. 교사는 규칙적인 일과에 따라 영아가 수면을 취할 수 있도록 하며, 그날의 활동량에 따라 수면시간을 고려해야 한다. 또 이 시기의 영아는 각자 독특한 수면 주기와 습관이 형성되어 있다.

유아기는 영아기에 비해 수면시간이 줄어드는데, 이는 낮잠시간이 줄어드는 것으로 밤에 자는 시간은 큰 차이가 없다. 2~3세는 12~13시간, 4~6세까지는 10~11시간의 수면시간이 필요하다. 또한, 4~5세경이 되면 낮잠을 자기보다 깨어 놀이하기를 원하지만 이 시기의 휴식과 낮잠은 성장에 도움이 되므로 심하게 놀이한 후에는 편안하게 쉬도록 배려한다. 일찍 자고 일찍 일어나는 규칙적인 수면습관을 기르도록 한다.

③ 수유와 이유 및 식습관

영유아의 영양은 신체와 정서의 발육에 중요하다. 특히 모유는 완전한 영양식품으로 입증됨에도 불구하고 우리나라 모유수유율은 해마다 감소하는 추세다. 신생아는 초유를 먹기 시작하여 6개월까지 모유를 먹이는 것이 좋다. 수유기간 중 산모는 약, 술, 담배를 하지 말아야 한다. 수유시간과 횟수는 개인차가 크므로 특정 기준에 따를 필요는 없다.

모유의 장점은 첫째, 영양학적 적합성이다. 출생 후 4~6개월 동안 모유가 좋은데 모유는 소화를 위한 필수 지방산과 뇌세포 성장을 위한 단백질 성분을 함유하였기 때문이다. 둘째, 모유수유를 통해 산모와 영아 간의 신체적 접촉, 눈 접촉을 통해 애착형성에 영향을 줄 수 있다. 수유 동안 엄마와 영아 간의 친밀한 상호작용, 피부 접촉, 즉각적인 수유 만족감은 아기들의 지능발달과 정서발달과 긍정적 상관관계가 있는 것으로 나타났다(김혜숙, 1993).

영아기의 빠른 성장과 함께 적절한 영양공급이 중요하다. 영아가 4~6개월경이 되면 이유식을 시작하는데, 이 시기는 유치가 나오는 시기로 씹고 깨무는 행동을 자극해 주는 이유식을 시작하는 것이 좋다. 처음에는 유동식에서 12개월경에는 고형식으로 먹이는 것이 좋다. 따라서 모유, 분유 외에 음식을 먹이는데 영아의 건강 상태를 참고하여 점차 모유 양을 줄이고 이유식의 양을 늘려가도록 한다. 이때 양질의 이유식, 섭식 문제는 영아의 신체발달에 영향을 미친다. 이유 경험은 식성과 깊은 관계가 있으며 더 나아가 성격 형성에도 큰 영향을 미친다.

유아기는 신체 성장과 더불어 뇌발달이 왕성한 시기이므로 충분한 영양을 공급해 주는 것이 매우 중요하다. 충분한 영양섭취는 유아의 신체발달과 질병의 예방에 및 면역력 강화 등에 영향을 미치고 지적, 정서적 발달에도 영향을 준다. 그러므로 유아기 1일 권장량을 중심으로 유아에게 적합한 식단을 제공해 주어야 한다. 유아는 한꺼번에 많이 먹지 못하므로 식사 사이에 배가 고플 수 있기 때문에 간식을 제공한다. 식사와 간식 사이에 적당한 간격을 두어 유아가 허기와 포만감을 적절히 조절할 수 있는 정도의 양을 제공하며 간식시간을 정해 놓고 규칙적인 식생활을 하는 것이 좋다. 3세경에는 음식을 흘리지만 혼자서 식사할 수 있으며 4~5세가 되면 혼자서 밥을 먹을 수 있게 된다. 음식에 대한 선호와 식사 태도가 형성되는 시기이므로 간식의 조절과 편식 지도가 가정과 유아교육시설에서 함께 이루어져야 한다. 유아기는 식생활습관의 기초가 형성되는 시기이므로 바른 식생활습관의 교육을 체계적으로 꾸준히 실행하는 것이 필요하다.

④ 배설과 배변훈련

신생아는 생후 1~2일경 검고 끈적끈적한 태변을 보고, 4개월경이 되면 노란색인

보통 변을 본다. 모유수유는 하루에 3~4회, 인공수유는 하루 1~2회 변을 본다.

영아기에 중요한 발달과업의 하나인 대소변 통제가 이루어진다. 소변은 돌 무렵까지는 대개 2시간마다 보고, 점차 잠자는 동안에는 거의 배설하지 않게 된다. 영아기 초기(6~7개월 이전)에는 대소변 통제에 필요한 근육과 신경이 성숙되지 않았기 때문에 소변은 방광근육이 자동적으로 이완되어 배출되고, 대변은 항문이 반사적으로 열려 배설하게 된다. 대변은 13~15개월경이면 가리게 되고, 소변은 20개월 정도가 되어야 가릴 수 있다. 이때 배변훈련은 무리하게 강요하지 않는 것이 좋다. 영아가 혼자 일어서고, 앉고, 걸을 수 있을 때가 배변훈련의 적절한 시기이다. 보통 생후 18개월에서 24개월 사이에 시작하게 되는데 이 시기는 개인차가 있으므로 유의한다. 대변 볼 의사를 언어로 표현하는 시기는 18개월 이후, 혼자서 대변을 보는 시기는 28개월 이후이다. 그리고 화장실에 가는 것은 4세가 되어야 가능하다. 배뇨의 생리적 기능도 유아기에 거의 완성되며 밤의 배뇨습관도 3~4세에는 70~80%는 스스로 일어나서 해결할 수 있다. 그러나 4~5세가 되어도 수면 중에 배뇨하는 유아도 있으며, 아동기에 이르러 해결하는 등 개인차가 있다.

(6) 두뇌발달

① 신경발달

출생에서 3세까지는 뇌의 기본 골격이 형성되며 신경세포끼리 연결회로가 만들어지는 시기이다. 인간이 평생 갖게 될 1,000~2,000억 개의 뉴런은 임신 6개월경에 이미 형성된다. 뇌와 척수는 연합뉴런으로 이루어져 자극의 처리와 가공을 담당하는 중추신경계이다.

뇌와 척수의 주체인 신경계는 신경원과 신경교라는 세포로 구성되고, 신경교세포는 뉴런에 영양을 공급하고, 신경계를 결합시키는 접착제 역할을 한다. 뉴런(neuron)은 뇌의 한 부분에서 다른 부분으로, 또는 신체의 한 부분에서 다른 부분으로 정보를 받아들이고 전달하는 역할을 한다.

② 뉴런의 증식

뉴런이라고 불리는 뇌세포는 우리 신체의 다른 부분을 구성하는 세포와 달리 죽거나 손상되었을 때 쉽게 재생되지 않으므로 출생을 전후에 가장 많고, 그 이후로는 대체로 감소하는 것으로 알려져 있다.

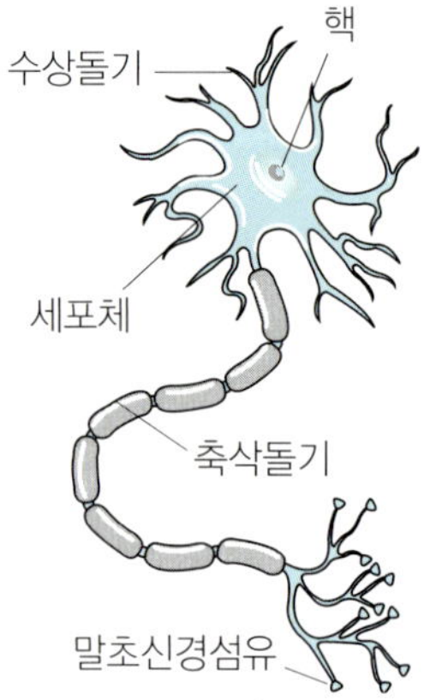

그림 5-5 | 뉴런의 구조

뉴런은 세포체, 수상돌기, 축삭돌기, 말초신경섬유로 구성되어 있는데 첫째, 세포체는 신경세포의 몸체이고, 수상돌기는 나뭇가지 모양으로 신경전류를 받아들이는 역할을 한다. 둘째, 축삭돌기는 세포체에 연결되어 있으며 관 모양이며, 세포체로부터 다른 세포로 정보를 전달한다. 셋째, 수초(myelin)는 지방성 물질로 축삭돌기 둘레에 막을 형성하여 뉴런을 보호하고 신경전류의 전달 속도를 증가시킨다. 넷째, 말초신경섬유는 축삭돌기 끝부분에 위치하여 정보를 전달하는 역할을 한다.

③ 시냅스 형성과 수초화

말초신경섬유와 다른 신경세포의 수상돌기가 연결되는 부분을 시냅스(synapse)라 한다.

영아는 성인보다 더 많은 수의 뉴런과 시냅스를 갖고 있으나 적절한 자극을 받지 못하면 약 절반가량이 소멸된다. 따라서 영아기에는 감각 경험을 많이 제공하여 두뇌발달을 도와야 한다. 단순한 시냅스 연결은 태아기부터 이미 이루어지기 시작하여 출생 후에도 계속된다. 특히 생후 1년 동안 급속히 증가하고 축삭돌기와 수상돌기의 접점이 과잉형성되는 경향이 있다. 그러나 이러한 시냅스의 과잉형성 자체는 생득적 프로그램에 따라 진행되며 환경적 요인에 영향을 거의 받지 않는 것으로 알려져 있다. 예를 들어, 신생아에게 빛이나 소리와 같은 감각 자극을 더 많이 제공한다고 해서 시각 피질이나 청각 피질의 시냅스가 더 많이 형성되는 것은 아니라는 것이다. 환경적 요인은 뉴런이나 시냅스가 처음 형성될 때가 아닌 그 다음 단계에서 시냅스의 선택적 소멸과정에서 회로가 세분화, 정교화될 때 중요한 역할을 한다. 또한, 발달 초기의 시냅스 형성과 소멸과정이 한 차례 끝난 후 개인별 고유 경험이나 학습, 훈련 등에 의한 시냅스가 형성 또는 강화가 이뤄질 때 환경적 요인이 작용하게 된다. [그림 5-6]은 사람의 뇌에서 브로카 영역의 시냅스 발달을 볼 수 있다. 어휘가 폭발적으로 증가하는 생후 18~24개월 사이에 시냅스 연결도 폭발적으로 증가하는 것을 볼 수 있다.

출생 직후 영아는 아직 경험하지 않은 많은 언어의 음소 변별능력을 가지고 있지만, 그 가운데서 경험을 통해 자극받지 못하는 외국어 처리 시냅스가 사라진다. 이러한 뇌세포의 자살과 시냅스의 소멸은 신경계가 더욱 정교하게 만들어지는 과정이다. 과잉 생산된 뉴런과 시냅스의 연결을 통해 중복 회로를 구성하여 자극을 받지 못하거나 자주 사용되지 않는 뉴런이나 시냅스를 없애는 것으로 기능을 더 정교화하고 세분화해 나간다. 기능의 정교화와 세분화 과정에는 적절한 환경 자극이 제공되지 않으면 이루어지지 않는다.

뉴런의 생성 이후 시냅스가 발달하면 수초화도 시작된다. 뉴런의 수초화는 축삭돌기가 수초라는 덮개에 의하여 마디를 이루며 둘러싸이는 과정을 말한다. 이러한 수초는 지방 세포층의 절연 물질로 이루어져 있어 신경 자극이 마디를 건너뛰어 전달됨으로써 신경자극을 보다 빠르게 전달하여 뇌에서 신체의 다른 부분으로 더욱 효율적으로 전달되도록 한다. 수초화는 임신 후 4개월쯤부터 뉴런이 생성

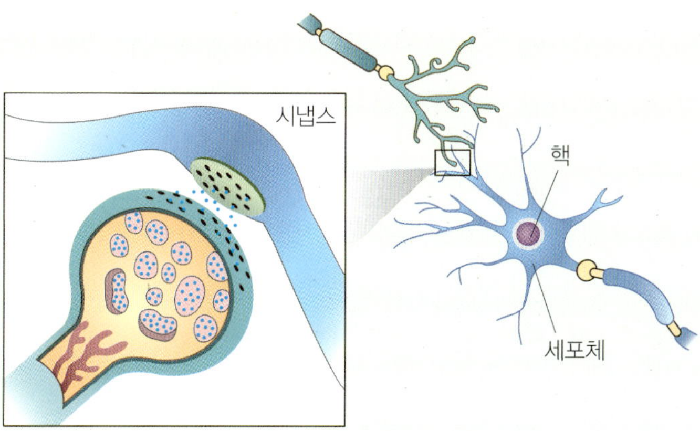

그림 5-6 | 시냅스의 연결

되고 시냅스가 발달할 때쯤에 계속해서 꾸준히 일어난다. 이러한 수초화는 대뇌, 소뇌 등의 영역부터 시각, 청각적 신경세포까지 몸 전체의 신경 대부분에서 일어난다. 수초 형성은 신경을 보호하고 영양분을 공급하는 역할 외에 신경세포의 시냅스 형성에 관여하기 때문에 인간의 지능발달에 매우 중요하다. 수초 형성에는 지질과 단백질이 절대 필요하므로 충분한 영양섭취가 뒷받침되어야 한다. 수초화는 출생 시 미숙한 상태이나, 3~4세에 70%, 10세에 90%, 15~6세에 95%가 형성된다. 대뇌 이외의 다른 뇌조직의 수초화는 생후 1년 내로 완성되며, 운동신경이나 감각신경의 말초신경의 수초화는 임신 5~6개월부터 생후 1~5개월 만에 만료된다. 그러나 전두엽은 20세까지 수초화가 계속된다. 따라서 3~4세까지의 수초 형성기가 가장 중요한 시기이다. 이때 태아나 영유아의 영양 부족은 글리아 세포의 증식과 수초화에 커다란 지장을 초래한다. 수초 형성이 불량하면 신경 전달 속도가 늦다.

④ 뇌의 구조와 발달

뇌는 대뇌, 소뇌, 뇌간(뇌줄기)으로 구성되어 있다. 대뇌는 전두엽, 두정엽, 후두엽, 측두엽으로 나누어진다. 뇌간은 중간뇌, 다리뇌(pons), 연수(숨뇌[2])로 구성되어 있다. 뇌의 다른 부위는 출생 시에도 기능을 하지만 출생 후에도 계속해서 발달하고 재편성된다. 6개월경에는 감각영역과 운동 영역의 발달이 이루어지며 영아기 후반부터 대뇌피질의 전두엽(고등 인지기능을 담당)이 급속하게 발달하므로 뇌의 각 부위는 발달하는 시기가 각기 다르다.

가. 대뇌

대뇌는 뇌 중 가장 많은 부분을 차지하며(전체의 약 80%), 뇌량이라는 섬유들이 띠로 연결된 좌우 2개의 반구로 구성되어 있다. 좌반구는 신체의 오른쪽 부분을 통제하며 언어능력, 청각, 언어기억, 의사결정, 기쁨과 같은 긍정적 정서의 표현을 담당하는 기능을 수행한다. 우반구는 신체의 왼쪽 부분을 통제하며 공간지

2) medulla, myelencehalon

각능력 – 거리지각, 지도 읽기, 기하학적 조형에 대한 이해, 촉각, 음악과 같은 비언어적 소리, 슬픔과 같은 부정적 정서의 표현을 담당하는 기능을 한다. 이처럼 왼쪽 뇌와 오른쪽 뇌가 서로 구분되어 다른 기능을 하는 것을 '대뇌 국소화(cerbral lateralization)' 또는 '편재화'라고 한다.

좌반구는 유아의 언어 발달시기에 해당하는 3~6세까지 매우 활동적이다. 이에 반해 우반구는 3~11세까지 증가하며 8~10세 사이에는 아동기의 공간적 기능의 향상에 상응하는 작은 급성장을 보인다. 그러나 뇌의 기능이 구분되어 있다고 해서 우반구와 좌반구가 완전히 독립적이라고는 할 수 없다. 좌반구와 우반구를 연결하는 뇌량이 각각의 기능을 통합하는 역할을 한다. 뇌량은 3~6세에 빠르게 발달하며 두 반구 사이의 소통은 더 빠르고 순조로운 행동을 가능하게 하고 두 개의 반구는 정보와 학습을 공유한다. 뇌량이 불완전하거나 비정상적으로 발달하게 되면, 자연발작이나 통제 불능 등의 가벼운 증상에서 심각한 증상까지 나타나게 된다.

대뇌는 표면의 대뇌피질과 내부의 백질로 구성되어 있으며 부위에 따라 기능이 각각 다르다. 운동, 감각, 언어, 기억 및 고등 정신기능뿐만 아니라 생명유지에 필요한 각성, 자율신경계의 조절, 호르몬의 생성, 항상성의 유지 등의 기능을 수행하기도 한다.

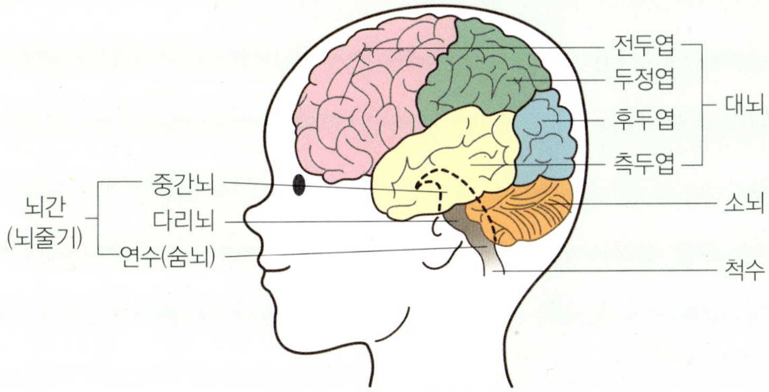

그림 5-7 ❙ 뇌의 구조

대뇌피질은 전두엽, 두정엽, 측두엽, 후두엽으로 나뉜다. 대뇌피질은 사고나 추론 같은 복잡한 인지능력을 관장한다. 대뇌피질은 출생 시 발달이 가장 덜 된 부위이다. 출생 후 대뇌피질은 계속해서 발달하는데(Johson, 1998), 첫째, 뉴런의 크기가 증가하고 구조가 복잡해진다. 둘째, 신경섬유 주위에 수초라 불리는 지방물질이 형성된다. 셋째, 뉴런 간의 시냅스의 수가 증가한다. 넷째, 대뇌피질과 뇌의 다른 영역－특히 시상, 소뇌, 해마－간의 연결이 증가한다. 다섯째, 대뇌피질의 여러 영역이 점점 세분화된 기능을 맡게 된다. 여섯째, 대뇌피질의 발달순서는 영아기에 나타나는 여러 가지 능력과 일치하며, 시각과 청각을 관장하는 피질의 시냅스 성장과 수초 형성을 시각과 청각발달이 급속히 이루어지는 출생 후 3~4개월에 시작하여 첫돌까지 계속된다.

전두엽은 영아기 후반부터 성인에 이르기까지 가장 늦게까지 발달하며 기억력, 사고력의 고등 행동을 관장한다. 전두엽 앞쪽은 브로카 영역이 언어기능을 담당하고, 사고, 판단, 추리, 지혜 등 인간의 고등 정신기능을 담당하며 전두엽 아래쪽은 동기 부여와 관련이 있다.

두정엽은 출생에서부터 2세까지 발달하며 주로 신체 감각을 관장한다. 측두엽은 생후 3~4개월부터 1년까지 발달을 하며, 청각 정보처리, 색, 모양 등이 인지하는 기능과 베르니케 영역에서 언어 이해와 해석의 기능을 한다. 후두엽은 생후 3~4개월부터 1년까지 발달하며, 시각 정보를 처리한다.

나. 소뇌

소뇌는 대뇌의 뒤쪽 아랫부분에 위치하며, 무게는 150g 정도이고, 크기는 두뇌 전체의 1/10에 불과하지만 소뇌는 두뇌에 있는 모든 뉴런의 반 이상을 차지한다. 소뇌는 직접 자발적 운동을 일으키지는 않으나, 뇌의 다른 부분이나 척수로부터 외부에 대한 감각 정보를 받아 이를 처리(process), 구성(organize), 통합(integrate)하여 운동기능을 조율한다. 즉, 걷기, 잡기, 컵 들기 등 이후에 발달하는 대뇌피질이 동작을 계획하고 주도하면, 소뇌는 정보를 받고 해당 움직임을 수행하기 위해 필요한 근육들을 조절하는 기능을 한다. 소뇌의 이러한 운동 조절기능이 정밀한 운동이 가능하도록 한다. 소뇌는 운동기능과 자세 조정을 관장하고 해마는 기억을 관장하고, 시상은 감각 정보를 대뇌피질에 전달한다.

소뇌는 균형, 자세유지 및 근육기능 협응을 담당하는 곳으로 출생에서 2세까지 발달한다. 2세경이면 거의 성인 수준에 이른다. 4세경이 되면 신체 움직임의 균형과 조정을 돕는 소뇌는 대뇌와의 연결 섬유질의 성숙이 완성된다. 그러므로 유아말기가 되면 운동 조절능력이 크게 발달되며, 척수로부터 받은 정보를 대뇌피질로 보내는 신경망인 망상체[3]는 청소년기까지 시냅스를 생성하고 수초화가 이루어진다.

다. 뇌간

뇌간은 중간뇌, 다리뇌, 연수로 나누어진다. 뇌간은 반사 운동과 신체기능을 통제하고 출생 시 이미 완전한 기능을 한다.

중간뇌는 뇌간의 최상부에 위치하며 주로 청각반사와 시각반사에 관여하고, 의식 상태를 조절하는 정중망상체(paramedian reticular formation)가 위치한다. 다리뇌는 중간뇌와 연수 사이에 위치하며, 표정근, 저작근 등을 지배한다. 연수는 뇌간의 가장 하부에 척수와 연결되어 위치하며 호흡기, 순환기, 소화기관의 운동을 조절하는 기능이 있으며 자율신경 중추를 갖고 있다.

뇌간은 태아기부터 생후 15개월까지 발달하는 부분으로 두뇌의 부위 중 가장 먼저 발달한다. 인간의 생존과 관련된 숨쉬기, 위장관 움직임, 땀내기, 동공반사 등을 담당하는 매우 중요한 곳이다.

두뇌발달은 임신 첫날부터 시작해서 일생에 걸쳐 지속적으로 이루어진다. 인간의 뇌세포 수는 약 150억 개가량으로 단 한 개의 세포에서 출발해서 태내에 있는 동안 150억 개의 신경세포가 만들어지기 위해서는 하루 평균 5,000~6,000만 개가 생산되는 셈이다. 태내에서 열 달 동안 날마다 이런 신경세포가 만들어지는 기간이므로 태내에서의 발육이 인간에게 아주 중요하며, 이 시기가 인간의 일생을 좌

---

3) reticular formation: 민첩성과 의식을 유지하는 역할 수행

우한다고 해도 과언이 아니다. 이렇게 두뇌발달은 태어나기 이전에 가장 빠르게 일어나고, 영아기를 거쳐 유아기가 되면서 서서히 느려지지만 성장은 계속적으로 이루어진다.

출생 직후 신생아의 뇌 무게는 300~400g으로 성인 뇌의 25~30% 정도에 불과하지만, 2세경이 되면 성인 뇌 무게의 75%까지 증가하게 된다.

출생 시 이미 완전한 기능을 하는 뇌간을 제외하고, 감각 정보를 담당하는 시상, 운동기능과 자세 조정을 관장하는 소뇌, 기억과 연관된 해마 등은 영아기에 재편성되면서 기능이 계속 확장된다. 특히 인간의 사고, 지각, 판단 등 전체적인 인지능력을 관장하는 대뇌피질은 출생 시에 가장 적게 발달된 부분이지만, 영아기에 가장 크게 발달하게 된다(강인숙 외, 2008). 따라서 대뇌 학자는 태아기의 마지막 3개월부터 생후 첫 24개월까지를 '뇌의 성장급등기'라 한다.

영아기는 뇌의 성장급등기이고, 출생 후 뇌의 급속한 성장은 첫째, 신경교라는 신경세포의 발달에 의해 이루어진다. 둘째, 신경교의 가장 중요한 기능은 수초화인데 수초가 축삭돌기 둘레에 막을 형성하는 현상을 말한다. 셋째, 뉴런과 뉴런을 연결해 주는 시냅스 형성이 뇌의 성장급등기에 급속하게 이루어지기 때문이다.

유아기에는 소뇌발달이 주로 이루어진다. 특히 이 시기는 종합적인 사고를 담당하는 전두엽과 사태를 전체적으로 처리하고 리듬, 동작 및 정서를 담당하는 우반구의 발달이 주로 이루어진다. 뇌의 편재성 결과로 양손 중 한 손의 사용이 유아기에 뚜렷하게 나타나기 시작한다. 처음에 유아는 양손을 다 사용하게 되다 점차 어느 한 손의 사용이 빈번해지면서 오른손잡이나 왼손잡이가 된다. 이때 왼손을 오른손보다 더 자주 사용하게 되면 왼손잡이가 되는 것이다. 일반적으로 잘 쓰는 손이 명확히 결정되는 것은 1세 반에서 5세 사이이며, 유아가 글을 쓰기 시작하면 왼손잡이인지 오른손잡이인지가 더 뚜렷하게 나타난다.

보통 전체 인구의 90%가 오른손잡이로, 나머지 10%가 왼손잡이로 성장하는데 대부분의 사회에서는 왼손잡이에게 불리한 환경을 구성하고 있기 때문에 많은 부모가 자녀의 왼손잡이를 교정하려는 시도를 한다. 그러나 지나치게 강제적으로 교정하려고 하면 오히려 유아가 부적응 현상을 보이기 때문에 양손을 다 사용하게 유도하는 것이 한 가지 방법이 될 수 있다.

4) 운동기능의 발달

영아의 운동기능 발달은 근육과 신경조직, 중추신경과 골격의 성숙에 기초하여 발달하게 된다. 특히 눈, 머리, 목 등의 상체운동에서 팔, 다리 등의 하체 방향인 두미방향으로 발달하며 신체의 중앙 부위에서 시작하여 말초 방향으로 발달한다. 예를 들어, 중추신경 시스템의 발달을 머리에서 시작해 발끝으로 내려가므로 머리와 목을 조절하는 뇌 부위는 팔, 다리를 관장하는 부위보다 먼저 발달한다. 영아가 성장할수록 근육의 통제가 원활해져서 미분화된 전체 운동에서 차차 분화되어 특정 신체 부분에 반응 협동을 나타낼 수 있다.

또한, 운동기능 발달은 운동기능 관장 피질, 운동을 억제하고 습관적인 동작 프로그램을 저장하는 기초 신경절, 운동신경을 자극하는 소뇌 등이 모두 동원되어야 가능하다. 예를 들어, 영아가 걸음마를 익히기 위해서는 자세의 재편성, 균형, 정신집중이 필요하기 때문에 뇌는 이를 위해 스스로 재구성된다. 그 결과 처음 걷는 영아는 한쪽 손을 더 잘 쓰는 수준에서 양손을 다 쓰는 수준으로 잠시 퇴보하였다가, 걸음마 동작에 자신이 생기면 어느 한 손을 더 잘 사용하는 것으로 되돌아온다. 즉, 걷기를 발달시키는 동안 다른 운동능력이 잠시 퇴보하는 것이다. 이처럼 뇌도 처음 다루는 근육들을 조절하는 것은 힘겨운 일인 것이다. 영아는 몸을 움직이면서 자세를 조절하는 방법을 배우게 되는데, 이와 같은 자세를 조절하는 능력은 오랜 연습을 통해 얻어지는 복잡한 기술이다.

자신의 몸을 가누지 못하던 영아는 운동기능 발달로 인해 스스로 이동하거나 움직일 수 있는 독립된 존재로 발달한다. 12개월경에는 혼자 걸을 수 있고, 24개월에는 뛰어다닐 수 있게 된다. 운동기능 발달을 성취하는 순서는 일정한 계열성을 갖고 있어서 이행능력은 고개 들기, 뒤집기, 앉기, 기어 다니기, 일어서기, 걷기, 뛰기의 일정한 순서로 진행된다. 또한, 눈과 손의 협응도 점차 정확해지고 손가락과 손목의 통제력도 증가함에 따라 물건을 쥐거나 던지는 것이 보다 안정적이며 정확해지고, 사물을 조작하는 능력이 가능해진다. 영아기 동안 이루어지는 협응기능은 손 뻗기, 움켜쥐기, 잡기, 던지기, 옷 벗기 등이 있다.

신체의 성장과 더불어 운동발달 또한 생후 1년 동안 매우 급속도로 발달한다. 영아가 하루 중 깨어 있는 동안 거의 계속적인 활동의 상태이다.

유아기에 들어서면서 운동기능은 급속도로 증가하여 달리기, 뛰기, 공 던지기, 자전거타기, 그네 타기 등을 할 수 있게 되며, 구두끈 매기, 크레용으로 색칠하기와 같은 미세운동도 세련되게 발달한다. 유아기의 운동기능 발달은 놀이, 옷 입기, 언어 이해, 훈육에 대한 반응, 사회적 상호작용 등 유아기 아동의 모든 활동단계에서 나타난다. 자신이 할 수 있는 운동 기술을 과대평가하여 다치거나 상처를 입기 쉬우며, 새로운 장소에 가고 새로운 장난감을 고르는 등의 새로운 환경을 탐색하고자 하는 등 호기심이 커짐에 따라 수반되는 위험성 또한 높다.

운동기능은 대근육 운동과 소근육 운동으로 구분할 수 있다.

(1) 대근육 운동

대근육 운동발달(gross motor development)은 목 가누기, 뒤집기, 기기, 서기 및 걷기, 달리기, 뛰기, 수영 등과 같이 신체의 큰 근육을 사용하는 것이며 주변을 돌아다닐 수 있는 행동(이행 운동)을 의미한다.

영아기에는 고개도 못 가눌 정도로 전적으로 의존적이던 모습이 뒤집기, 기기, 서기, 걷기, 달리기 등을 할 수 있는 기동성을 가진 이동 운동을 하게 된다. 이러한 운동기능을 수월하게 할 수 있는 것은 근육의 발달과 함께 머리의 크기가 신체의 1/4을 차지하는 신생아의 체중 중심은 흉골 바로 아래에 위치하며 중심이 위쪽에 있는데, 머리의 크기가 신체에서 차지하는 비율이 줄어들면서 체중 중심이 배꼽 아래로 내려와 균형 잡기가 수월해지면서 대근육 운동기능이 촉진된다. 영아는 머리 조절하기, 구르기, 앉기, 걷기 등과 같이 자세와 균형을 유지하고, 이동하기 위해서 큰 근육을 사용하는 능력을 의미한다. 영아가 머리를 조절하고, 구르고 앉기, 기기, 잡고 서기, 서기의 순으로 진행된다.

영아의 대근육 발달의 시작은 목 가누기에서 비롯된다. 영아는 생후 1개월에 엎드린 자세에서 턱을 들고 2개월에는 가슴까지 든다. 3개월경에는 좌우 방향에서 머리를 고정할 수 있어 좌우로 머리를 돌리며 놀기 시작한다. 4개월경에는 엎드린 상태에서 지면으로부터 거의 90° 가까이 앞가슴을 들고 팔로 몸통을 지탱할 수 있으며 뒤에서 받쳐 주면 앉을 수 있다.

신생아는 등을 뒹굴어서 우발적으로 뒤집기를 할 수도 있다. 그러나 의도적으로 엎드린 자세에서 바로 누운 자세로 뒤집는 행위는 5개월부터 시작되며, 바로 누운 자세에서 뒤집으려는 행위는 6개월경에 나타난다. 이 시기에 영아는 옆으로 뉘어 놓으면 쉽게 뒤집을 수 있으나, 얼굴이 바닥에 파묻히게 되어 영아돌연사증후군(SIDS)의 발생 위험이 증가하게 된다.

앉기는 머리 가누기와 등을 똑바로 펼 수 있어야 되기 때문에 4개월이 되어야 할 수 있다. 6~7개월에는 부축해 주면 체중을 다리에 실을 수도 있게 된다. 10개월경에는 가구를 잡고 일어서며, 선 자세로 자신의 몸을 끌어당길 수 있으나 뒤로 물러서는 것은 아직 어렵다. 11개월이 되면 가구를 잡거나 양손을 잡은 상태에서 걸을 수 있게 된다. 12개월이 되면 한 손만 잡은 채 걸을 수 있게 되며, 독립적으로 첫발을 떼고 걸을 수 있게 된다. 13개월이면 혼자서 걷기 시작하고 계단을 기어오르게 된다. 그리고 15개월경에는 혼자 걸으며, 18개월에는 달리기를 할 수 있을 정도로 발달한다.

일반적으로 운동기능은 관찰이 쉽고 일정한 순서대로 발달하므로 영아발달을 검사하는 데 가장 널리 사용되기도 한다. 7개월이 되면 손을 앞으로 짚어 자신의 몸을 지지하고 혼자 앉을 수 있게 된다. 8개월이 되면 손을 짚지 않고도 잘 앉을 수 있으며, 도움을 받아 서거나 기구를 붙잡고 서며 누워서보다 앉아서 자신의 주위 탐색을 즐기게 된다. 10개월경에는 엎드려 누운 자세에서 앉은 자세로 바꿀 수도 있다. 13개월경에는 혼자서 걷기 시작하다가 18개월경이 되면 달리기를 할 수 있을 만큼 발달을 보인다. 18개월이 되면 넘어지기도 하나 뛸 수 있으며, 24개월이 되면 계단을 오르내릴 수 있다. 30개월이 되면 점프가 가능하고, 1~2초간 한 발로 서 있을 수 있으며 발끝으로 몇 발짝 걸을 수도 있다. 36개월 정도가 되면 한 발로 서고 발끝으로 걸으며 발을 바꾸면서 계단을 오를 수 있다. 또한, 걷기, 달리기, 기어오르기 등을 할 수 있다.

영아기의 반사 운동은 그 적절성 유무를 통해 유아의 신경기제가 정상적인지를 알 수 있게 해 준다는 점에서 매우 중요하다. 첫돌 무렵에는 대부분의 반사 운동이 사라지며, 자의적으로 움직일 수 있는 수의 운동으로 변하면서 서툴지만 신체 균형을 유지하고 물체를 조작하며 이동하는 능력이 급격히 발달하기 시작한다. 유아기가 되면 영아기 동안 습득한 운동능력을 기본으로 하여 보다 활동적인 대근육 운동이 발달하게 된다. 유아기의 대근육 운동발달은 신체를 움직여 환경을 탐색하고 환경을 인식해 나가기 때문에 중요하다. 유아의 움직임은 처음부터 자의적 움직임에 의해 일어나는 것이 아니라 신체 방어와 생존을 위한 본능적 반사 운동으로부터 시작된다. 대근육 운동은 4~5세 이전에 빠르게 발달하며 그 이후

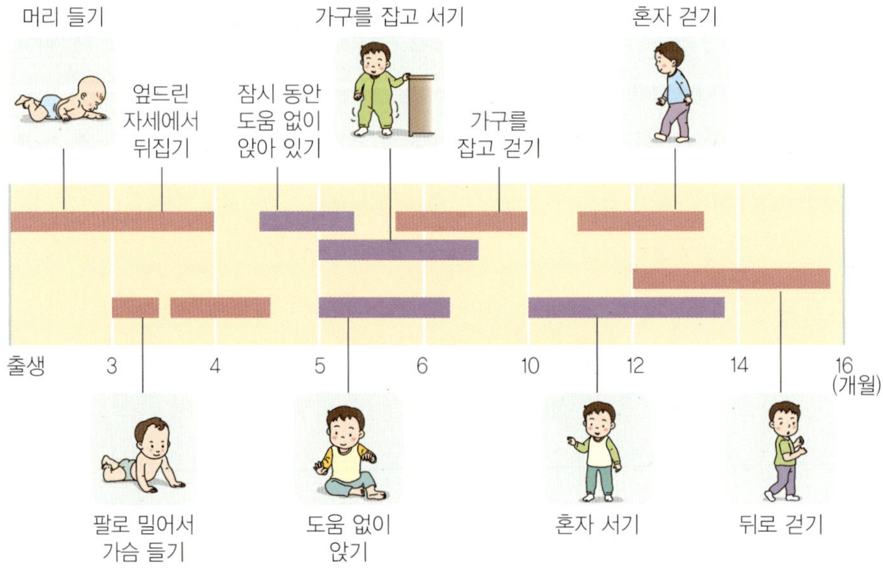

그림 5-8 | 영아의 걷기 단계

에도 지속적으로 성숙된다.

유아기의 대근육 운동은 걷기, 달리기, 뛰기, 던지기, 공 튀기기, 매달리기, 구르기, 굽히기/펴기, 균형 잡기 등이다. 이러한 운동 발달의 시기와 순서는 전 세계의 유아에게 유사하게 나타나며, 이동능력이 나타난 이후에 점차 발전되고 성숙되어 간다. 유아기 동안의 성숙한 운동능력을 바탕으로 7세 이후가 되면 여러 가지 스포츠와 관련된 전문적인 운동 기술을 배울 수 있는 단계가 된다. 이 시기부터 또래와 경기를 하거나 스포츠 활동을 익히고 즐길 수 있다.

3세가 되면 한 발을 다른 발 앞에 갖다 대면서 땅에 그려진 직선 위를 일자로 걸을 수 있다. 또한, 세발자전거를 타는 것이 가능하며, 발끝으로 걸으며 몇 초간 한 발로 서고 넓이뛰기를 할 수 있다. 공을 던질 때 주저하면서 아직 팔목을 사용하지 못하고 주로 어깨와 팔꿈치를 이용하여 던진다. 3세 유아는 점프를 하거나 기어오르기나 앞뒤로 달리기 등과 같은 단순한 동작을 즐기며, 자신이 어떤 활동을 할 수 있다는 것을 보여 줌으로써 자부심과 성취감을 갖게 된다.

4세에는 모험심이 더욱 강해져서 정글짐을 기어오르거나 다양한 방식을 놀이기구를 이용할 수 있고, 능숙하게 한 발로 뛸 수 있고 공을 잡을 수도 있다.

5세에는 보다 능숙하고 균형 잡힌 자세로 놀이를 할 수 있으며 좀 더 대담한 놀이에 참여한다. 빠르게 뛰기, 균형 유지하기, 한 발로 뛰기, 한 발로 균형 잡고 서기 등이 가능해지고 두발자전거 타기, 한 발씩 교대로 깡충뛰기와 줄넘기를 할 수 있으며 스케이트와 수영을 시작할 수 있다.

(2) 소근육 운동

소근육 운동이란 주로 눈과 손을 협응하여 손가락 기술을 정확히 구사하는 능력이다(Williams, 1993).

소근육 운동발달(fine motor development)은 손, 손가락, 팔 등의 움직임을 의미하며 팔, 손, 손가락의 순서로 발달이 진행된다. 따라서 소근육 운동에서는 손 기술을 정확히 구사하는 조절능력이 필요하다. 손의 조작능력이 발달한다는 것은 곧 운동기능이 통합되고 중추신경계가 성숙되었다는 것을 의미한다. 영아기 때부터 아기들은 주로 손을 이용해 뻗기, 잡기, 놓기, 흔들기, 돌리기, 물체를 잡고 조작하는 손 동작, 양손 조작 등을 통해 주위를 탐색하며 하루를 보낸다.

신생아들도 잡기반사로 인해 물건이 닿으면 잡기능력(grasping)을 보인다. 그러나 그것은 물체를 잡으려는 의도적인 행동이 아니다. 출생 1개월에는 주로 주먹을 쥐고 있으나 3개월경에는 대부분 손을 쫙 펴게 된다. 이 시기의 영아는 물체를 잡기 원하지만 손보다는 눈으로 더 잘 본다.

영아는 눈과 손의 움직임을 근원법칙에 따라 단계적으로 통합하는 능력을 의미한다. 즉, 손으로 움켜쥐기, 물건 잡기, 글씨 쓰기, 옷 벗기 등이다. 물체를 쥐거나 조작하는 데 손과 팔의 조작능력과 시각과 관련이 있으며 서로 상호 협응이 되어야 물체를 잡을 수 있다. 손과 팔의 운동은 도달, 파악, 손 조종 및 손가락 운동 순서로 발달한다.

팔이나 손 운동으로 신생아기에 나타나는 파악반사가 있지만, 자신이 의도적으로 파악할 수 있는 시기는 출생 후 5개월 이후에 가능하며 시각적 공간지각이 발달하고 엄지손가락을 쓸 수 있게 된다. 몸, 손, 팔이 협응하여 손을 물체 쪽으로 뻗어 잡으려 한다. 생후 2~3개월경에는 매달려 있는 물체를 쳐다보고 팔을 움직이지만 잡지 못하며, 생후 4개월경에는 눈과 손의 협응력이 많이 발달하여 간혹 물체를 잡는 데 성공하기도 한다. 물체를 응시하여 확실하게 잡을 수 있는 시기는 6개월경이며 손으로 조작하는 기술이 더 많이 향상된다. 우유병을 손으로 잡기도 하고, 발을 잡아서 입으로 가져가기도 하며, 과자를 혼자 쥐고 먹기도 한다. 6~7개월경에는 물체를 한 손에서 다른 손으로 옮겨 쥘 수 있으며, 한 손만으로 물체를 잡을 수 있고 양손으로 동시에 물체를 쥐기도 한다. 또한, 이 시기 영아는 물체를 세게 쳐서 소리 내기를 즐기며 장난감의 움직임을 관찰하기도 한다. 8~9개월경에는 손바닥으로 물건을 잡을 수 있고, 10개월경에는 엄지와 검지를 이용해서 물체를 잡을 수 있으며, 건포도나 다른 작은 음식물을 집을 수 있고, 의도적으로 물체를 집어 떨어뜨리거나 던지거나 혹은 다른 사람에게 건넬 수도 있게 된다.

11~12개월이 되면 조금 큰 물체를 잡기 위해 두 손을 사용하고 물체를 그릇에 넣거나 빼며, 2개의 블록으로 탑을 쌓으려고 시도할 수 있다.

첫돌에는 숟가락을 사용하여 음식을 먹기 시작하나 눈과 손의 협응력 발달이 미숙하여 음식을 많이 흘리게 되므로 그렇더라도 숟가락 잡는 연습을 많이 해야 하고, 세탁이 편리한 면 종류의 옷을 입힌다. 비로소 2세쯤 되어야 음식을 흘리지 않고 먹을 수 있게 된다. 12~18개월에는 영아가 소근육 운동 기술을 사용하여 양말, 옷, 신발 등을 벗을 수 있게 된다. 15개월 무렵에는 아주 작은 물건을 잡을 수 있으며, 입구가 좁은 병에 작은 구슬을 넣을 수도 있고, 물건을 던지고 받을 수 있다. 18개월이 되면 균형을 잃지 않고 머리 위로 공을 던질 수 있으며, 24개월이 되면 블록으로 탑을 쌓는 것이 가능하다.

유아기에는 눈과 손의 협응과 소근육의 통제가 급속히 발달하기에 손의 사용이 더욱 정교해진다. 소근육 운동 기술은 유아기의 놀이나 학습, 생활을 위한 기술에 필요하며, 남아보다 여아가 더 능력을 보인다.

3세가 되면 원을 그릴 수 있다. 유아기 소근육 운동기능 발달은 쓰기, 그림 그리기, 블록 쌓기, 젓가락 사용하기, 옷 입고 벗기, 단추 사용하기 등이 포함된다. 특히 소근육 운동발달은 사물과 움직임, 차원 및 인과관계에 대한 개념을 제공해 주고, 일상생활에서 원하는 활동을 할 수 있게 하며, 환경과 상호작용하게 하는 도구적 역할을 하는 데 도움을 준다. 그러므로 유아의 자신감과 독립심을 증진시키는 역할을 한다.

2세경에는 근육이 더욱 발달하고 뇌발달과 연합하여 자발적 운동이 증가한다. 따라서 뇌신경과 근육조직의 발달로 인해 운동기능이 발달하게 된다. 3세에는 엄지와 검지를 이용하여 작은 물건을 얼마 동안 잡을 수 있지만 여전히 서툴며, 8~9개의 블록을 위로 쌓을 수 있지만 일렬로 반듯하게 놓는 것은 어려워한다. 글씨 쓰기, 피아노 치기, 퍼즐 맞추기 등과 같은 소근육 운동은 4~5세 이후에 주로 발달한다.

〈표 5-2〉 월령에 따른 운동능력의 발달

월령	대근육 운동발달	소근육 운동발달
1개월	• 엎드렸을 때 머리를 옆으로 돌릴 수 있다.	• 손은 거의 주먹을 쥐고 있다. • 잡는 반사가 강하다. • 딸랑이를 손에 움켜쥔다.
2개월	• 엎드렸을 때 등이 덜 구부러진다.	• 잡는 반사가 사라진다.
3개월	• 앉아 있을 때 머리를 똑바로 들 수 있으나 여전히 앞으로 기울어진다. • 균형 잡힌 몸의 자세를 취한다.	• 딸랑이를 능동적으로 잡긴 하나 손이 닿지 못한다. • 자신의 손을 잡고 담요나 옷을 끌어당긴다.
4개월	• 앉은 자세에서 머리를 잘 가눈다. • 누운 자세에서 옆으로 구른다.	• 손을 관찰하고 가지고 논다. • 양손으로 물체를 쥔다. • 물체를 입으로 가져간다.
5개월	• 엎드린 자세에서 누운 자세로 뒤집는다. • 등을 받쳐 주면 오래 앉는다.	• 자발적으로 물체를 잡을 수 있다. • 발가락을 가지고 논다.
6개월	• 세우면 체중을 지탱한다.	• 떨어진 물체를 찾는다. • 우유병을 쥔다. • 발을 잡고 입으로 당긴다.
7개월	• 양손으로 짚고 앉는다. • 엎드려 있을 때 한 손에 체중을 싣는다.	• 물체를 한 손에서 다른 손으로 이동한다.
8개월	• 기대지 않고 계속 앉는다. • 가구를 잡고 일어설 수 있다.	• 여러 손가락을 사용하여 물체를 집는다. • 자기 뜻대로 물체를 놓는다.
9개월	• 기기 시작한다. • 자신을 끌어당겨 가구를 잡고 선다.	• 엄지와 검지로 물건을 집는다.
10개월	• 손을 이용해 몸을 앞으로 끌어당긴다. • 엎드린 자세에서 앉을 수 있다.	• 종을 쥐고 다룬다. • 물체를 거칠게 놓기 시작한다.
11개월	• 가구를 잡고 주위를 돌아다니거나 걷는다.	• 집게 잡기를 한다. • 물체를 용기에 하나씩 담는다. • 물건을 떨어뜨려 집는다.
12개월	• 한 손을 잡고 걷는다. • 혼자서 첫걸음을 시도한다.	• 책장을 넘긴다. • 블록을 쌓으려고 한다.

월령	대근육 운동발달	소근육 운동발달
13개월	• 도움 없이 걷는다. • 계단을 기어오른다. • 공 던질 때 떨어뜨린다.	• 2개의 블록을 쌓는다. • 자발적으로 낙서한다. • 컵을 잘 사용한다.
18개월	• 서툴게 달릴 수 있으나 종종 넘어진다. • 한 손으로 잡고 계단을 올라간다. • 장난감을 밀고 당긴다. • 혼자서 의자에 앉는다. • 공을 떨어뜨리지 않고 머리 위로 던진다. • 양발로 제자리 뛰기 한다.	• 3~4개의 블록을 쌓는다. • 책장을 한꺼번에 2~3장씩 넘긴다. • 선을 모방하여 그린다. • 숟가락을 잘 사용한다.
24개월	• 한 계단에 두 발을 디디면서 올라가고 내려간다. • 큰 공을 찬다. • 몸을 뻣뻣하게 세우고 달린다.	• 손잡이를 돌려 문을 연다. • 책장을 한 장씩 넘긴다. • 6~7개의 블록을 쌓는다. • 원을 모방하여 그린다. • 옷을 혼자 벗는다.
36개월	• 계단에서 두 발로 뛰어 내릴 수 있다. • 발을 번갈아 가며 계단을 내려온다. • 세발자전거를 탄다. • 방향을 바꾸거나 갑자기 멈추는 것이 어렵다. • 몇 초간 한 발로 선다.	• 블록을 8개 이상 쌓는다. • 손과 손가락 협응이 잘 된다. • 크레용을 손가락으로 잡는다. • 장난감을 밀고 당긴다. • 도움을 받아 옷을 입는다.
4세	• 한 발로 깡총 뛴다. • 안정감 있게 공을 잡는다. • 머리 위로 공을 던진다. • 질주한다. • 한 발씩 교대로 계단을 내려간다.	• 가위로 그어진 선을 자른다. • 큰 구슬을 실에 꿴다. • 네모를 보고 그린다. • 혼자 옷을 입는다.
5세	• 두 발을 교대로 깡총깡총 뛴다. • 공을 잘 던지고 받는다. • 줄넘기한다. • 뒤로 걷는다. • 두발자전거를 탄다. • 눈을 감고 한 발로 선다.	• 사각형과 삼각형을 모사한다. • 단추를 채운다. • 이름을 쓸 수 있다. • 신발 끈을 멘다. • 가위나 간단한 도구를 사용한다.

2 감각과 지각발달

인간은 동물에 비해 신체발달이나 지적 발달은 매우 미성숙한 수준으로 태어나지만 감각발달은 어느 정도 이루어진 상태로 태어난다. 선천적으로 구비하고 있는 감각기관을 기초로 감각활동을 할 수 있는데, 시각, 미각, 촉각, 청각, 후각을 즐겁게 해 주는 것들을 거의 직관적으로 감지해 낸다.

지각능력은 정신과정의 하나로 인지능력의 기초가 되는데, 지각발달의 특징은 두 가지로 나타난다. 하나는 영아가 생후 몇 년 동안 타고난 감각능력에 대한 미세조정과정을 거치면서 각 감각과 다른 감각을 구분할 수 있게 해 주는 신경회로가 완벽하게 형성되어 감각 수용기(눈, 코, 귀 등)의 감수성이 증가되는 것이다. 또 다른 하나는 감각 정보가 지각 자체로 끝나지 않고 뇌와 기능 및 부위들과 상호작용을 함으로써 정보를 기억하고 해석하는 능력이 증가되는 것이다. 즉, 감각을 지각하면 뇌로 전달되는 감각신호가 그 감각신호와 그에 대한 뇌의 기억·감정 센터 사이의 신경회로 형성을 촉진하고, 그 결과 영아는 정보를 기억하고 그 정보와 관련된 기분 좋은 일이나 좋지 않았던 일들을 연관시킨다. 지각정보에 기초가 되는 지각 경험은 출생 전부터 발달을 시작하는데, 지각능력발달을 구체적으로 살펴보면 다음과 같다.

1) 시각

세상을 보는 능력은 영아가 가지고 태어난 감각능력 중 가장 마지막에 발달한다. 출생 시에는 시각 피질의 신경세포들이 신호의 누출을 막는 지방성 물질로 둘러 싸여 있지 않기 때문에 신경신호가 온전하게 전달되지 못해 빛과 그림자 이상은 구별하지 못하지만 영아의 시력은 빠르게 향상되어 첫돌이 되면 정상 시력인 1.0 정도가 된다(Kellman & Banks, 1998). 생후 3개월이 되면 영아는 자신을 향해 움직이는 물체를 탐지할 수 있으며 물체의 움직임을 추적할 수 있다.

4개월 된 영아의 손에 공을 쥐어 주면 자신의 손과 공을 한꺼번에 응시하다가 점점 공에서 손으로, 다시 손에서 공으로 바꿔 가며 응시하게 된다. 5~6개월 된 영아는 시각적·공간적 지각이 발달하게 되고, 매달려 있는 물체를 향해 팔을 뻗어 잡을 수 있게 된다(Bower, 1982).

또한, 신생아 시기에는 몇 개의 색만을 지각할 수 있으나, 3개월경이면 3개의 감광세포와 관련된 회로들이 작동한다. 즉, 짧은 파장의 빛(파랑과 보라)에 민감한 세포, 중간 길이의 파장에 민감한 세포(초록과 노랑), 긴 파장에 민감한 세포(빨강과 주황)들이 눈과 뇌의 복잡한 뉴런회로에 연결되어 있으며, 이런 신경회로의 발달로 인해 색의 전 범위를 볼 수 있게 되어 3~4개월 된 영아는 성인과 유사하게 색을 지각하는 것처럼 보인다(Adams & Couragae, 1995; Franklin et al., 2005).

형태를 지각하는 데 있어서 영아는 다른 물건보다 사람의 얼굴을 더 응시하거나 움직이는 사람의 눈을 더 쳐다본다(조성연 외, 2005, 재인용). 1개월 된 영아는 사람의 얼굴을 볼 때 턱과 머리 부분으로 눈을 움직여서 얼굴 외곽을 주로 응시하지만, 2개월 된 영아는 입에서 눈, 머리로 눈을 움직였으므로 얼굴 중심 부분을 응시하였다(Maurer & Salapatek, 1976).

7개월 정도의 영아는 깊이를 지각할 수 있어 벼랑 같은 장애물을 피할 수 있다. 잘 알려진 깁슨과 워커(Gibson & Walker, 1960)의 실험에서 영아는 체크 무늬의 바닥 중 벼랑처럼 느껴지는 판 위에서는 벼랑처럼 느껴지는 곳으로 가지 않고 반대쪽에서만 기어 다니는 행동을 보였다. 이를 근거로 깁슨과 워커는 7~8개월이면 3차원을 지각할 수 있다는 사실을 증명하였다.

영아는 사물의 크기와 형태에 대한 항상성을 가지게 되는데, 항상성이란 사물을 바라보는 거리와 상관없이 실물 크기와 모양이 늘 일정하다는 것을 판단할 수 있는 것을 의미한다. 이런 항상성의 획득시기에 대해서는 학자마다 이견이 있었으나 최근 연구에서는 생후 4개월까지는 동일한 결과를 보이지 않는다고 주장하고 있다. 6~8개월 정도 되어야 물체와 시야 사이의 거리에 따라 사물의 크기와 모양을 동일하게 지각할 수 있다(Mckenzie et al., 1980).

2) 청각

출생 후 몇 시간이 지나면 영아는 주변의 목소리를 듣고 몸을 움직이는 등의 반응을 보이는데, 이는 영아가 소리에 민감하다는 것을 의미한다. 영아가 성인만큼 잘 듣는지 알아보기 위해 애슐린 외(Aslin et al., 1998)는 부모와 영아에게 각각 헤드폰을 착용하도록 하고, 관찰자도 헤드폰을 착용한 후 다른 방에서 창문으로 영아를 관찰하도록 하였다. 관찰자는 영아가 집중할 때마다 실험자에게 신호를 보내고 그때마다 실험자는 임의로 소리를 들려주기도 하고 들려주지 않기도 하였다. 그리고 부모와 관찰자는 실험자가 소리를 언제 들려주는지에 대해서는 알지 못한 채 영아가 고개를 돌리는지, 표정이 변하는지 등을 관찰하여 활동 수준이 변화되는 시기를 기록하였다. 영아가 소리를 들었을 경우 영아의 반응을 보고했는지의 일치도를 비교한 결과, 영아는 성인보다 잘 듣지 못하지만, 매우 높지도 매우 낮지도 않은 사람의 소리를 가장 잘 들었다. 또한, 자음과 모음을 구분할 수 있었고, 4개월 반경에는 자신의 이름을 인식하였다(Mandel et al., 1995). 또한, 영아는 다양한 멜로디를 구분할 수 있는데, 불쾌한 소리나 불협화음보다 즐거운 소리의 멜로디를 더 좋아하였다(Trainor & Heinmiller, 1998). 클리프톤 외(Clifton et al., 1991)는 영아가 물체의 위치를 파악하기 위해 소리를 사용하는지를 알아보는 실험을 하였다. 7개월 된 영아에게 소리 나는 딸랑이를 보여 준 후, 방을 어둡게 하고 6인치(15.24cm) 떨어진 곳에서 딸랑이를 흔들고 2피트(60.96cm) 떨어진 곳에서 딸랑이를 흔들었다. 그 결과, 영아는 6인치 떨어진 곳에서 딸랑이를 흔들었을 경우에만 딸랑이를 잡으려고 손을 뻗는 행동을 하였다. 즉, 7개월 된 영아는 소리를 이용하여 거리를 가늠할 수 있다는 것을 알 수 있다(조성연, 2005, 재인용).

3) 후각

후각은 이미 출생 초기부터 발달되어 있어 냄새에 민감한 반응을 보인다. 다른 여성의 젖 냄새와 어머니의 젖 냄새를 구분할 수 있으며, 어머니의 젖 냄새를 더 선호한다. 그리고 신생아는 어머니의 젖 냄새를 통해 어머니가 가까이 왔음을 알아차린다. 또한, 꿀이나 초콜릿과 같은 달콤한 냄새를 맡으면 만족스럽고 부드러운 표정을 짓지만, 암모니아 냄새와 같은 불쾌한 냄새를 맡으면 얼굴을 찡그리거나 고개를 돌린다.

4) 미각

영아는 미각 또한 발달되어 있어서 짠맛, 신맛, 쓴맛, 단맛을 구분할 수 있다(Rostenstein & Oster, 1997). 태내에서부터 발달되어 신생아기에도 맛을 구분할 수 있다. 신생아의 표정을 통해 맛을 지각한고 있다는 것을 알 수 있는데, 단맛에는 얼굴 근육이 이완되고, 신맛에는 혀를 오므리며, 쓴맛에는 인상을 쓴다. 그리고 신맛, 쓴맛과 짠맛보다 단맛을 선호하며, 단물을 통해 우는 조산아들을 달랠 수 있다. 영아의 성장에 도움이 되는 모유는 달다. 양아는 4개월이 되면 맹물보다 짠맛을 선호하게 되는데, 이것은 이유식을 받아들일 준비로 본다.

5) 촉각

촉각은 태아기부터 발달하여 출생 초기에 가장 성숙하는 감각기능이다. 임신 32주가 되면 태아는 몸의 모든 부분에서 촉감을 느낄 수 있고, 생후 5일 동안 촉각의 예민함이 더욱 발달된다. 촉각의 발달은 신생아의 근원 반사와 잡기 반사 등에서도 알 수 있다. 촉각은 영아기의 신체 성장뿐만 아니라, 애착형성과 정서발달에도 중요한 역할을 한다.

영아는 사물과 접촉하는 것에 민감하여 새로운 사물을 탐색하기 위해 촉각을 사용하기도 한다. 입과 손을 이용해 사물을 탐색하면서 이에 대한 지식을 얻는다. 영아는 냄새와 촉각으로 어머니를 인식하며 특히 촉감을 통해 양육자인 어머니와 신뢰감을 형성하기도 한다. 또한, 고통으로 인한 자극에 대해 독특한 울음 등으로 반응하는 것을 볼 때 영아가 고통을 경험한다는 것을 알 수 있다. 이는 영아의 신경계가 고통을 전달할 수 있다는 것을 의미한다. 특히 영아의 피부는 성인과 비슷한 수준의 고통에 대한 수용체를 가지고 있다고 보고된다(Kail, 2008, 2007).

6) 감각 정보의 통합

영아는 감각기관을 통해 자극을 경험할 때 여러 감각기관으로부터 들어오는 정보를 통합하게 된다. 딸랑이를 흔들면 영아는 흔들리는 딸랑이를 보고 동시에 딸랑이 소리를 듣고 손으로 딸랑이를 만지게 된다. 딸랑이가 주는 자극은 시각, 청각, 촉각 등의 여러 감각에 의해 자극이 전달되고 영아는 각 감각을 통해 전달되는 정보 관계를 스스로 깨닫게 된다. 즉, 딸랑이를 손으로 만지고 흔들 때마다 소리가 나면, 딸랑이가 움직이는 관계를 알게 되는 것이다. 영아가 한 감각기관으로 들어온 자극이 무엇인지, 또 다른 감각기관으로부터 어떤 감각 경험을 하게 될 것인지를 아는 것은 여러 다른 감각기관으로부터 들어오는 정보를 통합하는 '감각간 지각(intermodal or intersensory perception)'이 가능하기 때문이다(성현란 외, 2001). 세상의 여러 정보를 알아 가야 하는 영아에게는 다양한 감각을 통해 정보를 얻고 이 정보를 협응하고 통합하는 능력이 중요하다. 그러므로 이런 협응능력은 영아기에 중요한 발달과업이다.

영아가 다른 감각기관을 통해 받아들인 정보를 어떻게 하나의 경험으로 통합하는가에 대해서는 두 가지 견해가 있다. 하나는 피아제(1969, 1992)의 주장인데, 감각기관들이 처음에는 독립적으로 발달하다가 발달과 더불어 경험에 의해서 감각기관이 통합된다는 것이다(김경희, 2003, 재인용). 또 다른 하나는 깁슨의 주장인데(Gibson, 1969, 1992), 태어나면서부터 감각 간 지각능력을 가진다는 입장이다. 즉, 영아는 물체가 점점 멀어질수록 더 작게 보이며 소리도 작게 들린다는 것을 알 수 있다(Kail, 2008, 2007). 이외에도 신체적 움직임과 음악적 리듬의 지각을 연결하는 연구(Philips-Silver & Trainor, 2005), 입으로 경험한 젖꼭지의 모양을 시각적인 모양으로 연결하는 연구(Meltzoff & Borton, 1979) 등의 연구 결과를 볼 때 영아에게는 다양한 감각 간의 관계를 연결하는 통합능력이 있고 이를 발달해 나간다고 할 수 있다.

3 영유아의 생물학적 발달을 위한 지원 활동

1) 0~6개월

태어나서 몸을 제대로 가누기 어려웠던 영아는 차츰 조절하기 시작하며 다양하게 새로운 시도를 할 수 있게 된다.

- 단단한 요나 매트에서 팔과 다리를 버둥거려 볼 수 있게 한다.
- 영아를 눕혀 놓고 부드럽게 자전거 타는 것처럼 다리를 움직여 준다
- 목욕 후 아기용 마사지 오일로 온몸에 마사지해 준다.
- 영아를 바닥에 배를 대고 엎드리게 한 후 영아의 양쪽 발바닥을 손으로 가볍게 밀어 준다.
- 양육자가 누운 상태에서 영아의 양팔 아래를 잡고 위로 추어올리는 활동을 한다.
- 다리를 꼬고 앉아 발목 위에 엉덩이를 태운다.
- 담요 위에 영아를 엎드려 놓고 천천히 잡아끈다.
- 공기를 약간 덜 채운 상태의 부드럽고 탄력 있는 공 위에 영아가 배를 대고 엎드리게 한 후 앞뒤로 움직여 준다.

2) 7~12개월

이 시기에는 신체이동 능력이 향상되어 주변 환경을 더욱 적극적으로 탐색한다.

- 커다란 펀치 공을 천장에 매달아 준다.
- 영아를 무릎 위에 앉히거나, 마주 보고 앉아서 전래동요나 노래를 부르면서 몸을 흔들어 준다.
- 밀고 당기는 장난감을 준다.
- 한두 걸음 걸을 수 있는 영아에게 자신이 타던 유모차를 밀어 보게 한다.

3) 13~18개월

영아가 흥미를 둔 기술이 실제로 유용하게 사용되도록 기회를 제공한다.

- 영아 스스로 옷 입고 벗기를 해 볼 수 있도록 한다.
- 여러 가지 공을 던져 보게 한다.

4) 19~24개월

신체의 대근육과 소근육을 활용하는 능력에서 많은 발달 변화를 보인다.

- 영아의 대소근육 및 운동기능 간의 협응능력을 자연스럽게 발달시킬 기회와 활동을 제공한다.
- 터널 통과하기, 밀고 당기는 놀이, 작은 블록놀이, 풍선기차 놀이, 간단한 퍼즐놀이, 내 맘대로 두드리기, 색 공 담기 등의 놀이가 있다.

5) 25~30개월

운동 형태가 형성은 되지만 아직은 운동 기술이 미숙한 시기이므로 신체발달을 돕는 다양한 활동을 마련해 주어야 한다. 신체발달은 대소근육 활동을 통해 형성되는데 실내와 실외활동에서 주로 이루어진다.

- 잘 디자인된 물리적 환경은 영아의 자율성 행동을 위해서도 많은 기회를 제공한다.
- 운전하기, 물놀이, 모래놀이, 롤러 그림 그리기 등의 놀이가 있다.

6) 31~36개월

- 공간 이동과 신체운동 능력의 연습과 향상을 위해 다양한 놀잇감을 제공해 준다.
- 페달이 없는 세발자전거, 페달이 낮게 있는 세발자전거, 탈 수 있는 자동차 놀잇감, 씽씽이, 널빤지, 폐타이어, 공, 트럭, 밀고 끌 수 있는 놀잇감, 유모차 등을 이용하여 나비 되어 보기, 길 따라 걸어 보기, 물감칠하기 놀이, 개구리 뜀 뛰기, 고리 던지기, 그림자놀이 등을 한다.

7) 3세 유아

- 다양한 미술놀이와 음률활동을 위한 공간과 자료를 제공한다.
- 뛰어 내리고, 밀고, 끌고, 기어오를 수 있는 놀이와 공간을 제공한다.
- 안전하게 대근육 활동을 할 수 있는 단순한 놀이기구를 제공한다.
- 발로 밀고 다닐 수 있는 소형 탈것이나 흔들 목마 등 흔들림을 즐길 수 있는 기구를 제공한다.
- 기본생활(음식 먹기, 옷 입고 벗기, 신발 신고 벗기, 놀잇감 정리·정돈하기 등) 관리를 스스로 해 볼 수 있도록 격려한다.

8) 4세 유아

- 다양한 구성물을 만들어 쌓기 놀이를 할 수 있는 자료와 공간을 제공한다.
- 지적 자극에 민감한 시기이므로 감각적 탐색을 기초로 하는 탐색활동과 생활 속에서 과학을 발견하고 응용할 수 있는 놀이를 제공한다.
- 모험적인 욕구를 충족시킬 수 있는 난이도 조정을 할 수 있는 기구를 제공한다.
- 미적 감각의 발달을 위해 다양한 재료를 제공하고 다양한 사용방법과 기술을 제시한다.
- 소근육 발달이 좀 더 정교해지므로 크기가 작은 끼우기 놀잇감이나 양손 사용이 요구되는 끈 끼우기, 단추 채우기, 가위질을 해야 할 수 있는 놀이를 제공한다.

9) 5세 유아

- 섬세한 기술과 표현이 요구되는 미술놀이(오리기, 접기 등)와 목공놀이를 제공한다.
- 섬세한 운동 기술을 다양하게 시도해 보는 놀이와 놀이기구(팽이, 자전거 타기, 줄넘기 등)를 제공한다.
- 주도적이고 적극적인 신체놀이(원 게임, 편 게임 등)를 제공한다.

연구 문제

1 신체 및 운동발달의 원리는 무엇인지 알아보자.

2 첫돌이 되기 전 영아가 특별한 이유 없이 수면 중에 사망하는 현상이 무엇인지 알아보자.

3 인간이 출생한 후 신체적 성장이 가장 빠른 속도로 이루어지는 시기는 언제인지 알아보고 그 이유에 대해 토의해 보자.

4 유아기의 두뇌발달에 대해 토의해 보자.

5 인간의 생존과 관련된 중요한 감각 및 지각에는 어떤 것이 있는지 토의해 보자.

CHAPTER 6

영유아의 인지적 발달과정

학습목표

1. 피아제의 인지발달 원리와 주요 개념, 인지발달 단계를 설명할 수 있다.
2. 기억의 과정, 기억 방략을 설명할 수 있다.
3. 영유아기 언어발달과정을 설명할 수 있다.
4. 스턴버그의 지능의 삼원이론을 설명할 수 있다.
5. 창의성의 개념, 창의적 사고의 구성요인, 사고 성향을 설명할 수 있다.

인지발달은 한 개인이 세상에 관한 정보를 지각하고 이해하고 평가하는 지적인 능력을 발달해 가는 과정이라 할 수 있다. 유아는 성인과 다른 인지발달 과정을 통해서 세상을 이해하고 환경에 적응해 나간다. 그러나 유아가 성장해 감에 따라 인지기능이 변화하고 그 인지발달의 속도도 성인과는 많은 차이가 있다. 본 장에서는 영유아의 인지발달과정에서 일어나는 인지발달의 원리와 주요 개념, 발달 단계를 소개한다. 이를 기초로 영유아의 기억, 언어, 지능, 창의성 발달이 어떻게 이루어지는지 알아볼 수 있다. 기억, 언어, 지능, 창의성의 발달은 유아만의 발달 단계를 거치며 교사의 역할에서 유아의 흥미에 맞춘 다양한 수업 방략과 지도에 도움이 될 요소를 살펴보고자 한다.

1 인지발달

인지(認知)를 사전에서는 "자극을 받아들이고, 저장하고, 인출하는 일련의 정신 과정이며, 지각, 기억, 상상, 개념, 판단, 추리를 포함하여 무엇을 안다는 것을 나타내는 포괄적인 용어"라고 정의한다. 인지발달이론(認知發達理論, theory of cognitive development)은 인간의 인지발달을 유기체와 환경의 상호작용으로 파악한 피아제의 이론이 인지이론에 있어 가장 영향력이 있다. 피아제의 이론뿐 아니라 비고츠키의 이론 등 다양한 인지적 발달이론을 일반적으로 통칭하기도 한다.

1) 피아제의 인지발달이론

피아제는 심리학자이면서 생물학자였다. 따라서 그의 이론은 생물학과 인식론에 그 뿌리를 두게 되는데, 여기서 인식론은 인간이 발생학적으로 인식하는 존재로 타고난다는 것이다. 인지발달이론 또한 생물학과 인식론에 그 뿌리를 두고 인간의 지적 능력은 유기체가 환경에 적응해 가는 것이라고 주장하였다.

피아제는 한 사람의 영유아기가 사람의 발달과정에서 핵심적이고 중요한 역할을 한다고 생각했다. 그에게 인지발달은 신체적 성숙과 환경적 경험으로부터 비롯되는 정신적 과정의 점진적 재조직이었다. 더 나아가 그는 인지발달은 유기체로서의 인간의 핵심에 있으며 언어는 인지발달을 통해 습득된 지식을 대변한다고 주장했다.

(1) 인지발달이론의 주요 개념

① 도식(Schema)

도식은 사물이나 사건에 관한 전체적인 윤곽을 말한다. 쉽게 말해, 사고의 틀이라고 생각할 수 있다. 이는 유사한 환경 안에서 반복에 의해 변화되고 일반화된 행동 구조 또는 조직화를 의미한다(Piaget & Inhelder, 1969).

예를 들어, 5세 유아가 날아다니는 물체를 새라고 배웠다고 생각해 보자. 이를 통해 이 아이는 '날아다니는 물체는 새와 같다'는 도식을 보유하게 된다.

몇 가지의 도식은 인간이 탄생하기 이전부터 이미 가지고 있다. 예를 들면, 빨기 도식이나 잡기 도식과 같은 것인데, 그 기능면에서 변화된 것은 아니라서 적응과정을 통해 새로운 도식을 개발하고, 기존의 것을 변형시키면서 발전하게 된다.

그림 6-1 | 새의 도식

② 동화(Assimilation)

동화는 영유아가 기존에 가지고 있던 도식에 맞추어서 새로운 경험을 일반화하는 과정을 말한다. 쉽게 말해, 새로운 경험을 기존에 가진 도식에 맞추어 보는 것을 의미한다. 만약 새로운 경험이 기존의 도식에 맞는다면 유기체는 인지적으로 평형 상태가 된다. 그러나 모든 것이 이미 존재하던 도식 안에 동화되지는 않는다. 예를 들어, 하늘 위에서 날아다니는 모든 물체를 '새'라고 배운 아이는 날아다니는 '비행기'를 보면서도 '새'라고 부른다. 하지만 이 유아는 이것이 털도 없고, 날개도 펄럭이지 않는 등 기존에 알고 있던 '새'와는 다르다고 느끼게 되면서 불평형의 상태가 된다.

피아제에게 동화는 외부적 요소를 생활 또는 환경, 혹은 우리가 경험할 수 있던 것의 구조에 통합하는 것을 의미했다. 동화는 사람이 새로운 정보를 인식하고 받아들이는 방법이고 새로운 정보를 기존의 인지 도식에 맞추는 과정이다. 새로운

그림 6-2 | 비행기 도식 '동화'

경험에서의 동화는 기존의 개념에 맞추거나 조절하기 위해 재해석되며 동화는 사람들이 새롭거나 친숙하지 않은 정보에 직면하여 이를 이해하기 위해 이전에 학습한 정보를 언급하는 것이다.

③ **조절**(Accommodation)

조절은 특정 환경에서 새 정보를 습득하는 과정이고 기존의 도식을 새 정보에 들어맞게 하기 위해 대체하는 것이다. 이는 기존의 도식이 작동하지 않을 때 발생하고 새 대상이나 상황을 처리하기 위해 변화하기를 요구한다. 피아제는 사람의 두뇌는 평형화를 위한 진화를 통해 짜여졌다고 주장했는데, 이는 궁극적으로 동화와 조절을 통한 내·외부적 과정에 의한 구조에 영향을 미친다. 만약 새로운 경험이 기존의 도식과 맞지 않을 때 유기체는 불평형 상태를 겪게 되는데, 이 상태에서 평형 상태로 돌아가기 위해 기존의 도식을 변경하거나 새롭게 만들게 되는 과정이 조절이다.

예를 들어, 불평형의 상태가 되었던 아이는 이제 새가 아니라고 결론짓고, 그것에 관해 새로운 이름을 만들어 내게 된다. 이 과정을 조절이라고 한다. 혹은 누군가가 그것은 새가 아니라 비행기라고 일러 줄 수도 있다. 이런 과정을 조절이라고 하는데, 조절의 과정에서는 도식의 형태에 질적인 변화가 나타난다.

그림 6-3 ▎새와 비행기의 '조절'

④ **평형**(Equilibration)

피아제는 동화와 조절은 동전의 양면과 같아 독단적으로 존재할 수 없다고 이해하였다. 동화와 조절이 균형을 이루는 것을 평형이라고 하는데, 새로운 정보가 들어와 이미 알고 있던 지식과 잘 융합되지 않는 경우 조절을 통하여 불평형을 이루던 상태를 안정적이고 일관성 있는 행동양식으로 조직하려는 경향이 있다. 이때 심리적 재구성을 통하여 평형을 이루려고 한다. 하나의 대상을 기존의 정신 도식에 동화하기 위해 어느 정도 이 대상의 특징을 설명하고 조절해야 한다.

가령, 하늘을 날아가던 '새'로 알던 '비행기'를 동화하기 위하여 '비행기'의 모양이나 크기에 집중하여 차이를 알고 조절한다. '새'와 '비행기'의 차이를 알고 새로운 도식을 안정적으로 만드는 상태를 평형이라 한다.

(2) 인지발달의 단계

피아제는 인간의 인지발달은 네 단계를 통하게 되며, 질적으로 다른 이 단계들은 정해진 순서대로 진행되고 단계가 높아질수록 복잡성이 증가된다고 하였다 (Piaget, 1954).

① **감각운동기**(Sensorimotor Stage)**의 시기: 출생 직후~2세**

감각운동기에는 신생아의 단순한 반사들이 나타나는 출생에서 초기의 유아적 언어가 나타나고, 상징적 사고가 시작되는 2세경에 끝난다. 이 단계에서 영아의 행동은 자극에 의해 반응하는 것에 불과한데, 이는 언어가 발달하기 이전의 단계이기 때문이다. 따라서 영아는 시각이나 청각 등의 감각과 운동 기술을 사용해 외부 환경과 상호작용하게 된다.

이 시기의 가장 중요한 특징은 대상영속성(object permanence)을 보유하게 되는 것이다. 이는 대상이 보이지 않더라도 존재함을 알게 되는 것이다. 초기의 영아는 어떤 대상이 눈앞에서 사라지면 세상에서 없어지는 것으로 이해한다. 그러나 8개월 무렵부터는 눈앞에서 사라져도 아예 없어지는 것은 아니라는 것을 이해하게 된다. 또 이 시기가 지나면 모방이나 기억이 정신적 표상을 형성하게 되며 초기의 단순한 반사 행동은 사라지고 점차 자신의 의도에 따라 계획된 목적행동으로 바뀌게 된다.

② 전조작기(Preoperational Stage)의 시기: 2~7세

유아기에 해당하는 이 시기는 인지발달의 전조작기이다. 조작이란 어떤 논리적인 사고를 통해 조작하는 행위를 의미한다. 전조작기란 조작이 가능하지 않은 이전의 단계라는 의미이다. 이 시기에는 사물에 대한 상징과 심상을 사용하는 표상능력이 증가하고, 언어를 사용하면서 자신이 내재적으로 가지는 표상을 여러 형태의 상징으로 표현한다. 전조작기 사고의 주요 특징은 다음과 같다.

가. 상징적 사고

감각운동기까지의 인간은 자신의 행동이나 감각에 의존하여 생활한다. 그러나 감각운동기의 말기가 되면 점점 정신적 표상을 형성하기 시작한다. 전조작기 유아는 자신이 가지고 있는 표상을 그림이나 언어 등의 형태로 표현한다. 가장 대표적인 것이 '가상놀이(pretend play)'다. 소꿉놀이나 병원놀이와 같은 것으로 가상적인 사물과 상황을 실제 사물이나 상황처럼 상징하곤 한다. 어릴 때 많이 하는 것으로 '엄마 아빠 놀이'가 대표적이다. 자기가 엄마가 되고 친구가 아빠가 되어 엄마와 아빠인 척하는 놀이다. 식탁을 차리면서 장난감 그릇에 모래를 넣고 밥이나 국이라고 가상하며 노는 것을 볼 수 있다.

나. 자기중심적(Egocentrism) 사고

유아는 어떤 일이나 상황을 남의 입장에서 생각하는 것이 어렵다. 피아제는 그 원인을 유아의 자기중심적 사고에서 찾는다. 전조작기의 유아는 타인의 생각, 감정, 지각, 관점 등이 자신과 동일하리라고 생각한다. 자신이 느끼는 것이 다른 사람들도 같이 느낀다고 생각하여 부모의 생일에 자신이 좋아하는 인형을 선물하거나 숨바꼭질 놀이를 할 때도 자신의 얼굴을 두 손으로 가리면 다른 사람이 안 보일 것이라고 생각하는 것이다.

그림 6-4 | 피아제의 세 산 실험

자기중심적 사고는 타인과 자신을 포함한 외부 세계와의 구분이 불완전하여 세상을 자기 방식대로 이해하는 것이다. 이 같은 사고가 잘 나타난 것이 '자아중심적 시각조망수용능력'과 '자아중심적 언어'이다.

시각조망수용능력은 유명한 '세 산 실험'의 결과에서 잘 나타난다(그림 6-4 참조). 유아에게 비대칭적인 산 모양을 보여 준 후, 유아가 앉아 있는 위치와는 다른 위치에서 관찰자가 그 광경을 보았을 때 무엇을 볼 것인가를 물어보았다. 일반적으로 3~4세의 유아는 타인도 자기가 보았던 모양과 같은 것을 볼 것이라고 예상한다. 이런 실험을 통해 타인의 시각에서 보는 조망을 추론할 수 있는 조망수용능력(perspective taking skill)을 가지고 있지 못하다는 것을 알 수 있다.

자아중심적 언어는 혼잣말 혹은 자아중심어라고 하는데, 전조작기 유아의 사고가 듣는 사람의 이해 여부와 상관없이 자기 생각만을 전달하는 특유의 의사소통방법을 말한다. 유아가 놀이할 때 다른 유아와 함께 앉아 있어도 혼자만의 말을 하는 것을 볼 수 있다. "난 나무를 그릴 거야.", "난 놀이터에서 미끄럼틀을 타고 있어."라며 서로 다른 말을 각자가 하고 있는 것을 볼 수 있다. 이런 혼잣말은 서로가 의사소통하기 위해 말하는 것이 아닌 집단적 독백으로, 유아 자신만이 하는 자아중심적 사고를 반영한 것이라고 피아제는 보았다.

그림 6-5 | 보존개념

다. 직관적 사고(Intuitive Thinking)

유아에게 지각되는 어느 한 사실에만 주의를 기울여 그 대상을 규정짓는 사고 특성이다. 눈에 보이는 크기, 모양, 색깔과 같은 한 가지 두드러진 속성에 근거하여 대상을 이해하려는 사고를 말한다. 즉, 지각적인 특성에만 의존하게 된다는 것인데 이러한 사고의 특성으로 전조작기 유아는 보존개념을 획득할 수 없게 된다.

보존개념은 한 사물의 외형이 변해도 그 양을 더하거나 빼지 않으면 그것의 길이, 무게, 면적, 부피 등은 변화하지 않는다는 사실을 이해하는 것이다. 그러나 전조작기 유아는 하나의 특성에만 초점을 맞추기 때문에 보존개념의 형성이 어렵다. 예를 들어, A와 B 두 비커에 같은 양의 물을 담았다고 생각해 보자. A 비커와 B 비커는 모두 넓고 낮은 모양이므로 두 비커에 든 물의 양은 동일하다고 여긴다. 그러나 B 비커의 물을 좁고 높은 모양의 C 비커에 담는다면 물이 늘어났다고 여기게 된다. 즉, 눈에 보이는 모양만을 보고 물의 양을 판단하게 되는 직관적 사고가 나타나게 되는 것이다(그림 6-5 참조).

라. 물활론적 사고

물활론적(Animism) 사고란 모든 사물에 모두 생명이 있다고 여기는 것을 말한다. 무생물도 살아 있으며 사람처럼 생명이나 감정이 있다고 생각하는 것이다. 인형에게 실제로 밥을 먹이려고 하거나 사람을 대하듯 말을 거는 것을 볼 수 있다. 4세 이후에는 인간에게 영향을 주는 것은 모두 살아 있다고 생각하지만, 6세 정도에는 움직이는 것에만 생명을 부여하기도 한다.

마. 인공론적 사고

인공론적(Artificialism) 사고는 세상의 모든 것을 사람이 만들었다고 생각하는 것과 나를 위해 만들어졌다고 생각하는 사고다. 하늘의 구름도 사람이 만들었다고 생각하는 것이다.

바. 전환적 추론

전환적 추론(Transductive reasoning)은 서로 관련 없는 두 사건이 근접해서 발생할 경우 한 사건이 다른 사건이 원인이 되어 일어난 것이라고 생각한다. 자기가 동생을 미워했는데, 다음날 우연히 동생이 아프게 된 것을 보고 자기가 미워해서 동생이 아프게 되었다고 생각하는 것이다.

③ 구체적 조작기(7~11세)

구체적 조작기는 전조작기보다 추론적 사고가 더욱 가능해지며 가역적 사고, 탈중심화, 보존개념의 형성이 이루어진다. 조작이 이루어지는 시기로 논리적으로 관계지어 사고할 수 있다. 분류, 보존, 유추, 서열화 및 유목개념이 가능하게 된다.

가. 보존개념

보존(Conservation)개념이란 같은 모양의 넓은 컵에 같은 양의 우유를 담아 보여 준 뒤, 한 컵의 우유를 모양이 다른 긴 컵에 부어도 긴 컵과 넓은 컵의 우유의 양은 같다는 것을 이해하는 것이다. 즉, 동일성, 보상, 역조작의 개념이 가능해지는 것이다. 또한, 수의 개념에서도 달걀과 컵을 나란히 놓은 뒤 어느 것이 더 많냐고 하면 컵과 달걀의 수가 같다고 대답하지만 달걀이나 컵을 한쪽으로 모아놓으면 달걀과 컵의 수가 다르다고 생각했던 전조작기의 특성에서 벗어나게 된다. 전조작기 아동은 같은 양의 진흙으로 만든 두 개의 공을 보여 준 뒤 아동 앞에서 하나를 핫도그처럼 길게 만들면 어느새 양이 달라졌다고 생각하지만 보존개념을 획득한 구체적 조작기에는 모양이 달라져도 그 양이나 수는 보존된다는 개념을 획득한다.

나. 유목화

유목화(Classification)는 여러 가지 군집으로 분류할 수 있는 것으로 같은 모양의 구슬을 보고 쇠구슬과 유리구슬을 구분할 수 있게 되는 것이다.

다. 서열화

대상 간의 공통점과 차이점을 이해할 수 있게 되면서 크기, 무게, 밝기, 길이 등과 같은 양적 차원에 따라 나열할 수 있는 서열화(seriation)가 가능해진다.

④ 형식적 조작기(Formal Operational Period, 12세 이후)

이 시기의 청소년은 추상적이고 논리적으로 사고가 가능해진다. 구체적인 경험과 독립되어서 추론적 사고 및 가설적 사고가 가능해진다. 추상적인 개념이나 현실에 존재하지 않는 현상도 이해하게 된다. 문제에 대하여 가설을 세우고 해결방안을 찾아서 생각할 수 있는 연역적 사고가 가능하게 된다.

가. 가설적(Hypothetical) 사고

새로운 상황에 직면했을 때 과거와 현재의 경험을 통해 가설적 상황을 설정하여 문제를 해결할 수 있게 된다.

나. 과학적 사고

주어진 문제를 해결하기 위하여 사전에 일련의 계획을 세우고 체계적으로 시험하면서 해결책을 찾을 수 있게 된다.

다. 추상적(Abstract) 사고

현실 상황에는 없는 여러 가지 추상적 개념을 이해할 수 있다. 현실에는 없는 개념도 상상하고 그려 볼 수 있는 능력을 갖추게 된다.

라. 체계적 사고

자신과 다른 사람이 이상적이라고 생각하는 것에 대하여 생각할 수 있게 된다. 자신의 이상적인 기준에 따라 자신의 주장과 타인의 주장을 비교·분석할 수 있는 능력도 생긴다.

마. 명제적 사고(Propositional Thinking)

현실 상황을 고려하지 않고도 언어적 진술에 의한 명제의 논리를 평가할 수 있다.

바. 연역적 사고(Deductive Thinking)

확실한 근거가 있거나 가정(假定)된 일반적 지식·법칙·원리에서 특수한 사례·원리·결론 등을 이끌어 내는 사고과정이다.

사. 결합적 분석

문제해결과정에서 관련 변인을 추출하고 분석하여 이를 상호 관련짓고 통합한다.

아. 추상적 추론

구체적 대상의 존재 여부와 관련 없이 형식 논리에 의해 사고를 전개한다.

2) 비고스키의 인지발달

비고스키(Vygotsky)는 인지발달의 근원을 사회적 상호작용에 두고, 사회, 문화, 역사적인 측면을 중요하게 생각하였다.

인지능력은 타인의 중재를 통해 인지기능이나 기술이 유아에게 점차 내면화된다고 하였다.

(1) 근접발달영역

근접발달영역은 유아가 과제를 혼자서 해결할 수 있는 실제적 발달 수준과 타인의 도움을 받아서 해결할 수 있는 잠재적 발달 수준의 간격을 말한다(Vygotsky, 1978). 비고스키는 발달이 어느 한 지점이 아니라 행동의 연속적 성숙으로 보았기 때문에 영역이라는 용어를 사용하였다.

근접발달영역은 행동의 발달이 두 수준의 경계가 되는 두 수준 사이에서 일어나는 것이다. 독립적으로 수행할 수 있는 수준과 도움을 받아야 수행할 수 있는 수준 사이에 일어나는 역동적인 발달이다. 독립적으로 수행할 수 없지만 도움을 받는 과제는 새로운 정신기능을 불러일으켜 인지발달을 가져온다. 이때 사회적 상호작용은 자극, 조언, 단서, 모델링, 설명, 질문, 유도, 토론, 격려, 주의집중 등을 제공하여 근접발달영역 내에서의 상위 수준으로 발달하도록 돕는다. 이러한 상호작용은 성인이나 또래, 발달 수준이 다른 유아와의 관계에서 일어난다.

혼자서 해결하지 못하던 유아의 학습 수준 발달이 근접발달영역 단계에 따라 어떻게 수행해 가는지 4단계로 구분하였다(Gallimore & Tharp, 1990).

① 1단계: 더 능력 있는 타인의 도움에 의한 수행

더 능력이 있는 타인의 도움을 받아 수행하는 단계이다. 외부에서의 규제하는 양은 학습자에 따라 다르다. 초기 단계의 학습자는 이해에 제한이 따르므로 다른 사람이 지시, 모델링, 모방을 제시할 수 있다. 점차 수행 간의 관계를 이해하고 수행의 의미를 이해하기 시작한다. 교사는 도움을 주기 위해서 충분한 지식을 가지고 있어야 한다. 학습자의 수행 목표를 위한 도와주기 위한 지식 구조를 계획하고 있어야 한다.

② 2단계: 자기 자신의 도움에 의한 수행

학습자가 스스로 수행하는 단계이다. 타인이 도움이 없이 수행하는데, 이 수행은 완전하거나 자동화가 된 것은 아니다. 성인에게서 받았던 조절과 도움이 학습자 자신에 의해 이루어지기 시작하는 것이다.

③ 3단계: 내면화, 자동화, 화석화

수행이 발달되고 자동화되는 단계이다. 자기 조절이 사라지면서 근접발달영역에서 나오게 된다. 과제수행이 원활해지고 통합된다. 내적화되고 자동화되는 것이다. 성인으로부터의 도움이 필요하지 않게 된다. 다른 사람으로부터의 도움은 필요 없거나 혼란을 가져온다. 이때는 자아의식조차 유해하게 된다. 이미 수행은 발달했기 때문에 더 이상 발달하지 않는다.

④ 4단계: 탈자동화 – 이전 단계로의 순환

근접발달영역을 통한 회귀로 수행의 탈중심화가 이루어지는 시기이다. 개인의 일생에 걸친 학습은 근접발달영역의 순환으로, 다른 사람의 도움으로부터 자신의 도움으로, 새로운 가능성을 발달을 위해 다시 근접발달영역으로 회귀하게 된다.

모든 개인은 타인조절, 자기조절, 자동화 과정이 함께 일어난다. 자기조절에서 타인조절로 가는 순환은 수행을 유지하고 증진하고 풍부하게 만든다. 네 번째 단계에서는 탈중심화와 회귀가 규칙적으로 일어나서 이루어진다.

(2) 비계설정

비계설정(scaffolding)의 사전적 의미는 건물을 건축하거나 수리할 때 인부들이 건축 재료를 운반하며 오르내릴 수 있도록 건물 주변에 세우는 장대와 두꺼운 판자로 된 발판을 세우는 것이다. 이것은 교육에서 유아의 근접발달영역 내에서의 효과적인 교수학습을 위해 성인이 유아와 상호작용하면서 도움을 적절히 조절하며 제공하는 것을 의미한다. 비고스키는 유아가 자신의 힘으로 문제를 해결할 수 있도록 자신이 속한 문화에서 보다 성숙한 구성원과의 상호작용을 통해 인지발달의 발판 역할을 하는 것이 필요하다고 보았다.

버크와 윈슬러(Berk & Winsler)는 "비계설정이란 교사와 학습자가 공동 문제해결 활동에 몰입하여 즐겁게 협동하면서 성인은 적절한 도움을 제공하여 유아의 표상적인 사고를 육성해 주는 것(Berk & Winsler, 1995)"이라고 하였다. 또한, 유아의 지식이 증가함에 따라 과제에 더 많은 책임감을 가질 수 있도록 격려함으로써 유아의 자율성을 지원하는 것으로 보았다. 비계설정의 목표는 유아로 하여금 자신의 근접발달영역에서 과제를 해결하게 하는 것과 자기조절을 증진시키는 것이라고 한다. 근접발달영역에 머물게 하는 것은 유아가 주어진 과제가 적합하게 도전적인 수준이 되도록 과제와 주변 환경을 구성해 주고 유아의 요구와 능력에 맞도록 언어적 매개를 통하여 교수의 양을 조절해 가는 것이 중요하다. 두 번째 목표인 자기조절을 증진하는 것은 유아가 가능한 많은 공동 활동을 조정하게 함으로써 자기조절 훈련을 하는 것이다. 유아가 독립적으로 해결할 수 있게 되면 가능한 한 빨리 조절과 도움을 멈추고 유아가 어려움을 느낄 때만 개입해야 한다. 유아가 스스로 해결책을 발견할 수 있도록 질문하여 과제 행동을 조절할 때 학습과 자기조절은 최대화된다.

효과적인 비계설정의 구성요소는 다음과 같다(Berk & Winsler, 1995).

① 공동의 문제해결

흥미 있고 문화적으로 의미 있는 협동적 문제해결 활동에 유아가 참여하는 것이다. 이러한 참여는 학습이 일어나고 있는 과정이며, 유아가 교사와 함께 상호작용하며 문제해결을 위해 노력하는 것이다. 문제에 적극적으로 몰입되어 있을 때, 다른 사람들과 함께 일할 때 가장 잘 배울 수 있다.

② 상호 주관성

상호 주관성은 어떤 과제를 시작할 때 서로 다르게 이해하던 두 참여자가 공유된 이해에 도달하는 과정을 의미한다. 서로 다른 관점을 가지고 있던 참여자가 상대 유아의 눈높이에 자신의 눈높이를 맞추어 조정하며 협의하고 타협하는 과정을 의미한다. 이때 교사는 자기 생각을 유아가 이해할 수 있는 수준으로 풀어서 이야기하며 상호 주관성을 높이려 한다.

③ 따뜻함과 반응적 행동

비계설정 중에 상호작용의 정서적 분위기를 따뜻하고 반응적으로 만드는 것이다. 과제에 도전하여 복잡한 상호작용이 일어날 때 유아가 지원을 요청하거나 학습의 방향을 잃으면 교사는 도움을 주게 된다. 유아의 참여 활동에 대한 집중과 의욕은 교사가 따뜻하고 반응적일 때 언어적으로 칭찬해 주고 자신감을 북돋워 줄 때 최대의 효과를 낸다.

④ 언어의 매개

비계설정에서는 언어 매개의 중요성이 강조된다. 언어를 매개로 한 '거리 두기 전략'이 유아의 문제해결을 증진시킬 수 있는 효과적인 교수방법임을 제안하였다(Sigel, 1982). 거리 두기는 성인의 언어적 진술을 정신 조작의 요구 수준에 따라 낮은 단계의 거리 두기, 중간 단계의 거리 두기, 높은 단계의 거리 두기로 나눌 수 있다.

3) 대상영속성

(1) 대상영속성 개념

대상영속성(對象永續性)은 존재하는 물체가 어떤 것에 가려져서 보이지 않더라도 그것이 사라지지 않고 지속적으로 존재하고 있다는 것을 아는 능력이다. 특정 대상이 시각, 청각, 촉각, 후각 등의 방법을 통해 관찰되지 않아도 사라지지 않고 계속 존재함을 뜻한다(한국교육심리학회, 2000).

처음으로 영유아에 대한 대상영속성을 연구했던 스위스의 심리학자 피아제는 대상영속성이 영유아의 가장 중요한 성취 중 하나라고 주장했다. 피아제의 인지발달이론에 따르면 영유아는 출생 때부터 약 2세까지 이어지는 감각운동기가 끝날 무렵에 대상영속성 개념을 형성한다. 환경에 존재하는 외부 대상이나 물체가 직접적으로 지각되지 않아도 지속적으로 존재하고 있다는 것에 대한 인식을 말한다. 생후 4개월 미만의 영아는 사물이나 사람이 시야에서 사라지거나 감추어지면 그 대상이 존재하지 않는 것으로 인식한다. 반면, 8개월 이상의 영아는 사물이나 사람이 시야에서 사라지고 자신의 존재와 분리되더라도 지속적으로 존재하며 다른 시간이나 장소에서 찾아낼 수 있다는 것을 인식하게 된다. 대상영속성에 대한 개념을 확고하게 발달시킨 영아는 외부에 존재하는 물리적인 실체뿐만 아니라 자기 자신이 세상에 존재하는 독립적인 개체라는 것을 명확하게 깨닫게 된다.

성인이 영아와 놀이를 하면서 흔히 장난감을 숨기는 동작을 하곤 하는데, 대상영속성이 없는 영아는 사물이 눈에 보이는 곳에서 사라진 것을 보고 울음을 터뜨리는 것을 볼 수 있다. 아니면, 마치 사물이 처음부터 그 장소에 없었던 것처럼 찾지 않는 행동을 하는 것을 볼 수 있다. 이는 일상에서 영아의 대상영속성을 판단할 수 있는 예다. 대상영속성의 개념을 획득함으로써 영아는 사물이 자신과 독립적으로 존재한다는 것을 인식하며, 자기 자신 역시 독립적인 개체로 존재한다는 것을 인식하게 된다. 이러한 관점에서 대상영속성은 감각운동기에 획득하여야 할 결정적인 과업이라고 할 수 있다.

대상영속성도 단계에 따라 다른 양상을 보이는데, 그 과정은 다음과 같다.

(2) 대상영속성 개념의 발달과정

① 0~1개월: 눈에 보이는 물체를 보고 있다가도 그 물체가 눈앞에서 사라지면 곧 관심을 두지 않고 찾지 않는다. 대상영속성 개념이 없다.

② 1~4개월: 물체가 있다가 없어지면 물체가 처음 사라진 곳을 보며 다시 나타나기를 기다리는 것처럼 응시한다.

③ 4~8개월: 보자기에 물건 일부를 보이게 하고 감추어 두면 장난감을 찾으려고 하지만, 전체를 보자기로 덮어서 안 보이게 하면 더는 물건을 찾지 않는다. 만약 물건을 던져 올리면 물건이 떨어지면서 그리는 포물선을 예측하여 정확한 지점에서 대상을 찾으려고 한다. 대상영속성 개념의 초기이다

④ 8~12개월: 다른 사람이 물건을 감추는 것을 보면 감추어진 물건이 보자기에 덮여 있더라도 물건을 찾을 수 있다. 그러나 그 물건을 다시 다른 장소로 숨기면 두 번째 옮긴 장소가 아니라 처음 숨겼던 장소에서 찾으려고 한다.

⑤ 12~18개월: 물건을 한 장소에서 다른 장소로 여러 번 옮겨도 가장 나중에 사라진 곳으로 보이는 장소에서 대상을 찾는다. 그러나 눈으로 보이는 이동에만 가능하다. 시각적으로 추적은 가능하지만, 위치 변화에 대한 상상과 표상이 어렵다.

⑥ 18~24개월: 성숙된 대상영속성 개념이 형성된다. 장난감을 담요 속에서 베개 아래에 놓으면 담요를 치운 후 베개 아래서 찾을 수 있다. 물건의 이동을 보지 않고도 예상되는 장소를 탐색할 수 있게 된다.

2 기억발달

인간은 외부로부터 받아들인 정보를 기억 속에 저장했다가 필요할 때 회상하는 과정을 되풀이한다. 기억(記憶, memory)은 복잡하고 많은 기억을 쉽게 저장하고 꺼내어 쓰는 능력뿐만 아니라 학습 효과를 증대하기 위해서는 필수적인 요소이다.

이 과정은 크게 부호화, 저장, 인출이라는 세 가지 과정을 거치게 된다.

유아기에는 영아기에 비해 기억능력이 크게 발달하는데, 여기에는 네 가지 요인이 작용하는 것으로 보인다. 첫째, 정보를 저장할 수 있는 저장 공간의 크기, 즉 기억용량의 증가, 둘째, 정보를 체계적으로 저장하고 인출할 수 있는 기억전략의 발달, 셋째, 기억과 기억과정에 대한 지식인 상위 기억의 발달, 넷째, 연령 증가에 따른 지식 기반(knowledge base)의 확대가 그것이다.

기억은 인지활동을 수행하는 데 있어 필수불가결한 요소이며 다양한 수준에서 작동한다. 기억뿐만 아니라 응용적인 인지로 기억이 저장된 지식을 활용하는 능력을 포함하기도 한다(Flavell, 1971). 기억발달은 인지적 능력에서의 보편적 결과뿐 아니라 사회적 경험에도 영향을 받는다. 독립적인 지적 기능이 아니라 오히려 모든 인지과정과 밀접하게 관련된 과정으로 사회적 노력과 관련된 것으로 본다(권오식·황상민, 1985).

기억발달에 영향을 미치는 요인은 기초능력, 방략(책략), 지식, 상위 기억, 사회적 맥락 등이다. 이 중 어떤 요인은 다른 요인보다 더 큰 영향을 미치며, 특정한 시기에 더 크게 작용한다. 기억발달 경향은 연령이 증가함에 따라 기억과제를 더 잘 수행할 수 있다는 것이 일반적 견해다.

1) 기억의 과정

인간의 기억과정은 정보를 받아들여 내적인 표상을 형성하여 약호화하고 정보를 나중에 사용할 수 있도록 어떤 형태로 저장하고 저장된 특정한 정보를 선택하여 끄집어내는 인출로 구분된다. 기억은 정보를 저장하고 유지하고 다시 불러내는 회상의 기능을 의미한다. 인간은 기억하는 능력을 갖추고 있는 동시에 망각하는 기능이 있다. 기억은 학습, 사고, 추론하기 위한 기본적인 기능이다. 인간의 기억은 단기적 작용 기억과 장시간 기억되는 장기기억이 있다. 기억은 부호화, 저장, 인출의 단계로 이루어진다.

인출과정은 '재인'과 '회상'으로 구분된다. '재인'은 한 항목을 제출단서가 주어질 때 저장된 정보를 끄집어내는 과정이다. '회상'은 사람들의 기억에서 한 항목 또는 항목의 목록을 생성해 내도록 요청하는 방법이다. 즉, 인출 단서 없이 머릿속에 저장된 정보로부터 기억을 재구성하여 정보를 끄집어내는 과정이다. 심리학 교과서에서 소개하는 인출의 정의는 '하나 또는 그 이상의 단서를 토대로 하여, 표적이 되는 기억을 회복하여 의식으로 가져오는 과정'이다. 당연하게도 더 많은 단서가 제공될수록 인출은 더 쉬워질 것임에 틀림없다.

기억은 정보를 받아들이는 부호화, 받아들인 정보의 저장, 저장된 정보를 불러내는 인출 등 세 가지 과정을 거친다.

(1) 부호화(Encoding)

이 과정에서는 환경 속에서의 여러 정보가 감각기관을 통해 들어와 부호로 전환되어 기억된다. 즉, 감각을 통해 들어온 정보는 글자나 숫자, 도형 등의 시각 부호와 사람의 목소리 등의 청각 부호 등으로 부호화되어 흔적을 형성하게 된다.

(2) 저장(Storage)

이는 부호화된 정보를 머릿속에 보유하는 과정으로, 정보를 머릿속에 유지하는 시간에 따라서 감각기억, 단기기억, 장기기억의 세 종류로 구분되고, 감각기억에서 단기기억으로, 그리고 장기기억의 순서로 저장된다.

① 감각기억(Sensory Memory)

감각기억은 감각기관에 제시된 정보를 모두 보유하나, 그 정보는 약 2~3초 내외로 극히 짧은 시간만 지속된다. 영유아가 한 번에 처리할 수 있는 감각기억 능력은 5세부터 21세까지 상당히 일정하게 유지된다. 그러나 5세 유아는 나이가 많은 유아보다 감각적으로 저장된 정보를 빠르게 잃어버리는 경향이 있다.

② 단기기억(Short-Term Memory)

단기기억은 30초까지 정보가 지속되는 것으로, 전화번호 다이얼을 모두 돌릴 때까지 그 번호를 기억하는 것을 예로 들 수 있다. 이 능력은 연령이 증가함에 따라 언어 특히 어휘 수의 증가와 아울러 급속히 발달한다. 5세 이하의 유아는 단지 3~4개의 낱자 또는 묶음을 회상해 낼 수 있으며 7세 유아는 5개 정도, 성인은 7개 정도를 기억할 수 있다.

③ 장기기억(Long-Term Memory)

장기기억은 비교적 영구적인 기억이다. 용량이 무제한이기 때문에 어린 시절의 경험이나 특정한 상황에 관한 모든 내용을 저장한다. 감각기관에 등록된 이미지는 단기기억으로 전환되고, 반복시연, 조직화, 정교화와 같은 기억 책략의 발달로 단기기억의 내용이 장기 저장된다. 연령이 증가함에 따라 유아는 더욱 능숙하게 기억 책략을 사용할 수 있게 되며, 이러한 책략은 장기기억의 발달을 돕는다.

(3) 인출(Retrieval)

기억되어 있던 정보를 꺼내어 사용하는 능력으로, 인출과정에는 '재인'과 '회상'이 있다.

① 재인(Recognition)

재인은 현재 지각되는 어떤 것을 친숙한 것이라고 기억하는 것이다. 즉, 현재 지각되는 것을 과거에 경험한 것과 동일하거나 유사한 것으로 인식하는 것이다. 따라서 재인의 경우에는 현재의 경험 속에 이미 어떤 것이 있어서 이것이 인출을 보조한다.

② 회상(Recall)

회상은 과거에 경험한 어떤 것이 처음에는 현재의 경험 속에 없는 경우로 이것을 스스로 재생성하는 것이다. 그러므로 회상은 현재 존재하지 않는 어떤 것에 대해 자발적으로 정신적 표상이 생성되기를 요구한다. 즉, 기억해야 할 내용에 대해 언어나 문자, 그림 등 본래의 대상을 재현하는 것으로, 머릿속에 저장된 정보를 있는 그대로 모두 기억하는 능력이다.

2) 영유아의 기억발달

(1) 재인 기억의 발달

재인 기억은 영아기 초기부터 명백히 존재한다. 18개월 된 영유도 이전에 보았던 익숙한 그림을 잘 기억하고 있다는 연구 결과가 있다. 영유아기 동안 현저히 발달하는데, 영유아에게 친숙한 물건을 보여 주고 재인하게 하면, 2세 영아는 80% 이상을 재인할 수 있고, 4세 유아는 90% 이상을 재인할 수 있다.

재인 기억은 발달상 매우 일찍 나타나고, 어린 영유아일수록 많은 수의 자극을 성공적으로 재인할 수 있다. 그러므로 재인은 다른 유형의 인출보다 기억 저장의 체계적 탐색에 덜 의존하는 과정, 즉 보다 자동적인 과정으로서 간주된다.

'재인'은 현재 접하는 자극이나 정보가 이전에 경험했던 것인가를 판단하는 것으로, 비교적 쉬운 인출방법이다. 이러한 재인능력은 어린 유아에게도 있다는 연구 결과가 있다. 5세 유아에게 80개의 사진을 보여 주고 나서 잠시 후 다시 사진을 보여 주며 이 사진이 아까 본 사진인지 판단하라고 할 경우 유아는 처음에 보여 주지 않았던 사진들의 약 90%를 '아까 보지 않았던 사진'이라고 구별해 낼 수 있었다(Brown & Campione, 1972). 이러한 재인능력은 연령이 증가하면서 더욱 커지고 학령 전기가 되면 보통 성인과 비슷한 수준의 재인능력을 보인다고 한다(한국심리학회, 2014).

(2) 회상 기억의 발달

회상은 재인보다 복잡한 능력으로 영유아의 수행능력은 미흡한 편이다. 지연모방에 관한 연구를 보면 회상 기억이 1년 이내에 출현한다는 것을 알 수 있다. 2세 경의 영아가 몇 개월 전에 발생했던 경험을 기억할 수도 있지만, 일반적으로 3~4

세 유아도 아직 스스로 회상하기는 어렵다.

이 시기 유아의 회상은 놀이 과정과 같은 자연적인 상황에서 의도적인 시도 없이 우연히 일어날 뿐이며, 주로 계속적으로 반복되는 현상이나 친숙한 물건을 기억하고 회상한다. 특히 유아는 동시나 동화 속에 나오는 연결된 문장과 리드미컬한 언어 리듬의 반복을 더 잘 기억한다. 5세가 되면 의도적인 기억과 회상이 출현하여 점진적으로 발달한다. 그리하여 이 시기의 영유아는 기억하고 회상하기 위해 특별한 수단과 방법을 사용하기 시작한다. 즉, 기억하기 위해 제시된 자료를 요소별로 체계화하고 계속 반복하는 행동을 나타낸다.

회상능력은 생후 약 1년 정도에도 나타나지만, 연령이 증가할수록 장기기억의 용량이 커지고 회상에 도움이 되는 기억 책략을 사용할 수 있게 되면서 그 능력이 크게 향상된다.

또한, 회상능력은 언어발달과 연관이 있다. 3세와 5세 유아를 대상으로 언어를 사용한 기억 과제와 언어를 사용하지 않은 기억 과제를 모두 실시했는데, 언어능력이 높은 아이들일수록 두 과제 모두에서 높은 기억 회상능력을 보였다(Simcock & Hayne, 2003). 왜냐하면 어떤 경험이나 물체, 사람에 대한 표상을 '언어'로써 구체적으로 더 오래 유지할 수 있기 때문이다(심리학용어사전, 2014).

(3) 연령이 증가함에 따라 발달하는 이유

① 유아의 성장에 따른 지식의 증가

② 정보를 효과적으로 저장하는 기억 책략의 발달

③ 기억해야 하는 정보를 전체적으로 연합시키는 능력의 발달

3) 기억 책략(Memory Strategy)

기억 책략은 기억 저장고에 정보를 집어넣거나 인출하기 위하여 사용하는 의도적인 활동이다. 기억 책략에는 반복시연, 조직화, 정교화 등이 있다.

(1) 반복시연(Rehearsal)

시연이란 나중에 회상해 낼 것을 생각하고 미리 기억해야 할 대상이나 정보를 눈으로 여러 번 봐 두거나 말로 되풀이해 보는 것이다.

연구 결과, 시연 책략을 사용한 아동들은 회상을 더 잘 하였으나 취학 전후의 아동들은 시연 책략을 잘 활용하지 못하였다. 영유아의 경우 시연 책략 수행에 필요한 기본 능력이 없거나 빈약해서 시연 책략을 사용하지 못하며, 취학 전후 아동은 시연 책략 발달의 과도기적 패턴으로 시연 책략을 사용할 수 있는 잠재적 능력은 있으나 스스로 시연 책략을 생성하는 데 실패하기 때문에 기억 수행이 저조하다.

이렇게 시연의 자발적 사용이 연령에 따라 증가하고, 시연 책략의 특성 또한 아동의 연령이 증가하면서 점차 기계적인 시연에서 적극적인 시연, 곧 과제 정보를 조직화하는 방식으로 변화하므로, 반복시연을 통한 기억의 활동이 연령에 따라 증가한다고 보는 것이다.

(2) 조직화(Organization)

제시된 기억 자료를 그것이 가지고 있는 속성에 따라 의미 있는 단위로 묶어서 기억하는 방법을 조직화라 한다. 유아는 조직화의 기억 책략을 가지고 있지 않다. 그러나 연령이 증가함에 따라 경험에 의해 조직화 능력도 함께 증가한다. 조직화에는 단순한 방법인 절편화와 유목 포함의 관계를 알아야 가능한 범주화가 있다.

① 절편화(Chunking)

한 묶음의 정보를 주관적이든, 객관적이든 잘라서 묶어 기억하는 것이다. 예를 들면, '7, 8, 5, 4, 3, 9, 6, 2, 1'이란 숫자를 기억할 때 하나씩 외우지 않고 '785, 439, 621'처럼 묶어서 기억하는 것을 말한다.

② 범주화(Categorization)

자료를 묶되 공통 속성을 확인하여 상위의 부류로 묶는 것이다. 예를 들면, '코끼리, 사과, 배, 양, 나팔꽃, 제비꽃, 사자, 귤, 봉숭아'라는 단어를 기억할 때 무조건 순서대로 외우는 것이 아니라 동물, 과일, 꽃끼리 묶어서 기억하는 것이다.

(3) 정교화(Elaboration)

정교화는 기억해야 할 둘 이상의 자료를 공유하는 의미나, 공통된 참조물을 찾아 이 자료들을 어떤 의미를 가지도록 연결 지어서 기억에 저장하는 방법을 말한다. 예를 들어, '물고기 – 파이프'를 기억해야 할 경우 파이프 담배를 빼끔거리는 물고기의 이미지나 문장을 생성하여 기억한다.

시연보다 조직화와 정교화는 늦게 발달하는 전략인데 정교화가 조직화보다 더욱 늦게 나타나 성인 초기까지 점진적으로 발달한다.

(4) 상위 기억

상위 기억이란 어떻게 기억하는 것이 효과적인지, 자신이 얼마나 많은 양을 기억할 수 있는지에 관한 기억이다. 컴퓨터에 비유하자면 메모리 자체의 정보를 담고 있는 메모리 영역을 말한다. 이 상위 기억의 발달은 영유아기에 급격히 발달한다. 그 때부터 자신의 기억능력을 판단하여 적절한 기억전략을 세우는 것이다.

우리는 일상생활에서 이전에 벌어진 일들에 대한 기억을 바탕으로 생각하고 행동한다. 우리가 지각하고 감정을 느끼고 생각하는 것이 기억으로 바뀌는 과정은 부호화(정보를 입력), 저장(정보를 저장), 인출(필요 시 정보를 꺼냄)의 단계를 거친다. 일반적으로 연령이 늘어날수록 기억할 수 있는 양이 증가하거나 기억을 잘하기 위한 전략이 발달하거나 상위 기억이 발달하는 등 더 높은 기억 능력을 갖추게 된다(Schneider & Pressley, 1989).

나이가 들수록 기억할 수 있는 정보 양과 질이 증가하는 이유는 영유아가 사용하는 기억 책략이 발달하기 때문이다. 기억 책략에는 외워야 할 정보를 되뇌는 암송, 어떠한 기준을 바탕으로 하위 목록으로 나누는 조직화, 두 개 이상의 관련 없는 정보 간의 자의적 연합을 구성하는 정교화가 있다. 이러한 방법은 나이가 들수록 능동적으로, 더 조직적으로 사용할 수 있다.

또한, 기억을 잘 하려면 정보를 잘 저장하는 것뿐만 아니라 필요할 때마다 꺼내 쓸 수 있는 인출능력 역시 중요하다. 인출방법에는 단서를 제시하고 이 정보가 이전에 경험했던 정보인지 여부를 판단하는 재인, 단서 없이 스스로 정보를 꺼내야 하는 회상, 그리고 경험한 정보를 편집하여 효율적으로 기억하게 하는 재구성(reconstruction)이 있다. 기억 책략과 같이 인출방식 역시 연령이 증가함에 따라 더욱 발달한다(심리학용어사전, 2014).

3 언어발달

언어(言語)란 인간이 상호작용하는 전달 수단으로 사용하는 도구로서 문화마다의 독특한 기호체계가 있다. 동물도 의사소통을 한다. 하지만, 인간은 규칙적인 언어체계를 이루고, 문자로 기록할 수 있는 점에서 동물과는 다르며, 인간이 오랫동안 전수·발전해 올 수 있었던 이유이기도 하다.

영아는 대부분 태어나면서 누구나 자신의 모국어를 습득한다. 그러나 언어가 어떻게 습득되는가에 대한 생각은 여러 학자마다 다른 접근을 하고 있다.

언어에 관한 여러 정의를 살펴보자. 『유아교육사전』에서는 언어를 "인간이 의사소통의 목적으로 사용하는 음성이나 문자로 나타낸 기호체계(한국유아교육학회 편, 1996)"라고 정의한다. 일반적인 언어의 의미를 생각해 보면 사람들이 자신의 머릿속에 있는 생각을 다른 사람에게 나타내는 체계라고 할 수 있다. 또 사물과 행동, 생각, 상태를 나타내는 체계라고 할 수 있다. 그리고 같은 문화 속에서 생활하는 사람들 사이에 공유되는 의미의 체계라고 할 수 있다.

언어는 말하기와 듣기의 구어와 읽기와 쓰기의 문어로 구분할 수 있다. 사용하는 도구 측면에서 언어는 자연어와 인공어로 나눌 수 있는데, 자연어는 인류의 각 민족이 오래전부터 생활 속에서 사용해 왔던 언어이고, 컴퓨터나 수학 등 다른 학문의 분야에서 상호 효과적인 의사교환을 위해 고안된 것을 인공어라고 한다.

인간의 언어는 일정한 규칙과 체계를 가지는데, 음소, 형태소, 단어, 구, 절 등으로 이루어진다. 이 구성요소의 사용방법에 따라 음운론, 의미론, 형태론, 구문론, 화용론으로 나누어진다. 이러한 구조는 나라마다 사용하는 언어에 따라 조금씩 차이를 가진다.

1) 언어발달과정

영아기부터 시작되는 언어의 발달과정을 음성 언어, 문자 언어의 발달로 구분할 수 있다.

(1) 전 언어기

전 언어기는 성인이 알아들을 수 있는 체계적인 말소리를 사용하기 전인 시기이다. 울음으로부터 시작되는 이 시기의 음성 언어는 소리를 지각하고 울음소리의 분화, 미소와 웃음, 쿠잉, 옹알이 등으로 나누어진다.

① 소리의 지각

영아는 주위의 사람들이 하는 발소리를 지속적으로 듣게 되며 점차 다양하고 자기에게 의미 있는 소리에 초점을 맞추게 된다.

② 울음

영아가 의사소통하는 가장 기본적인 방법이다. 울음이 점차 분화하여 다양한 의미를 나타내게 되고, 자신의 의사표현의 도구로 가능하게 된다.

③ 미소와 웃음

미소는 내부 자극에 의해 나타나는 현상이고 웃음은 영아를 돌보는 성인의 표정, 다양한 소리, 신체적 자극에 의해 영향을 받으며 영아의 인지발달 정도를 예견하는 중요한 지표가 된다.

④ 쿠잉

생후 1~2개월이 지나면서 영아는 울음 이외의 발성을 시작한다. 이는 우연히 산출되는 목울림 소리이며 입의 안쪽 부분에서 '쿠'나 '구'로 생성되는 소리이다. '아아 …… ', '어어 …… '와 같은 모음의 소리가 반복되는 것이다.

⑤ 옹알이

옹알이는 생후 6개월 정도 되면 나타나기 시작하며, 8개월이 지나면서 보다 풍부해진다. '마마 …… ', '바바 …… '와 같은 자음과 모음이 합쳐서 나는 소리이다. 12개월경에 옹알이는 발화 문자에서와 비슷한 억양을 띄게 되며 모국어의 모음과 유사한 소리를 낸다. 성인이 내는 옹알이를 따라 하기도 하는데, 소리가 리드미컬하게 나타날 수도 있고 강세와 어조의 높이가 다양하게 나타난다. 이렇게 성인과 영아가 상호작용하면서 옹알이를 주고받거나 말에 대답하듯이 반응하는 것은 언어발달에 아주 중요한 역할을 한다. 성인과의 상호작용을 통한 발성기관의 연습이 되어 말하기를 준비하는 과정으로 풍부한 경험이 요구된다.

(2) 언어기

① 한 단어 시기(일어문 시기)

영아가 한 개의 단어를 사용하여 다양한 의사를 전달하는데 이것을 한 단어기 또는 일어문 시기라고 한다. 한 단어로 자신이 표현하고자 하는 여러 가지나 전체 문장을 의미하게 된다. 대략 12개월경에 나타나며 어휘가 점차 증가하여 15개월이 되면 약 50개의 단어를 알게 된다. 처음 '엄마', '우유'와 같은 명사에서부터 점차 '가자', '먹어'와 같은 동사로까지 이루어진다.

② 두 단어 시기

출생 후 18~20개월이 되면서 한 단어 시기가 끝나고 두 개의 단어를 사용하여 자기 의사를 표현하며, 그 후 2~3개월이 지나면서 세 단어를 사용하여 말하게 된다. 한 단어를 사용하는 것보다 두 단어를 사용하므로 더욱 구체적으로 의사표현이 가능해진다. '엄마 빵'이란 말은 '엄마 빵 좀 주세요'라는 표현으로 '전보 문장식' 표현이라고도 한다.

이 시기 어휘발달의 다른 특징으로는 과잉축소, 과잉확대를 들 수 있다. 영아가 단어의 일반적인 의미를 이해하지 못해서 한 단어의 의미를 과잉으로 확대하여 여러 가지를 의미하는 것에 사용하는 것이 '과잉확대'이고, 한 단어의 뜻만 그 단어를 지칭하는 것으로 사용하는 것이 '과잉축소'이다.

문법발달은 영아가 두 단어를 결합하여 말하기 시작할 때 일정한 어순에 의한 언어발달이 이루어진다. 그리고 몇 가지 특징이 나타난다. 이 시기의 문장은 두 개 또는 세 개의 단어로 이루어져 있어서 구조가 매우 단순하다. 두 단어를 조합하여 말하는 시기의 영아는 주축이 되는 단어를 중심으로 새롭게 습득한 단어를 조합하여 문장을 표현하는데, 이를 '주축 문법'이라 한다. 또한, 문법의 '과잉 일반화' 현상이 나타나는데 과잉 일반화란 문법 습득과정에서 영아가 예외를 피하기 위해 예측 가능한 유형으로 문법 규칙을 적용하여 말하는 현상을 의미한다.

③ 세 단어 이상 시기

30개월 정도부터는 세 단어 이상의 어휘를 사용하는데 모방, 반복, 학습, 창의적인 혼합 등에 의해 이루어진다(Brown, 1990). 이 시기에 어휘가 폭발적으로 확장되며, 명사와 동사의 사용이 가장 많이 나타난다.

영유아의 연령발달에 따른 어휘의 수를 조사한 것을 보면 1세를 전후로 하여 몇 십 개의 단어에 불과하던 어휘는 2세가 되어 약 200~300개 단어 이상의 어휘를 지니며, 3세가 되면 1,000개 정도로 확장하고, 5세가 되면 2,000개 이상으로 발달하는 것으로 볼 수 있다. 우리나라의 영유아의 경우에는 조사에 따라 차이는 있지만, 2~3세 유아는 1,150개, 3~4세는 1,595개, 4~5세 사이에는 2,487개로 증가되는 것으로 나타났다(이상금, 1993).

문법의 형태소도 갖추어지기 시작하는데, 조사, 시제, 부정문, 의문문, 복합문에 대한 개념이 발달한다. 유아가 문법에 대한 체계를 인식하기 시작하면서 적용하는 과정에서 '과잉 일반화'의 오류가 나타나기도 한다. 예를 들면, 조사를 사용함에 있어 '엄마가'에 적용했던 '-가'를 '동생이가'나 '선생님이가'로 과잉 일반화하는 것이 보인다. 이러한 현상을 볼 때 유아는 성인과 같이 배운 것을 그대로 적용하지 않고, 능동적으로 자신이 알아낸 문법적 규칙을 나름대로 적용해 보는 과정에서 창의적인 오류가 나타나는 것으로 볼 수 있다.

문장을 만들 때도 나름의 문법적 규칙을 적용한다. 의문문, 부정문, 피동과 사동 등과 같은 기본 문형을 알고 사용하기 시작한다. 운율을 이용한 단어 놀이도 가능하고, 놀리는 것과 같은 숨은 의미를 포함한 문장을 사용할 줄도 안다. 조사의 사용으로는 '엄마랑, 나도 같이'와 같은 공존격조사, '오빠가, 나는'과 같은 주격, 처소격, 목적격, 도구격조사 등 다양하게 확장되어 사용하기 시작한다.

동사의 사용도 서술형(-다, -이다, -야, -라, -자), 과거형(-ㄴ, -았었-), 미래형(-ㄹ), 수동형(-이, -히), 현재형(-ㄴ, -다)의 순서로 출현한다. 부정문의 경우 '아니'라고 하는 단어를 문장의 앞에 놓아 비존재, 거절, 부정을 구분하지 않고 사용하다가, '싫어', '아니야', '못' 등으로 분리하여 위치나 의미에 맞게 사용하는 것은 5세 이후에나 가능하다.

의문문의 사용도 나타난다. 초기에는 단어를 나열하여 억양을 사용한 의문형으로 "엄마, 이거?"처럼 사용한다. 그러다 '-까?', '-니?', '-지?' 등의 단어를 사용하게 된다. 무엇에 관한 질문과 답에 대한 의문이 먼저 나타나고, 원인과 결과에 대한 의문이 나중에 나타난다. 시간이나 공간에 대한 의문형도 나중에 발달하는 것으로 볼 수 있다.

피동과 사동의 사용도 나타나는데, "아빠가 나를 잡았어."를 "아빠에게 내가 잡혔어."와 같이 피동문으로 사용할 수 있다. "미연이가 정우에게 우유를 먹인다."를 "미연이가 정우에게 우유를 먹게 하다."와 같이 사동으로 표현이 가능해진다. 우리나라의 경우는 3세에 피동문이 나타나고 사동문은 3세를 전후하여 나타나 5세경에 안정되는 것으로 보았다(이연섭 외, 1979).

(3) 의사소통능력의 발달

영아가 태어나면 주 양육자는 아기의 얼굴을 쳐다보고 웃거나 말을 한다. 영아는 이 말을 들으면서 언어적 상호작용을 시작하고 이것은 의사소통능력의 발단이 된다.

의사소통에는 상대방의 말을 주의 깊게 듣고 이해하는 능력, 상대방의 연령·성·사회적 지위 또는 상황에 맞게 자신의 언어적 표현을 조정하는 능력, 자신이 하는 말을 상대방이 이해하고 있는가의 여부를 상대방의 반응으로부터 감지하고 조정해 나가는 능력을 필요로 한다(한국유아교육학회 편, 1996: 377).

영유아에게 의사소통이란 태어나서 자연스럽게 이루어지는 영유아와 양육자 간의 역동적인 상호작용이라 할 수 있다. 언어를 습득하기 이전부터 이루어지는 의사소통은 욕구충족을 위해서 표현되는 것으로 시작하고, 양육자가 영아의 행동에 반응함으로써 나타나는 쌍방 간의 소통이 만들어져 가는 것이다.

의사소통은 일방적인 것이 아니라 상대방과 주고받는 상호성을 가진다. '대화 차례 주고받기(turn-taking)는 의사소통에 있어서 기초적인 요소이다. 눈 마주치기, 미소 짓기, 손 동작 등은 엄마와 아기의 의사소통이 언어로 변화되는 과정과 흡사하다. 생후 첫 한 달의 면대면 의사소통(face-to-face communication)은 사람들 간의 의사소통 가능성을 나타낸다. 엄마가 영아에게 말하는 것뿐만 아니라 영아가 엄마에게 말하는 의사소통이 서로 영향을 미친다. 영유아기에는 부모나 양육자와의 많은 언어적 상호작용이 중요한데, 영아에게 책을 읽어 주거나 일상생활 속에서 사용되는 많은 단어를 게임을 통해서 사물에 이름을 지어 주거나 듣게 하고, 대화에 참여하게 하는 것이 중요하다.

유아기를 지나면서 유아의 발화는 좀 더 분명해지고 다른 사람의 의사소통 요구에 적절하게 말을 맞추어서 표현하는 능력도 생긴다. 4세 유아가 성인에게 이야기할 때는 길고 복잡한 문장을 사용하지만, 2세 영아에게 말을 할 때에는 말을 반복하거나 주의적인 단어를 사용함으로써 상대방에 맞춰 문장을 조절하는 것을 볼 수 있다(Shatz & Gelman, 1973).

영유아의 의사소통능력 발달을 위해서는 영유아와 함께 일상에 대해 이야기해 주고 대화를 나누는 것이 필요하다. 영유아의 놀이 상황이나 책 읽기 상황에서 어머니나 교사의 의사소통 행동은 언어적 자극을 주는 역할을 하며, 언어 모델링으로써 중요하다. 의사소통능력의 발달은 음성 언어의 발달적 측면뿐 아니라 대인관계 기술을 개발하고 유지할 수 있다는 면에서 아주 중요하다. 영유아기는 이러한 의사소통이 발달하는 중요한 시기이며 초기 영아의 언어적 대인관계는 언어발달에 큰 영향을 미친다는 점에서 성인 양육자에게 중요한 시사점을 가진다.

(4) 문자 언어의 발달

문자 언어의 발달은 문해능력으로 읽고 쓰는 것을 말하는데, 문자로 쓰인 언어를 이해하고 그 의미를 만드는 능력으로 읽기, 쓰기, 사고하기와 의사소통 모두를 포함한다고 할 수 있다. 문해발달은 글자 읽는 방법을 아는 과정에서부터 문법과 상황에 맞게 쓰고 적용하는 과정을 모두 포함한다. 이러한 문해(literacy)능력은 유아가 어릴 때부터 습득되며, 철자를 배우고 책을 읽고 쓰는 것에 직접적인 영향을 끼치며, 이 능력은 이후 초등학교의 학업에 영향을 주고 나아가 자신이 살아가는 세상을 변화시키는 데 활용된다.

읽기의 정의는 어떻게 하느냐에 따라 달라질 수 있는데, 읽기는 단순히 낱자나 단어를 소리 내어 발음하는 해독(encoding)뿐만 아니라 글자에 의미를 주고 의미를 알아내는 것이다. 유아는 어릴 때부터 자신의 주변 환경에서 보게 되는 글자를 먼저 이해하고 읽기 시작한다. 자신의 이름을 먼저 알기 시작하는데, '김주은'이라는 자신의 이름에 들어 있는 글자를 알게 되며, 주변에서 접하는 글자에 자기 이름에 들어 있는 글자를 먼저 익히기 시작한다. '김밥'에 있는 '김'을 '주유소'에 있는 '주'를 찾아서 읽기에 관심을 두기 시작한다. 유아는 자신에게 의미 있는 글자를 먼저 알기 시작하는데, 이것은 '의미 있는' 문해가 가지는 중요성을 알 수 있다. 영유아가 알아가기 시작하는 단어들이 '새우깡', '콜라' 등 자기가 좋아하는 물건이나 음식의 이름인 것을 보면, '의미 있는 읽기'의 예를 알 수 있다.

〈표 6-1〉 유아의 초보적 읽기 행동 다섯 단계

단계	유아의 읽기 행동
1단계	글자는 이야기로 전환될 수 있는 것임을 이해하는 단계
2단계	구어에서는 잘 사용하지 않는 특별한 형태의 문어체 이야기를 만들어 내는 단계
3단계	그림을 보고 적절한 문장을 생각해 내는 단계
4단계	책에 쓰인 문장의 대부분을 기억하는 단계
5단계	단어의 시각적 단서를 사용하여 문장을 재구성하는 단계

출처: Clay, M. (1972).

영유아의 읽기 발달에 관한 연구들은 영유아에게 이야기책을 읽게 하거나 자신의 이름을 읽어 보게 하는 것 등으로 살펴보았는데, 영유아의 읽기 발달의 특징이 단계별로 나타남을 보여 준다.

클레이(Clay, 1972)는 언어 획득 연구의 관점에서 유아의 초보적 읽기 행동을 조사하여 다섯 단계로 구분하였다(표 6-1 참조).

쓰기 발달도 음성 언어의 발달처럼 영유아가 자연스럽게 경험하는 문해 환경에 의해 이루어진다. 영유아는 주변에 가까이서 볼 수 있는 성인의 글자 쓰는 장면을 경험하면서 쓰기가 가진 진정한 기능을 알게 되고 쓰기의 실제적인 목적을 이해하게 된다. 쓰기는 인쇄된 형태의 언어적 표상이며 특별한 활자체를 창작하여 쓰는 기술뿐만 아니라 의미를 구성하는 여러 가지 기술을 포함한다. 문어는 말, 생각이나 표현을 문자로 쓰여진 상징체로 옮기는 것이므로 영유아의 구어 관련 기초가 잘 형성되어 있으면 쓰기를 표현할 준비가 된 것으로 간주할 수 있다(Schickedanz, 1983).

영유아는 쓰기를 배우는 과정에서 정확한 문법에 맞는 쓰기가 이루어지기 전에도 완전하지는 않지만 자신만의 독특하고 다양한 방법으로 쓰기를 표현한다. 흔히 그림이나 기호를 넣어서 문자와 함께 표현한다.

쉬케단즈(Schickedanz, 1990)는 생후 1년에서 6.6세까지에 이르는 연구를 통하여 영유아의 쓰기 발달을 정리하였다. 쓰기 도구에 대한 탐색으로부터 시작하여 선과 그림, 글자 모방, 창안적 글자 쓰기, 관례적 글자 쓰기 등의 순서로 나타난다고 하였다(표 6-2).

〈표 6-2〉 영유아의 쓰기 발달

월령	영유아의 쓰기 발달
12개월	쓰기 도구 자체를 탐색
18개월	우연한 수직선의 출현 이후로 의도적으로 수직선을 산출하기 시작(긁적거리기 단계: 수직선)
19개월	수평선 긋는 것에 초점을 두어 긁적거리기 시작(긁적거리기 단계: 수평선)
20개월	우연히 원형의 자국을 만들고 계속 여러 번 반복하여 시도하면서 쓴 글자에 이름을 붙이기 시작
22개월	수직선과 수평선을 그으면서 선 집단들을 분류하여 말하기 시작
23개월	"나도 쓸래"라는 말이 나타나기 시작, 선의 의도적 반복과 경험한 선들로 구성하는 경향이 나타남
31개월	아이디어가 쓰는 행동으로 나타난다는 생각이 출현. "무엇을 쓸까?" 하는 물음이 나타나고, 알파벳 글자의 모방이 나타남(의도적 자형 출현)
32~42개월	자신의 이름이 어떤 글자로 구성되는지 말로는 알고 있으나 쓸 수는 없음. 단어의 쓰기에서의 시각적 재창조 전략이 나타남
3.5세~ 4.5세	단어처럼 보이게 하는 것으로는 단어를 구성하지는 못한다는 것을 알기 시작. 이 시기 처음에는 "이 단어가 무슨 단어지?"라고 묻기 시작하다가 질문의 방향을 바꾸어 "이게 단어야?"라고 물음. 때로는 "'사랑하는 엄마에게'는 어떻게 쓰지?"라고 묻고는 편지의 내용을 그림으로 그리는 현상도 나타남. 이 시기 말쯤에 실제 단어를 사용하기 시작(글자 형태 출현)
5.5세~ 6세	소리 나는 대로 쓰면 단어의 철자가 된다고 생각. 자신이 쓴 것과 다른 사람이 쓴 것이 다르다는 것을 알아차리기 시작하고 단어를 쓰는 것은 아주 어려운 것이라는 생각을 가짐. 그래서 한동안 쓰지 않으려고 하는 현상이 생김
6세~ 6.5세	철자 속에 묶음이 있다는 것을 알고 발견함. 철자를 바르게 쓸 수 없기 때문에 쓰기 싫어하는 현상이 나타남
6.5세 이상	표준적인 철자가 나타남

출처: Schickedanz, J. (1990).

2) 언어발달이론

(1) 학습이론

학습이론에서는 유아의 언어발달이 학습에 의해서 이루어진다고 본다. 스키너 같은 학자는 학습을 경험이나 연습을 통해서 일어난 행동의 지속적인 변화로 간주한다. 학습의 이론처럼 언어도 같은 방법으로 습득된다고 본다. 언어학습과 같은 특정 학습은 전적으로 인간행동을 형성해 주는 환경의 작용이며, 행동은 특정한 자극의 출현으로 나타난 특정 반응의 강화를 통해 형성된다고 한다.

이 학습현상은 '엄마'라는 언어습득도 '엄'이라는 소리를 내는 영아의 언어 행동에 대하여 엄마가 반응을 하자, 점차 '강화'가 되어 반복 연습되고 '엄마'라는 단어가 학습이 되어 가는 과정으로 보았다. 이처럼 언어발달은 자극, 모방, 강화가 중요한 요인으로 작용하여 반복하면서 후천적으로 학습되는 것으로 보았다. 강화가 일어나지 않은 단어는 사용이 줄어들거나 소거된다. 이런 주장을 한 대표적인 학자는 스키너(1957)이다. 그는 인간의 다른 행동처럼 언어도 학습의 원리로 발달한다고 보았다. 이러한 원리로 유아는 인간의 말을 학습하게 되고 그중에서도 유아가 주변 사람들로부터 강화되고 반복되는 경험에 의하여 모국어를 학습하게 된다.

반두라는 인간의 학습과정은 직접적인 강화에 의해서 일어나기도 하지만 타인의 행동을 관찰하고 이를 모방함으로써 새로운 행동을 학습한다고 본다. 언어발달도 영아기부터 주변 성인의 언어행동을 관찰하여 모방함으로써 발달시켜 간다고 한다.

학습이론은 언어습득이 영유아가 환경적 언어 자극에 대하여 성인의 강화에 의한 수동적으로 경험한 행동의 결과로 본다. 언어습득에 있어서 영유아의 내재적 과정이나 심리적인 과정은 고려하지 않는 것이다. 영유아 언어에 대한 성인들의 반응을 살펴보면 항상 정확한 문법에 맞추어 말을 하는 것이 아니다. 영유아가 문법에 맞지 않는 말을 해도 성인이 항상 그것을 지적하거나 문법에 맞게 수정해 주지는 않는다. 오히려 문장의 문법보다는 문장 내용의 진위나 태도에 대한 강화를 하는 경향이 있다.

성인이 가르쳐 주지 않은 많은 단어를 배운다. 이것은 영유아가 성인이 가르쳐 주는 자극에 대한 강화의 결과로는 설명이 되지 않는다. 또한, 영유아의 언어발달 단계에서 나타나는 '동생이가'와 같은 과잉 일반화 현상이나, 영유아가 주변 사람들에게서 들어 보지 않았던 단어나 새로운 단어를 창조해 내는 현상을 설명해 주지 않는다. 그리고 어느 인종, 문화, 환경에서나 비슷한 언어발달 단계를 가지고 언어를 습득한다는 것을 설명할 수 없다.

(2) 생득이론

생득주의 이론에서는 인간은 누구나 자기가 태어난 곳에서 특별한 학습이 없어도 어느 나이가 되면 모국어를 습득하게 되며 문법의 구조도 스스로 파악하여 알게 된다고 한다. 이러한 언어습득능력을 인간이 타고난 능력으로 보는 것이 생득주의의 입장이다. 즉, 인종, 지능, 문화에 상관없이 인간은 어느 곳에서 태어나든 그 주변에서 사용하는 언어를 습득하게 되고 영유아기에 언어를 거의 다 배우며, 이는 인간의 타고난 생득적 능력이라는 입장이다.

생득주의 이론의 대표적인 학자는 촘스키(Chomsky)인데, 언어습득능력은 마치 인간의 두뇌에 언어를 습득할 수 있는 기제가 있어 언어를 가공하고, 규칙을 구축하고, 문법을 이해하게 해 주는 프로그램화된 장치가 되어 있다고 보았다. 이 기제를 언어습득기제(language acquisition device)라고 한다. 인간이 태어날 때부터 가지고 태어나며 어떤 언어도 최소한의 노출로 쉽게 습득할 수 있게 하는 장치이다. 이 언어습득기제에 의해 영유아는 선천적 능력으로 언어의 구조, 형태, 문법 등을 이해하고 배운다고 본다. 각 나라의 문화적 차이에도 불구하고 영아가 동일한 순서로 언어를 획득하는 모국어 습득 현상을 적절하게 설명한 것이다.

노암 촘스키
(Noam Chomsky, 1928~)

레네버그(Lenneberg, 1967)도 언어를 사용하는 것은 인간이 가지는 종 특유의 행위로서 선천적으로 가지고 태어나며 인간의 성숙 및 발달과 상관이 있다고 하였다. 그는 인간의 언어습득에 결정적 시기가 있음을 주장하면서, 영유아기의 유연성을 강조하였다.

생득론자의 이론은 언어의 내적 과정을 설명하였고 언어의 구문적 구조를 설명하는 데 기여하였으며 인간을 심리적으로 능동적이고 창조적인 존재로 보았다는 타당성을 가졌다. 그러나 영유아 간에 나타나는 문법적 기술, 유창성의 차이나 단어의 의미를 이해하는 과정을 설명하기에는 부족하다는 단점이 지적된다.

(3) 상호작용이론

인지적 상호작용은 언어발달이 생득적이라기보다는 인지적 성숙의 결과로 획득되는 여러 가지 능력 중 하나라고 보았다. 대표적인 학자로는 피아제를 들 수 있는데, 언어란 사고의 발달에 의해 표현할 수 있는 것으로 인지와 상징 능력에 기초한 지적 능력의 행동적 스키마(schema)에 의한 것이라고 한다. 영유아가 경험한 환경과의 계속적인 상호작용에서 지식을 능동적으로 구성한다.

피아제는 표상기능의 하나인 언어를 독립적으로 설명하지 않고, 표상능력은 출생 시에는 없으나 전 표상적 시기를 통해 모방이 내면화되면서 발달된다고 보았다(Piaget & Inhelder, 1969). 영유아가 감각운동기 동안 사고가 논리적이 될 때 그 표현은 분명해지며 지능의 기원은 감각운동 기제와 행동에 있으므로, 사고 구조가 세련될수록 언어도 필요해진다고 주장한다(Lavatelli, 1970). 영아는 감각운동기 초기에 자기의 눈앞에 물체가 없으면 이 세상에 존재하지 않는다고 생각한다. 따라서 어떤 물체를 상징할 언어가 필요하지 않다. 그러나 물체의 영속성 개념이 생기면 자기 눈앞에 어떤 물체가 없더라도 그 물체가 존재한다는 것을 알고 있기 때문에 그 물체를 상징할 언어가 필요하다. 영유아는 눈앞에 존재하지 않는 어떤 물체를 표상하기 위해 상징을 사용하는데, 이것이 단어로 나타난다. 그 결과 영유아는 물체의 영속성 개념이 형성된 후 단어를 사용한다(이영자, 2004).

이와 같은 맥락으로 자기중심적 사고를 하는 전조작기 유아는 자기중심적 언어를 사용한다. 감각운동기에 있는 영유아는 어휘를 반복하거나 놀이를 하면서 혼자 독백을 하는 경우가 있다. 이때 나타나는 혼잣말은 타인과 의사소통하려는 것이 아닌 자기중심적으로 사고하기 때문에 나타나는 현상으로 본다.

피아제와 달리, 비고스키는 인지발달에 있어서 사회문화적 환경을 중시했다. 언어는 다른 사람들과의 의사소통과 정신적 접촉을 위한 일차적 수단이기 때문에 사회적으로 형성되는 정신에 결정적 역할을 하고, 사회적 경험을 심리적으로 표현하는 주요한 방법이 되며, 사고를 위한 필수적인 도구이다. 언어는 사회문화적 세계와 개인의 정신기능을 연결시켜 주는 중요한 매개체가 되기 때문에 언어의 습득은 영유아의 인지발달에 있어서 가장 중요한 획기적인 사건으로 보았다(Berk & Wiinsler, 1995).

비고스키(1962)는 "사고란 사고의 도구인 언어와 유아의 사회, 문화적 경험에 의해 발달하며 영유아의 지적인 면은 사회적 도구인 언어습득에 따라서 그 사회의 문화적 행태나 사고체계를 발달·습득하게 된다."라고 하였다. 언어의 속성을 '사회적'이라고 보는데, 언어는 그 사회의 문화와 관습, 사고방식을 포함한 사회에서 필요한 상징 언어이고, 그 사회의 언어를 배움으로써 사회를 살아가는 데 필요한 것을 배우게 된다고 본다(Vygotsky, 1978).

비고스키는 언어단계 초기에서는 언어와 사고는 분리되어 있다가 3세경부터 언어와 사고가 합쳐지는 경험이 시작된다고 하였다. 이 시기에는 유아의 다양한 경험이 시작되면서 사회적 상호작용이 시작되므로 의사소통을 위한 외적인 말(external speech), 즉 사회적인 말이 본격적으로 발달되기 시작한다. 혼잣말은 자기중심적 언어로 7세 이전의 유아에게서 나타난다. 이 자기중심적 언어에 관한 견해는 피아제와는 다르다. 비고스키는 두 가지 언어의 기능을 말하는데, 다른 사람에게로 향하는 사회적 기능과 자기 자신에게로 향하는 내적인 언어가 있다. 자기중심적인 언어는 이 두 가지 언어에서 내적인 언어로 가는 과정에 나타난다. 7세 이후가 되면 사고능력의 발달과 함께 논리적 언어를 사용하고 머릿속에서 조작이 가능한 내적 성장 언어를 사용하게 된다고 주장한다.

사회적 상호작용주의에서는 유아와 사회적 상호작용을 하는 주변 어른의 역할을 중요시하였는데, 부모가 유아에게 적절하게 언어적 경험을 제공하며 언어적 상호작용은 유아의 언어 기술을 촉진한다.

4 지능과 창의성 발달

1) 지능(Intelligence)

지능은 문제해결 및 인지적 반응을 나타내는 개체의 총체적 능력이라 할 수 있다. 지능은 학자에 따라 조금씩 다르게 정의되고 있다.

지능검사는 프랑스의 비네(Binet)가 시몬(Simon)과 함께 1905년 처음으로 영유아의 지능을 측정하면서 비네 – 시몬 척도를 제작하였다. 그는 지능을 "일정한 방향을 설정·유지하는 경향성, 소망하는 결과를 성취할 목적으로 순응하는 역량, 그리고 자기비판의 힘"으로 정의하였다(윤경희·이성진, 2000). 이 검사를 근거로 지능검사를 표준화한 터먼은 지능을 "추상적 사상을 다루는 능력"이라고 정의하고, 추상적인 사고를 할 수 있는 능력의 수준에 따라 개인의 지능을 가늠할 수 있다고 하였다. 즉, 지능이란 추상적인 개념으로 사고할 수 있는 능력, 추상적인 문제해결 능력이라는 것이다(Terman, 1924). 개인용 지능검사를 개발한 웩슬러(Wechsler)는 "유목적적으로 행동하고, 합리적으로 사고하고, 환경을 효과적으로 다루는 개인의 종합적 능력"이라고 정의하고 있다.

여러 학자의 지능에 관한 개념은 다양하게 논의되어 왔다. 지능은 사회적 능력을 고려해야 하는데, 이는 문화적인 차이도 배제할 수 없다. 따라서 최근의 연구에서는 지능을 사회적 능력과 관련되어 있다고 보는 입장과, 문화마다 다르다고 보는 입장 등 다양하다. 또한, 지능은 실제적인 문제해결능력, 개인의 성격, 학습능력 등 여러 가지 요인과의 연관성을 생각하지 않을 수 없다.

이처럼 지능을 다양하게 정의하나, 이론가들은 지능이 완전히 발달한 성취물이라기보다는 일종의 능력 또는 잠재력이며 생물학적 근거를 가지고 있다는 것에는 그 의견을 같이 하고 있다.

지능 측정방법은 지능을 보는 관점에 따라서 달라질 수 있다. 심리 측정 접근방법은 지적 능력의 특성을 밝혀 개인 간의 지적 능력 차이를 구별할 수 있도록 이들 특성은 정확하게 측정하고자 하는 것이다. 인지과제 해결 요인이 주를 이루는데, 언어 이해력, 추론력, 수리력, 공간지각, 지각 속도, 어휘 유창성, 기억력 등과 같이 학업을 수행할 때 사용되는 지능의 측면을 알아본 것이다.

1980년대가 되면서 심리 측정적 접근의 제한점을 지적하면서, 기존의 지능이 학업 수행에 필요한 능력을 기준으로 알아보는 것이었으며, 실제 생활에서 활용할 수 있는 포괄적인 지능에 대한 검사가 요구되었다. 지능이 단일 능력인가, 아니면 복합 요인으로 구성된 것인가에 관한 논쟁은 오랫동안 계속되어 왔지만 최근에 와서는 지능을 다차원적인 것으로 보는 경향이 우세하다. 지능의 처리과정과 전략을 강조하는 접근이 나오기 시작하였다. 스턴버그와 가드너가 그 대표적 인물이다. 포괄적이고 종합적인 이론을 제시한 이들은 종래의 지능검사로는 중요한 정신능력을 측정하지 못한다고 본다. 이들의 이론적 틀은 정보처리이론에 근거한 것이다.

지능이란 인간의 지적 능력을 나타내는 대표적인 심리학적 개념이다. 교사나 일반인들이 가지고 있는 지능의 개념은 학생을 평가하는 데 영향을 줄 수 있다. 또한, 그러한 지능의 측정값은 학생의 지적 특성을 이해하고 진단하거나 학교와 직업에서의 성공을 예언하는 데 중요한 지표로 활용되고 있다. 다시 말해, 지능이란 얼마나 빨리, 얼마나 쉽게 학습할 수 있는가에 영향을 줄 뿐만 아니라 교과과정의 다른 부분을 배울 수 있는가의 문제에 작용되기도 하는 이러한 능력을 측정하는 것이다.

(1) 스턴버그(Sternberg)의 지능의 삼원이론

로버트 스턴버그(Robert Sternberg)는 자신의 초등학교 6학년 시절 지능검사를 받으면서 아주 저조한 점수를 받게 되어 다시 5학년으로 가서 지능검사를 받은 결과, 우수하고 자신감이 더 생기면서 두 번째 수행을 통해 더 잘할 수 있다는 것을 발견하였고, 7학년부터 지능검사에 관해 관심을 두고 연구하기 시작하였다. 이를 기초로 지능은 학교에서의 수행능력보다는 실생활에서의 수행능력이 더 중요함을 지적하였다. 스턴버그는 인간의 지능을 측정할 때 IQ와 같은 단일한 준거로 조사한 능력으로는 실생활에서 필요한 지능을 알아보는 데 한계가 있다고 지적하면서, 광범위한 측면에서 지능을 이해할 필요가 있다고 하였다. 실용성, 창의성, 개성 등을 고려하여 사회적인 성공을 예견해야 한다고 주장했다. 즉, 지능 삼원론(triarchic theory of intelligence)의 세 부분인 '분석적 지능'과 '창조적 지능', '실제적 지능'을 보아야 한다고 한다. 이 세 가지 지능을 효과적으로 균형 맞추려는 사람이 성공적인 사람이라고 하며, 이 지능을 성공지능(successful intelligence)라고 하였다.

스턴버그는 지적인 활동을 할 때 문제를 해결하기 위해서 정보를 어떻게 모으고 사용하는지를 알아보는 지능을 이해하려고 하였다. 이는 기본적으로 지능이 분석적, 창의적, 실제적 지능으로 구성되어 있으며, 이 세 가지 지능은 하위 요소로 나누어진다.

스턴버그는 인간의 지적 능력을 설명함에 있어서 성취 결과에만 의존하지 않고 과정적 측면과 경험, 상황의 요소를 함께 고려하고 있다. 종전의 지능이론보다 더 완전한 이론이 되려면 개인과, 개인의 경험으로부터 나온 행동과, 행동의 상황 중에서 일부만 고려하는 것이 아닌 세 가지를 모두 고려해야 한다고 주장하였다. 이 이론이 바로 삼원이론이고, 삼원이론은 세 가지 근원을 각각 고려한 세 가지 하위이론 – 상황하위이론, 경험하위이론, 요소하위이론 – 으로 구성된 하나의 종합적인 지능 이론이다.

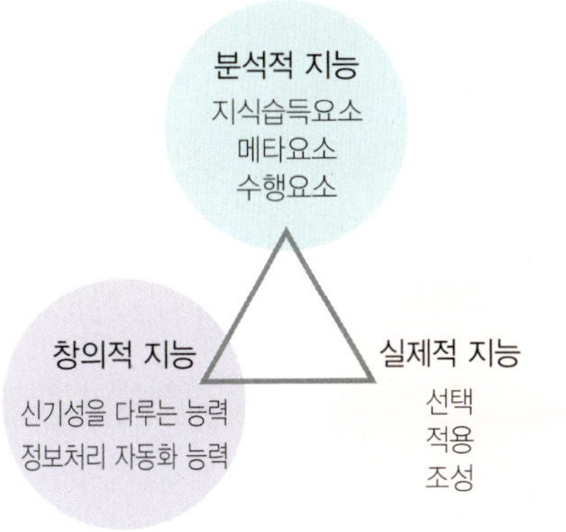

그림 6-6 | 스턴버그의 삼원지능이론의 구조

분석적 지능(Analytical Intelligence)에서는 일반적인 학문적 능력으로, 특정 정보를 비교하거나 분석하기와 같은 정신작용이다. 문제의 요소나 요소 간의 관계를 조직하는 전략을 사용하여 친숙한 문제를 해결하고자 한다. 많은 지능 측정이 이런 유형으로 되어 있다. 요소하위이론으로는 지식습득요소, 메타요소, 수행요소로 구성된다.

창의적 지능(Creative Intelligence)에서는 문제에 대한 새로운 접근을 생각하고 새로운 정보를 조합하여 새로운 문제를 해결한다. 창의적인 사람들은 다르고 구별되는 개념 사이에 연관성을 잘 찾아내는 특성을 가진다. 인간의 경험과 연관되어 상상력, 발명, 종합적 능력을 통하여 예술가, 발명가, 학자 등에게서 찾아볼 수 있다. 경험하위이론으로는 신기성을 다루는 능력, 정보처리를 자동화하는 능력으로 구성된다.

실제적 지능(Practical Intelligence)에서는 아는 것을 일상의 맥락과 상황에 적용하여 문제를 해결하게 된다. 일상적인 경험에 의해서 획득되는 능력으로 원만한 인간관계, 사회적 유능성, 뛰어난 적응력 등이 해당된다. 이 지능의 상황하위이론으로는 적응, 조성, 선택이 있다.

스턴버그는 삼위일체이론의 각 하위이론에 따라 교육 현장에서 지능의 측정 및 진단에 중요한 방향을 제시한다.

첫째, 상황하위이론에 입각해 학생의 지능을 측정할 때 지능검사가 지나치게 인위적인 학업지능만을 측정할 것이 아니라, 학생 개개인이 처해 있는 사회문화적 환경에서 표출되는 지적 행동과 관련된 현실 세계의 지능을 보완해야 한다고 주장한다.

둘째, 경험하위이론과 관련하여 지능은 지적 과제의 신기성을 다루는 능력과 정보처리 과정을 자동화하는 능력을 관련시켜 측정해야 한다고 제안한다. 따라서 교사가 학생의 지능을 측정할 때는 비교적 새로운 과제 또는 견고하게 확립되지 않은 과제를 선택해야 하며, 학생이 이미 어느 정도 친숙해서 수행을 자동화시킬 수 있는 과제도 선택해서 두 가지를 다 측정해야 한다.

셋째, 요소하위이론과 관련해 단순히 속도 그 자체에만 관심을 두기보다는 문제를 해결하는 과정에 어떻게 시간을 할당했는지에 더 많은 관심을 둘 것과, 검사에 있어 지능의 다양한 수행요소에 대한 점수를 분리해 낼 것, 그리고 학생의 지능에 가장 큰 책임이 있는 요소가 메타요소임을 인식하여 그러한 메타요소를 측정하고 진단할 필요가 있다는 점 등을 피력한다.

그리고 스턴버그는 지능이 훈련될 수 있을 뿐 아니라 마땅히 훈련시켜야 한다고 주장한다. 그의 주장은 현대의 정보처리 지능이론가들이 지능을 진단할 수 있고 가르칠 수 있는 정보처리 능력 또는 사고력과 학습력으로 간주하는 견해에 근거를 두고 있다. 그는 지능과 사고력을 증진시킬 수 있는 우수한 훈련 프로그램들이 많이 개발되어 있음에도 불구하고, 학생 대부분이 전통적인 교육과정의 부담때문에 이런 프로그램에 참여하지 못하고 있다고 지적한다. 그는 일선 학교에서도 현행 교육과정에 이러한 지능훈련 프로그램을 보완시켜야 한다고 주장한다.

스턴버그의 성공지능이란 분석적 지능, 창의적 지능, 실제적 지능을 균형적으로 활용하여 자신의 장점과 단점을 인식하고 보완·수정해 나가는 방법으로 스스로 환경을 조성하거나 선택함으로써 자신의 잠재능력을 발현시키는 것이다. 유아의 경우에 부모나 교사가 세 지능이 골고루 발전할 수 있도록 다양한 접근을 통해서 가르칠 필요가 있다. 유아 자신의 강점과 약점을 발견할 기회를 제공하고, 강점은 키우고, 약점은 보완할 방법을 찾는 것이다. 세 가지 지능을 적용한 교수방법에서도, 예를 들어 창의적 교수법은 예술 수업에서뿐만 아니라 언어수업에서도 가르친다면, 한 가지 방법을 사용하는 것보다 여러 가지 방법으로 동원할 경우 교육적 효과는 훨씬 높을 것이다.

(2) 가드너(Gardner)의 다중지능

"지능은 다원적인 개념입니다. 언어적, 논리적, 음악적 지능 등이 각기 따로 존재합니다. 그래서 천재란 IQ처럼 똑같은 기준으로 평가할 수 없는 것이고, 자신만의 고유한 비범성을 발달시키는 것이 창의성의 열쇠입니다(Gardner, 2000)." 가드너가 한 말이다. 그는 지능은 하나의 개체에서 나오는 것이 아니라 여러 가지 요소를 지녔다고 말했다.

가드너는 기존의 지능에 관한 개념으로는 인간능력을 표현하기에 부적절하다고 지적하면서 다중지능을 주장하였다. 또한, 지능을 특정 문화권에서 중요한 문제해결능력 또는 문화적 산물을 창출해 내는 능력이라고 보았다. 그는 지능(intelligence)과 재능(talent)을 같은 용어로 간주하며, 지능을 지적 활동의 산물(product)이자 과정(process)이고 동시에 내용(content)이며 형태(style)로서, 이 모두를 의미한다고 본다. 언어적 혹은 논리 - 수학적 지능을 중심으로 한 방법으로는, 이러한 능력을 이해하고 측정하기에 부족하다고 하였다. 또한, 기존 지능의 세 가지 문제점을 지적하였다—지능을 단일 요인으로 가정한 것, 지능의 유전을 지나치게 강조한 것, 측정방법으로 객관화된 검사인 지필검사에 의존한 것.

인간의 지능은 훨씬 다양하며 각 요인의 결합 형태에 따라 개인의 독특성이 결정된다. 또한, 인간의 지능은 문화적으로 상대적이라서 문화권마다 인정하는 지적 능력이 다르므로, 지능의 정의는 문화권에 따라 달라질 수 있다는 것이다.

복합 지능은 심리 측정적 관점에서의 지능보다 더 세부적인 능력이며, 학교나 사회 등 구체적 상황에서 생산적 기능을 발휘하는, 즉 자연 상태에서의 의미 있는 활동이나 문제해결에 사용하는 능력을 의미한다.

이러한 근거에 의해 인간의 지적 활동을 서로 독립적인 9개의 분야로 나누어 각 분야에 대응하는 아홉 가지의 지능을 다음과 같이 구분하였다. 이 중에서 자연관찰 지능과 실존 지능은 최근에 추가한 것이다.

① 논리-수학적 지능(Logical-mathematical Intelligence)

논리 - 수학적 지능은 숫자를 효과적으로 사용하는 능력 및 추론을 잘하는 능력을 말한다. 추상적 유형을 확인하고 귀납적, 연역적 추리를 하고, 관계와 결합을 구별하거나 복잡한 계산을 수행하고 과학적 추리를 하는 과학적 사고에 관한 능력을 말한다. 수학, 과학, 논리 분야의 천재들에게서 발견되는 능력으로 범주화, 분류, 추리, 일반화, 계산, 가설검증 등은 논리 - 수학 지능이 작용하는 사고과정의 예이다. 컴퓨터 프로그래머, 생활설계사, 공인회계사, 회계감사원, 의사, 수학자, 은행원 등으로 관련 직업의 예를 들 수 있다.

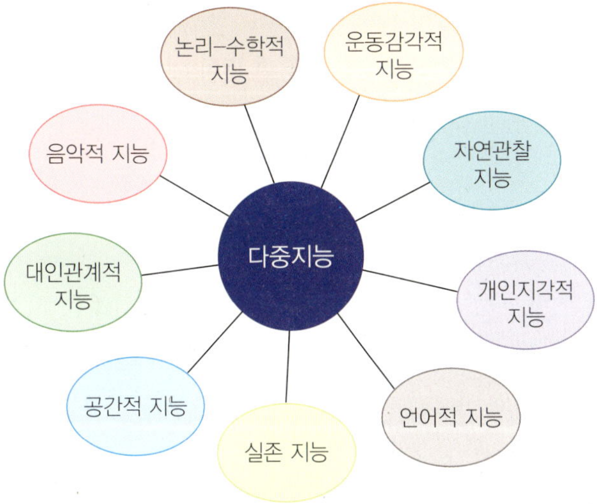

그림 6-7 ❙ 가드너의 다중지능

② 언어적 지능(Linguistic Intelligence)

언어적 지능이란 말이나 글로 언어를 효과적으로 구사하는 능력을 말한다. 문학가나 언론인에게서 나타나는 재능으로 기존 지능검사의 언어요인(verbal intelligence)에 해당된다. 어휘의 소리와 리듬, 의미, 언어의 서로 다른 기능을 민감하게 파악하는 능력을 말한다. 언어적 지능의 소유자는 책 읽기를 즐겨하고, 책에 빠져 있는 시간이 많거나 이야기를 잘하는 재능을 가지고 있다. 자폐증이 있음에도 악기 연주를 잘 할 수 있거나 심한 실어증을 앓아도 훌륭한 음악가, 미술가, 기술자 등이 있음을 볼 때, 언어 지능은 음악적, 공간적 지능과는 별개로 존재하는 고유의 지능이라는 것을 알 수 있다(Gardner, 1993).

③ 음악적 지능(Musical Intelligence)

음악적 지능은 작곡가, 연주가, 성악가, 지휘자 등 음악가에게서 발견되는 음악적 재능을 말한다. 리듬과 멜로디를 인지하고 감상하며 만들어 내는데, 직관적 이해와 분석적이고 기능적인 음에 대한 지각력, 변별력, 변형능력, 표현능력을 말한다. 음악적 지능은 생후 2개월이 되면서 엄마의 자장가에서 가락과 음조를 구별할 수 있게 되면서 발달이 시작되지만, 취학 연령 이후에는 기술적 측면 외의 음악적 능력은 발달하지 않는다. 자폐아도 악기를 훌륭히 연주하는 것을 볼 때 음악적 지능은 독립된 지능이라 할 수 있다.

④ 공간적 지능(Spatial Intelligence)

공간적 지능은 시각적 세계와 공간적 세계를 정확하게 지각할 수 있으며, 그 지각을 통해 형태를 바꾸는 능력으로 추상적인 것을 구체화하는 시각화 능력, 시각적·공간적 아이디어를 기하학적으로 표현하는 능력, 자신을 어떤 공간상에 적절하게 위치시키는 능력을 말한다.

건축가, 기술자, 조각가, 미술가에게서 발견되는 재능으로 시각적, 공간적 세계를 정확히 지각하고 그 지각한 내용을 머릿속에서 변형·회전시켜 볼 수 있는 재능이다.

⑤ 운동감각적 지능(Bodily-kinesthetic Intelligence)

운동감각적 지능은 신체로 어떤 생각이나 감정을 표현하는 능력과 자신의 손을 이용하여 사물을 만들거나 변형시키는 능력을 말한다. 운동선수, 무용가, 마술사에게서 나타나는 재능으로 자신의 신체적 동작을 완벽하게 통제하고 물체를 솜씨 있게 다루는 재능이다. 어느 사람에게서나 나타나는 것으로 보편적이라고도 볼 수 있다.

⑥ 대인관계적 지능(Interpersonal Intelligence)

대인관계적 지능은 다른 사람의 기분, 의도, 동기, 느낌을 분별하고 지각하는 능력, 특정 행위에 따르도록 집단의 사람들에게 영향력을 행사하는 능력, 감각과 대인관계의 암시를 구별하는 능력, 실용적인 방식으로 암시에 반응하는 능력을 말한다. 다른 사람들을 이해하고 함께 일할 수 있는 능력이라 할 수 있는데, 다른 사람들의 감정에 쉽게 동조할 수 있으며 사회적으로 책임감 있는 사람이거나 예리하고 책략적이며 다른 사람들의 내면으로 들어가 그 사람의 관점으로 세상을 바라보는 능력을 가지고 있다. 상담자, 교사, 사회학자, 배우, 판매원, 종교인, 사상가 등에게서 발견되는 지능이다.

⑦ 개인지각적 지능(Intrapersonal Intelligence)

개인지각적 지능은 자아를 이해하는 것에 관련된 지식과 그 지식을 기초로 적응하는 능력, 자신에 관한 정확한 모습을 알아내고, 그에 따른 자아 훈련, 자아 이해가 뛰어난 사람이다. 자신의 감정을 잘 알고 다스리는 사람, 신체적 컨디션과 행동을 잘 조절하는 사람, 자신의 내적인 감정 상태를 식별하고 자신의 생애를 풍부하게 하는 사람이다. 개인지각적 지능은 매우 개인적이며 다른 지능과 혼합되어 나타나는 것이 일반적이기 때문에 구체적으로 개인 이해 지능을 파악하는 것은 어려우며 언어, 음악과 같은 다른 형태의 지능적 지능을 요구한다. 심리학자, 작가, 발명가, 철학자, 작곡가, 종교인에게서 발견되는 능력으로 자신의 느낌, 장단점, 특기, 희망, 지능, 관심 등을 잘 파악하는 재능을 의미한다.

⑧ 자연관찰 지능(Naturalist Intelligence)

자연관찰 지능은 동식물이나 자연 현상의 유형을 자세히 관찰하여 차이점이나 공통점을 찾아 구별하고 분석하는 능력이다. 식물, 동물, 광물을 포함한 자연에 흥미와 관심이 있으며 자신의 환경으로부터 최상의 것을 얻어 내고, 생존·적응할 수 있는 능력을 말한다. 관련 직업으로는 유전공학자, 식물학자, 생물학자, 수의사, 조류학자, 의사, 약사, 원예가, 환경운동가 등이 있다. 진화론을 세운 다윈과 같은 사람이 대표적인 인물이다.

⑨ 실존 지능(Existentialist Intelligence)

실존 지능은 인간의 존재 이유, 참 행복의 의미, 삶의 근원적 가치, 인간의 본성 등을 추구하는 능력을 말한다. 철학적인, 어떤 의미에서는 상당히 종교적인 사고를 할 수 있는 능력이다. 이 지능은 뇌에 해당 부위(brain center)가 없으며, 영유아기에는 이 지능이 거의 나타나지 않기 때문에 가드너는 다른 여덟 가지 지능과 달리 반쪽 지능으로 간주한다.

지능이란 한 사회에서 중요시하는 인간의 능력이므로 사회에 따라 도덕 지능, 요리 지능, 예술 지능도 설정할 수 있으며, 문화에 따라 아홉 가지 외에도 지능의 종류가 더 있을 수 있다. 그러나 인간의 사회 활동을 상징체계에 따라 자연스럽게 분류할 때, 그는 지능을 아홉 가지로 나누고 있다.

(3) 지능의 안정성과 변화성

지능은 개발할 수 있는 것인가? 지능은 변화하지 않는 것인가? 어떻게 지능을 개발할 수 있는가? 등의 질문은 자녀를 양육하는 부모나 교육을 하는 교사들뿐만 아니라 인재를 필요로 하는 곳에서는 누구든 궁금할 것이다. 한 번 검사한 지능은 그 이후에도 변하지 않는 것인지도 궁금할 것이다.

베일리와 동료들(Bayley et al.)은 이러한 지능에 관해 30년 이상 계속 이루어진 장기 연구를 통해서 결론을 얻었다. 첫째, 장기간에 걸쳐서 지능을 측정한 결과 개인의 지능에 상당한 변동이 있음을 발견하였다. 둘째, 여러 연령에 걸쳐서 IQ를 측정하여 서로 비교해 본 결과 연령이 높아질수록 IQ가 안정되어 간다. 셋째, 지능은 10대 후반이나 혹은 20대 초에 절정을 이루는 것이 아니라 적어도 50세에 이르기까지 계속 성장한다.

웩슬러(1958)가 연구한 결과 15세까지는 급속하게 발달하고, 그 후 20세까지는 약간 상승하고, 20세 이후에는 서서히 하강한다. 베일리(1949), 혼지크(1948)의 연구도 유사한 결과를 보여 주었는데, 출생 초기에는 급속한 발달이 이루어지고, 가장 최고조는 15~20세인 것으로 보인다. 혼지크와 동료들(Honzik et al., 1948)은 영유아기 동안에 지능점수는 상당히 높은 상관이 있는 것으로 조사하였다. 8세와 10세의 상관계수는 .88이고, 9세와 10세의 상관계수는 .90이었다. 10세와 18세의 상관계수도 .70 이상으로 높게 나타나 연령이 증가해도 지능은 안정적이라는 것을 결론지었다. 블룸(Bloom, 1964)도 17세경을 정점으로 하여 그 이상의 연령에는 더 이상 상승하지 않고 오히려 미미하지만 점차 감소하는 추세를 보인다고 하였다. 이는 연령이 증가할수록 지능이 안정되어 간다는 베일리의 입장을 지지한다.

지능의 안정성을 알아본 연구들은 지능에서 가족 간의 유전적 요인상관을 알아본 것이나 입양된 부모와의 상관연구 결과 등은 유전적인 요인이 있음을 보여 주고 있다.

그러나 연령이 증가하여도 인간의 지능은 발달하지만 성인의 지능을 측정할 수 있는 적절한 도구가 개발되지 않았기 때문이라는 의견도 있다(Schaie, 1983).

베일리의 성인이 되어서도 지능은 계속 성장한다는 세 번째 연구 결과처럼 지능은 성인이 되어서도 계속 성장한다는 것을 지지하는 연구도 있다. 미국 시애틀 종단연구에서는 1956년에 개인적 인지 수행 정도를 알아보았는데, 22세에서 84세 사이의 성인 3,900명을 대상으로 이루어졌다. 50세가 되면 지각이나 수 능력은 감소하는 경향이 있으나, 공간지각, 구어 능력, 귀납적 사고 등에서는 60세가 될 때까지 지속된다는 결과를 보였다. 이전 연구들과는 달리 성인이 되어도 인지능력이 안정적이며 60세 이후에나 감소하는 것을 보여 주었다(Schaie, 1994). 많은 연구가 이를 지지하는 결과를 보여 주었다(McDonald-Miszczak et al., 1995; Zelinski & Burnight, 1997; Baltes et al., 1999).

성인의 지능 차이를 알아본 연구에서 유동적 지능(fluid intelligence)은 연령이 증가하면서 감소하지만, 생활의 경험이나 문화 적응에 따라 복합적인 지식을 요구하는 결정적 지능(crystallised)에서는 30세 이상의 중년 성인이 18~27세의 젊은 성인보다 더 뛰어남을 보여 주었다(Ackerman & Rolfhus, 1999).

지능의 측정방법에 따라 지능이 다르게 나타나는 것을 보았을 때, 더욱 다양한 측정도구의 개발이 필요하다 하겠다.

2) 창의성 발달

1950년대 길포드(Guilford)가 창의성의 중요성을 기조강연에서 언급한 후부터 많은 관심을 갖게 되었다. 창의성(creativity)에 관한 개념은 학자에 따라 다르게 정의되나, 창의성은 새로운 생각이나 개념을 찾아내거나 기존에 있던 생각이나 개념을 새롭게 조합해 내는 능력과 연관된 정신적이고 사회적인 과정이라고 할 수 있다.

길포드는 창의성을 "새롭고 신기한 것을 낳는 힘"이라고 정의하면서, 유전적인 한계 내에서 학습을 통해 창의성을 개발할 수 있다고 하였다. 창의성에는 하나의 정답이 아닌 다양하고 새롭고 독특한 반응을 많이 내는 확산적 사고(divergent thinking)가 가장 중요한 지침이 된다고 하면서, 문제에 대한 민감성을 포함하는 여섯 가지 하위영역을 정의하였다. 그 외에도 개방성(openness), 독립성(independency), 탐구성(inquiry attitude)의 성향이나 태도가 필요함을 언급하였다. 이런 요소는 창의성에도 개인의 인성적 특징들로 영향 받음을 강조하고 있다.

토렌스는 창의성을 창의적 사고과정으로 정의하면서, "새롭고 독특한 아이디어, 다른 관점, 새로운 시각에서 문제를 보는 것(Torrance, 1988)"이라고 하였다. 그는 유창성과 유연성, 독창성과 정교성을 제안하고 창의성 검사지(TTCT: Torrance tests of creative thinking)를 개발하였다. 토렌스는 창의성이 소수의 천재에게서 나타나는 것이 아니라 모든 인간에게 존재하는 보편적 능력이며 교육과 환경에 의해 길러지고 발전될 수 있는 능력으로 보았다(Torrance, 1963).

『교육심리학용어사전』에서는 창의성을 "창의적 사고, 비판적 사고, 의사결정 사고, 초인지적 사고 등과 같이 여러 가지 사고 유형의 하나이면서, 총체적으로 결합되어 나타나는 가장 고차원적인 사고능력(한국교육심리학회, 2000)"이라고 정의한다. 창의성의 의미는 매우 다양하고 복잡하며 창의성에 대한 관점도 다양하다.

아마빌레(Amabelie, 1983)는 창의성에서 동기의 중요성을 강조하면서, 창의성을 구성요소를 영역 관련 기술(domain-relevant skills), 창의성 관련 기술(creativity-related skill), 과제에 대한 동기(task motivation)의 세 가지로 구분하였다. 그중에서 내적 동기를 가장 중요시하였는데, 인간은 자신이 좋아하는 것을 더 잘하려고 하는 경향이 있고, 좋아하는 것을 할 때 더욱 창의적인 사람이 된다고 하였다. 내적 동기에 의한 자신의 기술이 적용되지 않는 한 창의적인 해결방법은 찾기 어렵다고 하였다.

과거의 창의성은 특정인만이 가지는 선천적 능력이라고 보았으나 최근 연구들은 보편적인 능력으로 일상생활에서 겪는 여러 가지 문제 상황을 개인 나름의 새롭고 독특한 방식으로 해결해 나가는 활동이라고 정의한다(Osbon, 1963).

(1) 창의적 사고의 구성요인

한국교육개발원에서 이루어진 사고력 개발 프로그램에서 구분한 창의적 사고에서 창의적 기능과 사고 성향을 살펴보면 다음과 같다(홍순정, 1999).

① 창의적 기능

유창성은 특정한 문제 상황이나 주제에 대해 가능한 많은 양의 아이디어나 산출하는 능력을 말한다. 사고의 한계를 설정하지 않고 아이디어를 가능한 한 많이 산출하는 단계를 거치는 것이 필요하다. 어떤 대상이나 현상으로부터 가능한 한 많은 것을 연상해 보는 경험이나 특정 주제에 대해 일단 떠오르는 생각을 모두 표현해 보는 것 등이 필요하다.

독창성은 기존의 것에서 탈피하여 참신하고 독특한 아이디어나 해결책을 산출하는 능력이다. 창의적 사고의 목표는 사고의 독창성을 추구하는 데 있다. 기존 사고방식이나 다른 사람들의 문제해결방식으로부터 벗어나 자신만의 독특한 아이디어를 산출하고 문제해결방안을 구하려는 의식적인 노력에 의해 가능하다. 다른 사람과 같지 않은 생각하기나 기존의 생각이나 사물을 부정하기 등과 같은 경험이 요구된다.

융통성은 복잡한 상황에 직면할 때 이를 능동적이고 효율적으로 해결하는 능력으로 고정적인 사고방식에서 벗어나 유연하고 합리적인 사고로 발상 자체를 전환하여 해결하는 능력이다. 서로 관계가 없는듯한 사물이나 현상 간의 관련성 찾기나 문제와 관련된 속성으로 추출하고 속성별로 생각하기 등의 경험이 요구된다.

정교성은 다듬어지지 않은 기존의 아이디어를 보다 친밀한 것으로 발전시키는 것을 말한다. 창의적인 사고 상황에서 '좋은'이나 '실현 가능한' 등의 평가적인 준거를 처음부터 적용하는 것보다는 다양한 측면에서 산출된 것을 평가하고 정교하게 다루는 사고가 필요하다. 일단 산출된 아이디어를 수용하고, 은연중에 떠오르는 거친 수준의 생각을 구체화하는 경험 등이 필요하다.

② 창의적 사고 성향

민감성은 주변의 환경에 대해 민감한 관심을 보이고 이를 통해 새로운 탐색영역을 넓히려는 특성이다. '하늘은 왜 푸른지'와 같은 자명한듯한 현상에 대해서도 다시 생각해 보거나 주변의 사물에 대한 관찰 결과를 서로 발표해 보기 등이 있다.

자발성은 문제 상황에서 아이디어를 자발적으로 산출하려는 성향이나 태도이다. 주위의 문제를 자신의 문제로 인식하기나 칭찬이나 상 같은 외적인 보상 없이 스스로 문제를 해결하기 등이다.

독자성은 자신이 생각해 낸 아이디어에 대한 가치를 인정하고 다른 사람들의 평가로부터 구애받지 않으려는 성향이나 태도이다. 다른 사람들로부터 부정적인 평가를 받은 아이디어라도 이를 계속 발전시키기나 아이디어 산출과정에서 의식적으로 다른 사람의 아이디어와 다른 것을 내놓는 것과 같은 경험이 필요하다.

근면성은 문제를 해결하기 위해 가능한 한 다양한 정보를 수집하고 문제를 그것이 해결될 때까지 끈질기게 물고 늘어지는 성향이다. 문제의 해결은 영감에 의해서만이 아니라 노력에 의해서 가능하다는 믿음을 갖기나 문제 상황에서 관련된 정보를 가능한 한 많이 수집하기 등과 같은 경험이 해당된다.

호기심은 항상 생동감 있게 주변 사물에 관해 의문을 가지고 끊임없이 질문을 제기하려는 성향이다. 주변의 사물이나 사태에 대해서 '왜 그럴까?' 또는 '무슨 일일까?' 하는 질문을 의식적으로 제기하기 등이 해당된다.

변화에 대한 개방성은 이 세상은 변화하고 있으며, 나 자신이 변화의 주체가 되어야 한다는 자발적인 태도이다. 이 세상은 지금과는 다른 모습으로 변화해야 한다는 생각을 갖기나 혁신적인 생각을 수용함으로써 생길 수 있는 불편함이나 두려움으로부터 벗어나기가 해당된다.

(2) 영유아기 창의성 발달

창의성은 누구나 잠재하고 있는 능력이며 교육에 의하여 길러질 수 있는 것으로 보고 있다. 특히 영유아기는 창의성이 발달하기에 적합한 시기이며 자유분방하게 발현되는 시기라고 할 수 있다. 영유아는 세상 모든 사물에 대한 호기심이 많고 무엇인가 발견하기를 좋아한다. 인지적, 신체적 성장발달과 함께 감각능력도 최적으로 발달하고, 주변 환경을 탐색하고 적응해 나간다.

영유아기는 창의성 발달에 가장 민감한 시기로 창의성 교육을 이 시기에 받지 못한다면 성인이 되어서도 이를 증진시키기 어려우며 설령 교육을 받는다고 하더라도 창의성에 민감한 영유아기에 교육을 받은 사람만큼 발달하기 어렵다고 한다(Starkweather, 1971). 영유아기는 상상력이 그 어느 시기보다도 풍부하고 자신의 감정과 느낌을 제약하지 않고 자유롭게 사고할 수 있으므로 창의성을 발달시키기에 매우 적절하다. 토랜스(1970)도 창의적 사고능력이 영유아기부터 아동기 초기에 급속히 성장하는데, 3~5세의 유아가 6세 이상의 유아보다 더욱 즉각적인 창의성을 보였다고 한다.

그러나 영유아기 창의성 발달이 지속적인가에 관해서 일관되지 않은 연구들이 있다. 개인의 일생에서 창의성의 지속성과 비지속성에 대한 장기 연구에서 영유아 초기에는 높은 창의성을 보이지만, 이후에 지속될 수도 있고 그렇지 않을 수도 있다고 하였다. 개인의 환경이나 기회에 따라 달라진다고 한다(Runco, 1990). 취학 전 영유아기 동안 상상력의 발달은 3~4세 사이에 최고조로 발달하다가 그 이후에 감소함을 발견한 연구도 있다(Andrew, 1930). 유아가 유치원에 들어가기 전에 더 창의적이었지만, 유치원에서의 경험이나 양육이 어떠한가에 따라 지속적이거나 감소하는 영향을 미칠 수 있다고 하였다(Meador, 1992). 여러 연구는 영유아의 창의성에는 태도도 중요하며 자신감 있고, 다양한 해결을 찾는 열린 질문 같은 것에 노출되는 것이 중요하다고 한다. 이는 교사나 성인의 어려움을 도와주는 대화나 관찰이 필요함을 지적하고 있다.

영유아의 창의성 향상을 위해서 몇 가지를 제안하였다(Amabille, 1983).

- 자극을 줄 수 있는 교육환경을 조성한다.
- 창의성을 향상시킬 수 있는 교수·학습방법을 사용한다.
- 또래와 다르게 생각하는 것을 허용할 수 있는 분위기를 조성한다.
- 융통성 있는 교육과정을 운영한다.
- 창의성에 대한 적절한 사회화 절차를 사용한다.
- 창의성과 관련된 좋은 학습태도를 장려한다.
- 통제를 최소화한다.
- 최소한의 보상을 사용한다.

창의적인 환경에는 창의적인 놀이가 기본적이며 자유로운 선택, 상상, 문제해결, 시안, 확산적 사고, 정서적인 경험을 할 수 있는 요소가 필요하다고 한다. 더욱 중요한 것은 유아의 창의성에는 결과 중심의 과정이나 조언보다는 자유로운 놀이 상황에서 일어나는 것이라고 한다. 창의성은 보는 것과 연관되고 냄새를 맡고 만지는 것을 통한 창의적인 호기심과 발달이 일어나도록 놀이와 통합되면서 일어나게 하는 것이 중요하다(O'Conner, 2012).

창의적인 교사와 교육 프로그램도 무엇보다 중요하다. 구조와 자유로움의 균형을 잘 제공하는 교사 역할을 강요하며, 열린 질문, 애매모호함을 참는 인내, 창의적 사고와 행동의 모델링, 지속적이고 실험적인 격려, 기대하지 않은 답을 하는 영유아를 칭찬하는 것과 같은 행동이 창의성을 발달시킨다고 한다(Tegano st al., 1991; Mellou1996; Craft, 2000; Runco, 1990).

영유아기는 창의성 발달에 최적의 시기이지만 이를 교육하는 성인의 창의적인 사고가 우선이고 성인 자신의 창의성에 대한 신념이나 이해가 필요하다. 영유아가 창의적으로 사고할 수 있는 자극적인 환경의 경험을 제공하며 프로그램을 준비하는 것이 좋다. 그리고 영유아의 사고가 활발하게 일어나도록 충분한 시간을 제공해 주는 것이 요구된다. 무엇보다 즐겁게 놀이를 하면서 창의적 사고가 일어나는 상황을 방해하지 않는 것이 중요하다 하겠다.

5 영유아의 인지적 발달에 미치는 요인과 지원 활동

1) 주변 세계의 탐색 기회 제공

영유아가 스스로 주변 세계를 탐색할 수 있는 기회를 제공한다. 무엇보다 감각을 자극하는 경험은 뇌를 자극하고 인지적 자극을 돕는다. 직접 보고, 듣고, 느끼고, 만지는 것으로 유아가 조작하여 직접 감각자극으로 인한 인지발달을 가져온다. 감각적 자극을 지각하는 것에 문제가 있는지 관찰하고 민감하게 파악하는 것이 필요하다. 주의집중은 학습에 무엇보다 중요한데 유아가 주변 환경에 관련되어 탐색하는 것은 흥미를 끌고 주의를 집중하게 된다.

2) 놀이를 통한 학습 기회 제공

놀이는 자연스러운 또래와의 상호작용뿐만 아니라 인지적 능력이 발달하게 하는 최적의 환경이다. 피아제는 놀이가 사고력을 강화하는 기본적인 수단이라고 하였다. 놀이를 통하여 환경을 조직하고 흡수하고 경험을 축적하는 데 능동적인 존재가 된다.

3) 언어발달의 촉진

영유아와 일상생활에서 자연스러운 언어적 상호작용은 무엇보다 인지발달에 중요하다. 영유아와 이야기하며, 질문하며, 영유아의 말에 반응을 보이는 상호작용이 필요하다. 영아와는 미소나 부드러운 접촉을 통한 비언어적 상호작용도 중요하다. 개방형 질문이나 다양한 질문으로 언어를 자극하고 세상에 대한 탐구심을 자극한다. 대화를 많이 할 수 있는 기회를 제공하고 책을 읽어 주면서 언어적 상호작용을 하는 것도 중요하다. 성인의 언어적 모델링은 영유아가 언어의 유형이나 태도를 갖는 데 모범이 된다.

4) 일상생활을 통한 인지적 발달지도

실제 세계의 경험을 제공하는 것이 인위적인 경험보다 더욱 인지적 자극이 된다. 실제 생활에서 영유아가 직접 경험하는 것이 의미 있고 이해하기 쉬운 경험이 되기 때문이다. 새로운 정보는 영유아가 이미 알고 있는 것과 연결될 때 더욱 효율적이다. 흥미로워하는 것에 충분한 시간을 주어 탐색과 생각할 수 있게 한다. 새롭게 알게 된 정보는 반복하여 기억할 기회를 제공한다.

5) 창의적인 사고 촉진

즐거운 일이나 사물에 인간은 관심을 두고 재미있게 배우게 된다. 영유아가 자기 의견을 자유롭게 표현하도록 존중하고 격려한다. 작은 일이라도 영유아가 스스로 선택할 수 있는 기회를 제공한다. 영유아가 특정 과제에 몰두하고 있을 때는 방해하지 않는다. 충분히 생각할 시간을 준다. 성취감을 느낄 수 있도록 쉬운 과제를 먼저 제공하고 다양한 방향에서 생각할 수 있는 질문이나 자극을 주어 열린 생각을 갖도록 권장한다. 영유아가 엉뚱하거나 이상한 생각을 해내더라도 칭찬과 격려를 한다. 일반적이지 않은 특이한 상황에서 생각하거나 문제 상황을 얘기하여 생각해 보게 하는 것이 창의적인 사고를 촉진한다.

연구 문제

1 피아제의 인지발달이론의 주요 개념과 인지발달 단계 및 교육적 시사점을 생각해 보자.

2 대상영속성의 개념이 무엇이며, 중요성을 생각해 보자.

3 기억의 과정을 설명하고 영유아기 기억의 특징을 생각해 보자.

4 영유아의 언어발달과정을 음성 언어와 문자 언어로 구분하여 생각해 보자.

5 지능의 개념을 설명하고, 스턴버그의 지능의 삼원이론을 설명해 보자.

6 창의성이란 무엇이며, 창의적 사고의 구성요인을 설명해 보자.

CHAPTER 7

영유아의 사회정서적 발달과정

학습목표

1. 정서발달의 의미, 유형, 정서 조절의 중요성을 설명할 수 있다.
2. 애착의 의미, 애착유형, 애착의 영향을 설명할 수 있다.
3. 성역할 발달이론, 성역할에 영향을 주는 요인을 설명할 수 있다.
4. 콜버그의 도덕성 발달이론의 주요 개념과 발달 단계를 설명할 수 있다.
5. 영유아의 사회정서적 발달에 미치는 요인을 설명할 수 있다.

영유아기는 인간의 전 생애에 기초가 되는 사회정서발달이 이루어지는 시기이다. 이 시기에 적절한 발달이 이루어지지 않으면 장애를 가져오고 정신건강 측면에서 문제를 일으킬 수 있다. 영유아를 담당하는 교사나 성인의 적절하고 충분한 지도가 이루어져야 할 부분이다. 본 장에서는 정서, 애착, 성역할, 도덕성 발달의 의미와 유형 등을 살펴보고, 교사로서 영유아를 도와줄 수 있는 역할을 이해하고 영유아의 사회정서적 발달에 미치는 요인에 관하여 살펴보고자 한다.

1 정서, 기질, 애착의 발달

1) 정서

(1) 정서발달의 의미

정서란 인간이 갖게 되는 공포, 애정, 기쁨, 분노, 질투 등과 같은 감정으로 유아가 경험하는 모든 심리적 상태와 함께 나타나는 욕구, 신체적, 생리적 반응 등을 포함한다.

인간의 개인적 경험이나 환경에 따라 차이가 있지만 누구나 기본적인 정서를 갖고 있다. 이런 정서는 생득적으로 가지고 있으며, 기본적인 정서에는 누구나 공통적으로 갖는 특성이나 반응이 있고 문화적으로는 조금 다른 표현으로 나타나기도 한다.

정서는 어떤 자극에 의하여 개인의 내부에서 일어나는 강한 감정을 말하며, 개인이 어떤 사태에 대하여 강한 동요 상태에 빠졌을 때 생리적 변화와 표출 운동을 수반한 강한 감정이 의식되는 것으로 보는 입장이 있다. 또 정서를 보는 다른 입장은 희로애락에 대한 감정의 흥분 상태를 의미하는 것으로, 외적 자극이나 내적 조건에 인해 일어난 변화를 계기로 동요되고 흥분될 때에 경험하는 심리적 상태를 말한다(한상철 외, 1997).

넓은 의미로 정서는 우리가 흔히 말하는 느낌, 기분, 감정을 포함하여 설명할 수 있다. 정서는 자신과 타인의 정서 상태에 대해 사고하고 판단하는 수단이 되어 자아개념이나 타인과의 관계 형성을 이루는 기초가 된다. 이러한 정서는 긍정적이거나 부정적일 수 있는데, 다양한 생리적 변화를 일으키며 이런 변화를 통하여 행동하기 쉽게 만들거나 행동을 억제하는 기능이 있다. 또한, 정서와 관련된 것들이 기억 속에 저장되어 다른 적절한 행동을 반응하게 하는 평가, 판단, 집중하는 역할을 한다. 정서는 그 정서와 관련된 경험으로 생각이나 행동을 지속적으로 발전시켜 정서가 인지되고 그에 따른 행동 패턴으로 나타나 성격을 형성한다는 점에서 중요한 기능이 있다. 이와 더불어 사회생활에서 다른 사람의 행동과 반응을 인지하고 예측하여 그에 적절한 반응을 하게 하는 기능을 한다. 이는 적절한 사회적 관계 대처를 위하여 타인의 정서 표현을 인지된 것으로 참조하여 자신의 의도와 욕구를 적절한 정서적 반응으로 타인에게 전달할 수 있게 하는 사회적 기능이다.

생애 초기부터 비교적 단순한 정서가 발달하기 시작하여 유아기를 지나면서 다양한 정서의 대부분이 발달되고, 연령이 증가함에 따라 복잡한 정서를 이해할 수 있게 된다.

(2) 정서발달

① 정서 이해

정서를 표현하기 위해서는 정서를 이해하는 것이 우선이다. 정서 상태의 변화와 정서를 유발시키는 상황, 그 상황에 대한 정서적 반응을 이해하는 정서에 대한 이해가 필요하다. 정서 이해는 자신의 정서 상태와 타인의 정서 상태를 이해하는 것, 정서의 표현방법에 대한 이해를 포함한다.

태어나면서부터 느끼는 기쁨, 분노, 슬픔, 공포와 같은 기본 정서는 단일 정서라 할 수 있다. 6~7세 이후 정도의 연령이 되어야 '시샘하는', '난처한'과 같은 감정이나 기쁜 상황에서 눈물을 흘리는 것과 같은 복합 정서의 이해가 가능하다. 다른 사람의 긍정적 정서를 이해하는 데는 성인과 거의 동일하더라도 부정적 감정을 이해하는 데는 미숙하다(Fabes et al., 1994).

타인의 정서를 이해하는 것은 타인이 무엇을 느끼는지에 대한 정서 표현을 알아차리는 능력이 요구된다. 표정이나 다른 사람이 느낄 수 있는 정서를 추론하여 공감을 하거나 그 느낌을 이해하는 것은 유아의 인지능력 발달 정도와 관련이 있다. 다른 사람의 정서를 이해하는 공감능력은 3세가 되면 가능해진다(Brown & Dunn, 1996).

9개월 정도의 영아가 어떤 모르는 상황에 놓이게 되면 그 상황을 파악하고 행동을 취하기 전에 엄마를 쳐다보고 엄마의 표정에 나타난 정서적 정보를 얻고 다가

갈 것인지 피할 것인지를 결정한다. 이처럼 새로운 상황에서 그 상황에 대한 정서적인 단서를 찾는 것을 사회적 참조(social reference)라고도 한다. 영아의 정서 이해에도 인지적인 단서를 사용한다는 것을 알 수 있다

② 정서 조절

정서를 표현하면서 자신의 정서를 순화하려는 정서적 안정을 취하려고 하는데, 정서가 과잉으로 표현되거나 상황에 적절하지 않을 경우에는 정서 표현으로 인해 불편해질 수 있다. 정서를 적절한 상황에 맞게 표현하고 긍정적으로 표현해야 하는지 부정적으로 표현해야 하는지를 조절할 필요가 있다. 정서 조절을 위해서 정서 표현규칙을 아는 것도 중요하다. 정서 표현규칙이란 영유아가 특정한 상황 속에서 어떤 정서 상태를 표현해야 할지, 하지 말아야 할지를 인식하고 그 상황에 적합한 정서를 표현하는 것을 말한다(Masters & Carlson, 1984). 이런 규칙을 이해하는 것은 자신의 정서 조절뿐만 아니라 사회적 적응도 돕게 된다. 정서 조절은 아주 일찍 나타나는데 1세 정도가 되면 표정이나 몸 동작으로 부정적인 표현을 나타내어 정서를 조절하려고 한다. 무엇보다 생애 첫 2년이 정서 조절에 가장 큰 영향을 미치며 이것은 이후의 정서 조절에도 영향을 미친다(Kopp, 1989). 3세 정도가 되면 타인 앞에서 자신의 부정적인 정서 표현을 자제하는 능력이 나타난다(Cole, 1986). 놀이 후 정리·정돈을 하고 싶지 않지만 부모가 시킬 경우에 자신의 부정적인 정서를 참고, 시킨 일을 하는 것이다. 또한, 언어가 발달되면서 정서를 조절하기 위해 언어적 전략을 사용하기도 한다. 무서운 소리를 듣거나 빛이 나올 때 이것을 통제하기 위해 자신의 눈이나 귀를 가리면서 부적절한 감각 정보를 차단하거나 따돌림을 당할 경우에는 놀고 싶지 않다고 말함으로써 자신의 정서를 둔화시키려고 한다(Tompson, 1990).

성인과의 대화나 양육태도가 영유아의 정서 조절에 영향을 미치는데, 주 양육자가 수용적이고 허용적인 태도를 보일수록 영유아는 자신의 정서를 잘 조절하여 표현하고, 타인의 정서를 잘 이해하고 조절할수록 유아의 사회적 유능성이 높다고 한다(신현숙, 2006).

정서적 상황에 대하여 유아와 성인의 적절한 대화는 정서적 규제능력을 발달시키고 문제 예측과 감정 조절방법에 대한 부모의 설명은 앞으로 예측되는 정서적 문제해결을 위한 방법을 제시해 주는 것이 될 수 있다. 정서적 상황에서 성인의 정서 조절 태도를 보여 주는 것은 유아에게 모델링이 된다.

유능한 영유아는 자신의 정서 조절을 잘하고 명확하며 긍정적인 표현을 많이 하는 것으로 나타난다. 부정적인 정서도 조절하는 것이 뛰어났다. 부모나 교사의 적절한 정서 모델링과 함께 정서를 조절하는 방법을 상황에 맞게 제시해 주는 것이 중요하다.

(3) 정서발달의 유형

사람의 마음에 일어나는 정서 상태의 변화를 표정, 음성, 행동 등을 통하여 나타내는 것을 말한다.

① 공포

공포는 대부분 생후 6개월경에 나타나는데, 출생 직후에는 갑작스러운 강한 자극에 대한 반사적인 놀라움으로 나타난다. 약 8개월이 되면 낯가리기가 시작되어 공포를 느끼기 시작하는데, 1세 이후에는 엄마가 눈앞에서 사라지는 것을 두려워한다. 큰 소리, 어두운 곳, 개, 고양이 같은 동물을 무서워한다. 연령이 증가할수록 공포 대상이 확대되고 소리, 물체, 사람 등의 감각적 자극뿐만 아니라 도깨비, 귀신 등의 상상적인 것도 공포 대상이 된다.

공포를 느끼는 경험을 통해 학습되기도 하는데, 위험한 것을 알려 주는 인지적인 지각을 통해 공포감을 느끼기도 한다. 과장된 장난으로 영유아가 심한 공포를 경험하게 하는 것은 바람직하지 않다.

② 분노

분노는 영유아기에 가장 많이 나타나는 정서인데, 자기가 하고 싶은 일을 방해받거나 자신의 욕구가 충족되지 않았을 때와 같이 나타나는 불쾌한 자극이나 압력을 극복하려는 반응이라 할 수 있다. 영아의 주변에 분노를 일으키는 자극이 많고 분노할 때 욕구를 충족시켜 주는 경험을 하면서 더 많이 나타나게 된다.

생후 3개월 정도 되면 성난 울음소리로 분노가 나타나기 시작하는데, 4~5개월경이 되면 사람이 곁에 없거나 장난감을 빼앗기거나 하면 불만을 나타낸다.

12개월경에는 여러 가지 형태의 행동으로 분노를 나타내는데, 투덜대기, 토라지기, 발버둥질, 떼쓰고 울기, 반항 등 강하게 분노를 터뜨린다. 영아기와 걸음마기에 가장 많이 나타나는 분노의 형태는 떼쓰기이다. 이때 유아는 울부짖고 발을 동동 구르거나, 땅바닥에 나뒹구는 행동을 한다. 이러한 형태가 가장 많이 일어나는 시기는 18개월에서 36개월 사이이다. 유아가 몹시 화가 나면 드러누워 발버둥 치면서 달랠 수 없을 만큼 소란을 피우는 것을 심술 혹은 울화라 하는데, 반항이라고 할 만큼 분노를 자주 표출한다. 또한, 자아가 강하고 감정이 대단히 예민해지기 때문에 화를 내는 등의 공격적인 행동보다는 분노를 표현한다. 5세 이후가 되면 언어능력이 발달함에 따라 공격적인 행동보다는 욕설을 하는 등 공격적인 언어로 표현한다(조성연 외, 2005).

③ 기쁨

기쁨의 감정은 기분 좋은 신체적 편안함이나 수면, 배설, 배고픔 등의 기본적 욕구가 충족되는 것을 표현하는 것으로 미소나 웃음으로 시작된다. 3개월경에는 자신을 기분 좋게 안아 주는 사람을 보면 미소로 답하고 사람들과 미소로 사회적 반응을 나타내기도 한다. 6개월이 되면 깔깔거리거나 소리 내어 웃기 시작하고 상대가 안아 주려고 하면 안긴다. 1세경에는 기쁨의 표현으로 몸을 흔들거나 엄마를 안는 행동 등으로 표현한다. 2세경에는 놀이를 하면서 성공한 경험을 하게 되는 순간이나 좋은 자극으로 기분 좋은 일이 있을 때 웃음소리가 커지거나 배꼽을 잡거나 하는 몸을 움직이는 행동으로 더 적극적으로 기쁨을 표현한다.

애정은 특정한 사람이나 사물에 갖는 온정적 태도로 성장이나 학습에 의해 변화해 간다(서울대학교 교육연구소, 1995). 영유아기의 감각적 접촉을 통한 쾌감에서 애정은 분화되기 시작한다. 영아를 만져 주고 웃어 주거나 흔들거나 할 때 나타나는 반응으로 미소를 짓거나 얼굴을 응시하고 몸을 흔드는 반응으로 나타난다. 생후 6개월에는 낯을 가리면서 양육자에게 애착을 형성하기 시작하며 그 대상에게 애정을 느끼기 시작한다. 껴안거나 뽀뽀를 하거나 따라다니는 행동으로 나타난다.

④ 질투

질투는 분노와 공포와 애정의 혼합형으로 자기에게 주어지던 사랑과 관심이 다른 사람에게 주어지게 되었을 때 경쟁자에게는 분노, 애정 대상에게는 공포와 주의 획득 기제를 나타내는 감정 표현이다(서울대학교 교육연구소, 1995). 질투는 애정을 상실했거나 상실할 때 두려워하는 정서이다. 질투는 보통 18개월경에 나타난다. 부모가 다른 아기를 안고 있거나 뽀뽀해 주면 아기는 뾰로통한 표정을 짓거나 우는 것으로 질투반응을 나타낸다. 영아의 경우에는 부모의 사랑을 놓고 형제자매 간에 질투를 일으키는 경우가 많다. 부모는 자기도 모르는 사이에 자녀 간에 질투를 야기하기도 한다. 질투가 동생을 갖게 되는 2~5세경에 많이 나타난다. 특히 동생을 보게 되면 부모의 애정을 빼앗길 위협 때문에 질투가 절정에 달한다. 이때 손가락을 빤다든지 오줌을 싸거나 아기 때의 행동으로 돌아가는 퇴행현상을 보인다. 질투가 심하면 잘 울며 흥분하기 쉽고 공격 행동이 심하게 많아지며 때로는 퇴행현상이나 피학성이 나타나는 경우도 있다. 반면 건설적인 경쟁으로 승화되기도 한다.

2) 기질(Temperament)

(1) 기질의 정의

『유아교육사전』에서는 "기질이란 기력과 체질을 가리키는 것으로 유전성에 기반하며 영아기에 나타나 어느 정도 지속성이 있고 행동에 영향을 주는 한 개인의 정서적 특질로 성격의 한 측면적 성격을 띤다(한국유아교육학회 편, 1996)."고 정의하고 있다.

1956년 미국에서 토마스와 체스(Thomas & Chess)가 유아 기질에 대한 연구를 시작하였는데, 141명의 영아를 대상으로 시작한 종단연구는 성인 초기까지 관찰한 것으로 보고된다. 기질은 타고나지만 부모의 양육행동이나 환경이 기질 형성에 상당히 영향을 미칠 수 있다고 한다.

기질은 유아가 선천적으로 타고나는 유전성을 가지지만, 부모의 양육방법이나 환경의 영향도 받아 달라지는 반응 행동 중 정서적인 특성도 가진다. 태어나면서부터 나타나는 기질은 정서적인 반응, 활동 수준, 그리고 자극에 대한 반응 및 자기 통제에 대한 안정적인 개인차를 보인다(Rothbart & Bates, 1998).

기질은 어떤 자극에 대처하는 행동양식이며 지속성과 일관성을 갖는 특성이 있다. 유전적 요소뿐만 아니라 환경과 상호작용하는 것이다.

(2) 기질의 진단 모형

① 뉴욕 종단적 연구모형(NYLS 모형)

뉴욕 종단적 연구모형에서는 영아의 반응을 활동 수준, 규칙성, 접근회피성, 적응성, 반응 강도, 기분, 주의 전환성, 주의집중시간 등의 9개의 행동차원으로 파악하였다. 영아가 생후 4개월이 되었을 때부터 아홉 가지 중 '규칙성, 접근회피성, 적응성, 반응 강도, 기분의 질' 다섯 가지 차원에서 기초하여 발견한 '순한 기질, 까다로운 기질, 느린 기질'이라는 세 가지 기질의 유형으로 분류하였다(Thomas et al., 1968).

순한 기질은 수면, 음식섭취, 배설 등의 일상생활 습관에 있어서 대체로 규칙적이며, 반응 강도는 보통이다. 새로운 음식을 잘 받아들이고, 낯선 대상에게도 스스럼없이 잘 접근하며, 환경의 변화에 대한 적응력도 높다. 대체로 평온하고 행복하며 평온한 감정이 지배적이다. 부정적인 감정이 적으며 감정이 쉽게 전환되고 융통성이 있다. 40%의 영아가 이 유형에 속한다.

까다로운 기질은 순한 기질과 정반대다. 일상적 생활습관은 불규칙적이며 예측하기 어렵고, 환경으로부터의 자극이나 욕구 좌절에 대한 반응 강도는 강하여 발끈하며 화를 내기도 한다. 새로운 음식을 받아들이는 속도가 늦고, 낯선 사람에게 의심을 보이며, 환경 변화에 대한 적응도 늦다. 크게 울거나 웃는 등 강한 정서가 자주 나타나며, 부정적인 정서도 자주 보이며 감정 전환이 안 되고 초기 반응이 위축되면 지연된다. 약 10%의 영아가 이 유형에 속한다.

느린 기질은 상황 변화에 대한 적응이 느리고 새로운 자극에 대해 부정적인 반응을 보이는 점에서는 까다로운 기질과 비슷한 회피적인 반응을 보이다가 접촉이 반복된 후에 서서히 적응해 간다. 활동이 적고 반응 강도 또한 약하다. 수면, 음식 섭취 등의 생활습관은 까다로운 기질보다 규칙적이지만 순한 영아보다는 불규칙하다. 전체 영아의 15%가 이 유형에 속한다.

세 유형으로 기질을 분류하였지만, 나머지 35%의 영아는 세 유형의 어느 유형에도 속하지 않았다.

② 정서성, 활동성, 사회성 모형(EAS 모형)

버스와 플로민(Buss & Plomin, 1984, 1986)은 35%의 어느 유형에도 속하지 않는 영아의 문제점을 지적하여 정서성(Emotionality), 활동성(Activity), 사회성(Sociability)의 세 가지 유형으로 나누어지는 모형을 만들었다.

정서성은 유아기 환경으로부터의 자극에 대해 얼마나 빨리 부정적인 반응을 나타내는가를 의미한다. 예를 들어, 정서성의 반응 경향이 높은 유아는 갑작스러운 소리에 쉽게 놀라거나 잠에서 깨어나고, 큰 소리로 우는 반응을 보인다. 울음, 공포, 분노 반응 등은 정서성 강도를 잘 보여 주는 지표이다.

활동성은 유아의 일상생활에서의 활동 속도와 강도를 뜻하는 데 계속 움직이거나 끊임없이 새로운 것을 찾아다니며 격렬한 활동을 보이는 유아는 활동성이 높다.

사회성은 유아가 타인과 함께 있는 것을 선호하는 정도에 의해 진단되며 혼자 있기를 싫어하거나 낯선 사람에게도 쉽게 다가가는 유아는 사회성이 높다고 판단되어진다.

③ 로스바트 모형(Rothbart 모형)

로스바트(1989)는 사회적 상호작용을 위해 안정적이고 생물학적 요인에 근거한 개인차로 보며 반응성(reactivity)과 자기조절(self-regulation)을 기질의 기본과정으로 보았다.

반응성이란 자극에 대한 반응 속도와 강도를 의미한다. 이 모형은 활동 수준(activity level), 미소와 웃음(smiling and laughter), 두려움(fear), 제한의 공포(distress to limitation), 달래지는 정도(soothability), 지속성(duration of orienting)으로 보았다.

자기조절은 영아가 스스로 자신의 반응을 증가하거나 감소하는 통제능력을 의미한다. 새 장난감을 보고 어떻게 접근하며, 어떻게 탐색하는지, 그리고 다른 곳으로 고개를 돌리기 전에 얼마나 오래 그 장난감을 쳐다보는지 등의 자기조절의 예이다.

(3) 기질과 적응

기질은 부모 면접이나 설문조사를 통하여 이루어지는데, 교사, 의사, 연구자들의 직접 관찰 역시 영유아의 행동 평가에 사용한다. 영아에 대한 부모의 인식은 부모가 자신의 아이에 대해 인지하는 방법이나 아이를 대하는 방법에 영향을 미친다. 아이의 정서에 대한 빠른 판단이 생후 1년 동안 아이의 기질발달을 예측하게 해 준다(Pauli-Pott et al., 2003). 이것은 어느 정도 부모가 아이의 정서 유형을 자신의 신념대로 형성한다는 것을 의미한다. 그러나 영아의 기질을 관찰하기 위해서는 상황에 맞는 적절한 관찰과 연구가 이루어져야 한다.

기질은 많은 연구 결과에서 안정적인 것으로 나타났는데, 성인이 되어서도 비슷하게 나타나는 경우도 있다(Rothbart, et al., 2000; Ruff & Rothbart; 1996).

기질은 유전적인 영향이 있음을 일란성 쌍둥이가 이란성 쌍둥이보다 더욱 비슷하다는 결과를 통해서 알 수 있다. 또한, 기질의 특성은 인종마다 다르다는 것을 볼 수 있는데, 코카시안 영아들보다 아시아 영아가 훨씬 덜 활발하고 덜 예민하고 소리를 덜 내며, 기분이 나쁠 때 쉽게 달래지며 조용히 지내는 데 익숙한 경향이 있다(Kagan et al., 1994; Lewis et al., 1993).

환경적인 영향도 기질에 작용하는데, 영아기 때 나쁜 영양상태에 있었던 영아는 그 후 식단이 좋아지더라도 여전히 산만하고 두려워한다. 고아원에서 자란 영아는 스트레스를 받는 상황에 처하면 쉽게 당황한다. 영양이나 정서가 결여되면 기질이 바뀌면서 정서적인 부적응 상태를 초래한다(Wachs & Bates, 2001).

문화적인 요소도 자녀양육의 차이점을 가져와 기질에 변화를 가져오는 경우도 있다. 나라별로 부모가 가지는 양육에 대한 관점에 따라 유아를 양육하는 방법이 달라진다. 일본의 부모는 친밀한 피부 접촉을 통하여 부모에게 의지하는 것을 배워야 한다고 생각하기 때문에 부드럽게 달래면서 몸 동작으로 아기와 상호작용한다. 반면, 북미의 부모들은 아기가 독립된 인간으로 태어나기 때문에 자발적인 존재로 키워야 한다고 생각하고, 더 적극적이고 자극적이고 언어적으로 아기와 상호작용하는 것을 볼 수 있었다(Kojima, 1986; Rothbaum et al., 2000).

성별도 기질과 상관이 있는데, 남녀 성차에 따라서도 양육 기준이 달라지고 기질에 영향을 준다. 자녀가 많은 가정의 부모는 각 자녀의 성격 차이에 따라 양육 방법을 다르게 하여 정서 유형의 차이를 만들어 내는 경우도 있다.

토마스와 체스(1977)는 기질과 환경이 어떻게 상호작용하여 바람직한 결과를 만들 수 있는가를 설명하기 위해 '조화의 적합성 모델(goodness-of-fit model)'을 제시하였다. 조화의 적합성은 영아의 이상적 발달은 부모가 자녀의 기질을 인식하고 얼마나 조화를 이루는가에 달려 있다는 것이다. 영아의 기질에 따른 적합한 양육태도가 적절하게 상호작용하여 부모와 자녀 모두 더욱 편한 양육을 할 수 있게 된다. 까다로운 기질을 가진 영아는 부모가 다루기 힘들어 하며 화를 내거나 벌을 주게 되어 영아가 적응문제를 일으킬 확률이 높아진다. 이럴 경우에는 부모와 영아 모두 갈등을 경험하게 된다. 우선, 부모가 자녀의 기질을 파악하고 그에 맞추어 양육행동을 민감하게 상호작용을 해 줄 필요가 있다. 자녀가 까다로운 기질이라도 부모가 자녀의 정서를 규제하는 데 민감하고, 적극적으로 놀아 주다 보면 기질적 성격이 변화될 수도 있다는 것이다.

3) 애착

애착은 영아가 자신을 양육해 주는 가장 가까운 사람에 대해서 느끼는 강한 감정적 유대관계이다. 영아는 자신에게 민감하고 지속적인 양육을 해 주는 사람과 생후 6개월에서 2년 사이에 애착을 형성하게 된다. 영아가 양육자에게 보호를 유도하는 신호를 보내게 되는데, 울기, 매달리기, 미소, 옹알이, 빨기, 삽기, 추종반응 등이 그것이다. 이 행동은 영아와 양육자 간에 상호작용을 하도록 격려하고, 위험으로부터의 보호나 애정을 일으키는 선천적 사회적 신호이다(Bretherton, 1992).

애착은 영아의 정서적 유대관계로 어느 문화권에서나 사회적 발달을 위해서 생존적으로 형성하게 되는 것이다. 조류의 새끼가 어미에 대해 갖는 로렌츠의 각인 이론을 바탕으로 동물행동학을 연구한 볼비는, 인간발달에 있어서 애착이 영아와 양육자와의 관계에 적용하여 인간이 가지는 특유의 행동으로 보았다. 생후 초기에 애착을 형성하지 못하면 이후의 인간관계에 있어 친밀감을 가지는 데 어려움을 갖는 것으로 보았다.

할로우와 짐머만(Harlow & Zimmerman, 1965)의 아기 원숭이 실험도 볼비의 애착 연구의 토대를 이루었다. 아기 원숭이에게 배고픔을 충족할 수 있는 우유병이 달린 철사로 된 인형과 따뜻한 접촉을 할 수 있는 헝겊으로 된 원숭이 인형을 주었을 때 헝겊으로 된 원숭이를 더 선호하여 매달려 있는 것을 보며, 인간에게 애착은 배고픔의 만족을 주는 수유에 기초하지 않는다는 것을 생각하게 되었다.

볼비는 특정 인물에게 애착을 느끼면 그 인물을 세상을 탐색하는 안전기지(secure base)로 사용한다고 한다. 생후 6개월이 되면 영아와 양육자 간에 형성되는 끈끈한 관계가 애착을 형성하기 시작하는데, 이 시기는 낯선 이를 대하면 울거나 두려워하는 낯가림이 나타나는 시기이다. 보통 주 양육자인 엄마와 애착을 형성하거나 주로 양육하는 사람과 형성한다. 낯선 상황에서 엄마에게 매달리거나 놀라는 상황에서 엄마를 찾게 되는 행동으로 나타난다. 영아가 기어 다니기 시작할 무렵 친숙한 안전기지를 토대로 주변을 탐색하다가 돌아오는 과정을 반복한다.

이 애착의 형성은 자신에 대한 감정뿐만 아니라 다른 사람과의 관계를 형성하는 데 바탕이 되며 성격발달에 결정적 영향을 준다. 게다가 신뢰감이나 자신감의 형성에도 영향을 주며 세상에 대한 호기심과 탐구를 할 수 있는 안정감을 주게 된다. 자신을 조절할 수 있는 능력도 애착 정도에 따라 영향을 받으며 자기 자신에 대한 긍정적 또는 부정적인 태도를 형성하는 데 중요한 역할을 하게 한다.

(1) 볼비의 애착형성 단계

볼비는 인간의 초기 경험을 중요시하면서 이 경험이 이후의 사회적 관계의 질에 결정적인 역할을 한다고 하였다. 초기 애착형성은 안전감을 느끼게 하고 사회적 관계 형성의 가능성에 영향을 준다. 양육자가 음식을 주는 것이 애착형성의 기본이 아니라고 주장한다. 영아는 자기를 보호하는 양육자에게 의존할 수 있고 자기 주변의 세계를 탐색하여 나가는 데 기본적인 안전기지가 되어 준다는 것을 느끼게 된다.

영유아발달에는 최적의 발달을 이루는 결정적인 민감기가 있다는 것이다. 이 민감기를 놓치고 발달이 충분히 이루어지지 않으면, 이후의 발달에 시간이 많이 걸리거나 제대로 이루어지기 어렵다고 본다. 볼비의 애착발달 단계를 살펴보면 다음과 같다.

① 전 애착 단계(Preattachment Stage: 출생 후 ~ 2주)

애착이 형성되지 않은 단계로 아직 특정한 대상에게 애착이 형성되지 않고 주변의 성인 누구에게나 비슷한 반응을 보인다. 얼굴을 쳐다보거나 울음, 미소 등을 통해 성인의 행동을 유도하게 된다. 이러한 영아의 행동으로 성인과 상호작용이 증가하게 되며 주양육자와 가까이 있으려고 하는 경향이 있다. 영아가 낯선 사람과 남겨져 있어도 별로 개의치 않는다.

② 애착형성 단계(Attachment in the Making: 6주 ~ 8개월)

영아가 주양육자와 다른 사람을 구분하기 시작하면서 사회적 반응이 선택적으로 변한다. 친근한 사람에게 신호를 보내고 주양육자의 민감한 반응으로 인해 애착의 기초적인 형성이 시작된다. 아직 주양육자와 분리되는 것에 대한 불안을 보이지는 않는다.

③ **애착 단계**(Clear-Cut Attachment: 6-8개월 ~ 18개월)

본격적으로 애착이 형성되어 적극적인 반응을 보이는 단계이다. 낯선 사람에 대한 불안과 애착대상자인 주양육자와 떨어지면 분리불안을 보이기 시작한다. 낯선 사람에 대한 불안은 낯가림이라고 하며 친숙한 사람에게 애착이 생기면서 나타난다. 이때의 반응은 경계하기, 울기 등으로 다양하다. 낯가림은 영아가 자신에게 친숙한 애착대상에 대해 형성해 놓은 도식과 어긋나는 대상에 대해 나타내는 불안 또는 공포반응이다. 낯가림은 대체로 6개월경에 시작되어 2세경까지 지속된다(Bowlby, 1969). 분리불안은 영아가 애착대상과 격리되는 상황이 되면 불안해서 울거나 공포를 느끼는 것이다. 12~20개월에 가장 많이 나타난다.

④ **상호관계의 형성 단계**(Formation of Reciprocal Relationship: 18개월 ~ 2세)

2세 이전에는 주양육자와 잠시 떨어져 있어야 하는 것을 말해도 이해가 안 되어 떼를 쓰지만, 언어소통능력이 발달하면서 영아는 주양육자가 갔다가 온다는 것을 이해하기 시작한다. 주양육자가 돌아올 것을 예상할 수 있게 되는 것이다. 또는 협상이나 설득을 하는 능력도 발달하면서 주양육자가 하고자 하는 행동의 목적을 수정하도록 유도하여 허용하기도 한다.

볼비는 인생에서 첫 3년이 정서적 유대관계를 형성하는 데 매우 민감한 시기라고 하였다. 이 시기에 적절한 애착을 형성하지 못하면 이후의 인간관계에 있어 유대감을 갖는 데 어려움을 겪게 될 것이라고 하였다. 애착형성은 개인마다 다양하며 접하는 경험에 따라 애착유형도 달라진다.

(2) 애착유형

에인즈워스(1983)는 볼비의 애착이론을 바탕으로 낯선 상황에서 애착체계와 탐색체계 간의 균형을 평가하는 실험 결과 애착유형을 세 가지로 구분하였고, 이후

메인과 솔로몬의 연구는 다양한 문화에 적용하여 애착에는 다른 유형이 나타나는 것을 발견하였다. 낯선 상황에서 뚜렷한 목표가 없이 일관되지 않고 모순적인 행동유형이 있는 결과를 바탕으로 새로운 유형을 첨가하여 애착유형을 네 가지로 분류하였다.

① 안정애착

이 유형의 영아는 낯선 상황에서 어머니와 함께 있을 때 편안하게 장난감을 가지고 활동적으로 놀고 낯선 사람에게도 호의적으로 반응하며 어머니를 안전기지로 삼아 주변을 탐색한다. 어머니가 그 공간을 떠나면 놀이를 중단하고 울지만 곧 진정이 되고, 어머니와 재결합 시 어머니를 반기면서 어머니에게 접근하려고 하고 어머니와의 접촉을 유지하려 하거나 어머니와 원거리에서 상호작용하려고 한다. 그리고 곧 놀이를 시작한다.

〈표 7-1〉 낯선 상황에서의 애착 실험

낯선 상황	관찰된 애착 행동
① 관찰자가 어머니와 영아에게 놀이실을 소개하고 방을 나간다.	
② 영아가 장난감을 가지고 노는 동안, 어머니는 조용히 앉아 있다.	안전기지로서의 어머니
③ 낯선 사람이 들어와서 앉은 다음 어머니에게 말을 건다.	낯선 사람에 대한 반응
④ 어머니가 나간다. 낯선 사람이 영아에게 반응하고, 영아가 불안해하면 영아를 달랜다.	분리불안
⑤ 어머니가 돌아와서 영아에게 인사하고, 필요하면 영아를 달랜다. 낯선 사람은 떠난다.	재회했을 때의 반응
⑥ 어머니가 방을 나간다.	분리불안
⑦ 낯선 사람이 들어와서 영아를 달랜다.	낯선 사람에 의해서 진정되는 능력
⑧ 어머니가 돌아와서 영아를 반기고, 필요하면 달랜다. 그리고 아기가 장난감에 다시 흥미를 가지게 하려고 애쓴다.	재회에 대한 반응

출처: Ainsworth, M. D. S. et al. (1978).

② 불안 - 회피애착

이 유형의 영아는 어머니와 낯선 사람에게 유사한 반응을 보인다. 어머니와 격리 시에도 심하게 울지 않고 어머니가 돌아오면 접근 추구나 접근 유지 행동을 나타내지 않고 어머니를 쳐다보지 않거나 어머니에게 등을 돌리는 형태로 전반적으로 신체적 접촉과 상호작용을 거부한다. 이 영아는 어머니와 접촉하기 위한 접근과 회피 사이에서 갈등을 느낀다. 영아가 어머니에게 접근할 수도 있지만 멈춰 서서 되돌아가거나 다른 쪽으로 방향을 바꾼다. 엄마가 가까이 있는데도 엄마를 만지려고도 하지 않는다. 어머니가 안아 줘도 편안하게 안기지 못한다. 어머니가 내려놓으면 더 항의하면서 다시 안아 주기를 바란다. 어머니를 안전기지로 삼지 않는다.

③ 불안 - 저항애착

낯선 방에 혼자 있을 때 낯선 사람이 들어오면 어머니와 함께 있어도 울음을 터뜨리고 불안해하며 탐색하지 않으려는 경향이 있다. 어머니와 격리 시에는 심하게 울고 재결합 시 오랜 시간 울면서 어머니에게 안기고 싶어 하는 모습을 보인다. 반면 어머니가 내미는 장난감을 차고 던지는 등의 분노감을 표현하면서 그러한 상황에 대해 저항적인 양가감정을 나타내기도 한다. 이 경우는 지나친 애착행동으로 인해 탐색행동이 방해되는 것이다.

④ 불안 - 혼란애착

이 영아는 낯선 상황에서 어머니와 재회하였을 때 상반된 행동 형태가 잇달아 일어난다. 매우 강한 애착 행동이나 분노 행동의 표현 후에 갑자기 회피, 냉담, 멍한 표정으로 보이거나, 강한 접촉 추구와 손을 들어 반긴 후에 벽이나 방 중앙으로 가서 멍한 표정으로 서 있거나 몸 동작이 동결되고, 심지어 꼼짝도 하지 않거나 몸을 앞뒤로 흔드는 등과 같은 이상 행동을 보이기도 한다.

(3) 애착의 영향

애착은 초기 1년간 부모와 영아 간의 상호작용에 따라 달라진다. 양육자의 양육태도에 따라 애착의 유형이 결정되고 애착의 안정성 정도가 달라진다. 영아의 요구를 민감하게 알아차리고 신속하게 반응하는 양육자에 대해 영아는 더욱 신뢰하고 안도감을 느낀다. 일관성 있는 태도를 가지고 다정하게 반응하는 양육자의 영아는 안정된 애착을 가지고 있었다. 영아도 성인과의 상호작용이 많고, 정서적 언어적인 반응이 긍정적일수록 영아도 애착행동을 더 많이 나타내려는 경향이 있다(김종순, 1989; 고경애, 1984).

영아의 애착 정도도 부모의 양육태도에 영향을 준다. 불안정하게 애착된 영아의 어머니들은 신체적 접촉을 덜 하고, 아이들을 서툴게 다루고, 가끔은 부정적이고 화를 내거나 거부하곤 한다. 회피애착을 보이는 영아는 지나치게 자극적이거나 간섭하는 양육을 받는 경향이 있다. 애착된 유형에 따라 양육의 질도 상호작용하여 영향을 미친다.

여러 나라를 조사한 문화적 연구들에서는 애착유형이 다르게 해석될 수 있다는 것을 보여 준다. 문화적으로 영아를 대하는 방법에 차이가 있어 나라마다 애착유형의 정도가 다르게 나타난다는 연구들이 있으나, 안정적인 애착유형이 모든 사회에서 보편적으로 많이 나타나고 있다.

양육자와의 밀접한 관계를 맺어 형성하는 애착도 생후 몇 년 동안이 중요하다. 그리고 양육자와의 안정적인 애착형성은 1명 또는 소수 몇몇 성인과 지속되는 양육으로 애착형성이 이루어지는 게 중요하다. 시설에 있던 영아는 이런 지속적인 애착관계가 형성이 되지 않아 정서적으로 어려움을 겪는 연구도 있었다(Rutter, 1996).

영아에게 즉각적으로 반응하며 일관성 있게 적절하게 반응해 주는 것과 아이를 부드럽고 애정 있게 안아 주는 것은 안정적 애착형성에 긍정적 영향을 준다. 어머니가 항상 안아 준 영아보다는 울 때만 안아 준 영아가 더 안정되게 애착되는 경향이, 상호작용을 하는 시간이 많을수록 안정되게 애착되는 경향이 있다는 연구도 있다(고경애, 1984). 어머니가 다양한 자극을 제공하고 정서적·언어적 반응이 긍정적일수록 영아는 어머니에게 접촉하려 하고 접촉을 유지하려는 애착행동을 더 많이 나타내었다(김종순, 1989).

영아의 개인적 특성과 부모의 양육태도 간에 적절한 '조화의 적합성'이 이루어지면 효과적으로 양육에 도움을 준다. 매우 까다롭고 불안정한 영아는 양육자가 다루기 어렵고, 사교적이고 좋은 기질은 가지고 있는 경우에는 긍정적인 상호관계가 형성되기 쉽다. 부모가 힘든 영유아를 대하는 것이 축적되며 부모도 참을성이 없어지거나 무감각해지는 결과를 가져올 수 있다(Gervai, 2009).

부모가 영아를 대하는 태도도 부모가 가진 배경에 영향을 받는다. 부모의 어릴 적 환경이나 어릴 적 부모와의 관계, 부부관계, 경제적 어려움, 정서적 문제 등으로 영아를 대하는 데 어려움을 느끼거나 관계에 영향을 미칠 수 있다. 부모 자신들의 영아기 경험이 자녀의 애착유형과 상관관계가 있음을 보고한 연구나(Main, Kaplan & Cassidy, 1985), 부모가 자기 부모의 가치관을 적용하려 함으로써 자녀에게 유사한 애착유형이 전이되는 것이다(Kagan, 1982).

영유아기 애착형성은 성인기까지도 동일한 애착유형으로 지속된다고 한다 Goldberg, 1991; Waters, Merrick & Treboux, 2000; 이광희, 2008). 안정된 애착을 형성한 영유아들은 사회적으로 더 유능한 아동으로 성장하며, 또래에 의한 선호도나 대인 적응성에서 더 높게 나타났다(Coh, 1990; Park &Waters, 1989; 안치선, 2004; 윤정희, 2002; 노명희, 1995).

불안정애착 영아는 회피와 반항적인 태도를 보이거나 욕구 불만, 공격성과 같은 성향을 보인다(장현숙, 2007). 자신의 감정을 억제하거나 과장된 정서 표현을 보이며 양육자와도 제한적이고 단절된 의사소통을 하거나 주제가 자주 바뀌는 특성을 보인다(Cassidy, 1994). 눈 맞춤을 회피하고 자신을 신뢰하지 못하고 타인에게 무관심하며 지나치게 관계에 몰입하려는 경향이 있다(Main, 1991). 책에 흥미를 덜 보이고 집중력이 낮다(Frosch, Cox, & Goldman, 2001).

주양육자와의 애착형성이 중요하지만 타인에 의한 양육이 늘어나면서 다중 애착관계도 중요시되고 있다. 유아가 두 사람이 이상에게 동시에 애착을 형성하는 것으로 조부모, 형제자매, 육아도우미, 보육교사 등 타인 양육자에게도 애착을 형성하는 것을 말한다. 유아의 애착유형이 성인기까지도 지속된다는 연구도 있다.

그러나 영유아와 보육교사 사이의 애착유형을 조사한 연구에서 유사한 강도 높은 애착을 갖게 되는 것을 보면서, 어머니에게서 안정애착을 형성하지 못했다고 해도 가족 외의 양육자와도 안정애착을 형성할 수 있다고 한다(Thompson, 2006; Schaffer & Emerson, 1964). 이는 보육교사나 다른 양육자가 많은 시간을 함께 하고 발달을 돕는 입장에서 갖게 되는 영유아와의 애착형성도 중요함을 시사한다.

2 성역할 발달

한 개인은 잉태가 되기 시작하면서 남성 또는 여성으로 결정되며, 태어난 후에는 둘 중 하나의 역할에 적절한 특성 또는 행동양식을 습득해 나가게 된다. 부모들은 자신의 아이가 성에 적합한 사회문화적 태도를 갖게 양육하기 시작한다. 남녀의 성역할은 생물학적인 차이를 바탕으로 남녀의 역할을 구분하게 되고 사회문화적으로 적합한 행동양식을 갖게 된다. 과거의 남녀 차이에 대한 인식은 현대가 되면서 사회구조의 변화나 평등사상의 영향으로 고정된 성역할에 많은 변화가 이루어졌다.

대부분의 영아는 성장하면서 자신에 대한 개념이 형성되기 시작하고 자신의 성을 구별하기 시작한다. 여성과 남성의 성 개념은 사회적 기대나 주변 성인의 영향을 받아 성 유형(sex typing)에 관한 인식을 통하여 성역할을 발달한다.

성 개념의 발달은 성 정체성(gender identity)과 성역할(sex role)로 나눌 수 있다. 성 정체성은 유아가 자신을 남자나 여자로 범주화하여 둘 중 하나로 구분하는 것이다. 성역할이란 남성과 여성에 따라 각기 달리 기대되는 행동양식을 의미한다. 유아가 자신의 성역할을 인식하고 이에 적합한 행동양식을 배우는 사회화 과정에 필요한 것이다. 자신이나 다른 사람을 '여자', '남자'라는 호칭으로 부르기 시작하고 성별에 따른 놀잇감이나 옷 색깔의 선택이 나타나기 시작할 때 성을 구별하기 시작한다고 볼 수 있다.

1) 성역할 발달 이론

전통사회에서는 여성과 남성은 생물학적인 구분에 따라 역할이 있다고 생각했으나 시대가 변하면서, 특히 현대에 와서는 성역할은 고정되지 않고 변화하는 것을 알 수 있다. 성역할 발달이론을 정신분석이론, 사회학습이론, 인지발달이론, 성도식이론으로 나누어 살펴보면 다음과 같다.

(1) 정신분석이론(Psycho-analytical Theory)

프로이트(1933)의 정신분석학적 이론에서는 유아가 부모와의 동일시를 통하여 역할을 배우게 된다고 한다. 동일시는 유아가 부모를 모델로 행동, 신념, 태도, 사고방식 등을 무의식적으로 따라하게 되는 것을 말한다.

정신분석에서는 심리성적 발달 단계 중 3~6세의 남근기에 경험하는 것에 바탕을 둔다. 남아는 오이디푸스 콤플렉스(Oedipus complex)를 경험하게 되는데, 아버지에 대한 두려움과 어머니를 차지하고 싶은 경쟁심을 통하여 남성성을 습득하게 된다고 한다. 여아의 경우는 엘렉트라 콤플렉스(Electra complex)를 통하여 아버지의 애정의 대상인 어머니의 자리를 차지하고 싶어 어머니의 성역할을 동일시하게 된다고 한다.

그러나 프로이트의 이론은 과학적으로 설명이 불충분하며 여러 문화권의 차이나 사회적 요인을 무시했다는 비판을 받고 있다.

(2) 사회학습이론(Social-learning Theory)

사회학습이론에서는 성역할을 유아가 사회환경 내에서 경험하는 다양한 학습의 결과로 본다(Bandura, 1977; Mischel, 1973). 성역할은 유아의 성에 적합한 행동은 강화되고 적합하지 못한 행동은 벌함으로써 습득하게 된다. 반두라는 유아가 부모, 교사, 대중매체 또는 친구들을 관찰함으로써 성역할을 모방하게 되는데, 성에 적합한 행동을 기대받고 강화받으면서 자신의 성이 내면화된다고 한다.

미쉘(Mischel, 1970)은 성역할이 부모나 교사, 친구로부터 직접 학습을 통하여 이루어진다고 보았다. 남아는 경쟁적이며 자동차나 총과 같은 장난감을 갖고 놀도록 장려되거나 여아는 인형놀이나 소꿉놀이를 장려하는 것 등이 있다.

즉, 사회학습이론은 성역할 행동은 강화, 처벌, 모방에 의해 학습되는 것으로 본다. 초기에는 부모와 주변 가족들이 영향을 주지만 성장하면서 교사와 친구들의 역할이 중요해진다. 사회적 변화에 의한 대중매체나 문화적 변화는 성역할 발달에 있어 고정적인 관념을 벗어나게 하는 영향을 끼친다고 할 수 있다.

(3) 인지발달이론

콜버그는 성역할 행동도 인지발달 단계를 거치는 동안 학습된다고 하였다. 인지발달이론은 유아가 자신이 남자인지 여자인지 자신의 생물학적 성을 먼저 인지하는 것에서 시작한다고 본다. 2~3세 정도가 되면 유아는 자신의 성별을 인식하는데 이것이 중요한 과정이다. 3~5세가 되면 자신이 성이 지속적으로 일정하게 성장한다는 것을 알게 된다. 자신의 성에 적합한 행동을 모델링을 통하여 학습하게 되고, 같은 성의 부모와 동일시를 하게 된다. 인지발달이론은 유아의 인지 수준이 발달함에 따라 유아가 자기 세계를 구축하고 그것을 외부환경으로부터 능동적으로 모방해 가는 과정을 통해 성역할의 사회화가 이루어진다고 본다.

인지발달이론에서는 부모와의 동일시가 자신의 성별에 대한 인식을 통하여 성유형화에 대한 인식을 하는 것이 우선한다고 본다(Kohlberg, 1966). 콜버그는 유아의 성역할 인지는 결정적인 시기에 고정되고 나면 사회적 강화를 통해서 변화시키기 어렵다고 본다.

한편, 미쉘(1966)은 유아의 행동과 가치는 성역할에 의해서 결정되는 것이 아니고 사회학습의 경험에 의해서 결정된다고 하여 반대 입장을 가진다.

(4) 성도식이론

성도식이론은 성역할 개념의 습득과정을 설명하는 정보처리이론이다. 벰(Bem, 1981)의 성도식이론은 사회학습이론과 인지발달이론을 결합한 것으로 유아는 인지발달 수준이나 사회문화적 요인의 영향을 받지만, 동시에 성도식화 과정을 통해서도 형성된다. 성도식이란 성에 따라 조직되는 행동양식으로 일상생활에서 남성적 또는 여성적 특성을 구분하여 자신에 관한 정보를 포함한 모든 정보를 부호화하고 조직화하는 것이다. '나는 여자다.'라고 하면 인형을 가지고 놀거나 소꿉놀이를 하는 것이 적합하고, 남아의 경우는 자동차를 가지고 놀거나 비행기를 만드는 것이 적합하다고 생각하는 것이다. 여아가 자신의 적합한 놀이인 인형놀이를 도식하면 그에 대해 더 많은 정보를 수집하고 기억한다. 여아가 남아의 것에 해당하는 장난감을 보게 되면 인식만 하고 자신의 것이 아니므로 피하거나 잊어버리는 것이다.

(5) 심리적 양성성

사회적으로 변화해 오면서 여성과 남성의 역할에 많은 변화가 있었다. 현대 사회에서는 전통적인 성역할에 대한 기대가 적절하지 않다고 주장하면서 양성성을 주장하는 학자가 있다. 과거의 고정적인 성역할이 현대 사회에서는 더 이상 적합하지 않으며 인간의 잠재력 실현에도 부적절하다는 생각으로 나온 것이 심리적 양성성(psychological androgyny)이다. 벰(1975)은 전통적으로 남성성, 여성성으로 나누던 것을 서로 독립적인 차원이 아니라 한 개인 내에 남성성과 여성성이 함께 공존하면서 한쪽 성만을 갖는 사람도 있고 둘 다 갖는 양성성 개인도 있을 수 있다고 본다. 하나의 유기체 내에 여성적 특성과 남성적 특성이 공존하는 것을 의미한다. 양성성이 사회적 적응에서 전통적인 성역할보다 훨씬 더 기능적이라고 주장한다.

하나의 성 정체감보다 양성성 정체감을 가진 경우 심리적 건강과 자아존중감에 보다 긍정적인 면을 보인다고 한다. 양성적인 사람이 성유형화 사람보다 자아존중감, 자아실현, 성취 동기, 결혼 만족도가 높고, 대인관계, 학교생활 적응 등에서 높은 수준을 보이며 정신적으로 더 건강한 것으로 나타났다(Schwartz & Robin, 1987; Freeman, 1994; 홍성옥, 1996; 서은희, 1995; 심미옥, 1998).

그러나 남성성이 더욱 사회에 적응하는 데 효율적이라는 연구도 있어 양성성이 단정적으로 효율적이라고는 할 수 없다. 그러나 새로운 의미의 성역할 개념으로 떠올라 1970년대 여성해방운동 이후 성 고정관념을 극복하고자 하는 면에서 생각해 보는 것도 의의가 있다.

2) 성역할 개념의 발달

유아가 성역할에 대한 개념을 이해하기 위해서는 자신의 성에 대한 이해가 필요하다. 개념의 특성을 이해하기 위하여 성에 대한 이해, 고정관념의 발달, 선호도 발달 등의 이해가 필요하다.

(1) 유아 성 이해의 발달

개인의 성은 생물학적인 특성에 의해 일생 변하지 않고 같은 성을 갖게 된다는 개념을 성 항상성(Kohlberg, 1966)으로 표현한다. 7세 이전까지는 외현적인 특성으로 사람을 판단하게 되는데, 구체적 조각기에 이르면 보존개념의 형성으로 성에 대한 성 항상성을 갖게 된다.

2세 반 정도 되면 자신이 남자 또는 여자라고 하는 것을 인식하고 자신의 성을 알게 되는 성 정체감을 갖게 된다. 동일시를 통하여 자신의 성을 알기 시작한다. 두 번째로, 자신의 성이 변하지 않는다는 인식으로 성 안정성의 단계가 된다. 셋째 단계는 성이 개인이 원한다고 해서 바뀌지 않는다는 성 항상성 단계이다. 6~7세경에는 성 일관성 단계로 놀이, 복장, 외모의 변화로 자신의 성이 변하지 않는다는 것을 알게 된다. 유안진(1982)은 아동 전기의 유아는 자신의 성을 의식하며, 여아는 여아답게 행동하고 남아는 남아답게 행동한다고 보고하였다.

(2) 유아 성역할 고정관념의 발달

성역할 고정관념은 성에 따라 인정하는 외모, 행동양식, 말씨, 감정을 표현하는 방식 및 다른 여러 가지 특성에 대한 구체적인 개념으로서 정의된다(Hurlock, 1981). 성역할 고정관념은 유아가 자신의 성 정체감과 행동을 평가하는 기준이 되며, 타인을 판단하기 위한 기초가 된다. 성역할은 생애 전반에 거쳐 형성되는 지속성을 가진다고 할 수 있다. 보편적 성 고정관념으로는 여자는 '부드럽다, 민감하다, 따뜻하다, 수동적이다, 의존적이다, 복종적이다' 등이 있다. 남자의 고정관념으로는 '딱딱하다, 둔감하다, 차다, 완고하다, 적극적이다, 독립적이다, 공격적이다, 야심적이다' 등이 있다. 이러한 고정관념에 의해서 남성에게는 경쟁과 활동성이 요구되었고, 여성에게는 타인을 배려하고 돌보는 역할이 강조되어 왔다고 할 수 있다.

성역할이 고정관념에 대한 연구(Kuhn et al., 1978)를 보면 2세 유아도 성역할 고정관념의 지식을 소유하고 있으며 성을 영속적이고 바뀔 수 없는 것으로 알기 시작한다. 2세 반에서 3세 반의 유아에게 남자인형과 여자인형을 보여 주고 어떤 인형이 요리, 바느질, 인형, 트럭이나 기차놀이, 수다, 뽀뽀, 싸움, 나무타기와 같은 성 유형화된 놀이를 할 것인지 물었다. 연구 결과, 2세경의 유아도 성역할 고정관념을 가지고 있음이 나타났다.

유아는 자신이 하나의 성에 속한다는 것을 알기 시작하고, 이는 동성의 부모와 동일시를 통해서 이루어진다. 많은 연구 결과 성역할 고정관념이 유아기에 형성된다는 것을 뒷받침해 주며 유아가 성 정체감을 가지고 일관성을 가진다는 것을 이해하는 것은 대개 2~7세 사이에 이루어진다.

성역할 선호 발달은 남자와 여자 중 하나의 성과 관련된 행동을 받아들이고자 하는 욕구 또는 남성적이거나 여성적인 행동에 적합한 것으로 인식되는 성역할 고정관념을 유지하려는 욕구이다(안선영, 1989). 유아는 살아가고 있는 사회에서 인정하는 성에 대한 생각이나 행동을 선호하여 자신의 성에 대한 적합한 행동을 함으로써 보상받는 것을 알고 적극적으로 노력하게 된다.

3) 성역할 발달과 영향 요인

유아의 성역할 발달에는 자신의 생물학적 요인이나 환경과 사회적 영향을 받아서 이루어진다고 할 수 있다. 부모, 또래, 교사, 대중매체 등은 중요한 영향을 미친다. 성역할 발달에 영향을 미치는 요인을 살펴보면 다음과 같다.

(1) 생물학적 요인

유아가 태어나기 전부터 갖게 되는 성 염색체의 구별을 통해 결정지어지는 남성과 여성의 차이를 갖고 있다. 호르몬에 의한 남성과 여성의 차이도 있다고 한 연구(Santrock, 1981)도 있는데 유산 방지를 목적으로 남성 호르몬을 부여받고 태어난 아기는 정상 아기보다 더욱 공격적이고 활동적이었다.

(2) 부모의 역할

부모는 유아가 성 동일시를 하는 대상이며 성역할 습득을 위한 모델로서 중요한 의미를 가진다. 유아는 부모를 보며 성역할을 학습하게 되고 부모의 자극과 강화에 의하여 성에 적합한 행동과 부적합한 행동을 구별하게 하는 계기가 된다. 부모의 성역할 태도는 유아의 성역할 발달에 큰 영향을 미치는데, 부모의 성역할에 대한 고정화된 태도는 유아에게 강한 고정적 태도를 가지게 하는 경향이 있으므로 부모가 전통적 고정관념에서 벗어날 필요가 있다(이윤진, 2007). 강경석과 박연희(2008)의 연구는 부모의 양성 평등의식을 연구하였는데, 어머니가 아버지에 비해 성차별적인 인식이 낮고, 학력이 높은 어머니일수록 양성 평등의식이 높게 교육수준이 높을수록 성역할 태도가 비전통적인 것으로 나타났다.

(3) 형제의 역할

가족 구성원 중 형제의 출생 순위, 수, 관계는 성역할 발달과 선호에 중요한 영향을 미친다. 동성의 형제자매인 경우 성역할 발달이 빠른 반면, 이성의 형제자매의 경우는 양성적인 성역할을 발달시킬 수 있다(이미정, 2006). 여아가 남자형제만 있는 경우 더 남성적인 특성을 가지는 것을 볼 수 있는데, 이는 모방과 동일시에 의한 효과로 볼 수 있다. 형제간의 터울은 2~4년 정도에서 많은 영향을 주며 첫째 아이가 남아인 경우 여아보다 더 강한 영향을 주는 것으로 나타났다(김완신, 2003).

(4) 또래와 교사의 역할

유아기에는 동성 지향적인 선호성이 나타나며 많은 경우 놀이를 통해 발달된다. 유아는 놀이 시 성에 적합한 행동은 서로 보상하며 맞지 않는 행동을 하게 되면 놀리거나 비판적인 행동을 통하여 유아의 성역할에 영향을 준다(Fagot, 1977; Lamb & Roopnarine, 1979).

남아는 성역할 행동에 있어 또래를 동일시하는 반면, 여아는 부모를 좀 더 동일시의 대상으로 삼는다.

또한, 교사의 역할은 유아에게 부모 대리의 역할로 유아의 성역할 발달의 모델링이 되기도 한다. 성에 적합한 행동은 보상하고 부적합한 행동을 권장하지 않는 것으로 나타난다(Mullola et al., 2012). 교사의 성에 대한 의식과 태도가 유아에게 영향을 끼치는데, 교사가 전통적인 성역할 개념을 가진 교사라면 성에 적합하지 않은 행동을 하는 유아에게 비판적인 반응을 줄 수 있다. 과거의 유아 노래나 동요 등에 여성의 직업이나 행동 특성이 나타나 성이 고정화되어 있는 것을 볼 수 있다. 교사가 유아에게 여성의 직업을 설명하면서 간호사나 유치원 교사를 예로 든다면, 유아에게 성 고정관념을 학습하게 하는 것이라 할 수 있다.

교사의 성역할 인식은 유아의 성역할 개념 형성에 중요한 영향을 준다(이정화, 2002; 임효선, 2013; 최영주, 2001).

(5) 대중매체의 역할

대중매체의 영향이 우리 생활에 미치는 부분이 많은데, 특히 텔레비전은 그 영향이 아주 크다. 홍연애(1993)의 연구에서 5~6세 유아를 대상으로 각각 5개의 전형적 비전형적 성역할 VTR 프로그램을 보여 준 후 차이를 조사하였다. 비전통적인 성역할 모델을 시청한 유아의 성역할 고정관념이 완화되었으며, 성역할 고정관념은 4주 후 사후검사에서도 지속적으로 효과가 있는 것으로 나타났다.

김명희(2003)의 연구는 텔레비전 만화에서 성역할의 차이를 보았는데, 남성은 등장 빈도수가 많고 리더로서 역할이 뚜렷한 반면, 여성은 상대적으로 등장횟수가 적고 주로 추종자로 보았다. 남성은 적극적이지만, 여성은 순정적으로 보는 등 남성 중심적 성역할 태도를 지적하였다. 동화책도 성 유형화에 영향을 주는데, '콩쥐 팥쥐'나 '흥부와 놀부', '잠자는 숲 속의 공주' 등에서 대체로 남자는 중요한 사건이나 문제를 해결하고 여자는 의존적이고 소극적으로 남자에게 도움을 받는 무기력한 존재로 나타난다(성영혜 외, 2001).

대중매체는 성역할 개념을 제시하는 데 있어 모델이 되고 성역할 고정관념의 변화에도 영향을 주는 중요한 요소이다.

3 도덕성 발달

도덕성이란 옳고 그름을 판단하는 능력으로 규범이나 사회적 규칙을 지켜나가는 것이라 할 수 있으며, 그 개념은 '옳고 그름을 개념화하고 어떻게 행동해야 할 것인지에 초점을 둔 인지적 요인과 도덕적 사고와 행동을 동기화할 수 있는 죄책감, 수치심, 자부심 등의 정서적 요인 및 도덕적 규칙을 위반하는 유혹에 부딪혔을 때 실제로 어떻게 행동할지를 선택하는 행동적 요인을 통합하는 것'이라고 할 수 있다(Shaffer, 2005).

1) 인지발달이론

인지발달이론은 도덕성이 인지적인 발달 정도에 의해서 발달하는 것으로 본다. 피아제가 도덕판단(moral judgement)이라는 말을 쓰게 되면서 비롯되었다. 이 피아제의 이론을 콜버그가 이어받아 도덕성 이론을 발전시켜 계승하였다.

(1) 피아제의 이론

피아제는 도덕성은 규칙의 체계로 되어 있으며 규범을 내면화하여 규칙에 따라 판단하는 합리적인 능력이 도덕성의 본질이라고 한다. 피아제는 유아의 게임 규칙에 대한 이해, 의도성에 대한 이해, 권위에 대한 개념 연구를 토대로 유아의 도덕성 발달 단계를 '타율적 도덕성'과 '자율적 도덕성'으로 구분하였다.

피아제는 스위스의 어린 소년들과 함께 공기놀이를 함으로써 도덕성에 관한 연구를 했는데, 게임 규칙과 표현법을 관찰하면서 어떻게 스스로 이 규칙을 적응했는지, 규칙을 생각했는지, 규칙을 바꿀 수 있는지 알아보았다.

피아제는 도덕성 발달은 인지발달과 사회적 경험 모두가 중요한 역할을 하는데, 학령 전 유아기에는 인지능력의 부족으로 타율적 도덕성을 가질 수밖에 없다고 한다.

① 타율적 도덕성(Heteronomous Morality) 단계

제1단계인 타율적 도덕성 단계에서는 3~7세의 유아에 해당되는데, 이 단계의 유아는 도덕성 규범이 신이나 부모와 같이 외부로부터 정해진 것으로 무조건적으로 복종하며 절대 변할 수 없는 것이라 생각한다. 게임을 할 때도 규칙을 따르는 것이 무조건 옳다고 생각한다.

이 시기는 부모가 완전하다고 믿는 경향이 있다. 따라서 부모가 제시하는 도덕적 규범은 신성불가침한 것으로 무조건 순종해야 하는 것으로 생각한다. 피아제는 이와 같은 절대주의적 도덕적 사고를 도덕적 실재론(moral realism)이라고 하였다.

행위에 관해 판단할 때 어떤 행동의 옳고 그름을 행위자의 의도와는 상관없이 밖으로 나타난 행동의 결과만 중시하고 내면의 동기나 의도를 고려하지 못한다. 이 시기에 해당하는 유아는 어머니를 도와드리다가 5개의 접시를 깨뜨린 아이가 과자를 훔치다가 1개를 깨뜨린 아이보다 더 잘못했다고 생각하는 것이다. 사회적 규칙을 위반하면 어떤 방법으로든 벌을 받게 된다고 생각한다. 만약, 5세 유아가 거짓말을 하다가 넘어져 무릎에 상처가 났다면 이것은 자기가 잘못한 것에 대한 벌로 마땅히 받아야 할 것으로 생각한다(Shaffer, 1999).

이 시기는 처벌이 따르는 행위는 무조건 나쁜 것으로 판단하고 보상이 주어지는 행위는 좋은 것으로 생각하는 경향이 있다.

② 자율적 도덕성(Autonomous Morality) 단계

제2단계인 자율적 도덕성 단계는 자신의 도덕적 판단을 중시하는 도덕적 자율성이라고도 하며, 7세 이후의 아동에게 나타난다. 규칙은 사람이 만든 것이고 필요에 따라 변경할 수 있다고 생각하게 된다. 이 단계의 아동은 절대주의적 사고에서 벗어나 상대주의적으로 사고할 수 있고, 행위의 결과보다 내면의 동기나 난이도를 먼저 고려하여 도덕적 판단을 할 수 있다. 타율적 도덕성에서 자율적 도덕성으로의 전환은 유아의 사고가 자기중심적인 사고나 주관적인 사고에서 벗어나는 인지적인 과정에서 잘 나타난다.

자율적 도덕성 단계의 아동은 도와주려다가 실수로 접시 5개를 깨뜨린 아이보다는 과자를 훔치다가 접시 1개를 깨뜨린 아이가 잘못했다고 생각한다. 즉, 행위의 의도를 도덕성 관점을 고려하여 판단하게 된다.

성인의 판단이 무조건 옳다고 생각하던 것도, 규칙을 어긴 행위나 남에게 해를 끼친 행위라 하더라도 연령이 증가할수록 상황을 고려하거나 상대방의 입장, 과거의 경력 등을 고려하는 상호성을 가지게 된다. 규칙을 위반하더라도 항상 벌이 따르지 않는다는 것을 알게 된다.

피아제의 도덕성 단계는 인지적 성숙과 사회적 경험이 중요한 역할을 한다. 자기중심적인 사고에서 벗어나고 역할 수용능력이 발달하면서 도덕적 판단을 여러 각도에서 생각해 볼 수 있게 된다. 또래와의 사회적 경험과 같은 대등한 위치에서의 상호작용이 중요하다. 또래와 사이좋게 놀고, 공동의 목표를 달성하기 위해서는 서로 불일치를 중재하며 합의를 이루어 나가야 한다. 다른 사람의 입장에 서 보고, 갈등이 있을 때 어떻게 해야 서로 이익이 되는 방식으로 해결할 수 있는지를 배우게 된다. 따라서 대등한 위치에서의 또래와의 접촉은 좀 더 융통성 있고 자율적인 도덕성 발달에 도움을 준다.

(2) 콜버그의 이론

콜버그는 피아제의 도덕발달이론은 더욱 발전시켜 도덕적 추론에 도덕적 딜레마를 제시하여 6단계의 세분화된 발달 단계를 제시하였다. 콜버그는 도덕성 발달 단계는 전인습적 수준, 인습적 수준, 후인습적 수준으로 발전해 간다고 보았다. 영유아기의 도덕성 발달 수준은 전인습적 수준에 머물러 있다고 할 수 있다.

콜버그는 도덕적 갈등 상황을 제시하고 그 상황에 대한 질문에 따라 대답한 사람들의 응답으로 도덕성 발달 수준을 구분하였다. 대표적인 갈등 상황의 예로 '하인츠와 약사'가 있다.

하인츠와 약사

유럽의 어떤 마을에 한 부인이 희소한 암으로 죽어가고 있었다. 그 부인을 살릴 수 있는 오직 한 가지 약이 있었다. 그 약은 일종의 라듐으로서, 같은 마을에 사는 약사가 개발한 것이었다. 약의 재료비도 비쌌지만, 약사가 그 값보다 10배나 더 비싸게 가격을 책정해 아주 적은 양의 약을 2,000달러나 받았다. 병든 부인의 남편인 하인츠는 그 약을 사려고 이 사람 저 사람에게 돈을 꾸었지만, 약값의 절반인 1,000달러밖에 구하지 못했다. 그래서 하인츠는 약사에게 가서 자신의 아내가 죽어 가고 있다고 말하며, 지금 자신에게는 1,000달러밖에 없으니 그 약을 조금 싸게 팔든지 아니면 모자라는 액수는 나중에 갚겠다고 간청했다. 그러나 약사는 그 약으로 돈을 벌 생각이라면서 하인츠의 부탁을 거절했다. 절망에 빠진 하인츠는 자기 부인을 살리기 위하여 약국의 문을 부수고 들어가 약을 훔쳤다.

출처: Kohlberg, L. A. (1958).

이 딜레마 상황에 대한 질문을 통하여 도덕성 발달 수준을 결정하였는데 해당 질문은 다음과 같다.

- 하인츠는 약을 훔쳐야만 하는가? 훔치는 것은 옳은 일인가, 나쁜 일인가? 왜 그런가?
- 만약 다른 방법이 전혀 없다면 아내를 위해 약을 훔치는 것이 남편의 의무라고 생각하는가?
- 약사는 가격 상한성이 없다고 해서 약값을 그렇게 많이 받을 권리가 있는 것인가? 있다면 왜 그런가?
- 훔치는 것이 정당하다면, 부인이 중요한 인물이었다면, 약제사를 더 심하게 처벌해야 할까?

위의 질문에 대한 답변을 통해 콜버그는 도덕발달을 전인습적, 인습적, 후인습적의 세 수준으로 가정하였다. 각 수준은 다시 두 단계로 구분된다.

콜버그의 도덕발달이론의 핵심 개념은 내면화(internalization)이다. 내면화란 외적 기준에 의해 통제되는 행동이 내적 기준에 의해 통제되는 행동으로 변화하는 것을 의미한다. 유아의 인지적 수준이 발달함에 따라 도덕적 사고는 내면화되어진다.

콜버그의 도덕성 발달 단계를 정리하면 다음과 같다.

① 전인습적 수준(Preconventional Level)

전인습적 수준에 있는 사람은 사회규범, 기대, 관습을 잘 이해하지 못한다. 자기중심적으로 사고하는 단계로 다른 사람의 입장을 이해하지 못하고 자신의 욕구충족을 하려고 한다. 보통 9세 이전 아동의 도덕 기준으로 이 시기는 벌을 피하기 위하여 행동하거나 상을 받기 위해 모든 행위는 자신이 아닌 권위자에 의해 만들어진 규칙에 따른다.

【1단계】 타율적 도덕: 처벌과 복종에 의한 도덕성의 단계이다. 규칙에 복종하여

벌이나 고통을 피하기 위한 도덕적 판단이다. 행동의 결과만으로 도덕적 판단을 한다. 자기중심적 사고를 하며 벌을 피하기 위해서 규칙에 복종한다. 부모에게 야단맞지 않기 위해 하지 말라는 행동은 하지 않는다.

하인즈가 약을 훔치는 것은 벌을 받게 되기 때문에 잘못된 행동으로 판단한다.

【2단계】 개인주의적 도덕: 자신의 욕구충족 수단의 도덕성 단계이다. 자신의 욕구를 충족시키는 것을 도덕적 가치 판단의 기준으로 삼는다. 자신의 관심과 흥미에 따라 도덕적 행위가 결정된다. 다른 사람도 똑같은 욕구가 있다는 것을 인정하지만 대부분 자신이 원하는 것을 얻기 위해서이다. 자신이나 사랑하는 사람에게 이익이 되는 목적에 따라 구체적 교환에 의해 공정성을 가진다. 도덕적인 행동도 자신과 다른 사람의 상호 교환적인 관계로 이루어진다. '네가 나를 도와주면 나도 너를 도와준다.'라고 생각한다.

약을 훔쳐서라도 하인즈가 아내의 목숨을 구해야 한다고 판단하는 시기이다.

② 인습적 수준(Conventional Level)

이 시기는 다른 사람의 입장을 더 잘 이해하게 되고, 사회규율이나 관습에 맞는 행동을 도덕적 행동으로 본다. 다른 사람을 고려하고 사회적 권위에 기초하여 내면화된다. 대부분 청년과 다수의 성인이 이 수준에 있다.

【3단계】 상호관계의 도덕: 대인관계의 도덕성 단계이다. 다른 사람의 인정을 중요시하며 관계를 판단의 기준으로 삼는다. 옳은 행위란 가까운 사람의 기대에 부합하고 즐겁게 해 주고 승인을 받으려고 하는 행동이며, 착한 아이 지향이라고도 한다. 행동의 동기나 의도를 중요시하여 행동하며, 사회적, 권위적 인물의 승인을 바탕으로 도덕적 판단이 결정되며, 대부분의 사람들은 이러한 기준에 의하여 착하게 행동하고 인정받으려고 한다. 부모가 원하고 기대하는 행동을 자녀가 따라주는 것이 옳다라고 생각하는 단계이다.

하인즈가 약을 훔치는 행동은 약사의 권리를 침해하고 남에게 해를 끼치는 것이기 때문에 옳지 못하다고 판단한다.

【4단계】 사회체계 지향의 도덕: 사회체계의 기준에 따른 법과 질서 준수, 사회질서 유지의 도덕성 단계이다. 도덕은 법과 질서를 지키는 것으로 사회질서를 유지하고 누구든지 이 질서를 받아들여야 된다고 생각한다. 이러한 공공의 질서, 사회적 규율을 지키는 것이 옳은 행동의 판단 기준으로 삼는다.

법은 어떤 경우라도 지켜야 하므로 하인즈의 행동은 정당하지 못하다고 판단하는 것이다.

③ **후인습적 수준**(Postconventional Level)

후인습적 수준에서는 사회규범을 이해하고 인정하지만, 개인의 가치 기준을 우선으로 한다. 법과 규칙의 정당화를 위한 관심뿐만 아니라 가장 기초적인 원리를 탐색한다. 이때 도덕적 행위란 개인의 가치기준에 의해 결정되는 것이지 사회나 권위자에 의한 것은 아니다. 대부분 20세 이상의 성인 중에 일부만이 이 수준까지 간다고 본다.

【5단계】 사회계약 지향의 도덕: 법과 사회계약이 모든 사람의 복지와 권리를 보호하기 위해 필요하다는 절대성과 고정성을 이해한다. 그러나 때로 사회의 융통성을 인정하며 법과 질서도 가변적임을 인식한다. 사회적 계약보다는 개인 권리를 존중하고 가치나 관점의 상대성을 판단의 근거로 삼는다. 다수의 공익을 위한 법률을 사회계약으로 인정하기는 하나, 여러 관점을 통합하여 판단하므로 도덕적 관점과 법적 관점 간의 갈등이 생길 수도 있다는 것을 안다.

하인즈가 약국 문을 부수고 들어간 것은 잘못이나 생명을 구하기 위한 일이 우선이므로 용서해야 한다고 판단하는 시기이다.

【6단계】 보편원리 지향의 원칙: 모든 인간이 따라야 할 보편적인 관점으로, 인간의 권리는 동등하며 인간의 존엄성을 인정하는 차원에서 도덕이 판단된다. 이 시기에는 논리적인 포괄성, 보편성, 일관성에 스스로 선택한 윤리원칙에 준해서 양심의 결정에 따라 옳음을 판단하는 경향이 있다. 모든 개인에게 적용되는 시대와 문화를 초월한 보편적 원리에 근거하여 행동하게 된다. 이 마지막 단계는 소수만이

도달할 수 있다.

법이나 관습 이전에 인간 생명이 관여된 문제로서 생명의 가치는 무엇보다 우선하여 생각해야 한다고 판단한다.

콜버그의 도덕성 발달이론은 인지발달을 기본으로 하여 인간의 인지발달 수준에 따라 도덕성도 발달한다고 본다. 전조직기 수준에는 자기중심적으로 판난하는 전인습적 수준의 도덕성이고, 인습적 수준에 이르기 위해서는 다른 사람의 견해와 입장을 이해할 수 있는 인지적 발달이 우선되어야 한다. 유아는 자신의 인지발달 수준보다 더 높은 단계의 도덕적 판단을 할 수 없다고 본다. 그러나 역할 수용능력이 있다고 해서 후인습적 수준의 도덕성이 발달하는 것은 아니다.

콜버그 이론은 도덕성 발달에는 큰 공헌을 하였지만, 후인습적 도덕성에 도달하는 비율이 아주 적다. 도덕성에서 도덕적 판단과 행위 간의 불일치 문제이다. 도덕적 상황에서 행위보다는 판단과 사고능력을 지나치게 강조했다. 나라마다 도덕적인 가치가 다르므로 콜버그의 도덕성은 백인 중심의 가치를 반영했다는 지적을 받고 있다.

2) 사회학습이론

사회학습이론에는 도덕적 발달이 외적인 강화와 보상, 훈련, 연습, 관찰, 모방에 의해서 형성된다고 본다. 직접적이고 반복적인 강화나 보상 또는 혐오적 자극이 뒤따르는 고전적 조건화나 조작적 조건화, 또래나 형제, 주변 사람들의 행동을 관찰하거나 모방하는 과정을 통해 형성된다고 보았다.

도덕적 행동이 처음에는 부모나 교사 등 외부로부터 보상이나 강화를 통해 일어나지만 궁극적으로는 자기 스스로의 내적인 강화나 보상 또는 처벌에 의해 나타나게 된다. 유아는 주변에서 자신의 행동에 대해 강화나 보상 또는 처벌 경험을 토대로 형성한 내면화된 자기 기준에 따라 도덕적 행동을 지속적으로 실천하게 된다. 내면화된 자기 기준은 자기 평가의 기준으로 작용하기 때문에 유아는 외적인 강화와 보상, 처벌 없이도 스스로 자신을 통제하면서 도덕적 행동을 실천할 수 있게 된다.

3) 정신분석이론

정신분석에서는 도덕성 발달의 기본을 양심의 발달로 설명하고 있다. 인간의 모든 도덕적 행동을 내면적으로 통합하고 통제하는 일관된 성격 특성으로 본다. 인간 내면에 존재하는 부정직한 행동을 하지 않도록 하는 강력한 내면적 기준인 초자아가 있다. 이 초자아에 의해 유발하는 죄의식과 같은 도덕적 감정의 발달이 사회적 규범을 준수하게 만드는 원천이라고 보았다.

프로이트는 유아가 인생의 초기에 부모를 동일시하게 되면서 부모의 가치기준이나 행동을 내면화하게 된다고 본다. 이렇게 내면화된 부모의 가치나 규범에 위배하는 행동을 하게 되면 죄책감을 느끼게 되고, 점차 성장하면서 사회 규범을 내면화하기 시작한다. 이렇게 규범에 위반하는 행동을 하게 되어 불안감과 죄책감이 형성되면 이로부터 벗어나기 위해 더욱더 사회 규범에 순응하게 되고 그렇게 함으로써 도덕성 발달이 이루어지는 것이다.

인간이 태어나면서 무도덕적이고 쾌락 지향적인 원초아의 지배를 받지만 3세부터 시작되는 남근기 동안 초자아가 발달한다. 이 시기에 유아는 이성의 부모에 대한 근친상간적 욕망으로 동성 부모에 대한 적대적 경쟁심을 경험하게 된다. 우선, 남아는 아버지에 대한 두려움으로 오이디푸스 콤플렉스와 적대감이 형성되고, 이 공포에서 벗어나기 위해 아버지를 동일시하게 된다. 남아는 아버지의 도덕 기준을 포함한 여러 속성을 내면화한다. 프로이트는 남성의 초자아가 유아 초기에 출현해서 6~7세에 성숙되면 이에 따라 오이디푸스 갈등이 해소된다고 가정했다.

여아는 아버지의 애정을 두고 엄마와 경쟁하기 시작한다. 여아는 남근기 동안에 남아와 비슷한 갈등을 경험하는 것으로 추측되나, 남아가 아버지에 대해서 느끼는 것만큼 어머니를 그렇게 두려워하지는 않는다. 남아와 달리 어머니는 여아를 거세할 수 없기 때문이다. 엘렉트라 콤플렉스를 해결하기 위해 어쩔 수 없이 어머니를 동일시하면서 두려움을 해결한다. 이런 이유로 프로이트는 여성의 초자아가 남성보다 약하다고 믿었다.

정신분석이론에서 초자아는 옳지 못한 행동이나 생각에 대해 죄의식이나 부끄러움을 느끼게 하거나 자존심을 상하게 함으로써, 도덕적으로 허용되지 않는 행동이나 사고를 통제하며, 도덕적으로 성숙된 성격을 유지하도록 유도한다. 그러나 오이디푸스 콤플렉스에 따른 부모의 동일시 과정에서 불완전한 도덕적 가치나 규범이 내면화되었다면, 도덕적으로 성숙하지 못한 성격 특성을 나타낼 수 있다. 이처럼 도덕적 행동이나 사고는 초자아의 발달로 인해 나타나는 죄의식이나 부끄러움 등의 정의적 특성을 기반으로 한 성격 특성이라 할 수 있다.

4) 영향 요인

(1) 부모의 영향

부모와의 동일시는 도덕성 발달의 기준이 되고 부모의 도덕성은 자녀에게 그대로 모방학습된다는 점에서, 부모는 영유아의 도덕성 발달에 중요한 영향을 끼친다고 본다. 부모는 자신의 잘못된 도덕적 개념이나 판단이 그대로 자녀에게 모델링되어 전달 학습된다는 점을 기억해야 한다.

특히 도덕적인 개념이 형성되기 시작하는 5~6세경부터 구체적인 상황 설명을 통하여 도덕성을 교육할 필요가 있다. 도덕적 판단이 필요한 상황에서 부모가 어떤 기준으로 어떤 행동을 해야 할지에 관해 자녀에게 설명해 주는 것이 중요하다. 도덕성 기준과 판단의 모범을 보여야 할 것이다.

(2) 또래의 영향

영유아의 도덕성은 성장하면서 또래관계를 통하여 많은 영향을 받는다. 특히 친구를 중시하는 연령이 되면서 또래와 더 많은 상호작용이 이루어지는데, 또래

집단에서 보여 주는 가치나 도덕적 규범, 판단의 행위는 도덕성 발달에 많은 영향을 끼친다. 부모나 교사 등 성인들이 보여 준 도덕적 규범과 친구, 또래 간의 기준이 같으면 일관된 도덕성을 가진다. 그러나 그 기준이 다르면 갈등을 유발하고 반사회적인 행동과 가치를 가지게 될 수 있다.

(3) 대중매체의 영향

텔레비전, 휴대전화 등과 같은 대중매체의 발달은 영유아의 도덕성 발달에 큰 영향을 미친다. 만화 영화나 드라마, 영화 등에서 나타나는 도덕적 행동, 이타적 행동, 폭력적 행동, 비도덕적 행동 등은 모두 모델링으로서 영향을 미친다. 따라서 영유아를 위한 매체는 내용 선정 시 도덕성을 고려해야 한다.

4 영유아의 사회정서적 발달에 미치는 요인과 지원 활동

1) 기질 요인

기질은 타고난 특성으로 감정이입이나 친사회적 행동의 기초가 된다. 이는 다른 사람과의 상호작용에 영향을 주며 성격의 기본이 된다. 기질의 특성으로 나타난 영유아의 감정이나 상호작용, 성인과의 상호 반응 등은 사람을 만나고 친숙해지는 전반적인 사회관계의 틀을 만들어 간다. 기질의 중요성은 어릴 때 형성된 개인의 기질에 따른 사회정서적 특성이 성인이 된 후에도 이어지는 지속성을 갖는다는 것이다(Carter et al., 2003; Mundy et al., 2007).

영아기부터 기질은 영아와 성인 간의 상호작용에 상호 반응적 영향을 미치는 것으로 나타났다. 어머니 – 영아 간에 조화가 잘 이루어지면 영아의 경우 긍정적인 정서는 높고 부정적인 정서는 낮으며 관심 추구와 고통 조절 등이 높으며, 어머니의 경우 적절한 참여가 일어나고 민감하며 긍정적인 정서가 높으며 거친 행동은 낮은 경향을 보였다(한지현, 2005).

기질발달에 대한 지원 활동은 다음과 같다.

- 부모가 영아의 기질을 파악하여 적절한 양육방법을 선택하는 것이 필요하다.
- 유아의 기질에 따른 인내심을 가지고 민감하게 대처하는 방법이 필요하다.
- 기질을 파악한 후 영아의 행동과 정서를 맞게 적절하게 통제하고 행동에 민감하게 반응하는 부모의 양육태도가 요구된다.

2) 연령 요인

영유아의 연령이 증가하면서 사회정서적인 행동도 늘어나는 것을 알 수 있다. 연령이 높아지면서 인지적 성숙과 사회적 경험이 증가하고 점점 타인의 정서적 표현을 알아차리고 이해하는 능력이 더 발달하게 된다. 인지적 성숙으로 적절한 정서 표현을 위한 정보를 추구하는 능력이 지속적으로 발달하고 자율성을 획득하면서 정서 조절능력도 발달하게 된다(이선영, 2006; Kopp, 1989).

연령에 따라 적합한 정서발달 지원 활동은 다음과 같다.

- 연령에 적합한 정서발달 상태를 알고 적절한 정서 표현방법을 모델링하고 연습할 수 있는 기회를 제공한다.
- 교육기관에서의 교사는 또래 영유아가 협동하여 문제를 해결하고 모색하는 과정에서 정서적인 표현을 할 기회를 제공한다.
- 언어발달과 함께 적절한 정서를 언어로 표현하는 방법을 제시하고 반복하여 정서 표현 연습의 기회를 제공한다.

3) 가정환경 및 부모의 양육태도 요인

영유아의 가족적 환경 특성은 사회정서발달에 지속적인 영향을 미친다. 부모의 양육태도에 따라 영유아의 사회정서발달이 달라진다. 애정적이면서 통제적인 양육행동을 하는 부모의 자녀들은 의사소통과 사회정서능력이 높게 나타났다. 기질특성이 까다로운 영유아는 인기도가 낮게 나타났으며, 부모의 제한적인 양육태도가 영유아의 인기도를 낮게 하는 데 영향을 미친다고 하였다(정은숙, 1984). 고든(Gordon, 1983)의 연구에서도 부모가 영유아의 기질을 어떻게 인식하느냐에 따라 부모의 양육태도에 차이가 있었다.

또한, 부모와 영유아 간의 신체 접촉이 사회정서발달에 중요한 요인으로 작용하였다. 부모로부터 신체 접촉을 적게 받은 영유아는 그러지 않은 영유아보다 상호작용에서 더 공격적이고, 부드럽고 애정적인 접촉 유형을 자주 받은 영유아는 거칠고 강한 신체 접촉을 자주 받은 영유아보다 안정적인 애착형성을 한다(Weiss et al., 2000).

가정환경 및 부모의 양육태도 요인에 따른 지원 활동은 다음과 같다.

- 부모는 자녀의 기질을 인정하고 그에 따른 정서적인 특성이 나타나는 것을 이해해야 한다.
- 부모는 자녀 성향에 맞는 양육방법을 찾고 개발하여 적용한다.
- 자녀와의 안정적인 애착형성을 위한 많은 시간을 함께 보낸다.
- 형제간에 나타나는 애정적 관계를 격려하기 위하여 자녀의 느낌을 서로 나누고, 형제간에 서로의 속마음을 읽고 감정을 표현하도록 격려하는 것이 도움이 된다.
- 부모가 자녀가 느끼는 정서에 관하여 대화로써 설명하고 이해하도록 노력한다. 이를 통해 영유아는 자신의 정서 감정을 이해할 수 있게 된다.
- 부모가 자녀의 감정에 공감하고 격려하며 민감하게 반응하는 모습은 자녀의 정서적 규제능력에 도움이 된다.

연구문제

1 정서의 의미와 정서의 중요성을 설명해 보자.

2 기질의 유형을 정리하고 기질이 사회정서발달에 미치는 영향을 설명해 보자.

3 애착의 의미와 애착유형의 종류를 설명해 보자.

4 콜버그의 도덕성 발달이론을 서술해 보자.

CHAPTER 8

영유아발달과 환경

학습목표

1. 영유아발달에 영향을 미치는 다양한 가족의 형태를 알고 가족의 중요성을 설명할 수 있다.
2. 영유아발달에 영향을 미치는 또래환경의 중요성을 이해하고 영향력을 설명할 수 있다.
3. 영유아발달에 영향을 미치는 교육 및 보육기관의 역할을 이해하고 중요성을 설명할 수 있다.
4. 영유아발달에 영향을 미치는 전자매체의 종류를 알고 장·단점을 설명할 수 있다.
5. 영유아발달에 영향을 미치는 영유아 개개인의 신체 및 유전적 소인을 알고 영향력을 설명할 수 있다.

영유아기 발달에 영향을 미치는 여러 요인 중에서 가장 중요한 요인은 가족환경이다. 가정은 영유아기 대부분의 시간을 보내는 생활공간이며, 영유아가 세상에 태어나서 가장 먼저 경험하게 되는 사회집단이다. 영유아는 가족을 통하여 삶의 태도와 자세를 형성하며 공동체 구성원으로서의 역할을 학습하게 된다. 또한, 영유아는 가족 외에 또래들과의 놀이를 통하여 성장하며 또래로부터 적절한 행동과 그렇지 못한 행동을 배운다. 또래는 유아 개인에 관한 평가의 객관적 준거가 되기도 한다. 이 외에도 영유아발달에 영향을 미치는 요인으로 영유아 보육 및 교육기관, 전자매체, 영유아 개개인의 신체적 조건에 따른 건강과 질병의 영향을 들 수 있다. 본 장에서는 영유아발달에 영향을 미치는 가족환경, 또래관계와 놀이, 유아교육기관, 전자매체, 건강과 질병 등에 대해 살펴보고자 한다.

1 가족환경

가족은 인간이 태어나서 가장 먼저 접하게 되는 집단이며, 영유아는 가정 안에서 의식주를 제공받고 부모의 보살핌과 교육을 받으면서 사회 구성원으로 성장한다. 과거보다 현대사회에서 가족은 그 형태와 성격에서 많은 변화를 거쳤다.

1) 가족의 개념 및 가족구조의 변화

가족은 가장 오래된 집단체계이며 개인의 행동과 성격에 많은 영향력을 미친다. 가족은 대인관계 경험을 통해 구성원 개개인의 사회화를 도우며 성격형성에도 지대한 영향을 미친다. 가족은 그 무엇보다 중요한 종족 보존의 기능과 자녀양육과 보호, 경제적 부양의 기능, 교육의 기능, 종교적 기능, 성적 욕구충족과 규제의 기능 등 내·외적으로 많은 기능을 담당한다. 사회의 변화에 따라 가족의 기능 또한 끊임없이 변화하고 있다. 우리 사회는 1970년대 산업화를 거치며 빠르게 도시화가 진행되었으며, 이러한 사회적 변화와 함께 가족형태와 기능도 변화되었다. 여성의 교육 수준 향상에 따라 여성의 자아실현 욕구가 높아지고 맞벌이 가정이 늘어나면서 확대가족에서 핵가족으로 가족의 형태가 변하였다. 또한, 높은 이혼율과 개인주의적 성향, 자녀의 조기 유학, 국제결혼 등 사회환경의 변화에 따라 가족형태가 다양하게 변화되고 있다(김기현 외, 2014).

(1) 맞벌이 가족

여성의 교육 수준 향상으로 자아실현 욕구가 강해지고 결혼 후에도 자신의 일을 지속하려는 여성들의 의식 변화는 경제적인 필요와 함께 맞벌이 부부의 증가를 가져왔다.

맞벌이 부부의 증가는 여성의 입장에서 직장과 가정생활을 병행해야 하는 이중적 부담과 육아와 가사노동에 따른 스트레스, 신체적 피로감, 부모역할을 잘 감당

해야만 한다는 갈등을 야기시켰다. 이런 맞벌이 가정의 자녀들은 부모의 보살핌을 제대로 받지 못하여 학업 성적이 낮고 일반 가정의 자녀들보다 공격적인 행동과 반사회적 성향이 높은 것으로 나타났다.

(2) 이혼가족

여성의 사회적 지위가 높아지고 경제적 자립도가 높아지면서 부부의 이혼율도 해마다 증가하는 추세다. 이혼은 자녀에게 부모의 역할과 정체성에 혼란을 격게 하고, 부모-자녀 간의 문제를 발생시키며 자녀의 정서와 사회적 문제, 학업, 교우관계뿐만 아니라 성인기에 나타나는 이혼 문제와도 밀접한 연관성이 있는 것으로 나타났다. 부모의 이혼에 따른 자녀의 적응에 관한 선행 연구를 살펴보면, 이혼 이후 기간이 길수록, 스스로 다양한 문제해결 방식을 많이 사용하며 양육 부모의 재혼 여부나 성에 관계없이 친권 부모와 긍정적인 대화를 통한 상호작용을 많이 하는 것으로 나타났다. 또한, 부정적인 상호작용이 적을수록, 비친권 부모와 접촉을 많이 할수록 자녀들은 부모의 이혼 후의 생활에 잘 적응하는 것으로 나타났다(김기현 외, 2014).

(3) 재혼가족

재혼에 의의해서 형성되었거나 배우자 중 한 사람이 이전 결혼에서 낳은 자녀를 데리고 와서 형성한 가족으로 배우자의 이전 결혼 여부와 자녀 유무에 따른 다양한 결합 형태가 있다.

(4) 조손가족

조손가족이란 부모의 맞벌이, 이혼, 가출, 약물중독, 질병, 사망 등으로 65세 이상의 조부모가 18세 이상의 손자녀 양육의 일차적 책임자가 되어 손자녀와 동거하는 가족형태를 말한다. 통계청에 따르면 조손가구는 1995년 3만 5,194가구에서 2010년도에는 6만 9,175가구로 매년 큰 폭으로 상승하고 있는데, 조손가족 형성의 가장 큰 원인으로는 친부모의 이혼이나 재혼 등으로 인한 '가족해체'인 것으로 파악된다. 조손가족이 당면하는 어려움 중에서 가장 어려운 문제 세 가지는 경제적 어려움과 손자녀의 학업 및 장래에 대한 걱정, 조부모의 건강인 것으로 나타났다. 이 외에도, 정부지원의 부족, 법적 문제 일상생활의 변화와 사회적 소외 등을 겪는다. 조부모가 중년기 후반이나 노년기에 접어드는 연령에 있으므로 체력저하로 건강문제가 초래될 수 있고, 육아로 인한 사회활동 제한이나 고립감 등의 심리적 부담을 느낄 수 있다. 또한, 조부모들이 자신의 생활에 얼마나 만족하느냐 하는 삶의 질적인 문제는 조부모 자신의 삶을 넘어 손자녀의 삶에도 지대한 영향을 미치므로 조부모의 생활만족도는 매우 중요한 문제이다(유효순 외, 2014).

(5) 한부모 가족

이혼율의 증가 및 각종의 사고와 사건, 질병으로 인해 아버지나 어머니 어느 한 쪽의 부모와 자녀로 이루어진 한부모 가족이 증가하는 추세다. 한부모 가정의 아버지나 어머니는 일반 가족 부모보다 자녀를 양육해야 하는 부담과 스트레스와 피로, 고독감이 높다. 자녀 역시 아버지나 어머니의 부재로 부모역할을 익히기가 어렵고, 일반 가정의 또래보다 자신의 역할에 대한 부모의 높은 기대치로 인한 부담감이 크다.

(6) 기러기 가족

자녀의 조기유학으로 부모 가운데 어느 한쪽이 혼자 살아가야 하는 기러기 가족은 자녀의 유학 외에 부모의 직장이나 근무지 변동, 잦은 이직률과 한시적인 계약직의 증가 추세, 자녀의 학습환경 등 다양한 원인으로 가족이 함께 지내지 못하고 떨어져 생활하는 기러기 가족이 점점 증가하는 추세다. 이러한 기러기 가족의 문제는 부부간 성적·정서적 어려움뿐만 아니라 자녀와의 상호작용 부족에 따른 자녀양육 문제, 친밀감의 결여로 생기는 문제 등이 나타날 수 있다(통계청, 2013; 김기현 외, 2014, 재인용).

(7) 다문화 가족

다문화 가족이란 부부 중 한 사람이 외국 출신으로서 국제결혼에 의하여 가족 관계가 형성된 가족형태로, 이는 가족 내에 다양한 문화가 공존하고 있음을 의미한다(정계숙 외, 2007). '다문화 가족'이라는 용어는 2003년 30여 개 시민단체로 구성된 건강가족시민연대가 기존의 혼혈아, 국제결혼, 이중 문화 가족 등 차별적 용어 대신 '다문화 가족'으로 대체하자고 권장하면서 널리 사용되기 시작하였다. 다문화 가족은 결혼이민자 등과 대한민국 국민이 혼인·혈연·입양 등으로 결합하여 이루어진 가족을 말한다. 다문화 가족 자녀는 외국인 어머니와의 의사소통이 원활하지 못하여 부모의 지지와 지원이 부족하고 때로는 외국인 엄마로 인해 친구 관계에서 놀림을 받고 일반 가정 또래에 비해 감정 표현이 부족하고 소극적인 것으로 나타났다(김기현 외, 2014).

(8) 미혼부모 가족

미혼부모 가족이란 법적으로 혼인하지 않은 상태에서 성관계를 맺고 자녀를 출산하여 부모가 된 사람으로 미혼의 부모와 그 자녀로 이루어진 가족을 말한다. 미혼부모는 대게 미혼부의 책임 회피와 잠적으로 인해 대부분 미혼모가 자녀의 출산, 양육에 대한 모든 책임을 떠안게 되는 경우가 많다. 이런 경우 미혼모는 임신으로 인한 신체적 변화와 주거에 대한 불안, 출산 비용, 분만에 대한 공포, 육아에 대한 부담과 양육문제, 불투명한 장래에 대한 두려움으로 심리적, 경제적, 사회적 문제 등을 겪는다. 또한, 미혼부모가족의 자녀 정서적, 심리적 불안과 갈등을 겪으며 사회적응에 어려움을 나타낸다.

2) 부모

(1) 부모의 양육태도 유형

부모의 양육태도는 영유아의 성격발달 및 성장발달에 모두 영향을 미친다. 부모는 자녀에게 성격, 기질, 신체 조건과 같은 유전적 요인을 물려주고, 양육과 보살핌을 통해 후천적 발달 환경을 만들어 준다. 부모의 유전인자를 물려받은 자녀는 성장하며, 부모의 언어와 행동을 모방하며, 사회화의 기초를 형성한다. 부모는 자녀들에게 생존에 필요한 의식주를 제공하고, 타인과의 관계에 필요한 능력과 기술을 전수하고, 자녀를 깊이 이해하며 자녀의 요구에 적극적이고 민감하게 반응해 주어야 한다.

부모의 영향은 영유아발달에 결정적 요인으로서 긍정적일 수도 있지만, 부정적일 수도 있으므로 자녀의 성장발달에 영향을 미치는 부모역할을 이해하는 것은 매우 중요하다.

부모가 자녀에게 애정적인 양육행동을 보이는지, 통제적인 양육행동을 보이는지에 따라 자녀의 행동 특성이 달라질 수 있다. 바움린드(Baumrind, 1991)는 애정과 통제 차원에 의해 부모의 양육행동을 네 가지로 구분하였다. 애정 차원은 부모가 자녀에게 애정적이고 지원적이며 민감한 반응을 보이고 관심을 갖는 것이다. 통제 차원은 자녀에게 성숙한 행동을 요구하고 통제하는 것이다(정옥분, 2005, 재인용). 애정과 통제에 따른 바움린드의 네 가지 양육 유형은 '권위 있는 양육 유형', '권위주의적 양육 유형', '허용적 양육 유형', '방임적 양육 유형'으로 나누어지며 그 특성은 다음과 같다.

① 권위 있는 양육 유형

애정과 통제가 잘 조화된 가장 바람직한 양육 유형이다. 자녀의 자율성을 인정하지만, 일정한 규칙과 기준을 가지고 자녀의 행동을 통제한다. 필요에 따라 엄격하게 통제하고 훈육하지만, 대체로 자녀의 이야기에 귀 기울이며, 애정을 가지고 자녀의 행동을 격려하고 지지한다. 부모는 자녀를 신뢰하고 자녀는 부모의 권위를 인정하고 존경한다. 권위 있는 양육 유형 부모의 자녀는 사회적으로 유능하고 책임감이 있으며, 자신에 대해 긍정적이며, 자기효능감을 발달시킨다.

② 권위주의적 양육 유형

권위 있는 양육 유형과는 달리, 부모는 자녀에게 일방적으로 지시하고 부모가 정해 놓은 규칙과 틀에 무조건 복종하도록 한다. 자녀의 어떠한 의견도 수용하지 않고, 대화나 상호작용 없이 언제나 일방적으로 복종을 강요한다. 권위주의적 양육 유형의 부모에게서 자란 자녀는 타인에 대한 배려가 부족하고, 또래관계에서 위축되고 불안감을 나타낸다. 또 사회적으로 유능하지 못하고 의존적이거나 공격적인 성향을 보이는 경우가 많다.

③ 허용적 양육 유형

허용적 양육 유형의 부모는 자녀를 인격체로 대해야 한다고 생각하며 자녀를 존중하고 자녀의 자율성을 전적으로 인정한다. 자녀에 대한 애정이 높고, 온정적이며, 따뜻하다. 자녀의 충동적 행동에 대해 수용적이고 긍정적으로 반응하는 반면 통제나 처벌을 거의 사용하지 않고 벌을 주는 경우도 거의 없다. 자녀에게 규칙이나 한계를 제시하지 않고 자녀에게 성숙한 행동을 요구하지도 않는다. 또 부모의 권위가 전혀 없으며, 우유부단한 모습을 보인다. 허용적 양육 유형 부모의 자녀는 자신감은 있으나, 자아통제력이 낮고, 자기중심적이다. 또한, 제멋대로 행동하며 지배적인 성향으로 책임감도 부족하다.

④ 방임적 양육 유형

자녀에 대한 애정과 통제가 모두 낮으며, 가장 바람직하지 못한 부모 유형이다. 자녀 양육에 관심이 없고, 자녀의 요구에도 무심하거나 거부를 한다. 일관성 없는 태도를 보이며, 부모역할을 하지 않을 때도 있다. 부모의 정서가 불안정하고 스트레스 지수가 높아서 자녀에게 신경질적으로 반응하기도 한다. 방임적 양육 유형의 부모에게서 자란 자녀는 자아통제력이 떨어지고, 사회 적응력이 부족하다. 또한, 자존감이 낮아서 반사회적인 문제행동을 자주 보이고 비행청소년이 될 가능성이 높다(김상림 외, 2014).

(2) 유아기 부모역할

유아기는 신체적인 성장과 함께 지적 능력이 크게 발달하고, 사회화가 진행되는 시기이다. 유아기의 발달 특성을 이해하는 것은, 부모로서 유아기 자녀의 전인적인 발달을 돕기 위한 매우 중요한 과제이다. 환경에 수동적으로 반응하던 영아기와 달리 유아기는 자립심이 싹트고, 지적인 욕구가 왕성해진다. 유아 스스로 주변 환경을 탐색하고, 호기심을 충족시키며, 자신감을 형성해 간다. 부모는 자녀의 이런 변화에 민감해져야 하며, 적극적인 지지와 지원을 해 주어야 한다. 또, 유아의 주도성을 격려하고 일관된 규칙을 제시하여야 한다. 유아기 부모는 대화를 통해 자녀의 언어발달에 도움을 주며, 좋은 언어 사용의 모델이 되어야 한다. 또한, 충분한 지적 자극과 학습의 기회를 제공하여 자녀의 사고 확장을 도우며, 긍정적인 자아개념이 형성되도록 도와주어야 한다. 유아기 부모역할은 다음과 같다(정옥분 외, 2010; 유효순 외, 2014, 재인용).

① 보호자의 역할

주도성이 발달하는 유아기에는 안전하고 자유로운 탐색 환경을 제공해 줄 필요가 있다. 유아에게 세상은 체험되어야 하며, 이를 위해 유아는 심리적·신체적으로 주변 사물에 몰두하게 된다. 유아기의 왕성한 호기심이나 탐구심은 흔히 '작은 과학자'에 비유되기도 한다. 이 시기에는 유아에게 성인들이 만든 환경에 적응하도록 요구하기보다 마음껏 주위 환경을 탐색하도록 도와주어야 한다. 즉, 집을 값비싼 물건으로 장식하고 손대지 못하게 하는 것보다는 넘치는 에너지를 발산시키고 대근육을 발달시키기 위한 안전한 놀이 장소가 되도록 배려하고 지원하는 것이 필요하다.

② 훈육자의 역할

유아기는 식사습관이나 배변훈련과 같은 생활습관을 형성하는 시기이다. 유아기 부모는 자녀가 바람직한 생활습관을 형성할 수 있도록 훈육자로서 역할을 하여야 한다. 바른 식사습관을 형성하기 위해 즐거운 식사 분위기를 조성하고, 정해진 시간에 식사를 할 수 있도록 하며 편식하지 않도록 다양한 음식을 제공해야 한다. 배변훈련은 조급하게 서두르지 말고 발달적으로 적절한 시기가 되었을 때, 즉 배변훈련의 준비가 되었을 때 시작하는 것이 바람직하다. 지나치게 엄격하거나 일찍 강요하게 되면 야뇨증이나 공격성이 나타날 수 있다. 배변에 성공하며 칭찬으로 강화해 주고 실패한 경우에 유아가 수치심을 느끼지 않도록 주의해야 한다(임지영 외, 2015).

③ 언어적 상호작용자 역할

유아기는 어휘 수가 급격히 증가하고 문법이 발달하는 시기이므로 충분한 언어적 상호작용을 통하여 자녀의 언어발달을 도와주어야 한다. 자녀의 이야기를 잘 들어 주고 풍부한 언어 표현의 기회를 제공해야 한다. 유아기에는 끊임없이 "왜?"라는 질문을 많이 하는데, 이러한 질문을 무시하거나 귀찮아하지 않고 인내심을 가지고 성의껏 대답해 주면, 이를 통해 유아의 언어능력과 지적 능력의 발달을 도울 수 있다(임지영 외, 2015).

④ 학습 기회나 지적 자극의 제공자 역할

유아기는 인지적 발달이 활발히 일어나는 시기이고 유아는 놀이를 통해 많은 지적 자극을 받으며 인지적 발달을 이루어 간다. 부모는 다양한 자극과 충분한 자료를 제공하여 유아가 마음껏 탐구하고 놀이할 수 있도록 지원해 주어야 한다. 또한, 유아는 다른 유아와의 놀이를 통해 놀이시설이나 놀잇감을 공유하며 자신의 만족을 지연시키고 집단에 더욱 잘 적응해 나가는 사회적 기술을 습득할 수 있으므로 부모나 가족 이외에 또래나 유아교육기관의 성인들과도 다양한 상호작용을 가질 수 있도록 지원·격려해 주어야 한다.

2 또래관계와 놀이

영유아는 연령이 증가하면서 또래와 함께 놀이하는 시간이 많아지며, 함께 보내는 시간만큼 또래에 대한 비중도 높아진다. 특히 유아기로 갈수록 또래의 영향력은 더 크게 나타난다. 또래는 부모, 형제 등 가족을 제외한 가장 영향력을 미치는 사회관계라고 할 수 있다.

1) 또래관계의 개념

영유아는 성성장하며 빠른 속도로 언어능력이 향상되고 점차 사교성이 발달하면서 또래와 상호작용을 하는 시간이 많아진다. 또래란 유사한 행동 수준에서 상호작용하는 사람으로, 단순히 동일한 연령이 아닌 사회적으로 동등한 지위에서 상호작용하는 사람을 의미한다(임지영 외, 2015). 일반적으로 또래는 주로 나이, 학년 등과 같은 영역에서 동등한 지위에 있는 동년배 집단을 의미하며 이들은 정신적, 신체적 발달과 행동이 유사하고 사회적 관계도 동등하므로 영유아발달에 큰 영향을 미친다. 특히 발달적인 측면에서 볼 때 유아기는 또래 집단이 형성되는 시기이기 때문에 또래와의 관계형성이 매우 중요하다(강란혜, 2008).

2) 또래관계의 중요성

유아는 성성장하며 나이나 정신연령이 동일한 또래 친구들과 어울리는 시간이 점점 더 많아진다. 또래와의 관계는 또래집단의 규칙을 준수하고 협동심이나 타협해야 하는 과정에서 상호 간에 강화와 모방을 통해 유아의 행동을 변화시켜 가며 대인관계에 대한 인식뿐 아니라 사회적, 인지적 능력을 발달시키는 데 중요한 요인이 되고 공격성과 친사회적 행동에도 큰 영향을 미친다(변용만 외, 2007; 김연진 외, 2008, 재인용).

유아는 가정 안에서 부모로부터 일방적인 훈육과 인정을 받고, 형제와 비교되기도 하지만, 형제는 자신보다 나이가 많거나 어리기 때문에 자신이 그 또래보다 잘하는지 못하는지 판단하기 어렵다. 그러나 또래 관계에서는 자신의 능력이나 행동에 대해 스스로 평가하고 객관적인 피드백을 받는다. 또래와의 원만한 관계가 잘 형성된 유아는 사회성 발달도 잘 형성할 수 있으나, 그렇지 못한 유아는 외로움을 느끼게 되고 또래로부터의 거절로 인한 상처와 두려움으로 소심해지거나 공격적인 성향을 형성할 수도 있으며, 심하면 우울증을 겪기도 한다. 또한, 주위 사람들로부터 관심을 얻기 위해 지나치게 과시적이거나 빈번하게 문제행동을 야기하며 사회성 발달에 심각한 손상을 초래하기도 한다.

유아발달에 영향을 미치는 또래관계의 중요성은 다음과 같다(김기현 외, 2014).

- 유아는 또래관계를 통하여 사회성이 발달하고 친사회적 기술을 습득한다.
- 유아는 또래관계를 통하여 우정과 소속감을 경험하고, 학습 기회를 얻는다.
- 유아는 또래관계를 통하여 놀잇감을 나누고 양보하는 법을 배운다.
- 유아는 또래관계를 통하여 감정의 조망수용능력을 넓히며 자아중심성에서 벗어난다.
- 유아는 또래관계를 통하여 새로운 자극을 받고 모방하며 성장한다.

3) 또래관계에 영향을 미치는 요인

유아는 연령이나 발달 정도에 따라 또래에 대한 관심과 상호작용이 변화하며, 또래와 상호작용하는 시간이 증가함에 따라 더 많은 사회적 기술을 습득하게 된다. 가정 안에서 부모와 형제로부터 일방적인 보호와 지지를 받던 유아가 또래와의 관계를 통해 인간관계를 습득하고 친사회적인 기술을 배우게 된다는 점에서 또래와의 관계는 더욱 중요하다.

또래와의 상호 교류가 일어나는 사회적 관계를 통해 유아는 갈등 상황에서 문제를 해결하는 과정 및 상대방의 입장에서 조망해 볼 기회를 갖게 된다. 또래관계가 유아의 발달에 미치는 긍정적 영향에 대한 연구를 살펴보면, 갈등 해결과 조망 기술의 발달, 성역할의 발달, 도덕적 이해능력과 자아존중감 및 사회적 적응능력의 발달, 대인문제해결 사고능력의 발달에 큰 영향을 미칠 수 있다고 보고된 바 있다(양진희·최기영, 1995).

놀이가 일상인 유아는 또래와의 관계 및 놀이를 통하여 또래로부터 인기를 얻으려면 어떻게 행동해야 하는지를 생각하고 친사회적 행동을 모방하게 된다. 또래와의 관계가 성공적인 유아는 사회적 유능감을 경험하게 된다. 유아의 또래관계에 영향을 미치는 많은 요인이 있으나 본 장에서는 대표적으로 유아의 놀이 경험, 유아의 성, 언어 및 정서 조절능력과 성인의 지지에 대해서 구체적으로 살펴보자.

(1) 유아의 놀이 경험

또래의 개념에서 살펴보았듯이 또래란 나이, 학년 등과 같은 영역에서 동등한 지위에 있는 동년배 집단을 의미한다. 또래는 다른 인간관계와 비교해 평등한 관계이다. 아침에 일어나는 순간부터 놀이가 일상인 유아의 놀이는 유아의 성장과 함께 다양한 형태로 변해 간다. 오감을 통하여 자신의 신체를 탐색하고 주변 사람들이 끌어 주는 놀이과정에 참여하며 자신과 타인을 구분하기 시작한다. 자신의 몸을 탐색하며 놀던 시간이 지나면, 모빌, 장난감과 같이 도구를 다루는 놀이과정을 통해 인지능력이 향상된다. 몸을 자유롭게 움직이게 되면서 신체를 통한 운동놀이, 기능 놀이 등이 등장하고 놀이 구성원 역시 혼자 놀이에서 2~3명, 소그룹, 대집단으로 변모해 간다. 특히 단순 역할 모방에서 시작된 상징놀이, 사회 극놀이는 유아의 사회화에 미치는 가장 큰 영향력 있는 놀이이다. 극놀이는 만약이라는 가정을 전제로 하여 유아의 상상력을 자극하고, 창의력을 발달시킨다.

유아의 놀이 대상은 부모, 형제를 포함한 다양한 인적 자원이 있는데, 성장과정에서 부모나 형제와 같이 가족 안에서 놀이 경험이 많은 유아는 놀이를 통하여 다양한 언어 표현을 획득하고, 기억력이 발달 된다. 놀이를 통하여 크고 작은 규칙을 받아들이며, 정서의 조망수용능력이 형성된다. 또한, 놀이 과정 가운데 발생하는 다양한 갈등 상황을 접하며 문제해결력이 발달한다. 더불어 이해와 양보를 경험하며 친사회적 기술 역시 증진된다. 이러한 유아의 놀이 경험은 유아가 자아중심성을 벗어나 이타적인 사람으로 사회화를 이루어 가는 데 도움을 주고 유아로 하여금 사회적 유능감을 경험하게 하는 긍정적 결과를 가져온다.

또래에게 인기 있는 유아의 유형을 찾기 위한 검사방법으로 '사회성 평정방법'이 있다. 사회성 평정방법에는 학급에서 가장 선호하는 친구를 선택하게 하는 '또래지명법'과 학급의 모든 유아에 대한 선호도 여부를 3점, 혹은 5점 점수로 척도화한 '또래평정법'이 있다. 사회성 평정검사를 통하여 유아 개인의 또래 수용 정도를 조사한 결과 또래에게 인기가 있는 유아, 거부된 유아, 무시된 유아, 또래에게 인기와 거부 모두 높은 유아를 가려낼 수 있었다. 또래로부터 인기 있는 유아는 좋아하는 유아가 많고 싫어하는 유아가 적었으며, 이들은 타인에게 맞추어 자신의 행동을 조절할 줄 알고 의사소통 기술이 뛰어나며 친절하고 따뜻하다. 또한, 협동적이고 사교적이며 또래관계를 성공적으로 이끌고 유지하는 사회적 기술이 잘 발달되어 있었다.

거부된 유아는 또래들이 싫어하는 유아로, 또래와 상호작용을 할 때 공격적인 행동이나 과잉행동을 나타낸다. 다른 유아의 놀이를 방해하며 또래 유아를 적대적으로 생각하고 다른 또래의 요구에 민감하지 못하고 부정적인 사회적 행동을 한다. 이들은 무시된 유아보다 더 심각한 적응 문제를 보인다. 거부된 유아의 일반적 특성이 충동적이고 공격적이기는 하나 거부된 유아 모두가 그런 것은 아니어서 거부된 유아의 일부는 단지 낯가림이 심하고 수줍어하는 유아다.

무시된 유아는 또래로부터 소외되는 고립 유아로 거부된 유아와 비슷한 특성을 보이기는 하나 공격적인 행동을 하지는 않는다. 또래의 관심을 받지 못하지만 또래들이 싫어하는 행동을 하지 않고 또래들이 싫어하지는 않는 유아다. 이들은 또래와 상호작용하는 것보다 혼자 놀거나 또래를 피하거나 적절하지 못한 행동을 보이기도 한다. 이 유형의 유아는 수줍음이 많고 위축되어 있으며, 다른 사람의 주의를 끌거나 관심을 받지 못하지만 대체로 사회생활에 잘 적응하는 편이다(유효순 외, 2014).

인기와 거부 모두 높은 유아는 특이 아동으로서 긍정적인 평가와 부정적인 평가를 동시에 받는다. 이 유형의 유아는 인기 있는 유아와 거부된 유아의 특성을 모두 지니고 있고, 또래와의 상호작용에서 긍정적 행동과 부정적 행동을 모두 보인다.

일부 유아는 좋은 유아라 지목하고 일부 유아는 싫은 유아라 지목하며 또래로부터 극과 극의 평가를 받는다. 또래 수용 유형의 특성을 정리하면 〈표 8-1〉과 같다.

〈표 8-1〉 유아 유형 연구

유형	특성
인기 유아	· 또래의 요구에 민감하다. · 또래에게 맞추어 자신의 행동을 조절할 줄 안다. · 의사소통 기술이 뛰어나다. · 친절하고 따뜻하다. · 협동적이고 리더십이 있다. · 우호적이고 수용을 잘한다. · 사교적이며 사회적 기술이 잘 발달되어 있다.
거부된 유아	· 공격적인 행동과 과잉행동이 많이 나타난다. · 놀이를 방해하며 적대적이다. · 또래의 요구에 둔감하며 부정적, 폭력적 언어를 쓴다. · 충동적이며 불평이 많다.
무시된 유아	· 또래의 관심을 끌지 못한다. · 혼자 놀기를 좋아한다. · 수줍어하며 자신감이 부족하다. · 위축되어 있고 사회적 기술이 부족하다.
인기와 거부 모두 높은 유아	· 긍정적 행동과 부정적 행동이 모두 나타난다. · 극과 극의 평가를 받는다. · 인기아와 거부아의 특성이 모두 나타난다.

(2) 유아의 성

또래관계에 영향을 미치는 여러 요인 가운데, 유아의 성역할은 유아의 사회화 영역과 밀접한 연관성을 지닌다. 동성의 또래는 서로에게 성역할의 모델이 되고 이러한 자극을 통하여 남아는 남성으로, 여아는 여성으로의 삶을 살아가는 데 서로 영향을 주고받는다. 유아는 성장할수록 남아는 남아끼리, 여아는 여아끼리 모여서 놀이집단을 형성하는 경향이 있으며, 또한 동성의 놀이 그룹에서 좀 더 성 정형화된 놀이 형태가 나타난다. 즉, 남아끼리 놀 때, 칼, 로봇 등을 활용하여 더 적극적인 남아의 전유물적인 놀이가, 여아는 여아끼리, 인형, 화장품, 액세서리 등을 활용한 여아 전유물적인 놀이가 활발하게 나타났다(유효순 외, 2014, 재인용). 또래와 함께하는 놀이과정을 통하여 남아는 사회에서 남아에게 기대하는 행동을 하게 되고, 여아 또한 사회에서 여아에게 기대하는 행동을 하게 되며 서로에게 많은 영향을 끼치게 된다.

(3) 유아의 발달 수준

또래관계에 영향을 주는 요인은 언어, 인지, 정서와 같은 유아의 발달 수준이다. 먼저, 유아의 언어는 또래관계를 유지하고 사회화를 돕는 중요한 수단이다. 유아기 언어는 놀이를 돕고, 놀이를 통한 친구관계를 형성하여 유아로 하여금 자아중심성을 벗어나도록 돕는 중요한 수단이다. 특히 또래관계에서 주고받는 상호작용으로 타인의 기쁨과 슬픔에 공감하며 감정의 조망수용능력이 형성된다. 언어적 표현과 공감은 정서적 이해와 교감을 형성하여 위로하기, 칭찬하기, 배려하기와 같은 친사회적 행동을 장려하고 이타적인 사람으로 성장하게 한다. 유아가 다른 친구의 말을 잘 들어 주고 이해하며, 반응을 잘해 준다면 친구를 사귀고 관계를 유지하는 데 더 긍정적인 영향을 미치게 된다.

유아의 인지 수준 역시 또래관계에 영향을 주는 중요한 변인으로 유아는 성장하며 주변 사람들과 관계를 맺고, 그 속에서 자신의 존재와 타인과의 차이점을 이해하며 독립된 개체로 성장한다. 상징놀이, 가작화 놀이를 통하여 타인의 역할을 이해하고 수용하며 역할조망능력이 형성되는데, 역할조망 능력은 유아기를 지나며 계속 증가한다.

또래를 사귀고 관계를 지속하기 위해서는 정서 조절을 잘해야만 한다. 유아는 또래관계를 통해서 정서를 조절하고 반응하는 법을 배운다. 인기 있는 유아는 자기와 타인의 정서를 잘 이해하고 있으며, 상황에 맞게 정서를 표출하고 수용하는 능력으로 인하여 또래관계에서 긍정적인 피드백을 받으며 좋은 관계를 유지하는 데 긍정적인 영향을 미치게 된다(유효순 외, 2014).

(4) 상황적 요인

또래관계에 영향을 미치는 상황적 요인으로는 공간, 자료, 놀잇감, 집단의 크기, 친숙한 정도와 유아를 둘러싼 놀이 공간, 환경, 주변 사람들과의 관계 등이 포함된다. 또래집단의 크기에 비해 놀이 공간이 큰 경우 개별적인 놀이 형태가 많이 나타나며, 또래 간의 상호작용이 줄어든다. 반면, 또래집단의 크기에 비해 놀이 공간이 작은 경우, 또래관계에서 갈등 상황이 빈번하고 경쟁적인 관계가 되기도 한다. 유아가 사용하는 자료와 놀잇감 역시 유아의 상호작용에 영향을 주는 변인이다. 활동에 필요한 자료나 놀잇감이 부족한 경우 또래와의 상호작용이 더욱 활발해진다. 극놀이에 필요한 소꿉장난감은 또래 간의 상징놀이와 협동놀이를 더욱 활발하게 한다. 유아에게 친숙한 환경 또한 또래관계에 영향을 준다. 여러 연구 결과, 유아는 낯선 환경이나 다른 사람의 집에 갔을 때보다 자신의 집에서 놀 때 더욱 활달하고 적극적이며, 처음 보거나 낯선 또래보다 친숙한 또래와 함께 있을 때 사회적 상호작용의 빈도가 더 증가하며 긍정적인 것으로 나타났다.

3 영유아 보육 및 교육기관

최근 우리 사회는 급격한 경제적 성장과 발전, 산업화로 인해 여성의 사회진출이 증가하고 그에 따라 맞벌이 가정이 증가하고 있다. 가족의 형태가 바뀌고 가족의 기능 또한 변화되어서 양육과 교육을 책임지던 가정의 고유한 기능 중 많은 부분이 보육기관과 교육기관으로 이양되고 있다. 또한, 과거에 비해 어린이집이나 유아교육기관에 다니는 시기가 점점 하향화되는 추세로, 12개월이 지나기도 전에 어린이집에 입원하는 영아를 흔하게 볼 수 있다. 따라서 유아교육기관은 영유아의 삶에서 가정만큼이나 중요한 생활환경이 되었으며 영유아의 성장과 발달에 미치는 영향 역시 매우 클 수밖에 없다.

1) 영유아 발달과 보육환경

그동안 진행되어 온 보육에 관한 연구들은 주로 보육의 시작 연령이나 보육시설에서 보내는 시간이 영유아의 인성이나 애착에 어떤 영향을 미치는지에 관한 것이 대부분이었다. 생후 1년 이내에 시작한 보육이 영아의 불안정애착이나 불복종 행동 및 공격성을 높인다는 결과와 생후 1년 이내에 시작한 보육이 영아의 발달에 오히려 긍정적인 요소로 작용한다는 견해, 보육 시작시기와 영유아의 발달과는 관계가 없다는 세 가지 주장이 대립되어 오다가, 최근에는 보육의 질을 구성하는 요인과 보육의 질을 높이는 방법 등으로 연구 관점이 변화되고 있다. 우리나라 유아교육기관은 현재 교육 대상 연령 및 운영시간에 따라 다양하게 운영되고 있으며, 관할 부처에 따라 유치원과 어린이집으로 구분되어 있다. 교육부 산하의 유치원과 보건복지부 산하의 어린이집으로 나뉘어 있어서, 두 기관의 평가와 운영체제, 자격증 발급 및 교사에 대한 관리 역시 이원화되어 있다. 그러므로 두 기관의 목적과 기능은 유사하여도 체제나 운영방식에서는 다른 점이 많다.

(1) 어린이집

보육기관으로 대변되는 어린이집이란 취업 부모의 자녀를 주된 대상으로 보호자의 위탁을 받아 일반적으로 8시간 이상 운영되는 유아교육기관으로 「영유아보육법」(1991. 1. 14. 제정)에 의거하여 만 6세 미만의 취학 전 유아를 보육하는 시설을 의미한다. 저출산과 복지에 대한 사회적 관심이 고조되면서 2013년부터 소득 수준과 관계없이 0~5세 영유아에 대한 전면 무상보육이 시행되었다. 이로 인해, 일을 하는 여성뿐만 아니라 일하지 않는 전업주부들도 자신만의 여가 시간을 활용하기 위해 너도나도 무상보육을 신청하였다. 이에 따라 영아보육에 대한 요구와 관심이 높아지면서 보육시설의 수요가 기하급수적으로 늘어났다. 향후 보육시설의 확충과 보육의 질적 향상이 국가의 주요한 정책과제가 되었으며, 이는 맞벌이 부부 가정이 앞으로도 더 증가할 것이라는 사회적 변화를 반영한 것이다. 그러나 최근 국가의 무분별한 무상복지정책은 복지재원 고갈로 인해 '보육 대란'을 불러 왔고, 급기야 정부는 이에 대한 개선안으로 보육시간에 따라 지원금을 차등 지급하는 맞춤형 보육제도안을 내놓았다. 이에 따라 보건복지부는 2016년 7월 1일부터 전국 어린이집 4만 2천여 곳에서 일제히 맞춤형 보육을 시작했지만 일부 어린이집에서는 시행 초기의 혼란도 보인 것으로 나타났다. 맞춤형 보육은 보육 부담과 필요에 따라 어린이집 0~2세반 유아를 종일반(7시 30분~19시 30분)과 맞춤반(9시~15시)으로 구분해 운영하는 어린이집 운영제도다. 맞춤반 가정에는 1개월 이내에 쓸 수 있는 '긴급 보육 바우처 15시간'이 함께 제공된다.

(2) 유치원

유치원은 1873년 독일에서 프뢰벨에 의해 처음 설립되었으며, 지금까지 전 세계에 보급된 대표적인 유아교육기관이라 할 수 있다. 우리나라 「교육기본법」 제9조에서는 유아교육, 초등교육, 중등교육 및 고등교육을 실시하기 위하여 학교를 둔다고 규정하고 있다. 유치원은 「유아교육법」(2004. 1. 29. 제정)에 의거하여 3세에서 초등학교 취학 전 유아의 교육을 위하여 설립·운영되는 학교로서, 교육부에서 재정하고 주기적으로 개정하는 유치원 교육과정을 근간으로 유아를 교육하였다(권민균 외, 2006). 그러나 정부는 유치원과 어린이집에 다니는 3~5세 어린이의 공평한 교육과 보육 기회 보장을 위해 2012년부터 공통으로 시행하도록 만든 표준 교육과정인 누리과정을 2012년 3월 5세를 대상으로 시행에 들어가 이듬해에 3~4세까지 확대·시행하였으며 이후 2019년에 누리과정 전반에 관한 대대적인 개정이 이루어졌다. 2019년 새롭게 개정된 「2019 개정 누리과정」은 유치원, 어린이집 구분 없이 우리나라 3~5세 유아가 다니는 유치원과 어린이집에서 교육과정을 운영할 때 필요한 공통적이고 일반적인 기준을 제시한 국가수준의 교육과정이다. 또한, 3~5세 유아라면 누구나 국가가 공정한 교육기회를 보장하기 위해 제공하는 국가수준의 공통 교육과정으로 부모의 소득 수준과 관계없이 모든 계층의 유아에게 학비와 보육료를 지원하는 것을 말한다. 개정된 누리과정은 유아 중심, 놀이 중심을 강조하는 교육과정으로, 유아를 최우선으로 존중하며 놀이가 중심이 되고 놀이를 통한 배움을 강조하는 특성이 있다.

또한, 신체운동·건강, 의사소통, 사회관계, 예술경험, 자연탐구의 5개 영역으로 구성되어 있으며, 각 영역의 내용범주와 유아가 경험해야 할 59개의 내용으로 구성되어 있다. 이는 기존의 발달에 따른 연령별 내용 369개의 하위 내용으로 구성되어진 것을, 국가수준의 간섭을 최소화하고 유아와 교사가 함께 만들어 가는 유아 중심, 놀이 중심 교육과정의 특성을 최대한 살리기 위한 놀이 중심 교육과정의 성격을 반영하는 것이라고 할 수 있다.

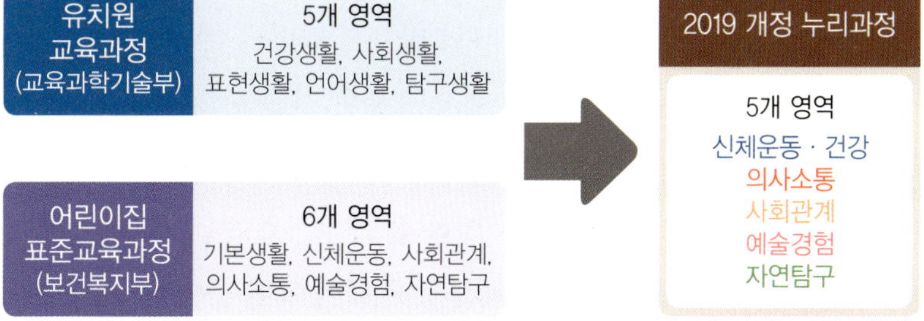

그림 8-1 | 유치원 교육과정과 어린이집 표준보육과정을 통합한 공통 과정

2) 교사

영유아 보육환경에서 가장 중요한 것은 영유아를 돌보는 교사의 자질이다. 가정을 떠나서 보육환경에서 생활하는 영유아에게 교사의 영향력은 다른 무엇보다 중요하다. 아무리 우수한 환경과 수준 높은 프로그램이 제공되더라도 프로그램을 운영하는 교사의 자질이 부족하다면, 영유아에게 긍정적 영향을 줄 수는 없을 것이다. 맞벌이 부부의 증가로 인하여 보육기관에 입원하는 영유아의 수가 점점 늘어나고 그 연령도 빠르게 하향화되고 있어서, 근래에는 출생 후 1년이 되지 않은 영아의 입원을 흔하게 볼 수 있을 뿐만 아니라 보육기관에 머무는 시간도 점차 늘어나고 있다. 여성의 사회참여로 인하여, 전통사회에서 육아를 담당하던 어머니의 역할 중 많은 부분이 가정에서 보육기관으로 이양되었다. 이처럼 유아가 가정을 떠나서 보육기관에 머무는 시간이 길어짐에 따라 보육을 담당하는 교사의 역할과 비중도 높아지고 있다. 심지어 부모보다 더 오랜 시간 유아와 함께 생활하는 보육교사의 자질이 곧 보육의 질을 좌우한다고 볼 수 있다. 그러므로 교사는 유아가 보육기관에 머무는 동안 영유아를 안전하게 보호해 주는 양육의 기능과 영유아의 전인적 발달을 돕기 위한 교육자 역할을 모두 할 수 있어야 한다. 영유아가 어떤 교사를 만나는가에 따라 발달 양상은 많은 차이가 있을 수밖에 없다. 영유아의 발달과 성장에 관한 풍부한 지식을 갖추고, 영유아의 기질적 특성을 잘 이해하고 있는 교사를 만난다면 영유아는 건강하고 안정된 애착을 형성하며 순조롭고 건강하게 자라게 된다. 좋은 교사는 영유아의 요구에 민감하게 반응한다. 영유아의 눈높이에 맞는 양질의 언어를 사용한 상호작용을 통하여 영유아의 표현력을 향상시키고, 언어발달을 돕는다. 영유아의 발달을 기다려 주는 건강한 교사의 정서는 영유아로 하여금 자신을 둘러싼 세상과 주변 사람을 향한 신뢰감을 형성하고 안정된 애착을 형성하게 한다. 안정애착이 형성된 영유아는 자유롭게 탐색하고 호기심을 충족시키며 인지발달을 촉진한다.

학급 규모, 교사 대 영유아의 비율, 교사 학력 등과 같은 유아교육기관의 구조적 질과 영유아발달과의 관련성에 대한 연구를 살펴보면 더욱 많은 교육 및 전문화된

훈련을 받는 교사가 영유아에게 더욱더 흥미를 유발하고 따뜻하고 지지적인 교육을 제공하며, 연령에 적합한 환경을 제공하는 것으로 나타났다. 또한, 교사의 학력과 관련해서는 양질의 교육을 받은 교사가 더욱 질적으로 높은 수준의 교육을 제공하는 것으로 나타났다(김희태·백영숙, 2009). 그러나 교사의 높은 경력은 높은 교육과 보육으로 반드시 연결된다고 볼 수 없다는 연구 결과도 있다. 교사 대 영유아 비율이 낮을수록 영유아의 또래관계 혹은 성인과의 관계에서 사회적 유능성이 높은 것으로 보고되며, 학급의 크기가 작을수록 공감적인 상호작용이 증가하는 등 긍정적인 방향의 상호작용이 많이 이루어지는 것으로 나타났다(정계영, 2008).

영유아의 발달을 돕는 교사의 역할은 다음과 같다(김기현 외, 2014).

(1) 영유아의 발달을 돕는 양육자

영유아의 성장과 발달에 따른 단계별 특성과 최적의 발달을 지원하기 위한 사전 지식을 가지고 영유아의 요구와 필요에 따라 적절한 반응과 상호작용을 제공해야 한다.

(2) 관찰자와 평가자

교사는 영유아의 발달을 돕기 위하여 영유아의 행동과 상태를 세심히 관찰하고 기록하여, 누적된 데이터를 근거로 영유아의 발달 상태를 분석하여야 한다. 발달의 특이 사항이나 문제행동을 발견하면 학부모와의 상담하고 전문가의 도움을 받도록 조처한다.

(3) 훈육자

영유아의 기본생활습관을 지도하고, 사회 구성원으로서 규칙과 질서를 지키며 살아가도록 훈육하며, 교사가 그 모델이 되어야 한다.

(4) 지지자와 조정자

영유아의 놀이를 격려하고 놀이 참여를 돕는다. 놀이를 통한 또래와의 상호작용을 지원하고, 필요에 따라 영유아의 놀이 상대자로 놀이 과정에 직접 참여한다. 또한, 놀이과정 중에 발생하는 문제를 조정하며 놀이에서 소외된 영유아가 없도록 이끌어 주어야 한다.

4 전자매체

빠르게 변화해 가는 정보화 사회는 우리 삶에도 많은 변화를 가져왔다. 전자 생활용품에서부터 주방 가전, 통신수단에 이르기까지 전자매체들은 하루가 다르게 진화하고 변모해 간다. 또한, 여성의 사회진출이 활발해지면서 부모나, 형제, 가족과의 접촉시간이 줄어들고, 유아는 자라면서 혼자 있는 시간이 늘어나고 있다. 부모와 가족들이 빠져 버린 공간을 텔레비전이나 컴퓨터와 같은 전자매체들이 빈자리를 대체하고 있으므로, 전자매체에 노출되는 시간은 점차 늘어나는 추세다. 이러한 환경 변화는 최근 유아교육 현장에서 컴퓨터와 인터넷의 활용을 더욱 증가시키고 그 활용 범위를 확장하고 있다. 한때 유아교육 현장에서 유아의 조기 컴퓨터 사용에 대한 찬반 논란이 뜨겁던 시기가 있었지만, 불과 얼마 지나지 않아 이미 컴퓨터와 인터넷 사용은 유아의 일상이 되었고 교사 역시 익숙한 교수매체의 하나가 되었다. 본 장에서는 전자매체의 종류, 기능을 알아보고, 유아발달에 미치는 전자매체의 영향에 대해서 살펴본다.

1) 전자매체의 의미

대중매체는 인쇄매체(printed media)와 전자매체(electronic media)로 구분할 수 있다. 인쇄매체는 신문, 잡지, 서적, 포스터, 전단 등에 의한 광고로 전달하는 매체이며, 전자매체는 컴퓨터, 텔레비전, 휴대전화 등 전자제품을 통해 대량의 정보를 전달하는 매체이다(이기숙 외, 2015). 전자매체는 어떤 사건이나, 사실, 정보를 담아서 개인이나 대중에게 전달하는 역할을 하는 매개체로 급변하는 정보화 사회에서 매우 중요한 소통 수단이다. 과거, 종이에 인쇄된 활자, 그림, 사진과 같은 평면적인 매체를 통해 소식을 알렸지만, 컴퓨터의 개발로 사진, 음악, 동영상, 소리와 같은 다양한 형태의 매체들이 통합되는 멀티미디어가 널리 사용되고 있다. 사회가 발전할수록 사회 구성원들 간에 공유해야 할 정보의 양은 많아지고 정보를 전달하는 수단인 매체의 속도도 급속도로 빨라지고 있다. 이에 따라 매체 중에서도 전자매체는 생활 속에서 없어서는 안 될 존재로 자리 잡고 있다. 전자매체를 통해 실시간으로 정보를 수집하고 그 정보를 바탕으로 일상생활을 유지한다. 광고로써 상품을 소비자에게 알리고 소비자가 상품을 구매함으로써 경제를 활성화한다. 정치적으로는 국민에게 여러 사안을 알려 여론을 형성하고, 중요한 정치적 쟁점을 제공한다. 문화적으로는 다양한 문화상품을 제공하여 누구나 보편적으로 문화생활을 가능하게 해 준다(박찬옥 외, 2007).

2) 유아발달과 전자매체

현대 사회는 과학의 발달로 수많은 전자기기와 다양한 미디어가 쏟아지고 있다. 유아는 태어나면서부터 자연스럽게 텔레비전, 비디오, 컴퓨터와 같은 전자매체를 접한다. 유아교육을 담당하는 부모, 교사, 일부 학자 중에는 텔레비전, 컴퓨터와 같은 전자매체가 유아발달에 부정적 영향을 미친다고 규정하며 사용을 반대한다. 1980년대 이후 컴퓨터의 개발로 유아기 컴퓨터 사용에 대한 찬·반 논쟁이 활발히 이루어지기 시작하여 지금까지 이어지고 있으나, 최근에는 유아기 전자매체의 활용을 긍정적으로 평가하는 관점이 생겨나기 시작했다.

컴퓨터는 눈부시게 진화하였고 여러 일선 교사에게 유아교수방법의 효율적인 교수매체로 활용되며 스마트폰이나 태블릿 PC를 사용하는 유아도 있다. 또한, 생후 6~7개월인 영아기부터 텔레비전을 보기 시작하여 성인이 될 때까지 시청시간이 증가함에 따라 텔레비전은 이미 영유아 생활의 일부가 되었다.

(1) 전자매체의 긍정적 기능

1980년대 컴퓨터의 보급으로 빠른 속도로 정보화 사회로 변해 가는 현대 사회를 되짚어 보면, 전자매체의 역사가 그리 긴 것이 아님에도 불구하고 이를 제외한 우리의 삶은 상상하기 힘들 정도다. 현대인의 일상에서 텔레비전은 자연의 사계절 변화만큼이나 막대한 영향을 끼친다는 의미에서, '제5의 계절'이라 불리고 있으며, 컴퓨터를 즐기고 사용하는 것 역시 일상을 넘어서 문화가 되었다. 이러한 사회 현상에 따라 유아도 태어나면서부터 자연스럽게 텔레비전, 컴퓨터 등을 생활의 필수적인 도구로 받아들이며, 일상생활의 여러 부분에서 다양한 전자매체를 익숙하게 활용하고 다룰 수 있게 되었다. 또한, 현대인들은 전자매체를 활용하여 다양한 시청각 정보를 수용하고 공유한다. 검색을 통한 일상생활의 문제를 해결하고 학습의 도구로 활용한다. 그뿐만 아니라 타인과의 교류 및 관계를 형성하기도 하고 여가 활용 등의 다양한 개인적·사회적 욕구를 충족시켜 준다. 전자매체의 주된 기능으로 정보전달의 기능, 사회적 조정 기능, 사회화 기능, 오락 기능을 들 수 있다(강준만, 1998).

- 정보전달의 기능: 대중이 알지 못하는 사건 또는 사실을 사회 전반적인 부분에 걸쳐 객관적인 시각으로 전달하는 역할을 한다.
- 사회적 조정 기능: 사건과 정보를 객관적인 시각으로 해석하고 평가하며 그에 따른 여론 형성 및 갈등해소를 구현한다. 또한, 정부나 대기업 같은 조직을 견제하고 감시하는 역할을 한다.
- 사회화 기능: 사람들에게 전통이나 규범 등을 전수하는 역할을 한다. 전자매체는 사람들의 공통적인 경험의 토대를 넓히고 국민 간의 소속감을 통한 통합을 유도한다.
- 오락 기능: 늘 시사적이고 어려운 분야의 정보만 전달하는 것이 아니라 사람들이 즐겁게 시간을 보내거나 휴식을 취할 수 있도록 돕는다.

이와 같이 성인뿐만 아니라 유아의 생활 속까지 빠르게 파고들고 있는 전자매체가 유아발달에 미치는 긍정적 측면을 정리해 보면 다음과 같다.

유아의 인지발달에 기여한다. 전자매체는 유아에게 문제해결능력을 길러 주고, 창의성을 증진시키며, 집중력을 향상시킨다. 몇몇 연구는 전자매체가 유아의 인지발달 중 특히 창의적 사고, 추론능력, 문제해결능력에 영향을 주며, 기억 회상, 선택적 지각, 정보 저장 등에도 긍정적 영향을 미친다고 주장한다(Becker, 2005; 유효순 외, 2014). 유아에게 적합하게 개발된 교육용 프로그램이나 소프트웨어를 잘 활용할 경우 유아의 인지발달에 긍정적인 효과를 줄 수 있다.

유아의 신체발달을 돕는다. 컴퓨터를 익숙하게 다루기 위해서는 키보드를 신속하고 정확하게 누르고, 원하는 곳으로 마우스를 드래그하며, 손가락의 움직임을 통해 소근육을 발달시킨다. 또한, 공간 지각력과 시각적 지각능력을 발달시키며 눈과 손의 협응력 발달에 기여한다.

정서적 안정감과 성취감을 제공한다. 유아는 전자매체에 쉽게 몰입되고 집중한다. 전자매체를 유능하게 다루고 과제를 완성해 나가며 성취감을 느낄 뿐만 아니라 스스로를 유능하다고 생각한다. 전자매체를 통한 오락이나 게임은 유아에게 대리만족을 제공하며 일상생활에서의 긴장을 완화하고 휴식을 제공하여 정서적 안정감을 발달시킨다.

(2) 전자매체의 부정적 기능

전 세계적으로 1990년대 후반 들어 가정용 컴퓨터와 게임 산업의 확산으로 컴퓨터 게임을 시작하는 연령이 매우 낮아지고 있다. 또 컴퓨터를 교육매체로 인식함으로 인해 가정용 컴퓨터와 인터넷이 광범위하게 보급되어 온라인 게임도 급속도로 퍼지는 추세다. 우리나라도 3~5세 유아의 인터넷 이용률은 3세가 34.0%, 4세가 47,0%, 5세가 68.7%로 전체 51.4%이며, 주별 이용시간의 경우 유아의 88.5%가 2시간 이상을 사용(정보통신부, 2006)하고 있어 이용시간으로 보았을 때 세계 1위(동아일보, 2006. 2. 10.)를 차지한다. 이러한 통계 결과는 1년 전인 2005년도 정보통신부 자료에서 3세가 33.5%, 4세가 44.6%, 5세가 64.3%로 전체 47.9%이며, 주간 2시간 이상 사용자가 63.9%이던 것과 비교하였을 때 유아기 컴퓨터 이용의 변화 추이는 놀라울 정도로 빠르게 변화하고 있음을 알 수 있다(김민정 외, 2007).

텔레비전과 컴퓨터, 스마트폰으로 대표되는 전자매체는 성인뿐만 아니라 유아에게도 물과 공기처럼 이미 생활의 일부가 되었고, 그 영향력은 더욱 확대될 것으로 전망된다. 최근 연구에 의하면 어린 연령일수록 인터넷 사용의 역기능 양상이 더욱 심화되고 빠른 속도로 증가하며 인터넷 게임에 높은 의존율을 보인다. 어린 연령일수록 인터넷 과다 사용 양상이 치명적인 이유는 영유아들은 자신을 방어할 능력을 아직 갖추지 못했기 때문에 이러한 상태에서 자신이 통제 범위 이상으로 인터넷 및 전자매체를 계속적으로 사용할 경우 잠재적 위험성에 무방비로 노출될 수 있기 때문이다(임지영 외, 2015). 이처럼 아직 가치관이 형성되지 않고 현실과 환상을 구별하지 못하며 비판능력이 부족한 유아기에 전자매체에 노출되는 시간이 많아지면서 정신적·사회적 유아발달에 미치는 부정적 영향을 우려하는 목소리가 높다. 전자매체가 유아의 발달에 미치는 부정적 측면을 살펴보면 다음과 같다.

오랜 시간 전자매체의 과도한 이용은 유아의 신체발달을 저해한다. 유아가 인터넷 게임을 하거나 텔레비전 시청을 하는 모습을 보면, 장시간 한자리에 앉아서 밥을 먹고, 화장실을 가는 것도 잊고, 밤늦게 잠을 자는 등 부적절한 행동이 나타나는데 이런 행동이 반복된다면 자칫 습관화될 수 있다. 또한, 이러한 부정적 습관은 신체발달의 진행과정 중에 있는 유아의 성장에 무리를 주어서 기초 체력의 저하, 시력 저하와 근육통, 수면장애, 행동장애, 비만, 심폐기능장애, 균형장애와 신체적으로 둔한 반응 증세를 나타내며 신체발달을 저해한다.

유아의 안전을 위협할 수 있다. 유아기는 가상세계와 현실에 대한 구분이 완전히 발달되지 않은 상태이므로 전자매체를 통한 온라인상의 위험한 행동을 모방하고 현실에서 재현하는 경우 위험에 빠지고, 유아의 안전을 위협하게 된다.

유아의 사회성 발달을 저해한다. 과도한 전자매체의 사용은 또래와의 놀이시간 및 경험의 폭과 질을 줄인다. 놀이 친구와의 상호작용이 줄어들고, 자발적인 놀이의

축소로 인해 또래관계에서 얻을 수 있는 사회관계 기술이나 창의적인 문제해결의 기회가 줄어든다.

유아의 인지발달을 저해한다. 전자매체 사용에 과도한 시간을 할애하면 다른 활동에 소홀하게 되며, 인터넷 게임에 대한 대체효과로 인지발달이 급속히 이루어지는 중요한 시기에 다양한 경험과 지식의 습득 기회를 놓치게 된다. 또한, 전자매체를 다루는 동안 정신적인 노력을 덜 들이면서 정보를 처리하게 되고, 상상력이나 창의성, 적극적 사고와 같은 인지발달을 저해할 수 있다.

유아의 공격성을 증가시키고, 충동적 성향을 높인다. 폭력적인 컴퓨터 게임을 자주 접하면, 공격적인 행동을 모방하며 자기 절제력이 약한 유아는 기분 내키는 대로, 하고 싶은 대로 행동하게 된다. 또한, 컴퓨터 게임을 오래 경험할수록 강박적인 행동에 집착하고 충동적으로 행동하게 된다.

유아의 정서발달을 저해한다. 전자매체의 과도한 자극은 유아를 정서적으로 산만하고 불안하게 한다. 가상의 세계에서 벗어나면 현실과 가상의 세계를 혼동하며, 목적 없는 행동을 나타내며, 산만하고 대인관계에서 문제를 야기한다.

그러나 이러한 역기능 때문에 전자매체 시대에 살고 있는 유아에게 전자매체와의 단절을 요구하는 교육은 바람직하지 않다. 전자매체는 양면성이 있어서 유용하게 사용될 수도 있지만, 사용하기에 따라 유해하기도 하다. 무엇보다 중요한 것은 사용자의 미디어 능력을 키우는 것이다(박찬옥 외, 2007). 미디어 능력이란 전자매체에 대한 기초적인 이해를 바탕으로 전자매체를 사용할 수 있는 능력과 전자매체를 통해 얻은 정보를 분석·평가하며 자신의 의사를 표현할 수 있는 능력이다(한정선, 2000).

따라서 유아가 정보화 사회의 바람직한 전자미디어 사용 주체로서 필요에 따라 욕구를 통제하며 자신의 의지를 조절할 수 있도록 도와야 한다. 그뿐만 아니라 미디어를 효과적으로 활용하여 삶의 질을 끌어올릴 수 있도록 방향성을 제시해 주고, 지속적인 관심으로 돌봐 주어야 한다.

3) 전자매체 활용을 위한 지도

(1) 컴퓨터와 인터넷 게임

유아교육현장에서 컴퓨터를 활용한 교육은 1980년대 후반, 유아용 컴퓨터가 보급되면서 시작되었다. 유아와 컴퓨터 교육에 대한 관심이 많아지기 시작한 1980년대 중반 이후 컴퓨터기 유아의 인지적, 사회적, 신체직 발달에 효과적인가에 대한 긍정적, 부정적 논의가 활발히 이루어지기 시작하였다. 컴퓨터가 유아에게 미치는 긍정적인 측면으로는 전자매체에 대한 친숙한 경험을 제공하고, 문제해결력을 키워 주며, 눈과 손의 협응력을 발달시켜 준다. 또한, 컴퓨터 게임은 사이버 세계에서 유아의 상상력을 자극하고 창의적 사고, 추론능력, 언어발달, 수학 능력 발달에 도움을 준다. 친구끼리 컴퓨터를 사용 기술을 가르쳐 주거나, 교대로 사용하기, 협력하여 사용하기, 이야기하기 등을 통하여 친사회적 기술을 습득하고 인지적 협상 능력을 발달시킨다. 김아영(1995)은 컴퓨터 게임은 처음 컴퓨터를 접하는 유아로 하여금 컴퓨터에 대한 두려움이나 거부감을 해소시키는 데 큰 역할을 할 수 있으며, 컴퓨터를 통한 다른 교육적인 면에 관심을 유도해 낼 기회를 만들 수도 있다고 하였다. 그리고 컴퓨터 게임을 통해 컴퓨터가 재미있는 도구, 어렵지 않은 것, 친근해질 수 있는 기계라는 긍정적인 사고를 갖는 것은 초기 컴퓨터 활동에 중요하다고 하였다.

반면, 컴퓨터의 부정적 기능 역시 보고된다. 컴퓨터 사용과 관련된 건강상의 문제를 총칭하는 용어인 VDT증후군은 컴퓨터를 사용할 때 목, 어깨 결림, 눈의 피로, 피부증상, 정신 신경계 증상 등이 나타나는 것이다. VDT증후군의 원인으로는 바르지 못한 자세, 휴식 없이 무리하게 장시간의 컴퓨터 작업, 컴퓨터에서 나오는 유해 전자파, 모니터의 크기와 모니터와의 거리, 유아에게 맞지 않는 책상이나 의자, 키보드 등 컴퓨터 관련 장치의 질, 실내 채광과 공기의 흐름 등이다.

증상은 다음과 같다(한국정보문화진흥원 인터넷 중독대응센터, 2015).

- 눈이 뻑뻑한 느낌이 있고 쉽게 피로해진다.
- 자주 두통을 호소한다.

- 손(손목터널증후군)과 목(일자증후군)에 통증이 있고 손가락이 저리기도 한다.
- 컴퓨터 모니터를 볼 때 등이 굽고 목이 앞으로 빠지는 느낌이 든다.
- 목과 어깨가 뻣뻣하고 결리는 것 같은 느낌이 있다.

유아가 컴퓨터 모니터를 바라보는 것은 텔레비전 화면을 가까이에서 보는 것과 같은 자극을 눈에 주게 되어 눈이 쉽게 피로해지고 시력이 저하되는 등 여러 가지 문제점을 야기한다. 또한, 수면장애와 집중력 저하와 같은 증상 역시 오랜 시간 텔레비전을 시청할 때 나타나는 문제와 동일한 양상을 보인다. 컴퓨터 사용에 대한 기본 지침을 살펴보면 다음과 같다(임지영 외, 2015, 재인용).

- 아동의 연령에 적합한지, 아동 개인별로 적합한지, 문화적으로 적합한지를 검토해야 한다.
- 아동의 성별, 인종, 사회 계층 등에 관계없이 모든 아동에게 컴퓨터 및 과학기술의 교육적 사용에 대한 동등한 기회를 주어야 한다.
- 아동이 사용하는 소프트웨어는 성별, 인종, 능력, 특정 집단에 대한 고정 관념을 반영해서는 안 되며 폭력성 또는 폭력적인 내용을 나타내서는 안 된다.

(2) 스마트폰

최근의 교육현장에서는 e-러닝, u-러닝에 이어 정보통신기술(ICT)과 교육 콘텐츠를 결합한 '스마트러닝'이라는 신조어가 등장했고, 유치원부터 대학교에 이르기까지 대부분의 교육 현장에서 스마트 디바이스를 토대로 한 스마트러닝을 활용하려는 시도가 이루어지고 있다(전자신문, 2011; 박성덕, 2014, 재인용).

스마트폰은 컴퓨터와 같은 기능과 더불어 고급 기능을 제공하는 휴대전화이다. 스마트폰은 단순히 휴대전화로서의 기능이 아니라, 손에 들고 다니는 소형 컴퓨터로서, 휴대가 손쉬운 편리성으로 인해 현대인의 생활에서 필수품이 되었다. 스마트폰의 보유율은 매년 크게 증가하고 있고 이용 빈도도 증가한 것으로 나타났으며 매체에 대한 중요도 역시 변화를 보였다. 국민 10명 중 4명은 텔레비전

(44.3%)과 스마트폰(43.9%)을 일상생활에서 가장 필수적인 매체로 인식하고 있으며, 전년 대비 텔레비전 중요도는 46.3%에서 44.3%로 낮아졌으나 스마트폰의 중요도는 37.3%에서 43.9%로 높아졌다(방송통신위원회, 2015).

스마트기기 사용이 보편화되면서 식당이나 마트 등 공공장소에서 영유아가 스마트폰을 사용하는 경우를 쉽게 볼 수 있다. 부모 대부분은 스마트폰이 유아에게 좋을 수만은 없다는 것을 알고 있지만, 다른 무엇보다 스마트폰만 쥐어 주면 조용해지는 자녀들을 보며, 육아로 인해 지친 부모는 자녀가 스마트폰을 요구할 때 쉽게 내어 줄 수밖에 없다. 가구주의 연령이 낮을수록 스마트폰 보유율이 높다는 점에서 어린 연령의 자녀가 스마트폰에 노출될 가능성이 더욱 크고, 유아의 스마트기기 사용 연령이 점차 하향화되고 있음을 알 수 있다(류미향, 2014). 이처럼 어린 연령일수록 스마트폰 사용의 역기능 양상이 더욱 심화되고 빠른 속도로 증가하며 스마트 게임에 높은 의존율을 보인다. 연령이 어릴수록 스마트폰 과다 사용이 치명적인 이유는, 유아는 아직 자신을 방어할 능력을 제대로 갖추지 못했고 면역력 또한 부족하기 때문이다.

대한 소아척추협회(2011)의 조사에 의하면, 매년 척추가 굽은 아동의 수가 증가하는 추세이며, 이는 유아의 스마트폰 사용 시간이 증가함에 따라 바르지 못한 자세, 장시간의 반복적인 자세 등이 주원인인 것으로 조사되었다. 특히 발달 초기 유아가 작은 스마트폰 화면에 오랜 시간 노출될 경우, 눈에 자극을 주어 안구 건조, 충혈, 눈 따가움, 시력 저하와 같은 여러 가지 문제를 유발하게 된다. 목이나 어깨 결림, 손가락 및 손목 이상, 구부정한 자세나 척추 측만 등과 같은 신체 관련 질환이나 집중력 저하, 수면장애 및 정서장애와 같은 심리적 이상에 이르기까지 다양한 형태의 증상이 보고되고 있다(임선영, 2013).

유아기에 강한 자극에 노출되면 그 이하의 자극에는 만족하지 못하고 지속적으로 욕구를 충족시켜 줄 더 강한 자극만 찾게 되어 일상생활에서의 호기심과 성취에 많은 제한을 가져온다. 자녀가 스마트폰을 사용하는 시간은 부모가 집에서 모바일 기기를 사용하는 시간과 비례하며(이기숙 외, 2015), 부모와의 대화가 적은 경우 스마트폰에 중독 정도가 더 높게 나타난다(임지영 외, 2015, 재인용).

유아기의 무분별한 디지털 기기 사용의 중독을 막기 위하여 부모는 유아가 요구한다고 무조건 스마트폰을 주기보다는 감각을 활용한 직접적인 놀이를 통하여 신체적 접촉을 늘리고 정서적 교감을 높여 주어야 한다. 또 부모는 자녀의 이야기를 귀 기울여 잘 들어 주고 가족 간의 긍정적인 대화 시간을 늘려야 한다. 이런 활동을 통하여 가족 간의 가치를 공유하고 가족 건강성이 높아질 때 스마트폰 사용의 중독을 막고 조절하는 힘을 기를 수 있을 것이다.

최근 유아의 발달 특성에 맞추어 스마트폰을 적절히 활용하면 긍정적 효과를 거둘 수 있다는 연구들을 종합하여 스마트폰의 긍정적 가치를 정리하면 다음과 같다.

① 스마트폰의 교육적 가치

- 스마트폰은 유아로 하여금 집중시간을 늘이고 몰입하게 한다.
- 스마트폰은 유아로 하여금 능동적이고 자발적인 반복 학습을 통하여 자기주도적 학습을 가능케 한다.
- 스마트폰은 손가락의 터치를 통하여 눈과 손의 협응력을 발달시킨다.
- 즉각적인 피드백을 통하여 유아의 호기심을 충족시킨다.
- 자발적인 질문과 상호작용을 통한 탐색으로 지적 욕구를 자극한다.

② 스마트폰 바르게 사용하기 위한 약속(한국정보화진흥원 인터넷중독대응센터, 2015)

- 부모님께 허락받고 사용해요.
- 부모님과 함께 사용시간을 정해요.
- 사용시간이 끝나면 스마트폰을 스스로 꺼요.
- 스마트폰을 더하게 해 달라고 떼쓰지 않아요.
- 스마트폰에서 아이템을 사지 않아요.
- 차 안에서 스마트폰을 사용하지 않아요.
- 스마트폰 사용 후 운동해요.

(3) 텔레비전

20세기 후반 발달심리학자들은 유아에게 텔레비전보다 더 강력한 영향을 미치는 것은 없을 것이며 유아의 행동에 영향을 미치는 많은 전자매체 중 텔레비전이 가장 영향력이 크다고 주장하였다. 텔레비전은 유아가 가정에서 직접 접하는 정보 전달의 수단이며 유아가 가장 빨리 접하게 되는 전자매체도 텔레비전이다. 많은 유아는 부모와 함께 보내는 시간보다 텔레비전을 시청하는 시간이 더 많다. 텔레비전은 유아를 수동적인 학습자로 만들고, 숙제에 집중하지 못하게 하며 고정관념을 가르치고, 공격성의 폭력적인 모델을 제공하고 세상에 대한 비현실적 관점을 갖게 하여 부정적 영향을 미친다. 그러나 텔레비전은 교육 프로그램으로 유아의 흥미를 유발할 수 있고, 직접 경험하는 환경을 넘어 다양한 정보를 제공하고, 친사회적 행동을 위한 모델을 제공하는 등 유아에게 긍정적인 영향도 미칠 수 있다(박성덕, 2014, 재인용). 유아는 좋은 프로그램 시청을 통해 사회적 역할을 배우고 프로그램 내용을 친구들과 공유함으로써 친구 간의 결속을 가져올 수 있다. 유아에게 교육방송과 같은 프로그램 시청은 대중매체를 통한 비형식적인 교육일 수 있으며, 즐거움을 주고 대화 소재를 제공하여 또래와의 의사소통에 기여하기도 한다.

유아의 텔레비전 시청시간은 연령에 따라 증가하다가 초등학교 입학과 함께 감소한다. 유아의 텔레비전 시청시간은 지역, 성, 사회계층, 연령 등과 관계있으며, 부모의 태도나 아동의 텔레비전 인지도와도 관련이 있다(권민균 외, 2007). 즉, 농촌 유아보다 도시 유아의 시청시간이 많고, 형제 수가 많은 유아보다 형제가 적은 유아가, 남아보다 여아가 시청시간이 많은 것으로 나타났다. 부모의 친밀도가 높을수록, 친구가 많을수록, 부모의 학력이 높을수록 유아의 시청시간이 줄어드는 것으로 보고된다. 미국 소아과협회(AAP: American Academy of Pediatrics)에서 텔레비전 시청이 유아의 정신적, 사회적, 신체적 건강에 미치는 영향을 고려했을 때, 만 2세 미만의 유아에게는 절대로 텔레비전을 보게 해서는 안 되며, 만 2세 이상 유아의 경우에도 침실에 텔레비전을 두지 말고, 의사를 찾아갈 때 아이의 병력과 함께 텔레비전 시청 시간도 이야기할 것을 권하고 있다(임지영 외, 2015).

유아를 위한 올바른 텔레비전 시청 지도방법은 다음과 같다(천은영 외, 2008).

- 유아 프로그램 및 기타 다큐멘터리와 같은 유익한 프로그램은 시청을 허용하되 그 외 시간은 텔레비전을 시청하지 않도록 약속을 정한다.
- 부모가 일관성 있게 정해진 시간 외 다른 시간에는 유아의 텔레비전 시청을 일체 금지한다.
- 부모와 유아가 함께 텔레비전 프로그램 중 보고 싶은 프로그램을 선택한다.
- 텔레비전을 시청하면서 놀라움, 슬픔, 감동, 기쁨 등을 함께 이야기한다. 이를 통해 좋은 프로그램을 선별하는 습관과 태도 및 표현하는 능력을 키운다.
- 텔레비전을 오래 시청한 경우, 눈의 피로, 시간 낭비, 유아에게 유익한 내용인가의 문제 등에 대해 함께 이야기한다.

또한, 박찬옥 외(2007)는 텔레비전 프로그램의 교육적 의미를 찾는 방법으로 다음과 같이 제시하고 있다.

- 뉴스: 아이들이 다소 이해하기 어렵고 부정적인 내용도 있지만 어려서부터 시사적인 내용에 관심을 갖고 가족과 더불어 대화를 나누는 것은 텔레비전의 다양한 기능을 인식하고 세상을 경험하는 기회를 준다.
- 일기예보: 오늘과 내일의 날씨는 어떠한지, 날씨에 맞추어 무엇을 준비하는 것이 좋은지 이야기 나눌 수 있다. 이런 경험을 통해 날씨에 따라서 우리의 행동이나 하루 생활이 달라질 수 있음을 유아 스스로 인식할 뿐 아니라 텔레비전을 통해 전달되는 정보를 생활에 반영하고 적응하는 데 소중한 기초가 될 수 있다.
- 광고: 광고의 대상, 방법, 기법 등에 대해 간략히 이야기를 나눈 뒤 광고 만들기를 할 수 있다. 글과 그림, 사진 등의 방법으로 광고를 만들어 본다.
- 자연다큐 프로그램: 다큐 프로그램은 살아있는 자연 교과서와도 같다. 아이와 함께 보면서 동식물의 생태, 특징, 환경과의 관계 등에 대해 이야기를 나눌 수 있다. 텔레비전에서 본 동식물을 직접 관찰할 수 있는 경험을 주는 것은 매우 효과적이다.

5 건강과 질병

'건강한 신체에 건전한 정신'이라는 말처럼, 영아로부터 성인에 이르기까지 건강한 몸은 건강한 마음과 생각을 담는 그릇이다. 특히 영유아기 건강한 신체는 유아의 전인적 발달을 이루기 위한 신행조건이다. 영유아기는 인간발달의 기초가 되며 기본적인 생활습관, 성격, 행동양식이 형성되는 시기이므로 균형 잡힌 영양 공급을 통하여 건강을 유지시키고 정기적인 건강검진을 통한 적절한 치료로 건강한 개인으로 성장하도록 도와주어야 한다(김순화, 2011).

1) 식습관과 영양

신체 성장은 영유아기에 급격하게 이루어지므로, 균형 잡힌 음식을 섭취해야 하는 시기이다. 일생에서 신체의 성장발육이 가장 왕성하게 일어나며 활동량이 많은 영유아기에는 영양소 및 열량의 필요량이 성인에 비해 훨씬 높다. 유아는 신체가 성장하고 활발하게 몸을 움직이는 데 필요한 에너지, 인지적, 정신적인 발달에 소요되는 영양이 성인보다 더 필요하기 때문이다(정미라 외, 2007). 유아는 성장하면서 예전에 먹어 보지 못한 다양한 음식을 경험하게 된다. 자아의 발달과 함께 좋아하는 음식과 싫어하는 음식에 대한 좋고 싫은 기호가 나타나기 시작하여 개인적인 식습관이 형성된다. 유아기 식습관은 자칫 음식에 대한 편식으로 이어질 수 있는데, 이러한 식습관은 한번 형성되면 개선하는 것이 쉽지 않고 유아기 건강을 좌우할 뿐만 아니라 평생의 건강에 영향을 미치므로 유아기 영양 관리 및 올바른 식습관의 형성은 매우 중요하다. 유아기 영양과 올바른 식습관을 위한 교육의 목표는 다음과 같다.

- 유아에게 음식섭취 및 영양의 중요성과 식품에 관련된 올바른 기초 지식과 긍정적인 태도를 갖게 구성하여야 한다(손숙미 외, 2007).
- 편식을 예방하고 올바른 식습관 형성의 기초를 마련해야 한다.

- 식사예절에 대한 기초를 형성하여 좋은 식사습관이 형성되도록 하여야 한다.
- 위생과 청결에 대한 기본생활습관이 형성되도록 지도하여야 한다.
- 신선한 제철음식과 전통식품, 올바른 식재료를 사용하여 바른 먹거리를 제공한다.

유아기의 영양섭취는 질병 감염에도 영향을 미치며, 잦은 병치레와 영양 결핍은 유아의 호기심을 둔감하게 하여 유아로 하여금 소극적이고 자신감 없는 모습을 만들기도 한다. 또 신체 및 운동발달을 지체시키는 것은 물론, 심리적인 장애와 지적 발달의 저해를 초래한다. 유아에게 적절한 영양소는 탄수화물, 단백질, 지방, 비타민, 미네랄 등이며, 특히 이 가운데서 철분의 결핍은 유아의 정신건강 및 신경 생리학적 문제를 일으킨다. 철분이 결핍된 유아는 정상적인 유아에 비해 두려움이 많고 위축되어 있으며 긴장감이 크고 불행한 감정을 느낀다. 또한, 신경에 대한 반응 속도가 느려져 지능발달에도 부정적인 영향을 미친다(박혜진, 2005).

음식물의 과잉 섭취로 인한 유아기 비만은 영양 결핍 못지않은 심각한 부작용을 초래한다. 우리나라 아동 중 10%가 비만인 것으로 나타났으나 그 추세는 점점 증가하고 있다고 한다. 비만이란 정상 체중보다 20% 이상 체지방이 과다하게 축적되는 것을 말한다. 비만은 고혈압, 당뇨, 심장병의 원인이 될 뿐 아니라 심리적 문제를 발생시킨다. 아동기 비만의 주된 요인은 부모의 비만으로 인한 유전적 요인과 열량 소모가 적은 생활양식의 변화로 인한 운동 부족과 과식 등이 있다. 비만 유아는 또래로부터 종종 소외되고, 유아 자신이 갖는 부정적인 자아개념으로 사회적인 관계 형성에 어려움을 겪기도 한다(정미라 외, 2007).

유아기는 영아기에 비해 성장 속도가 느리기 때문에 식사량이 많지 않으며, 영양섭취가 감소된다. 그러므로 한꺼번에 많은 양을 먹이기보다는 양질의 음식을 자주 먹인다. 유아가 먹는 음식의 종류 역시 유아의 뼈 성장, 체형, 질병 위험성에 영향을 미치는데 영아기부터 시작해서 유아기에 걸쳐서 유아의 에너지 요구량이 지속적으로 증가한다. 1~3세 사이의 영유아는 약 1,300칼로리의 에너지가 요구되고, 4~6세 사이의 유아는 약 1,700칼로리 이상의 에너지가 요구된다(김이영 외, 2016).

유아기의 식습관은 영아기 이유를 시작하는 시기부터 형성된 것이므로 영아가 이유식을 시작할 때 특별히 부모의 인내와 관리가 필요하다. 일찍부터 단맛이나 자극적인 맛에 길들지 않도록 각별히 주의하여야 한다. 유아기 비만의 원인으로 유전적 요인도 있으나, 무엇보다 가정에서의 식습관이 더 큰 원인이 될 수도 있다. 즉, 부모가 초콜릿, 과자, 콜라, 아이스크림 등 당분이 많이 들어간 음식을 선호하는 경우 자녀도 단 음식에 길들기 쉽고 따라서 비만이 되기 쉽다. 이외에도 습관적으로 과식을 하거나 텔레비전이나 책 보기 등 열량 소모가 적은 활동을 즐기는 유아도 비만이 될 확률이 크다(유효순, 2007). 유아는 영아기에 비해 성장 속도가 느려지면서 식사량이 줄어든다. 또한, 타율성에서 자율성으로 옮겨 가는 시기가 시작되므로 억지로 음식을 먹이려고 하는 부모와 잦은 갈등을 경험하게 된다.

이러한 유아에게 식사를 하게 할 때 부모가 지켜야 할 몇 가지 사항은 다음과 같다(강문희 외, 2006).

첫째, 음식을 먹을 때 투정을 부리는 유아에게는 부모가 일관성 있는 행동을 보이는 것이 중요하다. 대체로 부모는 유아가 음식을 먹지 않는다는 사실에만 집중하여 어떤 경우에는 음식을 주지 않고 야단쳐서 유아를 혼란에 빠뜨릴 수 있다. 부모는 유아가 음식을 먹지 않고 투정부리는 경우에 유아가 음식을 먹지 않으려고 하는 이유를 알아보고 그것에 대하여 일관적인 태도를 보이는 것이 필요하다.

둘째, 부모는 유아에게 음식을 먹이는 것에 너무 집착하여 유아가 음식을 먹지 않으려고 할 때 전전긍긍하는 모습을 보이는 것은 바람직하지 못하다. 유아는 이러한 상황을 활용하여 자신의 욕구를 충족하거나 불만을 나타낼 수 있는 기회로 보고 부모와 힘겨루기를 하고자 한다. 따라서 부모는 유아에게 음식을 먹이려고 하는 강박관념에서 벗어나고 서두르지 않아야 한다. 더욱이 음식을 먹지 않으려고 하는 유아에게 "이것을 먹으면 네가 좋아하는 것 하게 해 줄게."와 같이 유아와 타협하는 방법은 또 다른 문제를 야기할 수 있다. 왜냐하면, 그러한 동일한 상황이 되었을 때 유아는 점점 더 큰 보상을 요구할 수 있기 때문이다.

셋째, 부모는 되도록 유아와 함께 음식을 먹는 시간이 즐거운 분위기가 되도록 이끌어 가야 한다. 부모는 음식을 먹는 시간에 화를 내거나 전전긍긍하면서 유아에게 음식을 먹이려고 신경질을 부려서는 곤란하다. 더욱이 유아에게는 이 시기가 자율성과 주도성이 유발되는 기간이므로 숟가락과 젓가락을 사용하여 음식을 먹는 것과 같은 행동은 소근육 운동을 발달시킬 수 있는 기회이기도 하다. 부모는 음식을 먹는 시간이 즐거울 수 있도록 함께 음식을 만들어 보는 기회를 유아에게 제공하는 것도 좋은 방법이다.

2) 수면

수면이란 인간의 신체기능을 회복하고 힘과 건강을 유지하는 기전으로 신체적·정서적으로 재충전하는 효과를 지닌, 가장 중요한 휴식 방법으로 적당한 감각이나 자극에 의해 깨어날 수 있는 무의식 상태를 말한다(유미경, 2007; 유수옥, 2012, 재인용). 인간의 수면시간은 일생의 1/3 이상이라고 알려져 있는데, 수면은 건강유지에 필수적인 요소로 충분한 양의 수면은 개인의 안녕과 삶의 질에 긍정적인 영향을 미친다(백윤아, 2000; 유수옥, 2012, 재인용).

수면은 건강에 있어서 하루의 피로를 씻고 내일을 준비하기 위해서 간과할 수 없는 매일 발생하는 생활의 일부분이다. 충분한 수면은 건강유지에 필수적인 요소로서 기억과 학습에 중요한 역할을 담당하기 때문에 양질의 수면은 매우 중요하다. 밤 동안 적절한 수면과 충분한 휴식을 취하지 못했다면 집중력에 장애가 생기고 판단력이 저하되어 심리적으로 불안정하여 일상생활을 하는 데 지장을 초래한다. 장기간의 수면부족은 만성적인 피로에 시달리며 신체의 회복과 통합적 능력의 약화, 기억력의 손상, 피해의식, 주의력장애 등의 증가된 스트레스와 불안을 야기하기도 한다(이경진, 2008). 또한, 수면은 감정 조절 기능을 해서 불쾌하고 불안한 감정이 꿈과 정보처리를 통해 정화되어 숙면 후의 상쾌한 기분을 갖게 해 준다. 따라서 수면은 유아기의 건강한 신체발달에 영향을 미친다.

유아의 수면시간은 성장하면서 변화한다. 밤의 수면시간은 별다른 차이가 없으나, 낮잠을 자는 시간이 줄어든다. 대체로 2~3세 정도까지는 한 번 정도의 낮잠을 자지만 4~5세경이면 낮잠을 자기보다 깨어 놀이하기를 원한다. 그러나 이 시기의 휴식과 낮잠은 성장에 도움이 되므로 유아에게 점심을 먹인 후에 휴식을 취하도록 해야 한다. 유아기의 수면은 대뇌활동과 더불어 성장 호르몬의 생성에도 관여하므로 유아는 최상의 발달을 위해 성인보다 많은 수면을 요구한다.

일반적으로 2~3세 유아는 하루에 12~15시간, 4~5세 유아는 10~12시간의 수면이 필요하다(정미라 외, 2002). 보통 유아는 하루 10시간 정도의 수면량을 확보해야 하지만 현실은 그러하지 못한다. 유아기 수면은 양과 질뿐만 아니라 잠자는 시각도 중요하다. 가장 이상적인 유아기 수면시간은 해 뜨는 시각과 해 지는 시각에 맞춰서 일어나고 자는 습관을 길러 주는 것이 중요하다. 보통, 오전에 유치원이나 보육시설의 활동시간 2시간 전에 기상하고 오후 8시에서 9시 사이에 취침할 것을 권장하고 있다. 늦은 취침이나, 수면시간의 부족, 늦은 기상 등과 같이 올바르지 못한 일상생활습관은 유아의 정상적인 발달에 장애가 되며 스테로이드 호르몬의 조절 이상으로 비만을 유발하고 성장 호르몬의 준비가 적절치 못하므로 발육과 발달에 악영향을 미치게 된다.

유아는 여러 가지 유형의 수면 문제에 직면할 수 있으며 유아의 수면 문제가 유아의 행동에 영향을 미칠 수 있다.

- 유아가 잠자는 동안 뒤척이게 되면 낮 시간에 과잉행동을 할 수 있다.
- 또래끼리 다툼을 한 유아는 그렇지 않은 유아보다 밤에 잠자리에 드는 데 시간이 다소 많이 걸릴 가능성이 있다.
- 정서적으로 불안정한 유아는 야경증과 같은 수면에 문제를 일으킬 수 있다.

유아기의 수면장애로 인한 대표적인 증세는 다음과 같다.

- 악몽(nightmare): 깊은 밤보다는 아침 경에 더 빈번하게 나타나며 거의 모든 유아가 악몽을 꾼다. 그러나 지속적으로 악몽을 경험한다면 유아가 낮 시간 지나친 스트레스에 노출되고 있는지 살펴보아야 한다.
- 야경증(night terrors): 빠르게 뛰는 심장의 박동, 빠른 호흡, 비명소리, 진땀 같은 것을 동반하며, 잠에서의 갑작스러운 각성, 두려움 등이 나타나는 것이다. 보통 취침 2~3시간 후에 갑자기 깨어서 놀라 불안 상태로 울부짖거나 뛰어다니다가 진정되어 잠자리에 들지만, 어떤 일이 발생했는지에 대해 거의 기억을 못하는 경향이 있다.
- 몽유병(sleep walking): 수면 중에 걸어 다니는 현상으로 가장 깊은 수면 상태에서 나타난다. 소수의 유아는 정기적으로 몽유병 증세를 경험하며, 약 15%의 유아는 적어도 한 번 정도는 몽유병 증세를 나타낸다. 대부분의 유아는 특별한 치료 없이 이러한 증상에서 벗어난다. 그리고 수면 중에 어두운 곳을 걸어다님으로써 일어날 수 있는 사고의 위험만 없다면 비정상적이거나 심각한 문제라고는 볼 수 없다.
- 잠꼬대: 잠이 깊숙이 든 상태에서 나타나며, 비교적 짧은 기간 일관성 있는 말을 하는 것이다. 잠꼬대를 하는 동안 그 내용이 무엇인지 알 수는 없으며 잠꼬대는 비정상적인 것이 아니므로 걱정할 필요는 없다.

숙면은 정상적인 유아기 성장발달을 위한 필수 조건이며, 조직 회복, 면역체계, 정신적 기능에 영향을 미쳐 건강을 증진하게 되며, 피로회복을 도와 에너지를 재충전하는 데 필수적인 생리적 기제이다. 잠자기 전 유아를 안정시키고, 유아에게 책 읽어 주기, 목욕하기, 편안한 음악 들려주기, 좋아하는 인형이나 침구류의 촉감 느끼기와 같은 활동은 유아의 숙면을 돕고 규칙적인 취침시간을 습관화하기 위한 활동이다(유수옥, 2012).

3) 스트레스

항상 쫓기며 바쁘게 살아가는 현대인들의 일상은 스트레스의 연속이다. 너나 할 것 없이 크고 작은 스트레스를 받으며 살고 있다. 노년에서부터 심지어 어린 유아에게까지 스트레스는 이미 우리 일상의 불편한 한 부분이 되었고, 어느 누구도 이를 피해 갈 방법이 없으므로 일상생활에서 스트레스를 완벽하게 제거한다는 것은 사실상 불가능하다. 스트레스는 환경에 의한 외적인 욕구와 심리적인 욕구에 개인이 적응할 수 있는 능력을 상실했을 때 일어나는 결과이다. 스트레스라는 용어는 라틴어의 'stringer(팽팽하게 죄다)'에서 유래된 개념으로 스트레스의 의미는 시대의 변천에 따라 다르게 사용되어 왔다.

급속한 사회 변화로 가족생활의 형태가 변화되므로 유아 역시 점점 다양한 영역에 대해 강도 높은 스트레스를 경험하고 피할 수 없게 되었다. 유아는 부모, 교사, 친구, 학습환경, 교육기관 등 반복되는 일상적 환경에서 스트레스를 경험하며 특히 자신의 정서를 표현하는 데 미숙하기 때문에 교사나 부모가 인지하지 못하고 간과할 수 있다.

유아의 스트레스 원인은 다음과 같다.

첫째, 현대사회의 빠른 변화와 교육기관을 들 수 있는데, 유아가 양육자와 분리되는 것, 교육기관에 처음 가는 것, 교사의 관심과 사랑을 친구들과 나누어야 하는 것, 새로운 친구를 사귀는 것, 친구들과의 갈등, 정해진 놀이시간과 단체 생활에서 지켜야 하는 규칙, 자신의 감정과 행동을 통제하는 것 등이다.

둘째, 부모 요인으로 부모의 스트레스가 유아에게 전가되는 경우다. 많은 양의 정보를 단기간에 습득하도록 요구하는 사회적 현상은 부모에게 과도한 스트레스를 경험하게 하고 부모가 받는 스트레스는 결국 자녀에게도 영향을 줄 수 있기 때문이다.

셋째, 유아 내적 요인으로 유아의 타고난 기질, 성향, 자신이 가지고 있는 생리적, 신체적인 모습, 가족 배경을 들 수 있다.

유아 스트레스는 유아 자신이거나 유아와 가장 가깝고 의미 있는 존재로부터 비롯된다. 그러므로 유아가 경험하는 스트레스 역시, 더는 차단하기 어려운 일상의 한 부분이 되었다. 스트레스는 유스트레스(eustress)라 하여 도전과 성취감을 느낄 수 있도록 하는 긍정적인 효과를 가지고 있지만, 디스트레스(distress)라 하여 부정적인 심리 상태로 말미암아 신체적, 심리적 질병을 유발하기도 한다(설진화, 2008; 김남정, 2014, 재인용). 그러므로 자신을 보호하기 위한 방어기제가 발달되지 못한 유아에게 애정결핍과 사회적 스트레스는 유아의 성장을 저해할 수도 있다. 또한, 유아의 질병에 대한 저항력을 약화시켜 심리적, 신체적으로 많은 문제를 일으킬 수 있다.

유아의 스트레스로 나타나는 반응은 다음과 같다.

- 신체적인 성장 지체를 보인다. 체중 감소, 외부 환경에 대해 무관심하며 비정상적으로 경계하고, 반응을 보이지 않는다. 대부분 18개월경에 나타난다.
- 결핍성 왜소증이 나타난다. 작은 키가 특징적이며, 영양실조 증상은 없으나 비정상적으로 낮은 성장 호르몬 수치를 나타내며 골격이 미성숙하다.
- 정서적으로 불안하며 안정감이 없고, 성급하며 주의집중을 잘하지 못한다.
- 우울하며, 학습된 무기력감이 나타난다.
- 끊임없이 손가락 빨기, 야뇨증, 욕을 잘하고 공격적인 행동을 보인다.

유아가 스트레스를 일으키는 원인과 반응 양상은 다양하게 나타나는데, 이러한 반응은 행동장애와 심리적 취약성을 증대시키는 요인이 될 수 있다. 특히 유아기의 스트레스는 성인기까지 발달에 영향을 미치므로 유아기 스트레스 관리는 매우 중요하다(김봉아, 2014).

4) 안전사고와 질병

최근 보육기관에서 일어나는 안전사고 등이 불거져 사회화되는 현상을 보면, 아무리 교육을 잘하고 정성들여 유아를 보살피더라도 한 번의 사고로 인해, 기관이 문을 닫고 교사에게도 씻을 수 없는 상처를 남기게 되는 것을 보게 된다. 그러므로 유아교육기관에서는 무엇보다 유아의 건강과 안전을 최우선으로 생각하며 신경을 써야 한다.

유아안전교육이란 유아 스스로 위험으로부터 자신을 보호할 수 있도록 안전 지식과 태도, 기능을 익히게 하여 건강한 생활을 할 수 있도록 도와주는 교육으로서, 긍정적으로는 자신에 대한 보호뿐 아니라 타인의 생명을 존중하는 인간 개개인의 존엄을 배우는 교육이라고 할 수 있다(심용옥, 2005; 홍순옥, 2014, 재인용).

유아기는 안전교육을 실시하기에 가장 적합한 시기로 이 시기에 형성된 안전에 대한 지식, 태도, 기능은 유아가 인생을 살아가는 데 있어서 지속적으로 영향을 미치게 된다. 또한, 유아안전교육이란 유아의 정신적, 신체적 손상을 없애고 위험으로부터 자신을 보호할 수 있도록 도와주는 교육이다. 첫째, 사고를 예방하는 것과, 둘째, 안전 행동에 기여하는 습관, 기능, 태도 및 지식의 발달에 긍정적인 영향을 미치는 경험의 총체라 할 수 있다. 유아안전교육은 지식 위주의 교육보다는 유아가 실제 생활에서 지식을 사용하여 대처할 수 있는 기술과 태도를 형성하면서 구체적이고 실제로 체험할 수 있는 안전교육이 필요하다(곽은복, 2000).

영유아기는 태어나면서 모체로부터 받은 면역능력이 소실되고 스스로 면역력을 형성해야 하는 과도기이며, 신체적으로 미성숙하여 자신의 신체를 자유롭게 조절할 수 있는 능력이나 건강을 유지하는 데 필요한 지식이나 기술의 발달이 미흡하기 때문에 질병의 발생률이 높은 시기이므로 건강 유지를 위한 적극적인 지도와 질병이나 신체 결함을 조기 발견하여 적절하게 대처해야 한다(엄옥주, 2005).

영유아는 어디가 어떻게 아픈지, 언제부터 아프기 시작했는지 말로 표현하거나 자신의 상태를 전달하는 능력이 부족하므로, 교사는 등원하는 영유아의 표정을

〈표 8-2〉 영유아 안전교육의 내용

안전 영역	교육내용
자연재해에 대한 안전	• 홍수 및 태풍 시의 안전 • 지진에 대한 안전 • 황사 현상에 대한 안전
통학에 대한 안전	• 안전한 보행, 안전한 도로횡단 • 교통신호와 교통안전표지의 이해 • 안전한 장소에서의 놀이 • 교통사고가 났을 때의 대처 방법
야외에서의 안전	• 동물이나 곤충에 대한 안전 • 스포츠 안전 • 환경 및 공해에 대한 안전
유괴, 미아사고 및 성폭력에 대한 안전	• 낯선 사람에 대한 안전 • 낯선 장소에 대한 안전 • 성적 희롱에 대처하기 • 집 전화번호와 주소 알기 • 외출 시 어른들께 허락 받기
가정 및 영유아 보육기관에서의 안전	• 실내·외 시설 및 도구를 안전하게 이용하기 • 놀이에서 발생하는 안전사고 예방하기 • 위험한 장소에 대한 안전 • 위험한 물질에 대한 안전 • 화재 및 화상에 대한 안전

출처: 홍순옥(2014).

관찰하고 건강 상태를 잘 체크해 보아야 한다.

유아의 표정을 살핀다. 안색과 표정이 밝은지, 기운 없어 보이지는 않는지 관찰한다.

질병의 전조 증상이 있는지 관찰한다. 콧물, 기침, 가래, 코 막힘, 눈곱, 염증, 피부의 상처, 멍 자국, 그 외에도 배가 아프다고 하는지, 설사, 구토, 열이 나는지, 입술색깔이 파랗거나 창백하지는 않은지 잘 살펴보아야 한다.

행동의 특징을 관찰한다. 놀이 활동에 적극적으로 참여하는지, 부모와 잘 떨어지는지, 쉽게 피곤해하고 평소와 다른 특이한 행동은 없는지 잘 살펴보아야 한다.

유아기에 잦은 질병은 감기, 배탈, 폐렴과 같은 호흡기 질환, 중이염 등이다. 감기와 같은 질병은 평상시 비누를 사용하여 손을 잘 씻는 습관만으로도 전염되거나 확산되는 것을 막을 수 있다. 영유아기는 일생 중에 가장 빠른 성장과 발달을 하며, 건강의 기초가 형성되는 시기이므로 균형 잡힌 영양공급을 하고 정기적인 건강검진 및 예방접종을 통해 건강한 성인으로 자라도록 도와주어야 한다.

(1) 시기별 예방접종

① BCG: 결핵 예방 접종으로 결핵이 몸에 퍼지는 것을 막아 주는 접종임
② B형간염: 간에 염증을 일으키는 B형간염 바이러스를 예방하는 접종임
③ DPT: 디프테리아, 백일해, 파상풍을 예방하는 접종임
④ 소아마비(폴리오): 소아마비 예방 접종임
⑤ 뇌수막염(Hib백신): Hib균을 예방하는 백신으로 뇌수막염과 패혈증 등을 일으키는 위험 질병을 예방하며 필수로 4회 접종함
⑥ MMR: 홍역, 볼거리, 풍진을 예방하며 2회 접종함
⑦ 수두: 수두를 예방하는 접종으로 합병증이 생길 수 있으므로 필수로 2회 접종함
⑧ 일본뇌염: 일본뇌염을 예방하며 연중 접종함
⑨ 독감: 독감을 예방하며 해마다 반드시 접종함
⑩ 폐구균: 폐구균을 예방하는 백신. 폐렴, 패혈증, 뇌막염 등의 심각한 병을 효과적으로 예방하는 접종임
⑪ 로타장염 백신: 흔히 가성콜레라라고 불리는 로타 바이러스 장염을 예방하는 백신. 로타장염은 위생을 청결히 하는 것만으로는 예방되지 않고 접종이 가장 효과적인 예방책임
⑫ A형간염: A형간염을 예방하기 위한 접종임

〈표 8-3〉 시기별 예방접종표

나이	예방접종 종류	참고사항
0~4주	결핵(BCG피내용)	• 생후 4주 이내 접종
0~6개월	B형간염	• 3회 접종(0, 1, 6개월)
2~15개월	뇌수막염(Hib)	• 3회 접종(2, 4, 6개월) • 추가 접종(12~15개월)
2개월~만 6세	소아마비(폴리오)	• 3회 접종(2, 4, 6개월) • 추가 접종(만 4~6세)
2~59개월	폐렴구균 (단백결합백신 10가, 13가)	• 3회 접종(2, 4, 6개월) • 추가 접종(12~15개월)
2개월~만 12세	디프테리아/파상풍/ 백일해(DPT)	• 3회 접종(2, 4, 6개월) • 추가 접종(15~18개월, 만 4~6세, 만 11~12세)
2개월~만 6세	디프테리아/파상풍/백일해 + 폴리오(콤보 백신)	• 3회 접종(2, 4, 6개월) • 추가 접종(만 4~6세)
12~15개월	수두	• 1회 접종(12~15개월) • 추가 접종(만 4~6세)
12~15개월	홍역/유행성이하선염/ 풍진(MMR)	• 1회 접종(12~15개월) • 추가 접종(만 4~6세)
12~35개월	일본뇌염(생백신)	• 1회 접종(12~24개월) • 추가 접종(12개월 후)
12개월~만 12세	일본뇌염(사백신)	• 3회 접종(12~36개월) • 추가 접종(만 6세, 만 12세)
6개월~만 4세	인플루엔자	• 우선접종 권장 대상자
24개월~만 12세	장티푸스	• 고위험군에 한하여 접종

출처: 질병관리본부 홈페이지.

6 발달 환경에 미치는 요인과 지원 활동

1) 가족환경과 지원 활동

가족은 과거로부터 가장 오래된 집단체계이며 인간이 태어나서 가장 먼저 접하게 되는 최초의 사회집단이다. 또한, 가족은 영유아의 발달 및 성장과정에 지속적인 영향을 미친다. 우리 사회는 산업화를 거치며 가파른 사회적 변화와 함께 가족의 형태와 기능 또한 변화되었다. 조부모와 함께 살던 확대가족이 점차 사라지고 핵가족으로 가족의 형태가 바뀌면서 젊은 부모들은 육아에 대한 부담감이 늘어나고 가족 간의 결속력이 약화되었다. 영유아발달에 영향을 미치는 가족환경 요소는 가족의 형태, 부모의 양육태도, 형제관계를 들 수 있으며, 이들은 가족이라는 집단 안에서 서로 영향을 주고받으며 함께 성장해 간다.

지원 활동으로 부모는 유아교육기관을 통해 자녀의 발달을 돕기 위한 부모역할 훈련과 같은 교육을 체계적으로 배우는 것이 필요하며, 자녀를 포함한 가족이 사회로부터 고립되지 않도록 친척이나 주변의 이웃들과 소통할 수 있는 인적 관계망을 구축할 것을 권장한다. 또한, 가족이 함께 할 수 있는 시간을 많이 만들고, 자녀의 눈높이에 맞춘 놀이와 상호작용을 통해 가족 간의 유대감과 결속력을 강화하도록 한다.

2) 또래관계와 놀이를 통한 지원 활동

영유아기에 또래는 부모, 형제, 가족을 제외한 가장 영향력을 미치는 사회관계로서 연령이 증가할수록 또래와 함께하는 시간이 많아지며, 유아기로 갈수록 또래에 대한 비중도 높아지고 영향력도 커진다. 영유아는 또래와의 관계를 통하여 공동체 속에서 규칙을 준수하고 협동심을 기르며 친사회적 행동을 배운다. 무엇보다 또래를 통하여 자신의 능력이나 행동에 대해 평가하고 객관적인 피드백을 받는다. 또한, 또래관계를 통하여 감정의 조망수용능력을 넓히며 자아중심성에서 벗어난다.

지원 활동으로 영유아기 또래관계를 통하여 새로운 자극을 받고 모방하며 성장하기 위하여, 부모는 자녀의 또래 친구들에게 관심을 가져야 한다. 또래 친구를 집으로 초대하여 자녀와 함께 놀이를 할 수 있는 시간과 장소를 제공하며, 놀이 방법을 끌어 주어 자녀로 하여금 또래와의 놀이에 재미를 알아가도록 기회를 제공하고 또래와 더 풍성한 상호 교류가 일어나도록 지원하여야 한다.

3) 보육 및 교육기관과 지원 활동

산업화로 인한 여성의 사회진출과 맞벌이 부부의 증가로 변화된 가족의 형태는 그 외형뿐만 아니라 기능 또한 변화되었다. 과거 양육과 교육을 책임지던 고유한 가족의 기능 중 많은 부분이 보육 및 교육기관으로 이양되고 있다. 직장 맘의 육아에 대한 부담으로 인해 어린이집이나 유아교육기관에 입원하는 연령 역시 과거에 비해 점점 더 하향화되고 있다. 그러므로 출생과 동시에 어린이집에서 생활해야 하는 영유아에게 유아교육기관은 영유아의 삶에서 가정만큼이나 중요한 생활 환경이 되었으며, 영유아의 성장과 발달에 미치는 영향 역시, 과거 어느 때보다 클 수밖에 없다. 영유아가 가정을 떠나서 보육기관에 머무는 시간이 길어짐에 따라, 보육을 담당하는 교사의 역할과 비중도 높아지고 있다. 심지어 부모보다 더 오랜 시간 영유아와 함께 생활하는 보육교사의 자질이 곧 보육의 질을 좌우한다고 볼 수 있다. 그러므로 교사는 영유아가 보육기관에 머무는 동안 영유아를 안전하게 보호해 주는 양육의 기능과 영유아의 전인적 발달을 돕기 위한 교육자의 역할을 모두 할 수 있어야 한다.

지원 활동으로 보육교사의 과도한 직무에 대한 스트레스를 해소할 수 있도록 근무시간의 제한과 서로 돕고 의지할 수 있는 투-담임 시스템과 같은 제도를 정착시켜야 한다. 더불어 보육교사의 자기계발과 성장을 위한 지속적인 배움과 체계적인 승진 기회 및 처우 개선을 지원하여야 한다. 또한, 자녀의 발달을 돕기 위하여 부모는 자녀를 사이에 두고 교사와 항상 자녀에 대한 정보를 공유하며 신뢰관계를 형성하여야 한다. 나아가 같은 처지에 있는 또래 부모들과의 교류를 통해 육아 지식과 고민을 나누며 지지와 힘을 얻을 수 있다.

4) 전자매체와 지원 활동

급속한 과학의 발달로 영유아는 태어나면서부터 자연스럽게 텔레비전, 컴퓨터, 스마트폰과 같은 전자매체를 접하게 된다. 영유아교육을 담당하는 부모, 교사, 일부 학자 중에는 텔레비전, 컴퓨터와 같은 전자매체가 유아발달에 부정적 영향을 미친다고 규정하며 사용을 반대하기도 하지만, 그러기엔 이미 늦은 감이 있다고 판단된다. 핵가족화로 부모나 형제가 없는 공간에서 자녀들은 영유아기부터 컴퓨터나 전자 오락기와 같은 전자매체를 놀이 친구 삼아 성장하고 있으며, 교육 현장 역시 인터넷과 전자매체에 대한 의존도가 점점 높아지는 추세다. 이러한 현실을 고려한 지원 활동으로 부모나 교사, 유아를 돌보는 양육자는 전자매체의 장·단점을 올바로 인식하고, 필요에 따라 효율적으로 활용하는 지혜가 필요하다. 또한, 유아에게 교육적으로 유익한 정보를 제공하고 유아가 관심 있어 하는 프로그램을 함께 시청하고 토론하는 시간을 가지도록 해야 한다.

연구 문제

1 영유아의 또래관계에 영향을 미치는 요인을 살펴보고, 또래관계에서 일어나는 문제 상황의 사례를 찾아서 대처방안을 생각해 보자.

2 이원화된 우리나라의 유아교육 정책을 설명해 보자.

3 영유아발달을 돕는 교사의 역할에 대해서 토의해 보자.

4 영유아기 전자매체 사용의 긍정적 및 부정적 영향에 대하여 논의해 보자.

5 영유아발달에 미치는 수면의 영향력을 살펴보고, 영유아 스트레스의 문제점에 관해서 토의해 보자.

CHAPTER 9

영유아기 발달 이상

학습목표

1. 발달 이상에 대한 다양한 관점과 학자의 견해를 살펴보고, 영유아의 발달 이상에 대한 이해를 높인다.
2. 영유아기에 나타나는 발달 이상에 대해 어떻게 진단하고 평가하는지에 대해 설명할 수 있다.
3. 영유아기 발달장애의 종류를 알아보고, 증상에 따른 진단과 평가를 할 수 있도록 역량을 기른다.
4. 발달 이상에 영향을 미치는 요인을 살펴보고, 발달 이상에 따른 지원 활동을 도울 수 있다.

우리나라는 「장애아동복지지원법」(약칭: 「장애아동복지법」), 「장애인 등에 대한 특수교육법」과 「영유아보육법」, 「유아교육법」을 통해 발달에 이상이 있는 영유아를 위한 제도적인 뒷받침을 마련하고 있다. 이 장에서는 영유아기에 나타나는 포괄적인 발달 이상에 대한 견해와 이상행동의 특성과 진단 기준을 알아보고, 발달 이상에 영향을 미치는 요인을 살펴봄으로써 치료 가능한 방법과 발달장애아에 대한 지원 활동을 살펴보고자 한다.

1 발달 이상에 대한 견해

일반적으로 어떤 기준에서 벗어난다고 생각되는 행동을 발달상의 문제행동이라고 본다(정옥분, 2012). 그러나 이상행동을 이해하는 데 있어 개인이 가지고 있는 생물학적 요인, 심리적 요인, 사회적 요인에 따라 발달 기준도 달라질 수 있다. 대부분의 영유아기 연구는 정상발달에 대한 연구를 다루어 왔으나 발달 이상을 살펴봄으로써, 정상 경로로부터의 일탈을 예방하고 영유아기의 건강한 발달을 촉진시킬 수 있다.

1) 생물학적 관점

인간의 다양한 신체적인 형태나 기능, 정신적인 기능 등이 유전이나 기질적 요인, 신체적 요인에 의해 영향을 받는다고 보는 관점이다. 생물학적 관점은 발달의 주요 원동력으로 생물학적인 요인을 들고 있다. 대표적으로 게젤의 성숙이론, 로렌츠의 동물행동학적 이론, 윌슨(Wilson)[4]의 사회생물학적 이론 등이 있다.

성숙이론은 인간이 태어나면서부터 유전적으로 부모로부터 물려받은 특질에 따라 정해진 순서로 발달한다는 기본 원리에 근거한다고 앞에서 설명한 바가 있다. 즉, 인간의 성장은 사전에 결정된 유전적 요소에 의해 기본 방향이 결정되는 성장 모형을 갖고 있으며, 그러한 것은 내적인 힘에 의해서 이루어진다고 하였다. 따라서 부모나 양육자는 개별 아동의 고유한 발달속도에 따라 발달할 수 있도록 양육할 것을 강조하였다(이영 외, 2015). 동물행동학적 이론은 진화론적 관점에서 동물의 적응과 생존, 특유행동이 지니는 가치를 연구하는 학문으로 다윈(Darwin)의 '진화론'에서 그 유래를 두고 있다. 기본 가정은 모든 종(種)은 진화의 산물이라고 믿으며, 각 동물의 고유한 행동 패턴을 알아보기 위해 로렌츠는 자연관찰법을

4) 윌슨은 하버드 대학의 동물학 교수이자 사회생물학(sociobiology)의 창시자이다.

통해 동물들의 행동 패턴을 관찰하였다. 로렌츠는 환경 속의 특정 자극이 종 특유의 행동을 유발하고, 이러한 것은 그 종의 생존 가능성을 증진시키는 행동 패턴으로 발전하는데, 그것을 입증하는 사례가 청둥오리의 각인이다. 각인은 어떤 대상에게 노출되어 그 뒤를 따르는 것인데, 이 특정한 시기가 '결정적인 시기'가 되는 것이다. 마찬가지로 이 제한된 시간 내에 유아가 특정한 적응행동을 습득하도록 생물학적으로 준비되어 있으며, 그러기 위해 적절한 자극적인 환경의 지원이 있어야 한다는 것을 의미한다(Berk, 2000; 정옥분, 2012, 재인용). 또한, 사회생물학적 이론의 대표적인 학자인 윌슨은 인간은 매우 이기적 유전인자가 신체적 특성뿐만 아니라 근친상간과 같은 금기된 사회적 행동도 결정한다고 믿고, 생존에 적합한 사회적 행동은 신체적 특성과 적자생존의 과정을 겪게 된다고 가정하였다(이영 외, 2015). 이타적 행동과 같이 바람직한 사회적 행동은 후손에게 전해지고, 근친상관과 같이 바람직하지 못한 행동은 후손에게 전해지지 않게 된다고 하였다(Green, 1989). 이러한 생물학적 관점에 적절하게 발달하지 못했을 때 발달 이상을 초래하게 된다. 이는 영유아 행동의 기능적인 측면까지 관심을 가져야 하며, 이러한 특정 행동의 기능들은 자연적인 환경에서 관찰되어야 한다고 주장하였다(정옥분, 2012).

2) 심리적 관점

인간은 개인이 가지고 있는 목표가 달성되면 만족감과 자신감을 느끼지만 좌절되었을 때 불안과 스트레스를 경험하게 되는데, 이러한 상황에 어떻게 대처해 나가느냐 하는 것이 적응에서 매우 중요한 문제라고 보는 관점이다. 또한, 불안에 대한 심리적 관점은 정신분석이론, 행동주의이론, 대인관계이론에 주로 근거한다. 병적 불안은 스스로 인식하지 못하는 불안으로 쉽게 극복되지 않고 부정적 의미가 계속 누적되는 특징이 있고, 정상적 불안은 스스로 인식하는 불안이나 인생의 발달 단계별로 발생하는 불안을 어느 정도 단기간에 극복할 수 있고 인격형성에 적극적인 의미를 제공한다.

정신분석이론에 의하면, 인간행동은 겉으로 표면상 나타나는 것 이외에 상징적인 의미와 무의식 속에서 무슨 일이 일어나는지를 이해해야 한다고 주장한다. 인간 발달 단계의 주기에 따라 질적으로 다른 형태로 발달하고, 이를 이끄는 힘의 원천을 인간의 정신으로 보았고, 프로이트의 심리성적 발달 단계에서 리비도가 인간의 신체 중 어느 부위에 집중하느냐에 따라 구강기, 항문기, 남근기, 잠복기, 생식기로 구분하였다. 리비도는 기본적으로 인간이 지니고 있는 성적 욕구로, 성본능(性本能), 성충동(性衝動)을 뜻한다(서강훈, 2013). 프로이트는 특히 영유아기에 다양한 경험을 통해 충분한 만족을 얻지 못했거나 지나치게 만족을 했을 때 고착하게 된다고 하였다. 고착(fixation)은 발달이 일어나지 않고 멈추는 것으로, 어느 한 단계에서 고착하면 다음 발달 단계로 넘어갈 수 없어 발달 이상을 초래할 수 있다.

에릭슨의 심리사회적 이론에서는 발달을 프로이트와 달리 개인과 사회적 환경 간의 상호작용 결과로 보고, 인생의 전 생애발달을 출생~1세, 1~3세, 3~6세, 7~12세, 청년기, 성인전기, 성인후기, 노년기 등 8단계로 구분하였다. 에릭슨은 인간의 내적 본능 및 욕구가 문화적·사회적 요구 간의 상호작용에 의해 내재된 기초에 의해 발달이 이루어진다고 믿고, 일생 동안 여덟 가지 위기를 성공적으로 해결해야 한다고 강조하였다. 한편, 학습이론은 인간의 관찰 가능한 행동만을 대상으로 전 생애적인 과정을 통해 학습이 이루어진다고 보았고, 대표적인 학자로 파블로프의 고전적 조건형성과 스키너의 조작적 조건형성 등이 있다. 파블로프의 고전적 조건형성은 개에게 먹이를 주면 자연스럽게 침을 흘리는데, 먹이를 주면서 종소리의 조건 자극을 계속 반복했을 때, 일정한 시간이 지난 후에는 종소리만 들어도 침을 흘리게 된다는 현상을 발견하였다. 스키너는 고전적 조건형성과 달리, '스키너 상자'의 쥐 실험을 통해 인간의 자발적인 반응에 초점을 두었다. 즉, 개인의 환경은 조작한 결과에 따라 행동이 변화하는 반응이 나타난다고 하였다. 그러나 지나치게 환경의 중요성을 강조하였고 눈에 보이는 행동에만 집중함으로써 또 다른 발달 이상을 초래할 수 있다는 한계에 대해 지적받고 있다.

또한, 설리반(Sullivan)의 대인관계이론은 인간의 정서발달과 병리적 발달은 다른 사람과의 상호작용의 영향을 받는다고 강조하였다. 성격발달은 자아의 진화이며 이를 6단계로 영아기, 유아기, 아동기, 전 청소년기, 초기 청소년기, 후기 청소년기로 구분하였다(장휘숙, 2009). 또한, 성격은 개인의 대인관계, 특히 친밀한 사람들과의 관계에 의해 일생 동안 발달한다. 연령의 변화에 따라 상호작용의 형태, 그에 따른 욕구 대상은 달라지지만 근본적인 관심사는 자신과 밀접한 관계를 가진 사람들과의 상호작용에 있다고 하였다. 또한, 성격의 내적 구성요소는 직접적으로 관찰할 수 없지만, 다른 사람과의 상호작용을 통해 관찰이 가능하다고 하였다(정옥분, 2015). 따라서 대인관계에서 얻는 이점은 긍정적 피드백의 여하에 달려 있지만 불안이나 긴장은 발달 이상을 가져올 수 있고, 불안은 문제발생을 알려 주는 신호로 볼 수 있다고 하였다(장휘숙, 2009).

3) 사회적 관점

인간은 단순한 자연적 생물의 집합체가 아니라 사회제도와 문화에 대한 사회적 결합의 성숙과정을 통해 외부에 반응하면서 행위 능력이 발달한다. 즉, 사회가 사회적 반응과정을 통해 정신적으로 문제가 있는 개인을 창출한다고 보는 관점이다.

사회적 관점은 사회가 사회적 규범을 설정해 놓고 그에 맞지 않게 행동하는 사람을 비행으로 다룸으로써 그들을 문제가 있는 사람이라고 낙인찍는다. 또한, 사회집단 상호 간의 조화롭고 비교적 항구적이고 안정되며, 공식적인 양식이 사회제도를 형성해 간다. 이러한 제도적 집단에서 바람직한 행동을 습득하고 개인이나 집단에 대한 태도를 발전시키며 집단 내에서의 자신의 역할을 수행하고 희망에 따른 행동상의 동기 부여를 훈련 받는 과정을 사회화라고 한다. 그리고 개인의 감정적 욕구를 충족시켜 만족을 얻는 과정도 포함된다. 이러한 주체적 측면과의 조화로운 관계가 상실할 때, 사회에 부적응하게 되고 문제행동을 초래하게 된다고 볼 수 있다.

2 발달 이상의 진단과 평가

영유아기의 병리적 행동이나 발달 이상은 대부분 정상행동과 질적으로 다른 것이 아니며, 대부분의 이상행동은 정상적인 발달과정으로부터 일탈된 것일 뿐이나. 일반적으로 어떤 기준을 벗어났을 때, 발달상의 문제행동이라고 본다. 기준이라는 것은 문화적 가치나 상황적 요인, 성별에 따른 규범, 연령에 따른 발달 규준 등에 따라 달라진다(정옥분, 2012, 재인용). 일반적으로 발달장애의 진단 기준은 대체로 몇 가지 상황을 고려하여 진단할 수 있다.

1) 발달장애의 진단 기준

발달장애란 발달과정에 문제가 있는 질환을 통틀어 말하는 것으로, 다음의 주된 생활 활동 영역인 신변 처리, 언어적 표현, 인지능력, 학습, 운동능력, 자기 감독, 독립된 생활능력, 경제적 능력 중 세 가지 혹은 그 이상의 기능적 제한이 있고, 특별한 내적 훈련이나 일반적 보호치료 및 개별적으로 계획된 평생 지속된 교육을 받아야 하는 경우라고 한다(특수교육용어사전, 2000; 이정현, 2004, 재인용). 또한, 발달이 평균 기대 연령보다 늦는 발달지연, 발달의 네 가지 영역 중 하나가 다른 영역에 비해 훨씬 뒤처지는 발달이탈, 발달 이정표의 순서를 건너뛰거나 바뀌는 발달 분리가 여기에 속한다. 발달의 주된 네 가지 영역인 신체 영역(대소근육), 언어 영역(수용과 표현), 인지 영역, 정서·사회 영역 등에서 다양한 발달 이상을 나타내는 범주의 질환들이 포함된다(김성우 외, 2005). 또한, 일반적으로 병원과 상담소에서 아동의 문제행동을 발달장애와 같은 정신병리로 결정하기 위해서는 다음과 같은 사항을 고려해야 한다(정옥분, 2012).

첫째, 문제행동의 유형과 종류다. 즉, 인지기능장애(지적장애, 난독증 등) 혹은 비행행동은 정서적인 문제에 비해 장기간 지속하는 것이 보통이므로 좀 더 심각하다고 할 수 있다. 하지만 손가락 빨기와 같은 문제는 비교적 흔하고 후유증을 남기지 않는 문제이기 때문에 특별히 다른 문제행동을 수반하지 않는다면 발달 이상으로 간주하지 않는다.

둘째, 문제행동의 연령의 적합성이다. 즉, 애착에서 나타나는 분리불안이 영아기에 발생하는 경우 정상행동으로 간주하지만 아동기에 발생하는 경우 발달장애로 간주할 수 있다.

셋째, 아동이 문제행동으로 인해 겪는 고통과 생활에서의 지장 정도 역시 발달장애를 결정하는 주요 기준이 된다. 일반적으로 생활에 지장을 초래하지 않는 단순한 행동은 문제행동의 하나이지만 다른 사람에게 지장을 주거나 스스로 통제할 수 없는 주의력결핍 및 과잉행동장애는 발달장애로 간주한다.

2) 미국정신의학협회의 정신장애진단(DSM-5)

『정신장애진단 및 통계 편람(DSM: Diagnostic and Statistical Manual of Mental Disorders)』은 미국정신의학협회(APA: American Psychiatric Association)에서 발간하는 책으로 정신질환의 진단에 있어 전 세계적으로 가장 널리 사용되고 있는 분류 기준이다.

제2차 세계대전을 계기로 몇몇 의사에 의해 처음 집필된 『DSM 편람』은 그 이전까지는 정신장애를 구분하는 기준이 의사마다 달라 신뢰성 있고 전문적으로 인정받을 수 있는 기준을 제시하고자 하는 목적으로 집필된 것이다. 『DSM 편람』은 처음 출판된 뒤 II, III, III-R, IV, IV-TR, 5판 등으로 여섯 차례 개정되었다. 2013년에 개정된 『DSM-5』는 정신장애를 진단하고 분류하는 데 있어, 국내의 임상가나 상담사가 가장 많이 활용하고 있다. 『DSM-5』에서는 이전 『DSM-IV』와 달리 신경학적 측면을 고려한 'Neuro developmental disorder'라는 새로운 카테고리가 생겼다.

세계보건기구가 정한 『국제질병분류(ICD-10)』(1992)에서는 크게 지적장애, 심리적 발달장애, 정서·행동장애로 분류하며, 발달장애라는 용어는 '심리적 발달장애' 항목에서 사용하고 있다. 그동안 10가지 범주(지적장애, 학습장애, 운동기술장애, 의사소통장애, 전반적 발달장애, 주의력결핍 및 과잉행동장애, 섭식장애, 틱 장애, 배설장애, 기타 장애)로 정신장애를 나누고 있던 미국 정신의학회의 『정신장애진단 및 통계 편람(DSM-IV-TR)』은 최근에는 이상행동의 진단에 있어 『ICD-10』과 『DSM-5』(2013)를 병행하여 사용되고 있다. 『DSM-IV』(1994)에서 열 가지 범주로 나누었던 정신장애를 『DSM-5』에서는 정신장애를 20개의 범주로 나누고 하위 범위로 300여 개 이상의 장애를 포함하는 것으로 진단의 세분화가 이루어졌다(장진아, 2015).

우리나라는 발달장애 범주를 지적장애, 자폐증, 뇌손상, 뇌장애, 최소 뇌기능장애, 과잉행동, 지각의 손상, 만성적인 뇌증후, 미성숙, 발달의 불균형, 최소 신경학적 장애, 인지능력손상, 교육장애, 언어장애, 난독증과 같은 신경학적 장애, 간질, 뇌성마비 등으로 보고 있다(장진아, 2015). 하지만 일부에서는 영아기에 발달 이상을 분류하는 것은 일찍부터 사회적 낙인을 찍고 편견을 초래할 수 있다는 점에서 영아기 발달장애를 진단하는 것을 반대하고, 보편적으로 사용되는 『DSM-5』에서 장애진단 기준은 영아와 유아에게 동일하기 사용되기 때문에 매우 제한적이다(정옥분, 2012).

3 영유아기 발달 이상

1) 영아기 발달 이상

영아기의 초기 위험 요인은 조산이나 저체중, 신생아 검사를 통해 발달 이상을 체크해야 하며, 영아기에 나타나는 발달장애 중 비교적 발생빈도가 높은 콜릭성 울음, 성장장애, 반응성 애착 등을 살펴보기로 한다.

(1) 조산 및 저체중

① 정의와 특성

조산이란 임신기간을 기준으로 하여 임신 20주를 지나 임신 37주 이전에 분만하는 것으로 조산의 원인은 여러 가지가 있지만 알 수 없는 경우도 있다. 조산으로 태어난 신생아를 미숙아라고 하며, 주요 장기가 미숙해 호흡이 곤란하고 뇌나 위장 등에 이상이 있어 인큐베이터에서 치료를 받아야 하며, 장기적으로 신체적·신경학적 장애가 발생할 수 있다. 특히 34주 이전의 출생은 미숙아가 발생할 확률이 높다.

② 원인과 증상 및 예방법

조산의 원인은 크게 자연적인 조기 진통, 조기 양막 파수의 임신부나 태아의 내과적 혹은 산과적 합병증 등 세 가지로 나눌 수 있다. 특히 생식기 감염, 자궁경부 무력증, 쌍생아 임신, 고혈압, 태반 이상, 선천성 기형 등도 원인이 될 수 있으며, 이전 임신에서 조산 경험이 있는 경우에는 위험도가 더 높아진다. 또한, 임신부의 흡연, 약물복용, 오래 서 있거나 많이 걷는 직업, 스트레스 등 생활 습관과도 관련이 있다.

조산의 증상으로는 첫째, 배 뭉침이나 규칙적으로 반복되는 하복통이 있다. 배가 자주 뭉치면 편한 자세로 누워 쉬는 것이 좋고, 한 시간에 3~4회 이상 배 뭉침이 지속되면 병원을 방문해 검사를 받아야 한다. 둘째, 조기 양막 파수로 맑고 따뜻한 액체가 속옷이 젖을 정도로 나오면 양수일 가능성이 크기 때문에 즉시 병원을 방문해야 한다. 셋째, 소량이라도 출혈이 있을 경우에는 자궁 입구가 변화하면서 출혈이 나오는 경우가 많으므로 적절한 치료를 받아야 한다.

건강한 아이를 출산하기 위해서는 임신기간을 다 채우는 것이 가장 바람직하지만 모든 것이 바람대로 이루어지지 않는 경우도 있다. 조산의 원인과 예방법을 정리하면 다음과 같다(김성수 외, 2015).

- 배 뭉침이 자주 생기는 경우 서 있는 시간을 줄이고 안정을 취한다.
- 조기 진통이 생겼을 경우 병원에서 자궁수축억제제를 사용하여 증상을 다소 호전시킬 수 있다.
- 임신 중기 이후의 질 출혈은 조산과 연관이 있으므로 빨리 병원을 방문한다.
- 임신 중 질염, 방광염, 치주염 등의 염증이 있을 때는 적절한 치료를 받는다.
- 임신 중기의 자궁 경부 길이를 측정해 자궁 경부가 짧아지거나 벌어지지는 않았는지 확인하고, 이상 발견 시 적절한 치료로 진행을 막는다.
- 체중 증가에 주의하고 정기적으로 산전 진찰을 받아 산과적 합병증 발생을 예방한다.

(2) 콜릭성 울음

① 정의와 특성

콜릭성 울음은 아무리 달래 주어도 계속 우는 경우로 심한 통증이 있는 것처럼 격렬하게 우는 울음을 의미한다. 주로 생후 3개월 미만의 어린 영아에게서 하루 중 언제든지 발생할 수 있으나 주로 저녁이나 새벽에 이유 없이 발작적으로 울고 보채는 증상이 나타난다. 갑작스러운 복통과 달래지지 않는 심한 울음이 특징이다. 비록 『DSM-5』 진단 범주에는 들지 않지만, 영유아기에 흔히 나타나는 장애이다. 콜릭성 울음은 일반적으로 성장하면서 점차 사라지게 된다. 증상은 영아 콜릭(영아 산통: infantile colic)이 오게 되면 아기가 갑자기 울기 시작하는데, 그 울음소리는 매우 크고 다소 지속적이고, 한번 시작된 울음은 대개 몇 시간 지속되고, 마치 누가 꼬집기라도 하는 것처럼 다리를 복부로 끌어당기고, 얼굴이 빨개지며, 주먹을 꽉 쥐고, 입 주위가 창백하게 되기도 한다(정옥분, 2014).

② 원인과 치료 및 예방

콜릭성 울음의 원인은 아직 정확히 밝혀지지는 않았지만, 생물학적 원인과 환경적인 원인이 있는 것으로 여긴다(정옥분, 2012). 생물학적 원인은 영아가 배가 고파 분유를 급하게 빨기 때문에 공기가 위와 장으로 많이 들어가거나 트림을 적절하게 하지 못했을 때(강희경 외, 2002) 발생하고, 분유를 너무 많이 먹거나 탄수화물이 많이 함유되어 있는 음식을 먹어서 위와 장이 늘어나기 때문에 통증이 유발되지 않나 추측되고 있다(포천신문, 2010). 또한, 환경적인 원인도 있을 수 있는데, 어머니의 부적절한 양육과 우울증, 불안과 같은 성격 특성, 어머니 – 영아의 관계 등이 있다(정옥분, 2012).

콜릭성 울음인지 아닌지를 판단하기는 쉽지 않다. 보편적으로 콜릭성 울음으로 진단 시 고려 사항으로 베셀과 동료들(Wessel et al., 1954)은 콜릭성 울음에 대해 생후 3~4개월에 나타나는 울음과 발작이 3주 이상 일어나고, 하루에 3시간 이상 지속되고 1주일에 3일 이상 계속할 때, 콜릭성 울음으로 정의하였다(정옥분, 2014, 재인용).

치료는 아기를 똑바로 세워 안아 주거나 양육자의 손과 따뜻한 물수건을 이용해서 복부 마사지를 하거나 안아 주는 위치를 바꾸거나 좀 더 편안하게 해 주었을 때 울음을 그치는 경우가 있다. 콜릭성 울음이 있는 경우, 양육자는 자신의 양육 방법이 잘못되었거나 아기의 성격이 예민하여 운다고 생각하기 때문에 영아에 대한 부정적인 느낌을 가지려는 경향이 있다.

예방을 위해서는 안정된 수유 자세와 환경, 수유 후 트림시키기에 세심한 신경을 쓰고, 아기의 수유 양이 적거나 너무 많지는 않은지 살펴보도록 하고, 아기와 어머니가 섭취하는 식품에 알레르기 유발 식품은 없는지 평소에 확인하도록 한다.

(3) 성장장애(Growth Disorder)

① 정의와 특성

성장장애는 성장이 지체된 상태로 성장 도표의 연령과 성별에 따른 기준에서 미달된 5세 이전의 아동을 지칭한다(유제민·김정휘, 2003). 즉, 영유아의 현재 체중이나 체중의 증가 속도가 같은 성별, 같은 연령의 영아들보다 뚜렷한 원인이 없이 현저하게 뒤처지는 경우나 체중이 적절하게 증가되지 못하거나 감소하는 상태를 말한다. 성장장애가 심하면 신체적인 성장부진과 함께 몸의 크기뿐만 아니라 뒤집기, 앉기, 서기와 걷기 등의 운동능력과 지능, 사회성 발달도 지연된다(국가건강정보포털, 2015). 또한, 성장장애 영아는 영양 부족으로 인해 면역기능이 떨어져 쉽게 질병에 노출되어 감염될 수 있으며 회복능력이 약하다.

② 원인과 치료

성장장애의 가장 큰 원인은 영양소의 부족으로, 잘못 형성된 식사습관, 수유 기술의 부족, 부모의 정서적 상태 등이 원인일 수도 있다. 예를 들면, 부모가 비만이나 고혈압 등을 지나치게 걱정하여 식사를 제한하거나 적절한 시기에 이유식이나 보충식이 없이 완전 모유수유를 장기간 하는 경우 특별한 병이 없는 영아에게도 성장장애를 유발시킬 수 있다(국가건강정보포털, 2015). 또한, 부모의 무관심과 부적절한 양육이나 애정결핍으로 불안정애착을 형성하는 경우도 성장장애를 초래한다. 이처럼 부모의 무관심, 불안한 정서와 환경 등 부모의 부적절한 양육으로 인한 성장장애는 전체 50%를 차지하며 가장 높은 발병률을 보인다(정옥분, 2012). 그리고 영유아의 신체적 질병으로 인한 성장장애는 약 20~30%이며(강희경 외, 2002), 영양 결핍으로 인한 성장장애는 8~12%로, 경제적인 요소를 통제한 연구 결과들은 자세히 알려져 있지 않다(유제민·김정휘, 2003).

성장장애의 증후나 진단은 보편적으로 인정된 기준은 없으나 일반적으로 다음과 같은 준거가 사용된다(유제민·김정휘, 2003).

- 체중 기준에서 3~5% 미만에 해당할 때
- 보편적인 성장 궤도를 유지하지 못할 때
- 연령에 따른 체중 감소율에서 벗어날 때
- 체중에 비해 작은 키는 장기간에 걸친 영양실조 때문이거나 유전학적 또는 내분비선의 이상일 때

성장장애는 원인에 따라 다르게 치료해야 한다. 영양공급으로 성장장애가 발생한 경우에는 균형 잡힌 영양섭취가 적절하게 이루어지도록 하는 것이 필요하다. 영유아에게 일관적으로 세 번 이상의 식사와 두 번 이상의 간식을 제공하고, 강제로 먹이려 하지 말고 영유아 스스로 먹게 해야 한다. 또한, 부모의 부적절한 양육으로 인한 성장장애는 부모교육을 통해 바람직한 양육방법과 가족 상호관계, 가정환경 등의 개선이 함께 이루어져야 한다. 영아의 섭식에 부정적인 영향을 주는 부모의 생활습관이나 태도, 행동이 있다면 바람직한 방향으로 수정해야 한다.

(4) 반응성 애착장애(Reactive Attachment Disorder)

① 정의 및 특성

반응성 애착장애는 영아기에 나타나는 장애로서 영아와 양육자의 관계에서 애착문제가 영아의 다양한 발달을 지연시키는 장애를 말한다. 애착은 생후 2년, 특히 첫 9~12개월 사이에 아기와 엄마 사이에서 일어나는 정서적 유대관계이다. 이때, 상대방이 주는 신호에 서로 반응함으로써, 이루어지는 일련의 상호작용의 과정에서 애착대상자와 적절한 애착을 형성하지 못하여 반응성 애착장애가 발생한다. 즉, 반응성 애착장애의 원인은 잘못된 양육환경 속에서 영아의 기본적 정서욕구를 무시당하거나 애정을 받지 못해서 생긴 질병으로, 다른 장애와 달리 환경요인이 우세하다(정유경, 2001). 대개 반응성 애착장애는 5세 이전에 발병하는데, 이를 예방하고 치료하기 위해서는 부모와 주 양육자와의 안정적인 애착을 형성하는 것이 중요하다. 반응성 애착장애의 특성은 자연스러운 움직임이 없고, 무표정하거나 웃지 않고, 슬퍼 보이거나 사회적 상호관계와 눈 맞춤 못하고, 모르는 사람에게도 별 차별 없이 대하고 다가간다.

② 진단 기준과 지도방법

반응성 애착장애의 진단 기준은 1990년대 들어오면서 자폐증과 유사한 특성을 보이는 발달장애 중 반응성 애착장애라는 영유아기 질병에 대한 진단이 늘어남으로써 집중적인 관심을 받게 되었다. 최근 『DSM-5』에서는 애착장애의 억제형을 반응성 애착장애로, 탈억제형은 탈억제 사회관여장애(Disinhibited Social Engagement Disorder)로 분류하였다(신명희 외, 2016). 억제형은 양육자에게 접근을 하지 못하거나 비정상적으로 양육자에게 가까이 가려는 행위이며, 탈억제형은 낯선 사람을 덜 경계하면서 다가가거나 친숙하지 않은 성인에게 다가가려는 행위를 포함한다. 진단 기준(DSM-5)을 살펴보면 다음과 같다.

반응성 애착장애 진단 기준(DSM-5)	
A	아동이 성인 양육자에 대해서 대부분 정서적으로 억제되고 위축된 행동을 보인다. ① 고통스러워도 아동이 거의 양육자에게 위안을 얻지 못한다. ② 고통스러울 때 양육자가 돌봐 줘도 아동이 거의 반응이 없다.
B	다음 두 가지 이상에서 지속적으로 사회적, 정서적 장애를 보인다. ① 다른 사람에게 사회적, 정서적으로 최소한의 반응만 한다. ② 긍정적인 정서가 제한적이다. ③ 성인 양육자가 위협하지 않는데도 이유 없이 짜증, 슬픔, 공포를 보인다.
C	제대로 양육 받지 못한 극단적인 경험(최소 다음 중 한 가지 이상) ① 사회적 방임과 박탈로 인해서 성인 양육자가 제공했어야 할 '안락함, 자극, 애정'에 대한 기본적인 정서적 욕구가 지속적으로 결핍되어 있다. ② 주 양육자가 자주 바뀌어서 안정적인 애착을 형성할 기회가 거의 없다. ③ 특정인과 선택적으로 애착을 형성할 기회가 거의 없는 비정상적인 환경에서 양육되었다.
D	C와 같은 양육 결핍으로 인해서 A와 같은 장애행동이 생겼다고 주장할 수 있다. (기준 C의 양육행동 결핍이 선행하고 나서 기준 A의 문제들이 시작된다.)
E	자폐 스펙트럼 장애에 해당되지 않는다.
F	이러한 장애는 5세 이전에 나타난다.
G	발달 연령이 최소한 9개월 이상은 되어야 진단이 가능하다.
[Specify if]	• 지속형: 장애가 12개월 이상 지속 • 최근의 심각도 표시: 반응성 애착장애의 모든 증상을 나타내면서 각 증상이 높은 편이라면, 심각하다고 표시

출처: 권준수 외(2013). 정신장애진단 및 통계 편람(DSM-5). 학지사. pp. 265-266.

반응성 애착장애아의 문제행동 지도방법은 지지적 양육환경 및 놀이치료를 병행하고 부모 상담 및 부모교육, 애착을 증진시키는 프로그램에 참여하게 한다. 또한, 부모의 양육태도 변화에 따라 증세가 호전될 수 있어 부모가 반드시 치료에 참여해야 한다.

2) 유아기의 발달 이상

유아가 정상적인 발달에서는 나타나지 않는 행동을 하거나 연령에 맞는 발달이 정상적으로 이루어지지 않거나 연령에 맞는 행동이라도 강도가 너무 세거나 약하거나 문제행동이 일정 기간 지속될 때 발달장애로 진단된다. 즉, 유아의 인지적·정서적·행동적·신체적 기능이 저하되어 원활한 적응에 문제가 생길 때 발달에 이상이 있는 것으로 판단한다(신명희 외, 2016). 유아기의 대표적인 발달 이상 중 이식증과 반추장애, 배설장애, 틱장애, 주의력결핍 및 과잉행동장애(ADHD) 등을 살펴보기로 한다.

(1) 이식증과 반추장애(Feeding and Eating Disorders)

① 정의와 특성

유아기 자녀를 둔 부모는 자녀가 음식을 잘 먹지 않거나 편식으로 고민하는 경우가 많다. 그러나 이와 달리 영양분을 섭취하는 행동이 문화적으로 허용되지 않거나 비영양성 물질을 지속해서 먹거나 비정상적인 행동이 나타나는 경우 주로 이식증, 반추장애 등을 의심해 볼 수 있다. 이식증과 반추장애의 구체적인 특징은 〈표 9-1〉과 같다.

〈표 9-1〉 이식증과 반추장애 특징

종류	특징
이식증	• 모래나 흙, 천, 종이, 머리카락, 비누, 곤충 등 영양분이 없는 물질을 먹는 장애로 적어도 1개월 동안 비영양성 물질을 지속적으로 먹는 경우이다. • 주로 4세 미만의 어린 유아에게서 나타나고 연령에 따라 취하는 물질이 다양하다. • 장난감, 연필 등의 물건을 입에 넣고 계속 빠는 행동을 한다면 이식증을 의심해야 한다. • 이식증은 흔히 지적장애를 동반하는 경우가 많은데, 지적장애가 심할수록 이식증의 빈도는 증가한다.
반추 장애	• 음식을 반복적으로 게우고 다시 씹는 행동을 나타낸다. • 부분적으로 소화된 음식을 위장장애나 뚜렷한 구역질 반응이 없는 상태에서 입 밖으로 뱉어 내거나 되씹은 후, 삼키는 행동이 나타난다. • 반추장애가 있는 아동은 평소에 안절부절못하고 배고픔을 느낀다. • 많은 양의 음식을 섭취하지만 먹은 후에는 토하므로 체중 감소와 영양실조가 일어날 수 있고 심한 경우 사망에 이를 수 있다.

출처: 김이영 외(2013). 정신건강론. 양서원. p. 281, 재구성.

② 원인과 치료

이식증의 원인은 낮은 사회경제 계층인 빈곤가정이나 부모의 무지와 무관심, 영유아의 발달지체와 밀접한 관련이 있다. 또한, 부모의 정신 병리적 문제, 아동학대 등은 이러한 상태를 초래할 위험성을 증가시키므로 부모교육이 필요하다. 이식증의 가장 큰 문제는 영양 상태의 불균형으로 생명을 위협하는 장애가 될 수 있으므로, 영양학적 개입과 행동치료를 통해 치료하는 것이 중요하다(김이영 외, 2013). 또한, 부모는 올바른 식습관을 기르도록 양육하고, 섭취 불가능한 음식은 주변에서 치워 주고, 깨끗하고 따뜻한 환경을 만들어 주는 것이 필요하다.

반추장애의 원인으로는 식도역류, 위장계 감염 등에 의해 발생하는 신체적 질환의 경우가 대부분이나, 부모의 무관심과 정서적 자극결핍, 스트레스가 많은 생활환경, 부모-아동관계의 갈등 등의 심리적 요인도 알려져 있다(김이영 외, 2013).

반추장애의 치료는 신체적인 구조의 이상이 있는 경우 역류를 방지하기 위한 외과적 처치가 필요하고, 심리적 치료는 정적 강화와 보상을 이용한 행동치료가 효과적이다(김청송, 2016). 예를 들면, 반추증상이 나타날 때 자녀를 꾸짖고 일정 시간 내려놓거나 레몬즙을 넣는 등의 혐오적 조건화를 시행한다(김청송, 2016).

하지만 무엇보다도 반추장애는 부모의 양육태도가 변해야 하며, 유아와 긍정적인 정서적 관계를 맺고 적절한 자극과 반응을 보이며, 무시하지 않고 유아에게 스트레스 상황이 초래되지 않도록 해야 한다.

(2) 배설장애(Elimination Disorders)

① 정의와 특성

대소변을 통제할 수 있는 근육과 신경의 미성숙으로 인해 생후 6~7개월 이전에는 직장이나 방광이 차면 반사적으로 대소변을 배설하게 된다. 하지만 월령이 높아지면서 배변훈련을 통해 대소변 가리기를 하게 되는데, 일반적으로 만 2세부터 만 4세까지 서서히 이루어진다. 대소변 가리기에 걸리는 기간은 약 3개월 정도이며, 남아보다 여아가 대체로 빨리 가리고 소변보다 대변을 더 빨리 가린다(김청송, 2002). 보통 배변기능의 정상적인 발달과 배변훈련을 통해서 배설에 대한 통제와 조절이 이루어진다. 그러나 일정 기간 동안 고의든 아니든 영유아가 대소변을 제대로 가리지 못한 경우를 배설장애라고 하며, 유분증과 유뇨증이 여기에 포함된다. 구체적인 특징은 〈표 9-2〉와 같다.

〈표 9-2〉 배설장애의 종류와 특징

종류	특징
유분증	• 적절치 않은 곳에 반복적으로 대변을 보는 것으로, 적어도 3개월 동안 최소한 매달 1회 발생해야 하고, 연령이 최소한 4세가 되어야 한다. • 4세 이상의 아동이 대변을 적절하지 않은 곳인 옷이나 바닥, 침대 등에 반복적으로 배설을 하는 경우를 말한다. • 일반적인 의학적 상태(당뇨병, 척수 이분증, 경련질환)의 직접적인 생리적 효과로 인한 것이 아니어야 한다.
유뇨증	• 밤이나 낮에 침구나 옷에 반복적으로 소변을 지리는 것으로, 5세 이후 신체적인 이상이 없음에도 불구하고 옷이나 침대 또는 이불에 소변을 보는 것을 말한다. • 주 2회 이상의 빈도로 3개월 이상 지속되어야 한다. • 야간성 또는 주간성, 주야간성 유뇨증으로 세분할 수 있고, 비뇨기과적인 문제가 동반되지 않은 것이 확인되어야 한다.

② 원인과 치료

유분증의 원인은 대소변 가리기 훈련과정에서 부모의 강요나 전반적인 부모와 자녀관계의 문제, 부부간의 갈등, 가정불화 등의 영향이 큰 것으로 파악되며, 잘 가리다가 다시 못 가리는 2차성 유분증의 경우는 유뇨증과 마찬가지로 동생 출생 등의 심리사회적 스트레스가 중요한 요인이 될 수 있다. 또한, 대체로 주의가 산만하고, 집중력이 낮으며 과잉행동을 보인다는 점에서 유분증이 뇌신경 발달의 지연과 관련된다는 주장도 제기되고 있다(김이영 외, 2013).

유분증 치료는 부모를 포함한 환아 전반에 대한 평가가 이루어져야 한다. 유뇨증보다 심각한 정서문제가 있는 경우가 많으므로 대변 가리는 훈련, 행동치료, 심리치료, 놀이치료 등을 통해 접근해야 한다.

유뇨증의 원인은 배변훈련이 지연되거나 느슨한 대소변 가리기 훈련, 심리사회적 스트레스, 요농축능력의 장애, 자발적 배뇨를 할 수 없는 정도의 낮은 방광의 용적 등 복합적인 원인에 의해 나타난다. 동반되는 장애의 정도는 아동의 사회활동 제한, 자존심에 미치는 영향, 친구에 의한 배척 정도, 부모의 분노, 처벌, 거부 등에 의해 영향을 받는다. 경과 및 예후는 성장함에 따라 자연스럽게 호전되기도 하지만, 정신적 스트레스 요인 및 가족관계가 예후 요인으로 작용할 수 있으므로 영유아 전반에 걸친 평가가 이루어져야 한다.

유뇨증 치료에는 행동치료적 기법이 매우 효과적인 것으로 알려져 있다. 예를 들면, 잠자리 요나 기저귀에 전자식 경보장치(bell and pad)를 설치하여 소변이 한 방울이라도 떨어지면 경보음이 울려 잠자는 아동을 깨우는 것이 가장 효과적인 방법으로 알려져 있다(김이영 외, 2013). 그 밖에도 행동치료 기법으로 오줌을 싸지 않았을 때 지속적으로 강화를 준다거나 실수한 경우 아동 스스로 치우도록 하고 책임감을 느끼도록 하는 방법 등을 사용하고 있다(정옥분, 2014).

(3) 틱장애(Tic Disorders)

① 정의와 특성

틱이란 일반적으로 흔히 얼굴 부위에서 발생하는 경련을 뜻하며, 의학적으로는 자신의 의지와 무관하게 갑자기 빠르고 반복적으로 불규칙하게 근육이 움직이거나 이상한 소리를 내는 것을 말한다. 틱은 아동의 강박적인 생각과 행동을 함께 수반하며, 부모가 보기에는 무척 거슬리지만 정작 자신은 아무 불편을 느끼지 못한다. 가장 흔한 형태는 얼굴을 찡그리거나 입맛을 다시거나 코를 킁킁거리거나 눈을 깜빡이거나 목에서 이상한 소리를 내는 등 증상은 매우 다양하다. 틱은 반드시 18세 이전에 시작하며 대개 4~6세 사이에 시작된다. 증상은 10~12세 사이에서 가장 심하고 점차 감소된다. 스트레스를 받거나 즐거운 경험을 할 때 틱이 증가하고, 차분하게 집중하는 동안에는 억제되어 감소하는 경향을 보인다. 틱의 종류는 크게 근육 틱과 음성 틱으로 구분되고, 근육 틱과 음성 틱 모두 단순과 복합으로 다시 구분되며, 기타 외설증, 동의 반복증, 반향 언어증 등이 있다. 구체적인 특징은 〈표 9-3〉과 같다.

〈표 9-3〉 틱장애의 종류와 특징

종류		증상	특징
단순	근육 틱	하나의 근육 집단이 수축되어 나타남	• 어깨 들썩이기, 움츠리기 • 얼굴 찡그리기 • 머리 흔들기 • 치아를 딱딱 부딪치기 • 코 씰룩하기 • 눈 깜박이기 • 입을 삐죽 내밀기 • 복부 튕기기 • 보행 중 한쪽 다리를 앞이나 옆으로 올리기

종류		증상	특징
단순	음성 틱	갑자기 소리를 내는 행동	• '음음'하며 헛기침하기 • '킁킁' 혹은 '컹컹' 거리기 • '쯧쯧'거리며 혀 차기 • 침 뱉는 소리 • 동물 소리 내기(예: 돼지, 새, 개)
복합	근육 틱	여러 근육 집단의 수축과 관계되는 것	• 손발의 냄새 맡기 • 제자리에서 점프하기 • 물건 던지기 • 타인의 행동 따라 하기 • 발 구르기
	음성 틱	관계없는 단어나 구절을 반복하는 것	• 특정 단어나 구절을 반복 • 남의 말을 반복적으로 따라 하기 • 욕설 반복하기 • 중얼거리기
기타	외설증	사회적으로 용납되지 않는 흔히 외설적인 단어 사용하기	
	동의 반복증	자기 자신만의 소리나 단어를 반복하기	
	반향 언어증	마지막 들은 소리, 단어 또는 구절을 반복하기	

출처: 김이영 외(2013). 정신건강론. 양서원. p. 283, 재구성.

② 진단 기준과 치료 및 예방법

틱은 『DSM-IV』에서는 틱장애가 따로 구분되어 있었지만, 『DSM-5』에서는 운동장애의 하위 유형으로 들어가 있다. 『DSM-5』에 따르면, 틱이란 갑작스럽고 빠르고, 반복적, 비율동적, 상동증[5)]적인 동작 또는 음성 증상이라고 하였고, 틱장애를 뚜렛장애(Tourette's disorder), 만성 운동 또는 음성 틱장애[persistent(chronic) motor or vocal tic disorder], 잠정적 틱장애(provisional tic disorder), 지정된 다른 틱(other specified tic disorder), 지정되지 않는 틱장애(unspecified tic disorder)로 분류하여 진단 기준을 제시하고 있다. 지정된 다른 틱장애와 지정되지 않는 틱장애를 제외하고, 진단 기준(DSM-5)을 살펴보면 다음과 같다.

5) 정신적·신경적 이상으로 같은 말이나 동작을 반복하거나 오래 지속하는 증상이다.

뚜렛장애(Tourette's Disorder) 진단 기준(DSM-5)	
A	여러 운동 틱과 한 가지 또는 그 이상의 음성 틱이 장애의 경과 중 일부 기간 동안 나타난다. 두 가지 틱이 반드시 동시에 나타나는 것은 아니다.
B	틱증상은 자주 약화와 완화를 반복하지만 처음 틱이 나타난 시점으로부터 1년 이상 지속된다.
C	18세 이전에 발병한다.
D	장애는 물질(예: 코카인)이나 다른 의학적 상태(예: 헌팅턴병 또는 바이러스성 뇌염)의 직접적인 생리적 효과로 인한 곳이 아니다.

만성 운동 또는 만성 음성 틱장애[Persistent(Chronic) Motor or Vocal Tic Disorder] 진단 기준(DSM-5)	
A	한 가지 또는 그 이상의 운동 틱 또는 음성 틱이 장애의 경과 중 일부 기간 동안 존재하지만 두 장애가 함께 나타나지는 않는다.
B	틱 증상은 자주 약화와 완화를 반복하지만 처음 틱이 나타난 시점으로부터 1년 이상 지속된다.
C	18세 이전에 발병한다.
D	장애는 물질(예: 코카인)이나 다른 의학적 상태(예: 헌팅턴병 또는 바이러스성 뇌염)의 직접적인 생리적 효과로 인한 곳이 아니다.

잠정적 틱장애(Provisional tic disorder) 진단 기준(DSM-5)	
A	한 가지 또는 그 이상의 운동 틱 또는 음성 틱(틱은 갑작스럽고 빠르고, 반복적, 비율동적, 상동증적인 동작 또는 음성).
B	틱이 1년 미만에 나타난다(뚜렛장애와 만성 틱장애는 1년 이상이다).
C	18세 이전에 발병한다.
D	장애는 물질(예: 코카인)이나 다른 의학적 상태(예: 헌팅턴병 또는 바이러스성 뇌염)의 직접적인 생리적 효과로 인한 곳이 아니다.
E	뚜렛장애, 만성 운동성 장애 또는 음성 틱장애의 진단 기준에 맞지 않아야 한다.

출처: 권준수 외(2015). DSM-5 정신질환의 진단 및 통계 편람(제5판). 학지사.

틱장애는 그 원인이 잘 알려져 있지 않지만 스트레스나 긴장, 신경전달물질의 이상 등이 언급되고 있다. 또한, 부모가 어릴 때 틱 증상을 보인 경우 유전이 되는 경우도 있으며, 환경적 요인으로는 출산과정에서 뇌 손상이나 임신부의 스트레스, 출생 시 체중까지 틱장애와 연관이 있다는 보고가 있다(서울아산병원 질환백과). 스트레스나 긴장에 의해 발생한 것이라면 부모가 아동에 대해 지나치게 기대하거나 강압적이고 지시적인 가정의 분위기를 완화시켜 아동에게 부담감과 긴장을 덜어 주는 것이 필요하다. 가벼운 틱 증상은 자라면서 자연히 사라지는 경우도 있으나 심각한 뚜렛장애, 만성 틱장애의 경우에는 약물치료를 선호하지만 증상이 심하지 않은 틱의 경우는 행동치료나 부모교육을 통해 호전될 수 있다.

예방법으로는 스트레스가 많은 진학 초기에 선생님이나 친구들이 지적하면 그 증상이 더욱 악화되어 악순환이 일어날 수 있기 때문에 주의하여야 한다.

(4) 주의력결핍 및 과잉행동장애(Attention Deficit Hyperactivity Disorder)

① 정의와 특성

주의력결핍 및 과잉행동장애(ADHD)는 부주의, 충동성, 과잉행동이 핵심 증상이고 학령 전기와 학령기에 가장 빈번하게 나타나는 소아기 정신장애이다(APA, 1994). ADHD는 매우 산만하고 부주의한 행동이 나타날 뿐만 아니라 한시라도 손발을 가만히 있지 못하고 충동적인 과잉행동을 보이는 경우를 말한다. 즉, 낮은 집중력으로 인한 짧은 주의집중 기간, 충동성 및 과다 활동이 특징적인 증상이며, 대개 7세 이전에 발병하고 성인기까지 지속된다. 남아에게 많고 어릴 때 많이 발생한다(서울아산병원 질환백과).

일상생활에서 전형적으로 나타나는 주의 산만한 행동은 이들이 갖고 있는 내적인 감정이 겉으로 드러날 기회를 주지 않기 때문에 대부분 잠재능력에 비해 학업성적이 열등하고, 학업 이외의 과제를 수행할 때 가지고 있는 능력보다 낮은 평가를 받고 있다(송영혜·정은희, 1998).

또한, 정리·정돈을 못하거나 적절한 사회적 행동의 결여 등 정서장애가 심하고, 부정적인 자아개념과 적대적인 공격 성향을 보이는 경향이 있다. 주로 활동하는 가정, 학교와 같은 곳에서 또래들과 여러 상황에서 이러한 성향으로 문제가 발생할 수 있다. 적절한 치료시기를 놓치면 정상적인 학습, 대인관계, 학교생활에 큰 지장을 주며, 성인이 되어서도 사라지지 않는다(서울아산병원 질환백과).

② 진단 기준과 치료

주의력결핍 및 과잉행동장애의 원인은 생물학적 요인에 기인한 유전적 취약성과 더 밀접하게 관련되어 있다(Teeter, 1998). 또한, 유전뿐만 아니라 식사, 환경 등의 복합적 요인이 검토되어 왔으나 아직 그 원인이 명확히 규명되지 않았다. 관련 연구 결과에 따르면, 뇌기능장애가 관련이 있다는 것에 많은 연구자가 동의하고 있으며(김이영 외, 2013), 뇌의 전두엽을 중심으로 뇌의 구조나 기능과 관련이 있다고 보는(Barkley, 1998) 한편, 잠재적 요인 중의 하나인 식사요인으로 식품첨가물, 인공색소, 향미료, 감미료, 정제당, 카페인 등이 발병 원인이 될 수 있다고 제시된 바 있다(김선희·김숙희, 1983).

정확한 진단을 위해서는 ADHD 증상과 유사한 다른 의학적 질환이 있는지를 반드시 확인해 봐야 하고, 주의력결핍 및 과잉행동장애와 비슷한 특징을 나타내는 발달 이상이 있기 때문에 조기에 정확한 진단을 받는 것이 중요하다(미국 국립보건원, 1998). 또한, 부모나 보호자, 교사 등으로부터 유아의 행동에 대한 다양한 자료와 부모와의 면담이 필요하다. 면담을 통해서 아동의 학교생활, 가족들과의 관계, 태도나 성격에 대한 정보를 얻고, 면담으로 부족한 정보는 여러 가지 객관적 측정 도구를 통해 보완해야 한다. ADHD의 진단 기준(DSM-5)을 살펴보면, 진단 체계는 『DSM-IV』와 크게 바뀐 부분은 없지만 연령의 범위가 확대되었다.

주의력결핍 및 과잉행동장애의 진단 기준(DSM-5)

A 기능 또는 발달을 저해하는 지속적인 부주의 및 과잉행동-충동성이 (1) 그리고 (2)의 특징을 갖는다.

(1) 부주의에 관한 다음 아홉 가지의 증상 가운데 여섯 가지 이상 증상이 적어도 6개월 동안 발달 수준에 적합하지 않고 사회적·학업적/직업적 활동에 직접적으로 부정적인 영향을 미칠 정도로 지속된다.

- 주의점: 이러한 증상은 단지 반항적 행동, 적대감 또는 과제나 지시 이해의 실패로 인한 양상이 아니어야 한다. 후기 청소년이나 성인(17세 이상)의 경우에는 적어도 다섯 가지의 증상이 나타나야 한다.

a. 흔히 세부적인 면에서 면밀한 주의를 기울이지 못하거나, 학업, 작업 또는 다른 활동에서 부주의한 실수를 저지른다.
b. 흔히 과제를 하거나 놀이를 할 때, 지속적으로 주의를 집중할 수 없다.
c. 흔히 다른 사람이 직접 말을 할 때, 경청하지 않는 것으로 보인다.
d. 흔히 지시를 완수하지 못하고, 학업, 잡일, 작업장에서의 임무를 수행하지 못한다(과제를 시작하지만 빨리 주의를 잃고 쉽게 곁길로 나간다).
e. 흔히 과업과 활동을 체계화하지 못한다.
f. 흔히 지속적인 정신적 노력을 요구하는 과제에 참여하기를 기피하고, 싫어하거나 저항한다.
g. 과제나 활동에 꼭 필요한 물건들(예: 장난감, 학습 과제, 연필, 책, 도구 등)을 자주 잃어버린다.
h. 외부의 자극에 의해 쉽게 산만해진다.
i. 흔히 일상적인 활동을 잊어버린다(예: 잡일, 심부름하기, 약속 지키기 등).

(2) 과잉행동-충동에 관한 다음 아홉 가지의 증상 가운데 여섯 가지 이상 증상이 6개월 동안 발달 수준에 적합하지 않고 사회적·학업적/직업적 활동에 직접적으로 부정적인 영향을 미칠 정도로 지속된다.

- 주의점: 이러한 증상은 단지 반항적 행동, 적대감 또는 과제나 지시 이해의 실패로 인한 양상이 아니어야 한다. 후기 청소년이나 성인(17세 이상)의 경우에는 적어도 다섯 가지의 증상을 나타나야 한다.

a. 흔히 손발을 가만히 두지 못하거나 의자에 앉아서도 몸을 꿈틀거린다.
b. 흔히 앉아 있도록 요구되는 교실이나 다른 상황에서 자리를 떠난다.
c. 흔히 부적절하게 지나치게 뛰어다니거나 기어오른다(청소년 또는 성인에서는 주관적인 좌불안석으로 제한될 수 있다).
d. 흔히 조용히 여가 활동에 참여하거나 놀지 못한다.
e. 흔히 끊임없이 활동하거나 마치 '태엽 풀린 자동차처럼' 행동한다.
f. 흔히 지나치게 수다스럽게 말을 한다.

	g. 흔히 질문이 채 끝나기 전에 성급하게 대답한다(예: 다른 사람의 말을 가로챈다). h. 흔히 다른 사람의 차례를 기다리지 못한다. i. 흔히 다른 사람의 활동을 방해하고 간섭한다(예: 대화나 게임에 참견한다).
B	몇 가지의 부주의 또는 과잉행동-충동성이 12세(DSM-Ⅳ: 7세) 이전부터 나타난다.
C	몇 가지의 부주의 또는 과잉행동-충동성 증상이 두 가지 또는 그 이상의 환경에서 존재한다(예: 가정이나 직장, 친구들 또는 친척들과의 관계, 다른 활동에서).
D	증상이 사회적, 학업적, 직업적 기능의 질을 방해하거나 감소시킨다는 명확한 증거가 있다.
E	증상이 정신분열증(조현병), 또는 기타 정신병적 장애의 경과 중에만 발생되지는 않으며, 다른 정신질환(예: 기분장애, 불안장애, 해리장애 또는 성격장애, 물질 중독 또는 금단)에 의해 잘 설명되지 않는다.

출처: 권준수 외(2015). DSM-5 정신질환의 진단 및 통계 편람(제5판). 학지사.

주의력결핍 및 과잉행동장애의 치료는 약물치료, 정신사회적 치료가 효과적인 것으로 나타나고 있다(김이영 외, 2013). 뇌기능 장애 때문에 발생한 경우는 약물치료로, 그중에서도 흥분제를 가장 많이 처방하여 치료하며, 약물치료 이외에는 행동주의 기법, 인지행동 기법, 다중접근 치료방법 등을 사용한다(이영 외, 2015). 행동주의 기법에서 부정적인 행동은 감소시키고 긍정적인 행동은 강화시키는 훈련과 행동의 결과를 예상할 수 있는 행동체계를 수립하는 등 행동 조정을 할 수 있도록 행동 중재 방법을 시도하는 것이 효과적이다.

인지행동 기법은 자기모니터링(self-monitoring)과 단계적 문제해결과 같은 기술을 사용하고, 다중접근 치료방법(multimodal treatment)은 약물치료와 병행하여 행동 전략 유형과 교육적 수정과 같은 중재방법을 혼합하여 사용한다(이영 외, 2015, 재인용). 무엇보다도 주의력결핍 및 과잉행동장애 아동을 위해 부모는 일관성 있게 양육해야 하고 계속 말로만 지시하는 것이 아니라 바람직한 행동으로 모델링이 되어야 한다.

4 발달 이상에 영향을 미치는 요인과 지원 활동

1) 유전적 요인과 지원 활동

임신된 순간에 부모로부터 자녀에게 생물학적 형질[6]이 전수되는 것으로, 유전을 일으키는 단위를 유전자라 한다. 유전자는 DNA를 복제함으로써 다음 세대로 이어지는데, 정신장애의 유전적 소질에 대해서는 아직 뚜렷한 결론에 이르지 못하고 있다. 예들 들면, 이란성 쌍생아보다 일란성 쌍생아에서 정신질환 발병률이 더 높게 나타난다. 체격, 기질, 내분선의 기능 및 신체, 생리학적 모든 측면에서 어떤 정신장애와 관련이 있고, 그 원인과 결과에 대하여 어떤 작용을 하는지 밝혀진 바가 없다. 신체적 결함은 잘못된 발달이나 덜 발달되거나 어떤 사고나 혹은 질병의 결과, 또는 뇌에 조직적 손상이나 상당한 기간 동안 지속되는 정서적 장애가 발달 이상을 초래한다고 보고 있다.

지원 활동으로는 부모로부터 물려받은 유전자는 영유아의 신체 호르몬 분비를 조절하여 신체 크기와 성장 속도에 영향을 미친다. 특히 뇌하수체에서 분비되는 성장유도 호르몬인 성장 호르몬과 갑상선자극 호르몬은 유아의 신체발달에 매우 중요한 영향을 미치기 때문에(문혁준 외, 2014) 발달이 지연되는 경우 호르몬 검사를 받아 볼 필요가 있다.

2) 신체적 요인과 지원 활동

신체 만족감과 불만족감은 정신건강에 영향을 미치는데, 자신의 신체를 마음속으로 떠올려 보는 것은 자아개념을 이루는 중요한 요소 중 하나이다. 신체상은 주로 신체 만족도를 통해 측정 가능하다. 신체적 요인에 의한 정신건강 문제는 영양불균형으로 발생하는 섭식장애로 이식증이나 반추장애 등은 식사 행위에 현저한

6) 형질은 표현형으로 나타나는 각종 유전적 성질이다.

문제가 있는 신경 정신과적 질환으로 보고, 신체상의 심한 장애로 먹지 않아서 체중이 지나치게 감소하거나 반대로 체중 증가에 따른 두려움, 식욕 부진과 스스로 식사를 제한하거나 특이한 식사행동 등이 주 증상으로 나타난다.

지원 활동으로 영유아기는 영양 상태나 수면 습관이 신체발달에 지대한 영향을 미치므로 영유아는 새로운 음식을 섭취하거나 편식을 하는 경우 적은 양을 섭취하더라도 영양적으로 균형 잡힌 식단을 제공해야 하고, 소아 비만을 예방하기 위해서는 지방, 염분, 당분이 많은 음식은 되도록 피하는 것이 좋다.

3) 심리적 요인과 지원 활동

심리적 요인은 여러 가지 부정적이고 불안한 요인으로 인해 발생하는데 갈등, 사랑과 미움, 공포, 불안, 우울, 슬픔, 시기와 질투, 고독, 수치와 죄책감 등의 감정 반응을 수반하고 발달 이상에 영향을 미친다. 부정적 감정은 일상 적응에 문제를 일으키고 병적 행동과 정신장애의 원인이 될 수 있다. 예를 들어, 상실로 인한 장애는 사랑의 상실, 자존감의 상실, 의존의 상실, 죽음, 이별, 신체장애, 만성질병 등이 있으며, 심리적 상실은 절망, 미움, 열등감, 분노, 억압 등이 합해져 다양한 발달 이상을 초래할 수 있다.

지원 활동으로 영유아기는 양육자와의 긍정적인 관계를 통해 정서적 안정감을 제공하고, 스트레스로 인한 성장 호르몬 생성을 방해하지 않도록 가족관계와 경제적인 빈곤, 학대로부터 보호하기 위해 부모교육이 필요하다.

4) 성격적 요인과 지원 활동

성격이란 개인이 갖고 있는 선천적인 요인과 타인이나 환경과의 상호작용을 통해 한 개인이 형성하는 독특하고도 일관성 있게 나타나는 행동양식이다. 신경증적 성격의 특성은 불안, 우울, 죄의식, 낮은 자아존중감, 긴장, 침울, 수줍음 등이며, 정신병적 성격의 특성은 공격적, 냉정, 자기중심적, 비인격적, 충동적, 반사회적,

비공감 등의 성격 특성과 정신건강이 서로 관련이 있다는 것을 짐작할 수 있다. 성격을 형성하는 요인으로는 특성이론, 과정이론, 자애개념 등을 찾아볼 수 있다.

특성이론 중 암묵적 성격이론은 누구나 나름대로 독특하게 가지고 있는 성격을 판단기준으로 삼는다. 성격 특성은 사람마다 다르다는 독특성과 공통점이 존재한다. 유형론인 경우는 개개의 존재 혹은 현상 사이에 유형을 설정함으로써 본질을 이해하려 하고, 특질론인 경우에는 사회생활이나 대인관계를 영위할 때 사람에게 공통적으로 나타나는 공통 특질과 개별 특질을 찾아내어 성격을 분류하려는 이론이다. 알포트(Allport)는 어떠한 사람이라도 완전하게 닮은 두 사람은 없고, 동일한 심리학적 상황 또는 자극에 대해 똑같은 반응을 하는 사람도 없다고 하였다. 과정이론으로는 프로이트의 정신분석이론, 융의 분석심리이론, 아들러(Adler)의 개인심리이론, 설리반의 대인관계이론 등이 있다. 프로이트의 정신분석이론은 정신결정론과 무의식적 동기를 기본 개념으로 보고, 불안을 부적응 행동의 주된 원인이라고 하였고, 융의 분석심리이론에서는 의식, 개인 무의식, 집단 무의식을 정신으로 보았고, 아들러의 개인심리이론에서는 인간은 주로 사회적 자극에 의해서 동기가 유발된다고 가정하였다.

한편, 성격은 열등감에 대한 보상적 노력으로 우월에 대한 추구 강조, 부모와 영유아 간에 주고받는 사랑과 가족관계, 출생 순위가 성격발달에 영향을 준다고 보았다. 설리반의 대인관계이론에서는 인간 생활을 특징짓는 인간관계 상황의 비교적 지속적인 특성을 성격이라고 하였다. 마지막으로 자아개념은 자기 자신에 대해 지니고 있는 생각과 신념으로, 사람은 자신이 갖고 있는 자아개념에 따라 개인의 일상생활에 대한 태도가 달라지기 때문에 개인의 발달 이상에 영향을 준다고 볼 수 있다.

지원 활동으로 성격발달 단계에서 일어나는 리비도의 고착과 퇴행으로 인한 이상 성격을 지원하기 위해 양육과정에서 부모는 영유아가 스스로 할 수 있게 해야 하며, 의존적, 공격적, 적대적으로 지나친 통제를 하지 말아야 한다. 영유아의 발달특성을 잘 알고, 영유아의 발달 수준에 맞게 욕구를 충족시켜 주고, 승화시켜 주거나 적당히 조절할 수 있도록 양육하고 교육하는 부모의 역할을 통해 지원할 수 있다.

5) 가족적 요인과 지원 활동

가족은 자녀의 양육, 교육, 가족 구성원에게 정서적 안정과 지원(support)을 제공하는 인간의 발달에 가장 큰 영향을 주는 사회체계이며, 인간이 가장 처음 접하는 사회환경으로 인간발달에 지대한 영향을 끼친다. 가족을 바라보는 시각은 체계적 관점, 발달적 관점으로 나눈다. 가족 체계적 관점은 전체적인 관점에서 가족생활의 모든 부분을 이해하려는 접근으로 가족체계는 부모 하위체계와 형제 하위체계로 구분하며, 가족 발달적 관점은 삶의 다양한 단계를 통하여 일반적인 발달을 이해하고 가족체계 안에서 구성원들은 각각 개별적으로 성장하고 서로 영향을 주고받는다.

지원 활동으로 가족의 유대감 형성에 최적화될 수 있는 즐거운 놀이나 가족구성원과 함께 이야기를 나누고, 가족생활주기에 맞는 의사소통과 가족상담 등을 통해 영유아의 발달 이상을 지원할 수 있다.

연구문제

1 영아기 발달이 왜 중요한지에 대해 생각해 보고, 영아기의 발달 이상에 미치는 요인은 어떤 것이 있는지 토론해 보자.

2 유아기의 반항적, 부정적인 행동의 요인에 대해 설명하고, 자기 경험적인 차원에서 기억나는 것을 토론해 보자.

3 반응성 애착장애의 원인과 증상을 설명하고, 진단 기준과 치료에 대해 함께 논의해 보자.

4 주의력결핍 및 과잉행동장애에 대한 원인과 증상에 대해 설명하고, 진단 기준과 치료에 대해 함께 논의해 보자.

참고문헌

강경석·박연희(2008). 부모의 양성평등의식이 유아의 성역할 고정관념에 미치는 영향. 아동교육, 17(1), 41-54

강란혜(2008). 아동발달. 서울: 창지사.

강문희·정정옥·김승경 (2006). 영유아발달의 이해. 서울: 도서출판 신정.

강인숙·정인숙·장태곤·유영금(2008). 아동발달의 이해. 서울: 태영출판사.

강준만(1998). 대중 매체와 사회. 세계사.

강희경·권봉숙·김정순·김영혜·김혜영·백경선·안민순·오윤정·원대영·이영은·이은주·이지원·이화자·임현빈·전화연·정향미(2002). 아동건강간호학. 서울: 정담.

고경애(1984). 모자녀 애착관계가 유아의 행동발달에 미치는 영향-사회적 인지적 능력을 중심으로, 이화여대 대학원 석사학위논문.

곽노의·김경철·김창복(2004). 유아교육개론. 서울: 학지사.

곽은복(2000). 유아안전교육 프로그램 구성 및 효과에 관한 연구. 중앙대학교 대학원 박사학위 청구논문.

국제질병분류(1992). CD-10

권민균·권희경·문혁준·성미영·신유림·안선희·안효진·이경옥·천희영·한유미·한유진·황혜신(2007). 아동발달. 서울: 창지사.

권오식·황상민(1985). 아동의 기억발달. 서울: 중앙적성출판사.

권준수·김재진·남궁기·박원명·신민섭·유범희·윤진상·이상익·이승환·이영식·이헌정·임효덕·강도형·최수희 역(2015). DSM-V 정신질환의 진단 및 통계 편람(제5판). 저자: 미국정신의학협회(American Psychiatric Association: APA). 서울: 학지사.

김경희(2003) 정서심리학. 서울: 박영사.

김광웅(1987). 유아생활지도. 서울: 교육과학사

김기현·김미애·김선숙·전은화·황윤숙(2014). 유아발달. 경기: 공동체.

김나영·이경열·정욱호·홍계옥(2005). 영유아발달. 경기: 양서원.

김남정(2014). 기관경험에 따른 만 5세 유아의 스트레스 연구. 덕성여자대학교 교육대학원석사학위 청구논문.

김명희, 2003. TV 만화영화에 나타난 성역할 연수. 원광대학교 행정대학원 석사학위논문.

김미영(2013). 영아발달. 파주: 정민사.

김민정·박은주·김갑순(2007). 연령에 따른 유아의 전자미디어 이용 관련 현황과 어머니의 인식의 차이. 유아교육학논집, 11(4), 247-268.

김봉아(2014). 음악 감상을 통한 신체활동이 유아의 일상적 스트레스 해소 및 정서지능 향상에 미치는 효과. 숭실대학교 교육대학원 석사학위 청구논문.

김상림·김송이·양성은·이윤선·한준아·김지현(2014). 유아발달. 경기: 양서원.

김선희·김숙희(1983). 태아기와 수유기의 식이제한과환경이 성장 후 신경전달물질의 함량 및 행동에 미치는 영향. 한국영양학회지, 16(4). 243-252.

김성수·이배훈·박나리·윤지성(2015). 임신, 출산, 육아 백과. 서울: RHK.

김성우·김영기·송동호·송종근·윤지현·정희정(2005). 발달지연 환아의 진단적 접근과 원인 분석. 대한소아신경학회지, 13(2), 232-242.

김순화(2011). 영유아 질병에 대한 어머니와 보육교사의 지식 정도 및 질병관리 실태. 울산대학교 정책대학원 석사학위논문.

김신옥·민혜영(2005). 영유아발달. 서울: 창지사.

김아영·조영미(2001). 학업성취도에 대한 지능과 동기변인들의 상대적 예측력. 교육심리연구, 15(4). 121-138.

김연진·이경화·송주미·장미경(2008). 유아·아동발달. 서울: 동문사.

김영옥·백혜리·최미숙·황윤세(2009). 아동발달론. 경기: 공동체.

김완신(2003). 양성평등 교육 프로그램의 유아의 성역할 발달에 미치는 효과. 단국대학교 교육대학원 석사학위논문.

김이영·오성숙·이시진·이우언·이은미·채혜선(2016). 유아발달. 경기: 양서원.

김이영·이우언·배기효·김병찬·정선화·정왕용(2013). 정신건강론. 경기: 양서원.

김종순(1989). 영아의 애착, 자아인식 및 사물 영속성 보존능력과 가정 환경의 상호관련성에 관한 연구. 중앙대학교 대학원 박사학위논문.

김청송(2002). 정신장애 사례연구. 경기: 학지사.

김청송(2016). 사례중심의 이상심리학: DSM-5(개정). 서울: 싸이북스

김현호·오선영·윤경옥·이선원·최용득·현영렬(2014). 영아발달. 경기: 정민사.

김혜숙(1993). 모유의 신비. 서울: 에드텍.

김혜진·노명숙(2014). 유아발달. 경기: 양서원.

김희태·백영숙(2009). 유아교사의 창의성과 교수 효능감. 유아교육학논집, 13(3), 51-67.

노명희(1995). 아동의 어머니에 대한 애착과 사회적 능력. 전남대학교 대학원 박사학위논문.

도미향·남연희·박건실·정미현·정은미(2015). 인간행동과 사회환경. 서울: 도서출판 신정.

도미향·남연희·이무영·변미희(2011). 아동복지론. 경기: 공동체.

류미향(2014). 영아의 스마트폰 사용실태 및 어머니 인식: 어머니의 양육효능감, 양육스트레스와의

관련성 탐구. 한국영유아보육학, 86, 307-329.
문혁준·김경은·서소정·성미영·안선희·임정하·하지영·황혜정(2014). 유아발달. 서울: 창지사.
박성덕(2014). 전자미디어를 활용한 유아교육활동의 효과에 대한 메타분석. 박사학위 청구논문.
박영아·박희숙·강민희(2015). 유아발달. 경기: 공동체.
박찬옥·조형숙·김선월(2007). 유아를 위한 전자미디어교육. 서울: 교육인적자원부.
박혜진(2005). 철분과 저작성을 보강한 보충식 섭취가 영유아의 영양 상태와 행동발달에 미치는 영향. 이화여자대학교 대학원 박사학위청구논문.
백윤아(2000). 입원 노인 환자의 수면장애요인들과 그 상대적 중요도에 관한 연구. 서울대학교대학원 석사학위논문.
변용만·조순점·김경화·신지현(2007). 아동발달. 경기: 양서원.
보건복지부(2013). 어린이집 보육교직원 안전교육.
서강훈(2013). 사회복지 용어사전. 서울: 이담book.
서영숙·서혜전·김영명·채혜선·김진숙(2013). 보육학개론. 경기: 양서원.
서울대학교 교육연구소(1995). 교육학용어사전. 서울: 하우동설.
서유헌(2001). 천재아이를 키우려면 따뜻한 부모가 되라. 서울: 문학과 의식.
서은희(1995) 국민학교 아동의 성역할 태도와 심리적 안정성 및 사회성과의 관계. 석사학위논문, 연세대학교 교육대학원.
서은희(1995). 국민학생의 성역할 태도와 심리적 안정성 및 사회성과의 관계. 연세대학교 교육대학원 석사학위논문.
설진화(2008). 정신건강론. 경기: 학현사.
성영혜·윤혜경·민하영(2001). 유아사회교육. 서울: 창지사.
성현란·이현진·김혜리·박영신·박선미·유연옥·손영숙(2001). 인지발달. 서울: 학지사.
손숙미·이경혜·김경원·이연경(2007). 영양교육 및 상담의 실제. 서울: 라이프사이언스.
손혜숙·박지희(2014). 영아발달. 파주: 정민사.
손홍숙(2014). 영아발달론. 경기: 공동체.
송영혜·정은희(1998). 형제놀이를 이용한 ADHD아동들의 놀이치료 사례. 놀이치료연구, 2(1), 99-120.
신명희·강소연·김은경·김정민·노원경·서은희·송수지·원영실·임호용(2016). 유아발달. 경기: 학지사.
신현숙(2006). 어머니의 정서표현 수용태도 및 아동의 정서조절 능력과 사회적 유능성과의 관계. 연세대학교 교육대학원 석사학위논문.
심미옥(1998). 초등학교에서의 학생 역할과 성역할 비교, 교육연구, 제15집. 춘천교육대학교 초등교육연구소.

심용옥(2005). 영유아보육기관의 안전교육 실태 방법 및 교사 인식에 관한 연구. 계명대학교 교육대학원 석사학위논문.

안선영(1989). 유아의 성역할 개념 발달에 관한 기초연구. 이화여자대학교 교육대학원 석사학위청구논문.

안치선(2004). 부모에 대한 애착과 아동의 교우관계의 질과의 관계. 서울교육대학교 대학원 석사학위논문.

양돈규(2013). 심리학사전. 서울: 박학사.

양진희·최기영(1996). 아동의 또래간의 인기도와 대인문제해결사고와의 관계. 아동학회지, 17(1), 259-273.

엄옥주(2005). 유아교육기관의 건강관리 및 건강교육 실태에 관한 연구. 경기대학교 교육대학원 석사학위논문.

오정수·류진석(2008). 아동복지론. 서울: 학지사

유미경(2007). 재가 노인의 수면에 관한 연구. 대한여성건강학회, 8(1), 23-58.

유수옥·조유나(2012). 유아 수면의 질이 정서조절 및 공격성에 미치는 영향. 열린부모교육연구, 6(1), 21-40.

유안진(1982). 인간발달. 서울: 서울대학교출판사.

유제민·김정휘(2003). 아동과 청소년의 발달정신병리학. 서울: 시그마프레스.

유효순(2007). 유아의 애착과 자유회상 및 암시성. 한국심리학회지: 발달, 20(2), 95-109.

유효순·원혜경·김정희·문명희(2014). 유아발달. 서울: 창지사.

유효순·원혜경·김정희(2015). 영아발달. 서울: 창지사.

윤경희·이성진(2001). 지능의 변화에 대한 종단적 연구. 교육심리연구, 15(2), 119-138.

윤매자·백은영·신혜경·이찬숙·이희정·주현경(2012). 보육학개론. 경기: 양서원.

윤매자·신혜경·주정현(2014). 아동복지론. 경기: 양서원.

윤정희(2002). 어머니의 양육행동과 아동의 애착 및 사회적 적응과의 관계. 숙명여자대학교 석사학위논문.

이경진(2008). 스트레스, 반추, 수면에 대한 역기능적 사고 및 경계가 수면의 질에 미치는 영향. 가톨릭대학교 대학원 석사학위논문.

이경화·유경훈(2014). 창의성. 서울: 동문사.

이광희(2008). 대학생의 애착, 정서지능, 진로결정 자기효능감과 진로결정 간의 구조적 관계. 단국대학교 대학원 박사학위논문.

이기숙(2008). 유아교육과정. 경기: 교문사.

이기숙·장영희·이윤경·정미라·심성경·손순복·김영아(2015). 영아발달. 서울: 학지사.

이무영·변미희(2012). 아동복지론. 경기: 공동체.
이미정(2006). 유아 성별에 형제자매, 유무, 성 지위 유형에 따른 성역할 선호도 분석. 경상대학교 교육대학원 석사학위논문.
이봉선·이숙재(2008). 영유아의 발달과 교육. 서울: 창지사.
이사라·이주연·박민선·송승민·박선영(2013). 영아발달. 서울: 파워북.
이상금(1993). 총체적 언어를 위한 전제. 이화여대 사범대학 인간발달연구소.
이선영(2006). 교사의 상호작용 행동과 영아의 사회 . 정서적 행동 간의 관계. 성신여자대학교 대학원 석사학위청구논문.
이숙재·이봉선(1999). 영유아의 발달과 교육. 서울: 창지사.
이연섭·권경안·김성일(1979). 한국아동의 구문발달(1). 서울: 한국교육개발원.
이영·김온기·조성연·이혜경·이선원·이정림·나유미·김상림·나종혜(2015). 유아발달. 서울: 학지사.
이영·이미란·홍희영·한성희·민성혜·박신진·유영미·신혜원·민현숙·정지나·문영경(2015). 영아발달. 서울: 학지사.
이영자(2004). 유아언어발달과 지도. 경기: 양서원.
이정현(2004). 충동적 인지양식에 따른 발달장애아의 한국판 시지각 발달검사 반응 특징. 대구 대학교 교육대학원 석사학위논문.
이희정·위영희·이유진·윤갑정·홍희영(2014). 유아발달. 경기: 양서원.
인터넷중독대응센터(2015). 인터넷 및 스마트미디어 사용을 위한 전통놀이 매뉴얼.
임선영(2013). 가정에서 유아 스마트폰사용실태와 어머니의 허용과 인식. 중앙대학교 교육대학원 석사학위논문.
임지영·도금혜·류혜원·문영경·배기조·송혜영·이수원(2015). 유아발달. 경기: 공동체.
임효선(2013). 유아교육기관 내 남자 유아교사 유무에 따른 유아의 성역할 발달 차이 연구. 인하대학교 교육대학원, 석사학위논문.
장진아(2015). 발달장애아동 아버지의 긍정적 의미부여와 사회적 지지가 양육참여에 미치는 영향. 청주대학교 대학원 석사학위논문.
장현숙(2007). 취업모의 직업만족도, 배우자 지지 및 모와 자의 애착특성이 모역할 만족도에 미치는 영향. 이화여자대학교 교육대학원 석사학위논문.
장휘숙(2009). 청년심리학. 서울: 박영사
정계숙·문혁준·김명애·김혜금·심희옥·안효진·양성은·이정희·이희선·정태회·제경숙·한세영(2007). 부모교육. 서울: 창지사.
정계영(2008). 유치원 학급 규모의 적정성에 관한 연구. 이화여자대학교 대학원 박사학위 청구논문.
정미라·배소연·이영미(2002). 유아건강교육. 경기: 양서원.

정미라·배소연·이영미(2007). 영유아를 위한 건강 및 영양교육. 경기: 양서원.

정영숙·김영희·박범혁(2001). 아동발달과 부모교육. 서울: 시그마프레스.

정옥분(2004). 영유아발달의 이해. 서울: 학지사.

정옥분(2005). 아동발달의 이해. 서울: 학지사.

정옥분(2012). 아동발달의 이해. 서울: 학지사

정옥분(2014). 영아발달. 서울: 학지사

정옥분(2015). 유아발달. 서울: 학지사.

정옥분·김미진·노성향·박연정·정순화·임정화(2010). 유아의 정서지능 증진을 위한 프로그램의 개발과 효과 연구. 인간발달연구, 17(4), 191-209.

정옥분·정순화(2010). 부모교육. 서울: 학지사.

정유경(2001). 반응성 애착장애와 자폐장애의 가족 맥락적 특성에 관한 비교연구. 성균관대학교 대학원 석사학위논문.

정은숙(1984). 아동의 기질과 인기도 및 양육태도간의 관계. 연세대학교 석사학위청구논문.

조성연·이정희·기온기·제경숙·황혜정·나유미·박진재·송혜린·임연진·나종혜·권연희(2005). 영유아보육의 이해. 서울: 학지사.

조성연·이정희·천희영·심미경·황혜정·나종혜(2005). 아동발달의 이해. 서울: 도서출판 신정.

조형숙·한종화·박은주·이수민(2016). 영아발달. 서울: 학지사.

질병관리본부(2007). 소아발육표준치.

천은영·안라리·이연희(2008). 영유아발달. 서울: 동문사.

최순옥·윤난호·장수영·이주연·김은숙(2012). 아동복지의 이해. 서울: 태영출판사.

최영주(2001). 유치원내 남자 체육교사가 유아의 성역할 발달에 미치는 영향. 동국대학교 교육대학원 석사학위논몬.

포천신문(2010. 9. 6.). 영아 콜릭의 증상과 원인. 경기도립의료원 포천병원.

한국교육심리학회(2000). 교육심리학용어사전. 서울: 학지사.

한국유아교육학회 편(1996). 유아교육사전. 한국사전연구사.

한국심리학회(2014). 심리학용어사전.

한상철·조아미·박성희(1997). 청소년 심리학. 경기: 양서원.

한정선(2000). 미디어 교육의 새로운 해석과 접근: 멀티리터러시(Multiliteracy). 교육공학연구, 16(2), 165-191.

한지현(2005). 영아의 기질 및 어머니에 대한 애착과 상황에 따른 모-영아의 상호작용 연구. 전북대학교 대학원 박사학위 청구논문.

홍길회·한경님·박애경(2015). 영아발달. 서울: 창지사.

홍성옥(1996). 아동의 성역할 유형에 따른 학생생활 적응의 차이 연구. 한국교원대학교 대학원 석사학위논문.

홍순옥(2014). 유아 안전교육에 대한 교사의 인식연구. 관동대학교 교육대학원 석사학위논문.

홍순정(1999). 지능과 창의성. 서울: 양서원.

홍연애(1993). 전형적·비전형적 성역할 VTR 프로그램이 유아의 성역할 고정관념에 미치는 효과. 고려대학교 대학원 박사학위논문.

Ackerman, P. L. & Rolfhus, E. L. (1999). The locus of adult intelligence: knowledge, abilities, and nonability traits. *Psychology and Aging*, *14*(2), 314-330.

Adams, P. J. & Courgae, M. L. (1995). Development of chromatic discrimination in early infancy. *Brain research*, *67*(1), 99-101.

Ainsworth, M. D. S. (1983). Mary D. Salter Ainsworth. In A. N. O'Connell & N. F. Russo (Eds.), *Models of achievement: Reflections of eminent women in psychology* (pp. 200-219). New York: Columbia University Press.

Ainsworth, M. D. S. (1983). Patterns of infant-mother attachment as related to maternal care: Their early history and their contribution to continuity. In D. Magnusson & V. L. Allen (Eds.), *Human Development* (pp. 26-45). New York: Academic Press.

Ainsworth, M. D. S., Blehar, M. C., Water, F., & Wall, S. (1978). Patterns of attachment: A psychology study of the strange situation. Hillsdale, NJ: Erlbaum.

Amabile, T. (1983). The social psychology of creativity. New York: Springer-Verlag.

Amabile, T. (1987). The motivation to be creative. In S. Isaksen (Eds.), *Frontiers of Creativity Research: Beyond the basics*, 223-254. Buffalo, New York: Bearly Limited.

American Psychiatric Association (1994). *Diagnostic and Statistical Manual of Mental Disorders: Fourth Edition*. Washington DC.

Aslin, R. N., Jusczyk, P. W., & Pisoni, D. B. (1998). Auditory development and speed perception in infancy. In M. M. Haith & J. J. Campos(Eds.), *Handbook of child psychology(vol. 2)*. Infancy and developmental psychobiology. New York: Wiley.

Baddock, S. A., Galland, B. C., Taylor, B. J., & Bolton, D. P. (2007). Sleeping arrangements and behavior of bed-sharing families in the home setting. *Pediatrics*, *194*, e200-e207.

Baltes, P. B., Staudinger, U. M., & Lindenberger, U. (1999). Lifespan psychology: Theory and application to intellectual functioning. *Annual Review of Psychology*, *50*, 471-507.

Bandura, A. (1997). *Social Learning Theory*. Englewood Cliffs, NJ: Prentice-Hill.

Bandura, A. 1977. *Social learning theory*. Englewood Cliffs, NJ: Prentice-Hall.

Barkley, R. A. (1991). The ecological validity of laboratory and analogue assessment methods of ADHD symptoms. *Journal of Abnormal Child Psychology*, *19*(2), 149-178.

Barkley, R. A. (1998). *Attention-deficit Hyperactivity disorder: A handbook for diagnosis and treatment (2nd ed.)*. New York: The Guilford Press.

Baumrind, D. (1991). Effective parenting during the early adolescent transition. In P. A. Cowan & E. M. Hetherington(eds.), *Advances in Family Research(Vol. 2)*. Hillsdale, NJ: Erlbaum.

Bayley, N. (1969). *Manual for the bayley scales of infant development*. San Antonio. TX: The Pschological Coporation.

Becker, K. C. (2005). *How are games educational? Learning theories embodied in games*. Proceedings of DiGRA 2005 changing views: Worlds in play International Conference. Vancouver, Canada.

Bem, S. L. (1975). Sex role adaptability: One consequence of psychological androgyny. *Journal of Personality and Social Psychology*, *31*, 634-643.

Bem, S. L. (1981). Gender schema theory: A cognitive account of sex typing. *Psychological Review*, *88*, 354-369.

Berk, L. E. & Winsler, A. (1995). *Scaffolding children's learning: Vygotsky and early childhood education*. Washington, DC: NAEYC.

Berk, L. E. (1997). *Child development*. Needham Heights, MA: Allyn & Bacon.

Berk, L. E. (2000). *Child Development (5th ed.)*. Boston, MA: Allyn & Bacon.

Berk, L. E. (2001). *Infants and Children: Prenatal through Middle Childhood*. Boston, MA: Allyn & Bacon.

Berk, L. E. (2003). *Child Development*. Boston, MA: Allyn & Bacon.

Berk, L. E. (2007). *Child Development*. Boston, MA: Allyn & Bacon.

Bloom, B. S. (1964). *Stability and change in human characteristic*. New York: Wiley.

Bowlby, J. (1969). *Attachment and loss (Vol. 1. Attachment)*. New York: Basic Books.

Bowlby, J. (1980). *Attachment and loss(Vol. 3. Loss: Sadness and depression)*. New York: Basic Books.

Bretherton, I. (1992). The origins of attachment theory: John Bowlby and Mary Ainsworth. *Developmental Psychology*, *28*, 759-775.

Brown, A. L. & Campione, J. C. (1972). Recognition Memory for Perceptually Similar Pictures in Preschool Children. *Hournal of Experimental Psychology*, *95*(1), 55-62.

Brown, R. & Dunn, J. (1996). Continuities in Emotion Understanding from Three to Six Years.

Child Development, 67(3), 789-802.

Brown, S. E. (1990). *Activities for teaching using the language approach.* Charles C. Thomas Publisher.

Buss, A. & Plomin, R. (1984). *Temperament: Early developing personality traits.* Hillsdale, NJ: Erlbaum.

Buss, A. & Plomin, R. (1986). The EAS approach to temperament. In R. plomin, & J. Dunn (Eds.), *The study of temperament: Changes, continuities and challenges* (pp. 67-79). Hillsdale, NJ: Lawrence Erlbaum Associates, Inc.

Carter, A. S., Briggs-Gowan, M. J., Jones S. M., & Little, T. D. (2003). The Infant-Toddler Social and Emotional Assessment (ITSEA): Factor structure, reliability, and validity. *Journal of Abnormal Child Psychology, 31*, 495-514.

Cassidy, J. (1994). Emotion Regulation: Influences of Attachment Relationships. *Monographs of the Society for Research in Child Development, 59*(2/3), 228-249.

Chomsky, N. (1957). *Syntactic Structtures.* The Hague: Mouton.

Clay, M. (1972). *The early dictation of reading difficulties.* London: Heinemann.

Clifton, R., Perris, E., & Bullinger, A. (1991). Infants' perception of auditory space. *Developmental Psychology, 27*, 187-197.

Cole, P. M. (1986). Children's spontaneous control of facial expression. *Child Development, 57*, 1309-1321.

Craft, A. (2000). *Creativity across the Primary Curriculum: Framing and Developing Practice.* London: Routledge.

EBS (2009). 아기성장보고서. 서울: 예담.

Eisenberg, N. & Spinrad, T. (2004). Emotion-regulated regulation: Sharpening the definition. *Child Development, 75*(2), 334-339.

Fabes, R. A., Eisenberg, N., Karbon, M., Troyer, D., & Switzer, G. (1994). The Relations of Children's Emotion Regulation to Their Vicarious Emotional Responses and Comforting Behaviors. *Child Development, 65*(6), 1678-1693.

Fagot, B. I. (1977). Consequencesofmoderatecross-genderbehaviorin preschool children. *Child Development, 48*, 902-907.

Feldman, R. S. (2007). Child Development. Upper Saddle River, NJ: Pearson & Prentice Hall.

Flavell, J. H. (1971). Stage-related properties of cognitive development. *Cognitive Psychology, 2*, 421-453.

Franklin, A., Pilling, M., & Davies, I. (2005). The nature of infant color categorization: Evidence from eye movements on a target detection task. *Journal Of Experimental Child Psychology,*

91(3), 227-248.

Freeman, D. G. (1994). *Human infancy: An evolutionary perspective*. New York: John Wiley.

Frosch, C. A., Cox, M. J., & Goldman, B. D. (2001). Infant-parent attachment and parental and child behavior during parent-toddler storybook interaction. *Merrill-Palmer Quarterly*, *47*(4), 445-474.

Gallague, D. L. & Ozmun, J. C. (2006). *Understanding motor development: infants, children, adolescents, adults(6th ed.)*. McGraw-Hill International edition.

Gallimore, R. & Tharp, R. G. (1990). Teaching mind and society: A theory of education and schooling. In L. Moll(Eds.), *Vygotsky and education: Instructional implications and applications of sociohistorical psychology* (175-205). Cambridge: Cambridge University Press. New York: Routledge.

Gardner, H. (1993). *Multiple Intelligence: The theory in Practice*. New York: Basic Books.

Gardner, H. (2000). Fostering creativity in the knowledge-based society. 교원교육85주년 국제학술 심포지엄. 이화여자대학교 사범대학.

Gervai, J. (2009). Environmental and genetic influences on early attachment. *Child and Adolescent Psychiatry and Mental Healt*h, 3(1), 1753-2000.

Gesell, A. (1954). The ontogenesis of infant behavior. In L. Carmichael(Eds.), *Manual of child psychology*. New York: Wiley.

Gibson, E. J. & Walker, R. D. (1960). The "visual cliff". *Scientific American*, *202*, 64-71.

Gibson, E. J. (1969). *Principles of peceptual learning and development*. East Norwork, CT: Applton Century-Crofts.

Gibson, E. J. (1992). How to think about perceptual learning: Twenty-five years later, In H. L. Pick, P. Vanden Brock, & D. C. Knoll(Eds.), *Cognitive psychology: Conceptual and methodological issues*. Washington, DC: American Psychological Association.

Gordon, B. N. (1983). Maternal perception of child temperament and observed mother-child interaction. *Child Psychiatry and Human Development*(March, 1983), *13*(3), 153-167.

Green, M. (1989). *Theories of human development: A comparative approach*. Englewood Cliffs, NJ: Prentice-Hall.

Harlow, H. F. & Zimmerman, R. (1958). The development of affectional responses in infant monkeys. *Proceedings of the American Philosophical Society*, *102*(5), 501-509.

Hurlock, E. B. (1981). *Child Development*. NJ: McGraw-Hill.

Johnson, J. E., Christei, J. F., & Yawkey, T. D. (1999). *Play and early childhood development*. New

York: Longman.

Johson, M. A. (1998). The neural basis of cognitive development. In D. Kuhn & R. S. Siegler (Eds.), *Handbook of child psychology: Vol. 2. Cognition, perception, and language(5th ed.)*, 1-49. New York: Wiley.

Kagan J. (1982). Psychological Research on the Human Infant: An Evaluative Summary. New York: Wiley.

Kagan, J., Arcus, D., Snidman, N., Feng, W., Hendler, J., & Greene, S. (1994). Reactivity in infants: A cross-national comparison. *Developmental Psychology*, *30*, 342-345.

Kail, R. V. (2008). 아동발달 (권민균·김정민·최형성 역). 서울: 시그마프레스. (2007년 원저 발간).

Kellman, P. J. & Banks, M. S. (1998). Infant visual perception. In W. Damon(Eds.), *Handbook of child psychology(vol. 2)*. New York: Willey.

Kohlberg, L. A. (1966). Cognitive developmental analysis of children's sex-role concepts and attitudes. In E. E. Maccoby (Eds.), *The development of sex differences*. Stanford, California: Stanford University Press.

Kojima, N. (1986). Japanese Concepts of Child Development from the Mid-17th to Mid-19th Century. *International Journal of Behavioral*, *Development 9*, 315-329.

Kopp, C. B. (1989). Regulation of distress and negative emotions: A development view. *Developmental Psychology*, *25*, 343-354.

Kopp, C. B. (1989). Regulation of distress and negative emotions: A developmental view. *Developmental Psychology*, *25*, 343-354.

Kuhn, D., Nash, S. C. & Brucken, L. (1978). Sex role concepts of two and three-year-olds. *Child Development*, *49*, 445-451.

Laberge, L., Tremblay, R. E., Vitarao, F., & Montplaiser, J. (2000). Development of parasomnias from childhood to early adolescence. *Pediatrics*, *106*(1), 67-74.

Lamb, M. E. & Roopnarine, J. L. (1979). Peer influences on sex role development in preschoors: Characterristics, effecets, and correlaters. *Child Development*, *51*, 1230-1236.

Lavatelli, C. S. (1970). *Piaget's theory Applied to An Early childhood curriculum*. Boston: A center for Media Development In C.

Lenneberg, E. H. (1967). *Biological foundations and language*. New York: Wiley.

Lerner, J. V. & Galambos, N. L. (1985). Maternal role satisfaction, mother-child interaction and child temperament: A process model. *Developmental Psychology*, *21*, 1157-1164.

Lewis, M. & Brooks, J. (1978). Self-knowledge in emotional development. In M. Lewis &

Rosenblum(Eds.), *The development of affect*(pp. 205-226). New York: Wiley.

Lewis, M., Ramsay, D., & Kawakami, K. (1993). Differences between Japanese Infants and Caucasian American Infants in Behavioral and Cortisol Response to Inoculation. *Child Development*, *64*(6), 1722-1731.

Lodish, H., Berk, A., Zipursky, L. S., Matsudaira, P., Baltimore, D., & Darnell, J. (2000). *Molecular Cell Biology*. New York: W. H. Freeman.

Main, M. & Hesse, E. (1990). Parents' unresolved traumatic experiences are related to infant disorganized attachment status: Is frightened and/or frightening parental behavior the linking mechanism?. In M. T. Greenberg, D. Cicchetti, & E. M. Cummings (Eds.), *Attachment in the preschool years: Theory, research and intervention* (pp. 161-182). Chicago: University of Chicago Press.

Main, M. (1991). Metacognitive knowledge, metacognitive monitoring, and singular (coherent) vs. multiple (incoherent) models of attachment: Some findings and some directions for future research. In P. Marris, J. Stevenson-Hinde, & C. Parkes (Eds.), *Attachment Across the Life Cycle* (pp. 127-159). New York: Routledge.

Main, M., Kaplan, N., & Cassidy, J. (1985). Security in infancy, childhood, and adulthood: A move to the level of representation. *Monographs of the Society for Research in Child Development*, *50* (1-2, Serial No. 209), 66-104.

Mandel, D. R., Jusczyk, P. W., & Pisoni, D. B. (1995). Infants' Recognition of the Sound Patterns of Their Own Names. *Psychological Science*, *6*(5), 314-317.

Masters, J. C. & Carlson, C. R. (1984). Children's and adults' understanding of emotion. In C. Izard, R. Zajonc, & J. Kagan (Eds.), *Emotion, Cognition and Behavior*. New York: Cambridge University Press.

Maurer, D. & Salapatek, P. (1976). Developmental changes in the faces by young infants. *Child Development*, *47*, 523-527.

McDonald-Miszczak, L. A., Hertzog, C., & Hultsch, D. F. (1995). Stability and accuracy of metamemory in adulthood and aging: a longitudinal analysis. *Psychology and Aging*, *10*(4), 553-617.

Mckenzie, B. E., Tootell, H. E., & Day, R. H. (1980). Development of visual six constancy during the 1st tear of human infancy. *Developmental Psychology*, *16*, 163-174.

Meador, K. S. (1992). Emerging rainbow: a review of the literature on creativity. *Journal for the Education of the gifted*, *15*(2), 163-81.

Mellou, E. (1996). Can creativity be nutured in young children?. *Early Child Development and Care, 119*, 119-30.

Meltzoff, A. & Borton, R. W. (1979). Intermodal matching by human neonates. Nature, 282, 403-404.

Mischel, W. (1966). A social-learning view of sex differences in behavior. In E. E. Maccoby (Eds.), *The development of sex differences* (pp. 56-81). Stanford: Stanford University Press.

Mischel, W. (1973). Toward a cognitive social learning reconceptualization of personality. *Psychological review, 80*(4), 252-335.

Mischel, W. (1970). Sex typing and socialization. In P. H. Mussen (Eds.), *Carmichael's manual of child psychology(vol. 2)*. New York: Wiley.

Mullola, S., Ravaja, N., Lipsanen, J., Alatupa, S., Hintsanen, M., Jokela, M., & Keltikangas-Jarvinen, L. (2012). Gender differences in teachers' perceptions of students temperament, educational competence, and teachability. *British Journal of Educational Psychology, 82*(2), 185-206.

Mundy, P., Block, J., Delgado, C., Van Hecke, A. V., Pomares, Y., & Parlade, M. V. (2007). Individual differences and the development of joint attention in infancy. *Child Development, 78*(3), 938-954.

O'Conner, D. (2012). Creativity in childhood: The role of education. 8th Global Conference: Creative Engagements Thinking with Children.

Omer, H. & Everly, G. S. (1988). Psychological factors in preterm labor: Critical review and theoretical synthesis. *American Journal of Psychiatry, 145*, 1507-1513.

Osbon, A. F. (1963). *Applied Imagination: Principles and Procedures of Creative Problem Solving(3th ed.)*. New York: Scribner.

Papalia, D. E., Olds, S. W., & Feidman, R. D. (2009). *Human Development(11th ed.)*. New York: McGraw-Hill.

Park, K.A. & Waters, E. (1989). Security of attachment and preschool friendships. *Child Development, 60*(5), 1076-1081.

Pauli-Pott. U., Mertesacker, B., Bade, U., Haverkock, A., & Beckmann, D. (2002). Parental perceptions and infant temperament development. *Infant Behavior and Development, 26*(1), 27-48.

Philips-Silver, J. & Trainor, L. J. (2005). Feeling the beat: Movement influences infant rhythm perception. *Science, 308*(5727), 1430-1430.

Phillips, D. A. & Lowenstein, A. E. (2011). Early care, education, and child development. *Annual Review of Psychology*, *62*(1), 483-500.

Piaget, J. & Inhelder, B. (1969). *The Psychology of the child*. New York: Basic Books.

Piaget, J. (1954). *The construction of reality in the child*. New York: Basic Books.

Rolfhus, E. L. & Ackerman, P. L. (1999). Assessing individual in knowledge structures and traits. *Hournal of Educational Psychology*, *91*, 511-526.

Rostenstein, D. & Oster, H. (1997). Differental facial reponses to four basic tastes in newborns. *Child development*, *59*, 1555-1568.

Rothbart, M. K. & Bates, J. E. (1998). Temperament. In N. Eisenberg (Eds.), *Handbook of child psychology: Vol. 3. Social, emotional, and personality development(5th ed.)* (pp. 105-176). New York: Wiley.

Rothbart, M. K., Ahadi, S. A., & Evans, D. E. (2000). Temperament and personality: Origins and outcomes. *Journal of Personality and Social Psychology*, *78*(1), 122-157.

Rothbaum, F., Weisz, J., Pott, M., Miyake, K., & Morelli, G. (2000). Attachment and culture. Security in the United States and Japan. *Am Psychol*, *55*(10), 1093-1197.

Ruff, H. & Rothbart, M. K. (1996). *Attention in early development*. New York: Oxford University Press.

Runco, M. A. (1990). The divergent thinking of young children: Implications of the research. *Gifted Child Today*, *13*(4), 37-39.

Runco, M. A. (Eds.) (1996). *Creativity from Childhood through Adulthood: The Developmental Issue (New Direction for Child Development No. 72)*. San Francisco, CA: Jossey-Bass.

Rutter, M. (1996). Romanian orphans adopted early: Overcoming deprivation. Paper presented to the International Conference on Infant Studies, Providence, RI.

Sameroff, A. J. & Chandler, M. J. (1975). Reproductive risk and the continuum of caretaker casualty. In F. D. Horowitz (Eds.), *Review of child development research(Vol. 4)*. Chicago: University of Chicago Press.

Santrock, J. W. (1981). *Adolescence: An introduction*. Dubuque Iowa: Wm. C. Brown.

Schaffer, H. R. & Emerson, P. E. (1964). The development of social attachment in infancy. *Monographs of the Society for Research in Child Development*, *28*(3, Serial No. 94).

Schaie, K. W. (1983). The Seattle Longitudinal Study: A twenty-one year exploration of psychometric intelligence in adulthood. In K. W. Schaie (Eds.), *Longitudinal studies of adult psychological development* (pp. 64-135). New York: Guilford Press.

Schaie, K. W. (1994). The course of adult intellectual development. *American Psychologist*, *49*, 304-313.

Schickedanz, J. (1983). *Strategies for teaching young children*. Englewood Cliffs, NJ: Praentice-Hall.

Schickedanz, J. (1990). *Adams's righting revolutions*. Portmouth, NH: Heinemann.

Schneider, W. & Pressley, M. (1989). *Memory development between 2 and 20*. New York: Springer Verlag.

Selman, R. L. (1981). The child as a friendship philosopher: A case study in the growth of interpersonal understanding. In S. R. Asher & J. M. Gottman (Eds.), *The development of children's friendships*. Cambridge, England: Cambridge University Press.

Shaffer, D. (1999). *Developmental Psychology, Childhood and Adolescence(5th ed.)*. Pacific Grove, CA: Brooks/Cole Publishing Company.

Shaffer, D. R. & Kipp, K. (2007). *Developmental psychology: Childhood & Adolescence(7th ed.)*. Australia: Wadsworth/Thomson.

Shatz, M. & Gelman, R. (1973). The development of communications skills: Modifications in the speech of young children as a function of listener. *Monographs of the Society for Research in Child Development*, *38*, 1-37.

Sigel. (1982). The relationship between parental distancing strategies and the child's cognitive behavior. In L. Laosa & I. Sigel (Eds.), *Families as learning environments for children*. New York: Plenum.

Simcock, G. & Hayne, H. (2003). Age-Related Changes in Verbal and Nonverbal memory During Early Childhood. *Developmental Psychology*, *39*(5), 805-814.

Skinner, B. F. (1957). *Verbal Behavior*. Ann Arbor, Michigan: Copley Publishing Group.

Starkweather, E. K. (Dec., 1971). Creativity Research Instruments Designed for Use with Preschool Children, *The Journal of Creative Behavior*, *5*(4), 245-255.

Teeter, P. A. (1998). *Intervention for ADHD: Treatment in developmental context*. New York: Guilford Press.

Tegano, D. W., Moran, J. D., & Sauyer, J. K. (1991). *Creativity in Early Childhood Classrooms(NEA Early Childhood Education Series)*. West Haven, CT: National Education Association.

Terman, L. M. (1924). The mental test as a psychological method. *Psychological Review*, *31*, 93-117.

Thomas, A., Chess, S., & Birch, H. G. (1968). *Temperament and Behavior Disorders in Children*. New York: New York University Press.

Thompson, R. A. (1990). Emotion and self-regulation. In R. A. Thompson(Eds.), *Socioemotional development: Vol. 36. Nebraska symposium of motivation* (pp. 367-467). Lincoln, NA: University of Nebraska Press.

Thompson, R. A. (2006). The development of the person: Social understanding, relationships, self, conscience. In W. Damon, R. M. Lerner(Eds.). *Handbook of child psychology(6th ed.)*, Vol. 3. Social, emotional, and personality development (N. Eisenberg, Vol. Ed.) New York: Wiley.

Torrance, E. P. (1963). *Education and the creative potential*. Minneapolis, MN: The University of Minnesota Press.

Torrance, E. P. (1988). The nature of creativity as manifest in it's testing. In R. J. Sternberg(Eds.). *The Nature of Creativity*. Cambridge, England: Cambridge University Press.

Trainor, L. J. & Heinmiller, B. M. (1998). The development of evaluative responses to music: Infants prefer to listen to consonance over dissonance. *Infant Behavior and Development*, *21*, 77-88.

Vygotsky, L. S. (1978). *Mind in society: The development of higher psychological processes*. Cambridge, MA: Harvard University Press.

Wachs, T. D. & Bates, J. E. (2001). Temperament. In G. Bremner & A. Fogel (Eds.), *Blackwell handbook of infant development* (pp. 465-501). Oxford, UK: Blackwell.

Waters, E., Merrick, S., Treboux, D., Crowell, J., & Albersheim, L. (2000). Attachment security in infancy and early adulthood: A twenty-year longitudinal study. *Child Development*, *71*(3), 684-689.

Weiss, S., Wilson, P., Hertenstein, M., & Campos, R. (2000). The tactile context of a mother's caregiving: implications for attachment of low birth weight infants. *Infant Behavior and Development*, *23*(1), 91-111.

Williams, H. G. (1993). *Perceptual and Motor Development*. Englewood Cliffs, NJ: Prentice-Hall.

Zelinski, E. M. & Burnight, K. P. (1997). Sixteen-year longitudinal and time lag changes in memory and cognition in older adults. *Psychology and Aging*, *12*(3), 503-513.

저자 소개

강순희 선린대학교 유아교육과 교수
손수민 강남대학교 유아교육과 교수
윤매자 장안대학교 사회복지과 교수
한서연 숭의여자대학교 아동보육과 교수
황현숙 창원문성대학교 유아교육과 교수

제2판
영유아발달

초 판 1쇄 발행 2017년 2월 28일
초 판 3쇄 발행 2019년 2월 7일
제2판 2쇄 발행 2022년 7월 13일

지 은 이 | 강순희 · 손수민 · 윤매자 · 한서연 · 황현숙
펴 낸 이 | 김기섭
편 집 인 | 김민수
펴 낸 곳 | 창지사 www.changjisa.com
08589 서울시 금천구 가산디지털 1로 83 파트너스타워 1차 9층
전화 (02)719-2211~3
팩스 (02)701-9386
등 록 | 1977년 4월 28일 · 제1-421호

ISBN 978-89-426-1365-6 (93370)

값 23,000원